Benedikt Tondera
Reisen auf Sowjetisch

FORSCHUNGEN ZUR OSTEUROPÄISCHEN GESCHICHTE

Herausgegeben von Jörg Baberowski
in Verbindung mit
Jan Plamper, Malte Rolf und Claudia Weber

Band 85

2019
Harrassowitz Verlag · Wiesbaden

Benedikt Tondera

Reisen auf Sowjetisch

Auslandstourismus unter Chruschtschow und Breschnew
1953–1982

2019
Harrassowitz Verlag · Wiesbaden

Umschlagsabbildung: Ehrenmal Treptow. Sowjetische Touristen während eines Besuches im Ehrenmal für die gefallenen Helden der Sowjetarmee in Berlin-Treptow am 5. September 1973. Quelle: Bundesarchiv, Bild 183-M0905-0002/Heinz Junge, 5. September 1973.

Die diesem Buch zugrunde liegende Dissertation wurde von der Studienstiftung des deutschen Volkes gefördert. Sie wurde am Historischen Seminar der Leibniz Universität Hannover eingereicht und im Februar 2017 verteidigt.

Bibliografische Information der Deutschen Nationalbibliothek
Die Deutsche Nationalbibliothek verzeichnet diese Publikation in der Deutschen Nationalbibliografie; detaillierte bibliografische Daten sind im Internet über http://dnb.de abrufbar.

Bibliographic information published by the Deutsche Nationalbibliothek
The Deutsche Nationalbibliothek lists this publication in the Deutsche Nationalbibliografie; detailed bibliographic data are available in the internet at http://dnb.de.

Informationen zum Verlagsprogramm finden Sie unter
http://www.harrassowitz-verlag.de

Gedruckt auf alterungsbeständigem Papier.
Umschlag: Tatjana Beimler
Layout und Satz: Julia Guthmüller
Druck und Verarbeitung: Hubert & Co., Göttingen
Printed in Germany
ISSN 0067-5903
ISBN 978-3-447-11108-9

Inhaltsverzeichnis

Tabellenverzeichnis

Abbildungsverzeichnis

Abkürzungsverzeichnis

BMMT Sputnik	Büro für Jugentourismus (*Bjuro meždunarodnogo molodežnogo turizma pri KMO SSSR*)
CST	Zentralrat für Tourismus bei den Gewerkschaften (*Central'nyj sovet po turizmu*)
CSTE	Zentralrat für Tourismus und Exkursionen bei den Gewerkschaften (*Central'nyj sovet po turizmu i ekskursijam*)
DSF	Gesellschaft für deutsch-sowjetische Freundschaft
GUIT/Glavinturist	Hauptverwaltung für Auslandstourismus beim Ministerrat der UdSSR (*Glavnoe upravlenie po inostrannomu turizmu pri Sovete Ministrov SSSR*)
Intourist	Staatliche Aktiengesellschaft für Auslandstourismus (*Gosudarstvennoe akcionernoe obščestvo po inostrannomu turizmu v SSSR*)
KMO	Komitee der sowjetischen Jugendorganisationen (*Komitet molodežnych organizatsii SSSR*; KMO)
OPT	Gesellschaft für proletarischen Tourismus (*Obščestvo proletarskogo turizma*)

OPTE	Gesellschaft für proletarischen Tourismus und Exkursionen (*Obščestvo proletarskogo turizma i ekskursij*)
ROT	Russländische Touristengesellschaft (*Rossijskoe obščestvo turistov*)
Sovtur	Reiseagentur „Sowjetischer Tourist" (*Sovietskij turist*)
SSOD	Union sowjetischer Gesellschaften für Freundschaft und kulturelle Verbindungen mit dem Ausland (*Sojuz Sovetskich obščestv družby i kulturnoj svjazi s zarubežnimi stranami*)
TEU	Verwaltung für Tourismus und Exkursionen bei den Gewerkschaften (*Turistsko-ekskursionnoe upravlenie*)
UIT	Verwaltung für Tourismus beim Ministerrat der UdSSR (*Upravlenie po inostrannomu turizmu pri Sovete Ministrov SSSR*)
VCSPS	Sowjetischer Gewerkschaftsbund (*Vsesojuznyj central'nyj sovet professional'nych sojuzov*)
VOKS	Allunionsgesellschaft für kulturelle Verbindungen mit dem Ausland (*Vsesojuznoe obščestvo kul'turnoj svjazi z zagranicej*)
VLKSM/Komsomol	Gesamtsowjetischer Leninscher Kommunistischer Jugendverband (*Vsesojuznyj leninskij kommunističeskij sojuz molodeži*)

Anmerkungen zur Umschrift, zur Zitationsweise und zur Verwendung des generischen Maskulinums

Aus Gründen der besseren Lesbarkeit wird auf die gleichzeitige Verwendung männlicher und weiblicher Sprachformen verzichtet. Sämtliche Personenbezeichnungen gelten gleichwohl für beide Geschlechter.

Alle fremdsprachigen Zitate wurden vom Autor ins Deutsche übersetzt; um den Lesefluss nicht zu stören auch solche aus der englischen Sprache. Deutschsprachige Zitate wurden der neuen Rechtschreibung angepasst.

Für die Transliteration russischer Orts- und Personennamen wurde die wissenschaftliche Umschrift verwendet. Bei allen in dieser Arbeit zitierten Namen wird – so dem Autor bekannt – der volle Vor- und Nachname angegeben. Auf die Angabe des Vatersnamens bei russischen Namen wird verzichtet, es sei denn, es handelt sich um ein wörtliches Zitat.

Danksagung

Die Entstehung dieser Arbeit reicht bis weit in mein Studium zurück. Der erste Dank gebührt daher Malte Rolf und Cornelia Rauh, die mich über lange Jahre hinweg auf meinem akademischen Werdegang und während der Promotion begleiteten und förderten. Wertvolle Hinweise für die Archivarbeit und einen angemessenen chronologischen Zuschnitt der Arbeit gab mir in einer frühen Recherchephase Ingrid Schierle. Während meiner Arbeit in den russischen Archiven war ich in vielen Fällen bei der Beschaffung von Kopien und Scans auf die Mithilfe von Leidensgenossen angewiesen; insbesondere danke ich hierfür Laura Sembritzki, Erik Radisch und Valentyna Polunina.

Auch außerhalb der Archive fand ich Unterstützung bei der Recherche für dieses Buch. Für die freundliche Aufnahme und die Bereitschaft, mir Dokumente und Bilder aus dem eigenen Archiv zur Verfügung zu stellen, danke ich dem Droste-Haus in Verl und insbesondere Karl-Heinz Schafmeister. Polina Berezovskaya sandte mir freundlicherweise die noch nicht publizierten Memoiren ihrer Großmutter Zinaida Turaeva zu, deren Reiseerinnerungen Eingang in dieses Buch gefunden haben.

Wertvolles Feedback zu meinem Manuskript erhielt ich von dem Herausgebergremium der Reihe „Forschungen zur osteuropäischen Geschichte" des Harrassowitz Verlags, namentlich von Jan Plamper, Jörg Baberowski und Claudia Weber. Zu Dank verpflichtet bin ich auch meinen Kolleginnen und Kollegen aus Hannover Verena Dohrn, Wiebke Lisner, Teresa Willenborg, Elżbieta Kassner sowie Jonathan Voges, die für die Publikation dieses Textes viele Anregungen gaben. Für die kritische Diskussion meiner Arbeit im Rahmen von Kolloquien und Workshops danke ich Martin Schulze Wessel, Jörg Ganzenmüller, Nikolaos Papadogiannis, Ulf Brunnbauer, Kirsten Bönker, Bianca Hoenig und Hannah Wadle.

Zu guter Letzt wäre die Qualität des vorliegenden Textes ohne die zahlreichen Korrekturen meiner Mutter Elisabeth und die Unterstützung von Susanna Hübner deutlich geringer ausgefallen. Dank für die geduldige Zusammenarbeit gebührt auch dem Harrassowitz Verlag und seinen Lektorinnen Julia Guthmüller und Ulrike Melzow.

Für die großzügige langjährige finanzielle und ideelle Förderung meiner Dissertation bedanke ich mich bei der Studienstiftung des deutschen Volkes. Das Deutsche Historische Institut in Moskau ermöglichte mir die Finanzierung eines längeren Forschungsaufenthaltes in Moskau.

Meine wichtigsten Stützen und Begleiterinnen während der Arbeit an der Dissertation waren Katja und Emma. Ihnen ist dieses Buch gewidmet.

Hannover, im November 2018   Benedikt Tondera

1 Einleitung

Der aus der Sowjetunion ausgebürgerte Historiker Michail Woslenskij empörte sich 1977 in der „Zeit" über die Missachtung des völkerrechtlich garantierten Rechts auf Freizügigkeit in seiner ehemaligen Heimat. In seinem mit „Reisen auf sowjetisch" überschriebenen Artikel verglich er die Zustände in der UdSSR mit dem „feudalen Mittelalter"; die Bolschewiki behandelten ihre Bürger wie Häftlinge.[1]

Paradoxerweise verfasste Woslenskij seine Philippika zu einem Zeitpunkt, als die UdSSR die Grenzen zum Ausland so weit geöffnet hatte wie nie zuvor. Über eine halbe Million Touristen verließen Ende der 1970er Jahre die Sowjetunion.[2] Darüber hinaus waren die Bürger innerhalb des riesigen sowjetischen Territoriums in den 1970er und 80er Jahren über Republiksgrenzen hinweg in noch nie dagewesener Weise mobil.[3] Wenngleich die UdSSR den Wunsch ihrer Bevölkerung nach Freizügigkeit unzweifelhaft in vielerlei Hinsicht einschränkte, war sie keineswegs ein Staat, der Mobilität per se verhinderte. Der Furor, der aus Woslenskijs Zeilen spricht – auch ein Vergleich mit dem Nationalisozialismus fehlte nicht – wirkt daher retrospektiv stark überzeichnet. Er verdeutlicht, dass der sowjetische Auslandstourismus während des Kalten Krieges ein emotional verhandeltes Politikum darstellte.

Es ging dabei weniger um Zahlen und Fakten als um Symbole. „Geschwindigkeit, Bewegung und radikaler Wandel", so Kathrin Hörschelmann und Kathy Burrell, gelten seit jeher als „Domäne fortschrittlicher kapitalistischer Gesellschaften im globalen Norden".[4] Der Sowjetstaat ließ sich für zeitgenössische Beobachter daher kaum greifbarer darstellen als in Form des finsteren Bürokraten, der die reisewilligen Mitbürger in die Schranken wies. Das Bild einer ganzen Bevölkerung hinter Schloss und Riegel war derart wirkmächtig, dass es jahr-

---

1 Michail Woslenskij: Reisen auf sowjetisch. Verträge über die Freizügigkeit nutzen allein noch gar nichts, in: Die Zeit vom 3. Juni 1977.

2 Zu den Statistiken des Auslandstourismus vgl. Kapitel 3.3.1.

3 Vgl. hierzu Lewis H. Siegelbaum u. Leslie Page Moch: Transnationalism in One Country? Seeing and Not Seeing Cross-Border Migration within the Soviet Union, in: Slavic Review 4/2016, S. 970–986 sowie Diane P. Koenker: Pleasure Travel in the Passport State, in: John Randolph u. Eugene M. Avrutin (Hg.), Russia in motion. Cultures of human mobility since 1850 (= Studies of world migrations), Urbana, Ill 2012, S. 235–252.

4 Kathy Burrell u. Kathrin Hörschelmann (Hg.): Mobilities in Socialist and Post-socialist states. Societies on the move, New York 2014, S. 4.

zehntelang eine ernsthafte Beschäftigung mit dem internationalen sowjetischen Tourismus obsolet erscheinen ließ.

Dabei eignet sich der Auslandstourismus hervorragend, um Kontinuitäten und Brüche in der Geschichte der UdSSR in den Jahrzehnten nach dem Tod Stalins zu beschreiben. Denn an diesem relativ kleinen Zweig des sowjetischen Außenhandels lassen sich neue Formen der Herrschaftslegitimation, der gesellschaftlichen Interessensaushandlung und des grenzüberschreitenden Konsums unter Nikita Chruščev und Leonid Brežnev wie unter einem Brennglas studieren. Die vorliegende Arbeit behandelt den Auslandstourismus als Phänomen, an dem sich die zunehmende Bedeutung des Dienstleistungssektors in der Sowjetunion, eine Öffnung ihrer Gesellschaft für kulturelle und wirtschaftliche Einflüsse von außen und neue Ansätze der KPdSU auf dem Feld der Kulturdiplomatie beobachten und einordnen lassen. Anders als häufig formuliert, waren Fernreisen aus der UdSSR ab Mitte der 1950er Jahre kein isoliertes Elitenphänomen mehr, sondern – wie Anne Gorsuch bereits 2006 festhielt – Indikator der allmählichen „Demokratisierung" einer Dienstleistung, die unter Stalin noch außschließlich der Nomenklatura vorbehalten war.[5] Zwar war es weiterhin eine Minderheit der Bevölkerung, die in den Genuss touristischer Auslandsreisen kam, aber der Resonanzraum ihrer Reiseerfahrungen reichte weit in die Bevölkerung hinein. Über Zeitungsberichte, Betriebsausstellungen, Vorträge in „Kulturhäusern bzw. -palästen" und Gespräche hatte sie Teil an vermittelten Erzählungen über die Welt jenseits der eigenen Grenzen.[6] Filme, Bücher und Musik formten in Ergänzung dazu oder auch unabhängig davon Bilder eines „imaginären Auslands".[7]

5   Anne Gorsuch: Time Travelers. Soviet Tourists to Eastern Europe, in: Gorsuch u. Koenker (Hg.): Turizm, S. 205–226, hier S. 206.
6   In den Kulturhäusern waren rückkehrende Touristen dazu angehalten, ihre touristischen Erfahrungen in den Dienst der staatlichen Propaganda zu stellen; hier kam es auch zu Verurteilungen von Verfehlungen Auslandsreisender durch das lokale Kollektiv, wie etwa beschrieben von A. Solov'ev in dem Artikel „Urok" [Lektion] in dem sowjetischen Journal „Čelovek i zakon", Ausgabe 9/1977, S. 88–103. Zur narrativen Aufarbeitung von (Auslands-)Tourismus in den Kulturhäusern ist bislang wenig geforscht worden, bekannt ist allerdings, dass den lokalen Instanzen der KPdSU gerade in den 1970er und 80er Jahren zunehmend die Kontrolle über die Vorgänge in diesen Einrichtungen entglitten und es insofern auch fraglich ist, ob die hier verbreiteten Erzählungen über den Auslandstourismus tatsächlich immer der offiziellen Linie entsprachen, vgl Anne White: De-Stalinization and the House of Culture. Declining State Control over Leisure in the USSR, Poland, and Hungary, 1953–89, London, New York 1990. Zur Kommunikation über Reiseerlebnisse unter Verwandten und Bekannten s. Donald J. Raleigh: Soviet Baby Boomers. An Oral History of Russia's Cold War Generation, Oxford u. New York 2012, S. 63 u. S. 218.
7   Zur Existenz eines diskursiv hergestellten, in erster Linie auf Vorstellungen und Erzählungen beruhenden (westlichen) Auslands siehe insbesondere das Kapitel „Imaginary West" in Alexei Yurchak: Everything was forever, until it was no more. The last Soviet generation, Princeton, NJ [u. a.] 2006, S. 158–206.

Auf diese Weise war die Welt außerhalb der eigenen Grenzen mindestens vom Hörensagen und als medial vermittelte *mental map* in den Köpfen der sowjetischen Bevölkerung stets präsent.

Entsprechend kurz greifen Ansätze, die den Auslandstourismus als kollektive Schockerfahrung beschreiben.[8] In einem multiethnischen Imperium wie der UdSSR gehörten interkulturelle Begegnungen und Konfrontationen mit divergierenden Lebensstandards und Kulturen zu einem durchaus verbreiteten Erfahrungsschatz weiter Bevölkerungsteile.[9] Für Fahrten in das „kapitalistische Ausland" wurden darüber hinaus fast ausschließlich Personen berücksichtigt, die zuvor mindestens innerhalb des sozialistischen Staatenraums Reiseerfahrungen gesammelt hatten. Oft handelte es sich hierbei um polyglotte und weltgewandte Vertreter aus Politik, Kultur und Wissenschaft, die durchaus zutreffende Vorstellungen von den Lebensverhältnissen jenseits des Eisernen Vorhangs hatten.[10] Dabei ist keineswegs von der Hand zu weisen, dass die Erfahrung der Auslandsreise sich nachhaltig auf die Vorstellungswelten sowjetischer Bürger auswirkte; das Schlagwort vom „Kulturschock" wird der Komplexität und Kontingenz dieses Prozesses jedoch nicht gerecht.

Zu hinterfragen ist darüber hinaus die Einschätzung, dass es sich bei der Etablierung des sowjetischen Auslandstourismus um eine Zäsur handelte. Anders als Aleksej Popov und Igor' Orlov in ihrer jüngst erschienenen Monographie beto-

---

8 Die These vom Kulturschock findet sich u. a. bei Igor' Orlov u. Aleksej Popov: Skvoz' „železnyj zanaves". Russo turisto: sovetskij vyezdnoj turizm, 1955–1991, Moskau 2016, S. 212 u. S. 264, außerdem bei Raleigh: Soviet, S. 61.

9 Anne Gorsuch spricht etwa im Kontext vom Baltikum als innersowjetischer Tourismus-Destination als „Soviet Abroad, siehe das Kapitel „Estonia as Soviet Abroad" bei ders.: All this is Your World. Soviet Tourism at Home and Abroad After Stalin, Oxford, New York 2011, siehe dazu auch Christian Noack: „You have probably heard about all this…". Baltic Seaside Resorts as Soviet Tourist Destinations, in: Nordost-Archiv 20/2011, S. 199–221, hier S. 220f. Lewis H. Siegelbaum und Leslie Page Moch haben darüber hinaus jüngst die Alltäglichkeit erzwungener und freiwilliger weiträumiger Migration in der UdSSR des 20. Jahrhunderts beschrieben, vgl. dies.: Lewis H. Siegelbaum u. Leslie Page Moch: Broad is my native land. Repertoires and regimes of migration in Russia's twentieth century, Ithaca 2014.

10 Über eine sowjetische Touristengruppen, die im Juni 1956 in Frankfurt am Main eintraf, hieß es etwa in einem Bericht von Radio Free Europe: "All group members coming from MOSCOW, are intellectuals, engineers, authors, journalists, achitects, or physicians. Most of them speak excellent German, some even without accent. Two of them are official translators of German literature. They all give the impression of well-educated people, very alert, greatly interested, and well informed on Germany and on German literature in particular." Open Society Archive, Radio Free Europe (im Folgenden RFE), 6712/56, S. 1–4, hier S. 2. Dass es sich bei der illustren Zusammensetzung dieser Touristengruppe keineswegs um eine Ausnahme handelte, lässt sich auch dem Kapitel 3.3.3 über die soziale Herkunft der sowjetischen Touristen entnehmen.

nen, wohnte diesem Vorgang nichts Revolutionäres inne.[11] Ein Großteil dessen, was unter Chruščev auf diesem Feld passierte, hatte Vorläufer aus der stalinistischen Ära: Betriebsbesuche, Delegationsreisen und sogar Kreuzfahrten hatte es auch vor 1953 schon gegeben.[12] Es mangelte aber an zentraler Koordination derartiger Aktivitäten und auch an dem Willen der Parteiführung, einen explizit als solchen gekennzeichneten Auslandstourismus für die eigenen Bürger als sinnvoll und ideologisch unbedenklich anzuerkennen. Dies änderte sich ab Mitte der 1950er Jahre. Der Tod Stalins machte den Weg frei für Reformen und Umstrukturierungen innerhalb des Tourismussektors, die bereits in den Nachkriegsjahren angelegt worden waren.[13] Wenngleich die Zahl der Auslandstouristen zunächst sehr gering war, hatte die Liberalisierung des Reiseregimes eine große Symbolwirkung auf das westliche Ausland. In der Sowjetunion selbst bekam die Öffentlichkeit von diesem Schritt dagegen zunächst nur wenig mit.[14] Viele zeitgenössische Beobachter in den USA und Europa reagierten mit einer Mischung aus Neugierde und Ab-

---

11 Die Autoren sprechen in der Einleitung ihres Buches vom Überschwappen einer weltweiten „touristischen Revolution" auf die Sowjetunion, an anderer Stelle sprechen sie von einer „Neugeburt" des Auslandstourismus, vgl. Orlov/Popov: Russo, S. 5–6; S. 33.

12 Vgl. Michael David-Fox: Showcasing the Great Experiment. Cultural Diplomacy and Western Visitors to Soviet Union, 1921–1941, Oxford u. a. 2012, insbes. das Kapitel „Going West: Soviet ‚Cultural' Operations Abroad", S. 61–97 sowie Kapitel 2.1 in diesem Buch.

13 Orlov und Popov verweisen in ihrer Monographie auf Schriftwechsel zwischen dem sowjetischen Außenministerium, dem Zentralkomitee, dem KGB, Intourist und weiteren beteiligten Instanzen, aus denen hervorgeht, dass die Einführung eines regulären Auslandstourismus bereits nach dem Zweiten Weltkrieg in der Parteiführung diskutiert, aber erst nach dem Tod Stalins beschlussfähig wurde. Die Autoren zitieren darüber hinaus einen Bericht des Zentralkomitees von 1946, wonach in diesem Jahr ein Drittel aller aus nichtmilitärischen Gründen ins Ausland verreisten Sowjetbürger (knapp 10.000 Personen) über keine offizielle Erlaubnis der zuständigen Ausreisekommission verfügten. Die sowjetischen Ministerien hatten zu diesem Zeitpunkt nach eigener Auskunft schlicht keinen genauen Überblick darüber, wo und zu welchem Zweck sich ihre Mitarbeiter im Ausland aufhielten und offensichtlich schlüpften diese daher durch die vorgesehenen Kontrollraster, vgl. Orlov/Popov, S. 34f.

14 Über touristische Auslandsreisen wurde selten in der sowjetischen Presse berichtet und Informationen über den Auswahlprozess von Reisekandidaten wurden überhaupt nicht veröffentlicht; 1955 und 1956 berichtete die „Pravda" nach Recherchen des Autors lediglich drei Mal zu dieser Thematik, vgl. die Meldung „Sovietskie turisty v Polše" vom 25. August 1955 sowie die Berichte über das Kreuzfahrtschiff „Pobeda" vom 23. Juli 1956, S. 4 sowie vom 31. Juli 1956, S. 3. Erst in den 1970er Jahren begannen die Gewerkschaften, vereinzelt für Reisen in das sozialistische Ausland Werbung zu schalten, vgl. etwa einen Bericht über Campingurlaub in der DDR in „Turist", 8/1970. Die Verbreitung von Informationen über Auslandsreisen außerhalb staatlich genehmigter Publikationen bzw. eines betrieblichen Kontextes, etwa über Flugblätter oder Plakate, stand dagegen unter Strafe, vgl. GARF, f. 9520, op. 1, d. 2605, S. 14.

lehnung auf die Neulinge im globalen Reiseverkehr.[15] Im Kontext des Kalten Kriegs erschien ihnen die Vorstellung abwegig, dass die Bolschewiki gewöhnliche Bürger ohne Hintergedanken ins ideologisch verfeindete Ausland entsandten. Diese Skepsis spiegelte sich auch in den Presseberichten über die ersten sowjetischen Reisegruppen wider. Westliche Journalisten amüsierten sich zwar über das „altmodische" Erscheinungsbild der Touristen und ihren steifen Habitus, spekulierten jedoch zugleich besorgt über Versuche von Spionage und ideologischer Beeinflussung.[16] Vor dem Hintergrund ausbleibender Erfolge in Wissenschaft und Technik sowie einer nachlassenden Wirtschaftsleistung der Sowjetunion blieb von der anfänglichen Furcht im Laufe der Jahre allerdings wenig übrig. Vielmehr rieben sich politische Analysten in den 1970er Jahren verwundert die Augen darüber, dass die KPdSU dem selbst ausgelösten bescheidenen Reiseboom keinen Riegel vorschob. John Ash und Louis Turner stellten sich 1975 in ihrer Studie „The Golden Hordes" gar die rhetorische Frage, ob die sowjetischen Autoritäten „wirklich wissen, was sie da tun".[17] Mit der Förderung des touristischen Austausches aus ökonomischen Motiven fördere die KPdSU die Verbreitung westlicher Ideen unter den eigenen Bürgern. Eine autoritäre Gesellschaft könne sich die Teilnahme am internationalen Reisegeschäft jedoch nur dann erlauben, wenn sie „absolute Kontrolle" über ihre Bürger habe.[18] Ash und Turners Interpretation des Tourismus als „destabilisierende Kraft"[19] fand gerade unter Historikern, die sich in der jüngsten Vergangenheit mit diesem Phänomen beschäftigten, viele Anhänger. Anne Gorsuch stellt in ihrer Monographie "All This is Your World" die These auf, dass während der Phase der Stagnation eine wachsende Zahl "sowjetischer Konsumenten" in die Lage versetzt worden sei, die Defizite der Planwirtschaft in Bezug auf versprochene Waren und Dienstleistungen "in offenem und explizitem Vergleich mit den Angeboten anderswo" zu beurteilen.[20] Aleksej Popov zeigt sich sogar sicher, dass der Auslandstourismus als effektiver Kanal für den Import ausländischer Waren und durch das Ermöglichen „verbotener Eindrücke" den Tag der Niederlage im Kalten Krieg „zweifelsohne" nähergebracht habe.[21] Ähnliche Schlussfolgerungen

---

15 Siehe dazu Kapitel 1.3.
16 Vgl. die Berichterstattung von Radio Free Europe über die ersten Besuche sowjetischer Reisegruppen in der Bundesrepublik Deutschland (RFE, 6712/56, das Zitat über die altmodische Kleidung befindet sich hier auf S. 2), in Griechenland (RFE, 7799/56) und in Schweden (RFE, 10140/56).
17 Louis Turner und John Ash: The Golden Hordes. International Tourism and the Pleasure Periphery, London 1975, S. 223.
18 Ebd., S. 227.
19 Ebd., S. 228.
20 Gorsuch: All, S. 189f.
21 Aleksej Popov: Po tu storonu 'železnogo zanavesa': Velikie otkrytija sovetskich turistov, unter: http://hist-tour.livejournal.com/2011/06/23/, zuletzt eingesehen am 31.10.2018.

lassen sich aus einer Reihe weiterer Arbeiten zitieren,[22] wodurch der von Turner und Ash geäußerte Zweifel an einer angemessenen Risikoabschätzung der sowjetischen Autoritäten im Bereich des Tourismus über vier Jahrzehnte nach dessen Veröffentlichung von zeitgenössischen Historikern weitgehend bestätigt wird. So umfassend der Konsens über den Beitrag des Tourismus zum Erodieren des Glaubens der Bevölkerung an die Zukunftsfähigkeit der Sowjetunion ist, so schwach erscheint bei näherer Betrachtung die Begründung dieser Annahme. Argumentiert wird in erster Linie mit Erinnerungen ehemaliger Touristen. Diese haben in unterschiedlichen Untersuchungen – in der Regel lange nach dem Zusammenbruch der Sowjetunion – wiederholt zu Protokoll gegeben, die Konfrontation mit dem größeren Wohlstandsniveau und einem liberaleren gesellschaftlichen Klima im Ausland hätte zum Hinterfragen der eigenen Gesellschaftsordnung geführt. Nüchtern betrachtet liegt damit der Befund vor, dass Auslandsreisen als transformative Erfahrung für die *Erinnerungskultur* ehemaliger Sowjetbürger eine Rolle spielen.[23] Weiterführende Aussagen ließen sich nur nach sorgfältiger Überprüfung der Lebensläufe von Befragten treffen.[24] Die gebotene Vorsicht bei der Übertragung von autobiographischen Erinnerungen auf die faktische lebensgeschichtliche Relevanz von Auslandsreisen wird allerdings häufig missachtet. Dies könnte auch daran liegen, dass die Erzählung von der Begegnung mit dem Ausland als „Schockerlebnis" so gut zu der in vielen Varianten erzählten Geschichte des kulturdiplomatischen Scheiterns der späten

22 Donald Raleigh steuerte etwa als Teilergebnis seines Interviewprojekts zu den sowjetischen „Baby-Boomern" die Erkenntnis bei, dass „Auslandsreisen einen unstillbaren Durst nach materiellen Gütern und Dienstleistungen sowie Neid und ein Gefühl der Scham über die Armut und Defizite der Sowjetunion erzeugten." Raleigh: Soviet, S. 210.

23 Donald Raleigh räumt die Limitation seiner Interview-Quellen in der Einleitung seines Aufsatzes über sowjetischen Tourismus beispielsweise ein ("My essay, then, is about what foreign travel meant to Soviet baby boomers when I interviewed them"); nutzt die daraus gewonnen Erkenntnisse im Fazit dann dennoch für Thesen über die *erinnerte* Zeit, vgl. ders.: On the Other Side of the Wall, Things Are Even Better: Travel and the Opening of the Soviet Union: The Oral Evidence, in: Ab Imperio 4/2012, S. 373–399, Zitat auf S. 377. Ähnlich problematisch ist der Umgang mit Zeitzeugenaussagen in Alexey Golubev: Bringing Home New Things and Emotions: Soviet Tourists Abroad as Consumers, Vortrag auf der ASEEES Annual Conference in New Orleans am 18.11.2012 und Kassymbekova: Leisure and Politics: Soviet Central Asian Tourists across the Iron Curtain, in: Kathy Burrell u. Kathrin Hörschelmann (Hg.), Mobilities in Socialist and Post-socialist States. Societies on the Move, New York 2014, S. 62–86; beide Autoren formulieren aufgrund von Interviewaussagen Thesen über die entpolitisierende bzw. entfremdende Wirkung von Konsum auf Auslandsreisen.

24 Siehe zu der methodischen Problematik der Verwendung von Zeitzeugenaussagen und Memoiren zur Bewertung der sowjetischen Vergangenheit auch Irina Paperno: Personal Accounts of the Soviet Experience, in: Kritika 4/2002, S. 577–610.

Sowjetunion passt.[25] Für Zeitzeugen wie für Historiker ergibt die Erzählung vom Transformationserlebnis Auslandstourismus gleichermaßen Sinn, was weitere Fragen zu erübrigen scheint. Dabei gibt es durchaus Gründe, an diesem Mythos zu rütteln.

Erstens unterstützt er eine unterkomplexe und teleologische Sichtweise auf den Zerfall der Sowjetunion. Demnach waren wirtschaftliche Entwicklungsrückstände und ein im Vergleich zu kapitalistischen Gesellschaften geringerer Lebensstandard dafür verantwortlich, dass das Vertrauen der Bevölkerung in die eigene Führung erodierte.[26] Sowjetische Geschichte wird so in Abhängigkeit vom Westen als zwangsläufige Niedergangserzählung gedacht – mögliche alternative und eigensinnige Entwicklungen von Staat und Gesellschaft werden ausgeblendet oder unterschätzt, da sie angesichts der Untergangsperspektive nebensächlich erscheinen.

Zweitens nimmt das Paradigma des ideologisch schädlichen Auslandstourismus die Sowjetreisenden als Subjekte mit eigenen Interessen, Vorstellungen und Agenden nicht ernst.[27] Die Vorstellung des von der westlichen Warenwelt überwältigten Bürgers aus der UdSSR, der sich von dem sozialistischen Projekt innerlich längst abgewandt hat, ist dabei zunächst ein hartnäckiges Klischee, das

---

25 Auf den Tourismus in den Westen bezogen war Vladislav Zubok davon überzeugt, dass dieser für die sowjetischen Bürger eine „schockierende Erfahrung" darstellte und er sie in „hemmungslose Konsumenten" verwandelte, vgl. ders.: The Collapse of the Soviet Union. Leadership, Elites and Stability, in: Geir Lundestad (Hg.), The Fall of Great Powers. Peace, Stability, and Legitimacy, Oslo, New York 1994, S. 157–174, hier S. 163. Für den Fall des hereinkommenden Tourismus hat Zubok eine vergleichbare These aufgestellt, vgl. ders.: Zhivago's Children. The Last Russian Intelligentsia, Cambridge u. a. 2009. Das Kapitel „Culture Shock" (S. 94–111) beschreibt dabei die Kontakte zwischen (westlichen) Ausländern und jungen Sowjetbürgern auf dem Moskauer Jugendfestival von 1957 als prägendes Ereignis für die angehende sowjetische Elite. Der Einfluss der „Idee des Westens" auf das „neue Denken" führender Politiker der Gorbačev-Ära seit dem Spätstalinismus wurde außerdem ausführlich beschrieben in Robert English: Russia and the Idea of the West. Gorbachev, Intellectuals, and the End of the Cold War, New York 2000. Für eine Geschichte des Scheiterns der Sowjetunion auf dem Gebiet des medialen Kalte Kriegs vgl. Kristin Roth-Ey: Moscow Prime Time. How the Soviet Union Built the Media Empire that Lost the Cultural Cold War, Ithaca u. a. 2011.

26 Für eine Kritik an einer westlich geprägten Sichtweise auf sowjetische Konsummuster s. Neringa Klumbytė u. Gulnaz Šarafutdinova: Introduction: What Was Late Socialism?, in: Dies. (Hg.), Soviet Society in the Era of Late Socialism, 1964–1985, Lanham 2013, S. 1–14.

27 Alexei Yurchak hat diese westlich geprägte Sichtweise auf sowjetische Bürger als durch Zwang oder Überzeugung ideologisch ferngesteuerte Personen ohne eigene Agenda in der Einleitung von ders.: Everything Was Forever, Until It Was No More. The Last Soviet Generation, Princeton u. a. 2006, S. 5–6, kritisiert.

sowohl im sowjetischen als auch im amerikanischen Kino seinen Platz hatte.[28] In diesem Buch soll der Versuch unternommen werden, ein komplexeres Bild der sowjetischen Touristen und ihrer Reisemotive zu zeichnen.

Drittens lässt sich das globale Reisegeschehen anders betrachten, denn als kultur-diplomatisches Nullsummenspiel, aus dem einige Staaten Legitimation beziehen und andere ebenjene einbüßen. Eine komplexere und in vielerlei Hinsicht auch ambitioniertere Sichtweise vertritt Dean MacCannell in seiner 1975 erschienenen Studie „The Tourist", in der er den globalen Tourismus als *das* staatenübergreifende Kulturphänomen des 20. Jahrhunderts analysiert.[29] Für MacCannell wirkt Tourismus als mächtiger Motor einer kulturellen Globalisierung. Durch ihn drückten Menschen weltweit ihre letztlich sehr ähnlichen Vorstellungen von Modernität aus und sorgten dadurch für eine voranschreitende Nivellierung bestehender kultureller Unterschiede zwischen verschiedenen Regionen und Ländern. Überträgt man diese Logik auf den sowjetischen Auslandstourismus, eröffnet dies eine neue Lesart desselben: Anstatt den Fokus auf das Gelingen oder Scheitern damit verknüpfter kulturdiplomatischer Bemühungen zu setzen oder ihn als Einfallstor einer dominanten westlichen Kultur aufzufassen, lässt er sich zunächst als Versuch der Bolschewiki betrachten, die voranschreitende globale Verflechtung von Kultur, Wissenschaft und Ökonomie mit den Mitteln des Verwaltungs- und Überwachungsstaates in ihrem Sinne zu moderieren und zu steuern.[30]

Es ging dabei keineswegs nur um den Versuch, schädliche ausländische Einflüsse zu blockieren. Wie Chruščev bei seiner USA-Reise im September 1958 verdeutlichte, gab es in Hinblick auf das materielle Fortschrittsdenken keine fundamentalen Unterschiede zwischen den beiden Machtblöcken.[31] Sowohl die USA

28 Im amerikanischen Kino verkörperte beispielsweise Robin Williams in „Moscow on the Hudson" (1984) einen Moskauer Saxophonisten, der auf einer USA-Reise flieht. Im sowjetischen Kino wurde der opportunistische Auslandsreisende meist indirekt thematisiert, z.b. als intriganter und selbstverliebter Büroleiter Samochvalov in „Liebe im Büro" (1977), der seine Mitarbeiter wiederholt mit ausländischen Waren zu beeindrucken versucht.

29 Vgl. Dean MacCannell: The Tourist. A New Theory of the Leisure Class, Berkeley 2005.

30 Jüngere Forschungsarbeiten betonen die internationale Verflechtung der Sowjetunion auf verschiedenen Feldern und stellen damit die Vorstellung einer rein konfrontativen Beziehung zum westlichen Ausland in Frage. Sie verdeutlichen darüber hinaus, dass die Sowjetunion auch außerhalb des sozialistischen Staatenraums u.a. über Entwicklungshilfe und Kulturdiplomatie als einflussreicher Akteur in Erscheinung trat, siehe z.B. Karl Eimermacher (Hrsg.): Tauwetter, Eiszeit und gelenkte Dialoge. Russen und Deutsche nach 1945, (= West-östliche Spiegelungen. Neue Folge, Bd. 3), München 2006; Osteuropa 59, 10/2009: „Kooperation trotz Konfrontation. Wissenschaft und Technik im Kalten Krieg", David C. Engerman: The price of aid. The economic Cold War in India, Cambridge 2018.

31 Zu Chruščevs Auffassung vom Verhältnis der Sowjetunion zu den USA im Kalten Krieg siehe Vladislav Zubok/Constantine Pleshakov: Inside the Kremlin's Cold War: From Stalin to Khrushchev, Cambridge 1996, S. 182–188.

als auch die UdSSR strebten eine Hebung des allgemeinen Wohlstands und der volkswirtschaftlichen Leistungsfähigkeit an.[32] Genau diese „Leistungsindikatoren" aber waren es, die über den internationalen Tourismus augenfällig kommuniziert wurden. Die Kleidung, das Konsumverhalten und das kulturelle Know-How der Touristen gaben Auskunft über den ökonomischen Entwicklungsstand ihres Herkunftslandes. Für die die Mitte der 1950er-Jahre ausgesprochen selbstbewusste Parteiführung im Kreml stellte der Auslandstourismus insofern eine ideale Testplattform für den Stand der eigenen Fortschrittsbemühungen dar.

Die Rückmeldungen der Reisegruppen erlaubten der sowjetischen Führung, sich international in der neuen Vorzeige-Disziplin der Dienstleistungen zu messen. Die zuständigen Funktionäre gingen dabei keineswegs naiv, sondern vorsichtig, methodisch und planvoll vor. Sie entsandten zunächst Reisegruppen in homöopathischen Dosen und erhöhten die Kontingente nur allmählich und in Abhängigkeit von den bis dahin gesammelten Erfahrungen. Der gesamte Planungsablauf und die Durchführung der Reisen selbst wurden sorgfältig protokolliert, angefangen bei der Auswahl der Touristen bis hin zu dem obligatorischen Abschlussbericht des Gruppenleiters; die so gesammelten Daten wiederum auf regionaler und unionsweiter Ebene ausgewertet.

Der sowjetische Auslandstourismus sollte auf diese Weise fest in den planwirtschaftlichen und überwachungsstaatlichen Strukturen der UdSSR verankert werden. Während der kommerzielle Tourismus in kapitalistischen Gesellschaften den Konsumenten in seinen Werbebotschaften eine Alltagsflucht versprach,[33] stellten die Reiseagenturen in der Sowjetunion ihren Touristen explizit keine Abkehr von der sozialistischen Norm in Aussicht. Im Gegenteil: Durch das Einfordern von Gruppendisziplin, stete moralische Appelle und Belehrungen sowie einen Zwang zum uniformen Erscheinungsbild bemühten sich die Reisefunktionäre darum, im Ausland eine Art sowjetische Hyperrealität zu konservieren. Diese bis zur Absurdität gesteigerte Performance einer vermeintlich sowjetischen Lebensart hatte etwas Theatrales und verfehlte gerade deshalb ihre Wirkung nicht. Das, was Anne Gorsuch als touristische „Performance"[34] bezeichnet, richtete sich zugleich nach innen und nach außen: sowjetische Tou-

---

32 In der offiziellen sowjetischen publizistischen Aufarbeitung der Amerika-Reise Nikita Chruščevs wird an vielen Stellen betont, dass die Sowjetunion die USA auf wirtschaftlich-technischem Gebiet als Vorbild betrachtet, vgl. M. Charlamov/O. Vadeev (Hrsg.): Licom k licu c amerikoi. Rasskaz o poezdke N. S. Chrušceva v SŠA [Von Angesicht zu Angesicht mit Amerika. Bericht von der Reise N. S. Chruščevs in die USA], Moskau 1959.

33 Eine frühe, vielzitierte Kritik an dem (uneingelösten) Versprechen der Tourismus-Industrie auf Alltagsflucht stammt von Hans Magnus Enzensberger, vgl. ders.: Vergebliche Brandung der Ferne. Eine Theorie des Tourismus, in: Merkur, 12. Jg., 1958, S. 701–720.

34 Siehe das Kapitel „Performing on the International Stage: Tourism to the Capitalist West", in: Gorsuch: All This, S. 106–129.

risten sollten sich selbst und ihre Umgebung durch ihr Verhalten permanent daran erinnern, dass sie eine überlegene Gesellschaftsordnung repräsentierten. Diese Anforderung galt nicht nur für das kollektive Auftreten, sondern gleichermaßen für das individuelle Verhalten: Das propagierte Ideal des stets höflichen, korrekt gekleideten und bestens informierten Sowjetreisenden war dabei die diametrale Antwort auf das Klischee des westlichen Pauschaltouristen, der in Bermuda-Shorts und Flip-Flops an den Badestränden der Welt die Dekadenz des Kapitalismus versinnbildlichte.[35]

Aus historischer Perspektive wird die touristische Performance sowjetischer Identität da besonders interessant, wo sie an ihre Grenzen stieß: Die Durchsetzung eines perfekt durchchoreographierten Gastauftritts war stets prekär; sei es aufgrund des nicht normgerechten Verhaltens einzelner Touristen, wegen spontaner Begegnungen mit Ausländern oder – und das war gerade in den Anfangsjahren der Normalfall – weil es Abstimmungsschwierigkeiten darüber gab, was eine gelungene Performance im Einzelnen überhaupt ausmachte. Unter den zuständigen Funktionären und innerhalb der Reisegruppen entspannen sich vielfältige Auseinandersetzungen darüber, welches Erscheinungsbild, welches Auftreten und welche Interaktionsformen sowjetischen Touristen angemessen waren. Gerade in den frühen Tauwetter Jahren war der Auslandstourismus damit ein *Aushandlungsort* par excellence: Hier traf sich ein Teil der gesellschaftlichen Elite unter den noch nicht festgelegten Bedingungen einer poststalinistischen Gesellschaftsordnung und erprobte die neu entstandenen Diskursräume vor den Augen einer ausländischen Öffentlichkeit.

Dieses Buch beschreibt die Dynamiken und Grenzen derartiger Aushandlungsprozesse und vollzieht ihren zeitlichen Wandel nach. Wie kommunizierten und verhandelten Reisefunktionäre mit Touristen? Wie verhielten sich die gerade im westlichen Ausland deutlich überproportional vertretenen Parteimitglieder zu den übrigen Mitreisenden? Welche Rolle spielte die soziale und ethnische Herkunft für Auseinandersetzungen und Hierarchisierungen innerhalb der Reisegruppen? Worüber durfte intern und mit Ausländern diskutiert werden und wie sahen Strategien im Umgang mit tabuisierten Themen aus? Welche Wege fanden Touristen, um ihre Interessen gegen Widerstände durchzusetzen? Anhand dieser Fragen lässt sich exemplarisch das diskursive Klima in der poststalinistischen Sowjetunion nachvollziehen. Die Art und Weise, wie Konflikte innerhalb der Reisegruppen artikuliert und ausgetragen oder aber vermieden und unterdrückt wurden, erlaubt Rückschlüsse auf den gesamtgesellschaftlichen Kommunikationsstil. Dies gilt insbesondere für die späten 1960er und die 70er Jahre, in denen sich das soziale Profil der Reisenden deutlich ausweitete.

---

35 Vgl. die Ausführungen im Kapitel „The Meaning of Soviet Tourism: To Create a New Socialist Person", in: Diane P. Koenker: Club Red. Vacation, Travel and the Soviet dream, Ithaca 2013, S. 256–261.

Eng verknüpft mit der Analyse des Diskursklimas ist jene der Herrschaftskultur. Die Betrachtung des Selbstbildes, der Argumentationsmuster und der internen Kommunikation der für Tourismus zuständigen Funktionäre gibt einen Einblick in die Denkweise der sowjetischen Nomenklatura unter Chruščev und Brežnev. Sie offenbart, wie die politische Elite über zentrale ideologische Fragen, die Legitimation der eigenen Herrschaft und ihr Verhältnis zur Bevölkerung reflektierte: Welches Wohlstandsniveau durften Bürger im Sozialismus für sich beanspruchen? Wieviel und welche Art von Konsum war ideologisch vertretbar? Wie sollte mit abweichenden politischen Ansichten im Ausland umgegangen werden? Welches Verhältnis von Erholung, Bildung und ideologischer Arbeit sollte auf den Reisen angestrebt werden? Touristische Auslandsreisen waren vor diesem Hintergrund immer auch Teil der kollektiven Selbstvergewisserung der sowjetischen Eliten. Wie in einer Laborsituation lässt sich hier ihre Fähigkeit studieren, bestimmte Regeln und Normen innerhalb von Reisegruppen durchzusetzen.

Auch der Umgang mit den Bevölkerungen des sozialistischen Staatenraums lässt sich am Tourismus auf besonders prägnante Weise veranschaulichen. Das Verhältnis zu dem als „halbsowjetisch"wahrgenommenen Raum war geprägt von paternalistischer Fürsorge:[36] Die sowjetischen Reiseagenturen erwarteten hier als verlängerter Arm der hegemonialen KPdSU eine bevorzugte Behandlung seitens ihrer Partnerorganisationen; gleichzeitig erkannten sie die Notwendigkeit intensiver kulturdiplomatischer Maßnahmen, um die Propagandafloskel der brüderlichen Völkerfreundschaft mit Leben zu füllen. Nicht zuletzt aus diesem Grund bildete das europäische sozialistische Ausland den Dreh- und Angelpunkt des sowjetischen Auslandstourismus. Dorthin reisten konstant etwa 85–90 Prozent aller Touristen, und hierauf richtete sich auch die kreative Energie der Reiseagenturen: „Freundschaftsabende" und „Freundschaftszüge", Betriebsbesuche und Städtepartnerschaften – in diesen und vielen weiteren Kontexten begegneten sich Touristen und Einheimische auf hochgradig ritualisierte Art und Weise. Die starren Strukturen derartiger Austauschformate etablierten im Laufe der Zeit eine eigene symbolische Sprache; einen touristischen Kodex, über den Gastgeber und Gäste auf nonverbale Art und Weise Botschaften austauschten.[37] Diese Form der touristischen Kommunikation erlaubte

---

36 Anne Gorsuch prägte den Begriff des „Halbsowjetischen" („demi-sovietism") in dies.: Time Travelers: Soviet Tourism to Eastern Europe, in: Dies./Diane Koenker (Hg.), Turizm. The Russian and East European Tourist under Capitalism and Socialism, Ithaca 2006, S. 205–226, hier S. 255: Laut Gorsuch stellten die „Brüderländer" aus Sicht des Kremls „ein Paradoxon der gleichzeitigen Inklusion und Exklusion dar: sowjetisch, aber zugleich nicht sowjetisch".

37 Zur Nutzung von Tourismus als Kommunikationsmittel s. die klassische Studie Judith Adler: Travel as Performed Art, in: American Journal of Sociology 6/1989, S. 1366–1391, insbes. S. 1377–1382.

es den „Bruderländern" der Sowjetunion, innerhalb der bestehenden asymmetrischen Beziehungen eigene Akzente zu setzen und auf subtile Weise deren Dominanzansprüche zu unterlaufen. Seien es der Austausch von Wimpeln und Geschenken bei Betriebsbesuchen, die Tischbeflaggung des Hotelrestaurants oder die Formulierungen des Reiseführers auf Exkursionen, die konkrete Ausgestaltung dieser scheinbaren Nebensächlichkeiten gab in der Summe sehr detailliert Auskunft über das Ansehen der UdSSR im Ausland und vermittelte Botschaften, die von den sowjetischen Reisegruppen verstanden wurden. Tourismus funktionierte in diesem Zusammenhang als Kommunikationsplattform, auf der die politische, kulturelle und historische Deutungshoheit ausgefochten wurde. Ein Großteil der Bemühungen von Funktionären lief daher darauf hinaus, Interaktionen zwischen Touristen und Einheimischen in kontrollierte Bahnen zu lenken. Im Laufe der Jahre entstand so ein sich immer weiter ausdifferenzierendes Geflecht aus Vorbereitungsmaßnahmen, Überwachungsmechanismen und Interaktionsleitlinien, die allesamt darauf abzielten, dem Tourismus jegliche Spontaneität zu rauben.

Dies galt auch und insbesondere für das kapitalistische Ausland, das prinzipiell als ideologischer Gefahrenraum galt. Der Tourismus in diese Länder spielte zwar quantitativ gesehen nur eine Nebenrolle, dafür beanspruchte er die sowjetische Verwaltung in besonderer Weise. Die Eignungsprüfung der Reisekandidaten, deren Vorbereitung und die Überwachung der Touristen im Ausland nahmen hier einen ungleich größeren Raum ein. Wenngleich sich der umfassende staatliche Kontrollanspruch des sowjetischen Tourismussektors hier also in seiner extremsten Form manifestierte, gab es dennoch keinen prinzipiellen Unterschied zwischen dem Tourismus in das kapitalistische und das sozialistische Ausland (oder jenem innerhalb der Sowjetunion): Hier wie dort projizierte der sowjetische Staat seine Ordnungsvorstellungen und ideologischen Grundsätze auf die eigenen Touristen und erhielt von diesen eine Rückmeldung über die Durchsetzbarkeit und die Angemessenheit dieser Projektionen. Genau um diesen dynamischen Aushandlungsprozess geht es in diesem Buch – an ihm lässt sich nachvollziehen, wie die KPdSU sich an der Etablierung einer Herrschaftslegitimation versuchten, die weiterhin auf einem uneingeschränkten Machtmonopol der Partei beruhte, aber weitgehend ohne physische Gewalt auskommen sollte und ein besseres Leben nicht in der Zukunft, sondern im Hier und Jetzt versprach.

Die Entstehung und Entwicklung des sowjetischen Auslandstourismus in den Jahren nach Stalins Tod 1953 bis an das Ende der Ära Brežnev im Oktober 1982 wird dabei in diesem Buch auf vier Ebenen beschrieben: Ausgangspunkt ist dessen Vorgeschichte ausgangs des 19. Jahrhunderts bis in die erste Hälfte des 20. Jahrhunderts. Ein Blick auf zentrale Topoi der Selbst- und Fremdwahrnehmung sowjetischer Auslandsreisender dieser Zeit zeigt, dass hier Narrative geprägt wurden, die auch in der poststalinistischen Ära wieder aufgegriffen und weiterentwickelt wurden.

Auf der zweiten Ebene stehen die institutionelle Struktur und die Organisationsformen des Auslandstourismus ab 1955 im Mittelpunkt. Beleuchtet werden sowohl die Gründung und das Selbstverständnis der beiden zentralen Reiseagenturen „Intourist" und „Sputnik"[38] als auch die Rolle der Gewerkschaften und des Komsomol bei der Koordinierung und Vorbereitung der Auslandsreisen. Ein besonderer Fokus liegt dabei auf der Auswahl der Reisekandidaten: Die Mechanismen, mit denen auf den verschiedenen Verwaltungs- und Hierarchieebenen über die Vergabe von Reiseberechtigungen an sowjetische Bürger entschieden wurde, verraten viel über die Verteilung von Konsumgütern in der poststalinistischen Sowjetunion und verdeutlichen, wie führende Funktionäre hierbei ihren Einfluss geltend machten.

Auf einer dritten Ebene wird der Auslandstourismus als kollektive Handlung betrachtet, in der neue Formen der Herrschaftslegitimation und -kultur performativ erprobt und eingeübt wurden. Obwohl sowjetische Touristen auch unter Chruščev und Brežnev einem strengen Verhaltensregime unterlagen, sorgte die Abwesenheit einer akuten Todesdrohung bei Fehlverhalten für Spielräume, die die Touristen zu nutzen wussten: Sie fanden immer wieder Strategien, um individuelle Bedürfnisse zu befriedigen und Disziplinierungsansprüche zu unterlaufen. Gerade in der Spätphase der Ära Brežnev verschwamm dabei zunehmend die Grenze zwischen einer klar umgrenzten Leitungsebene und dem touristischen Kollektiv – die Reisegruppen funktionierten hier als harmonisches Ganzes, allerdings in vielen Fällen weder nach den vorgesehenen Regeln noch den staatlichen Intentionen entsprechend.

Auf einer vierten und letzten Ebene schließlich geht es um die kulturelle Praxis der Auslandsreisen. Betrachtet werden hier Diskurse um „angemessene" Verhaltensweisen sowjetischer Touristen. Schon unter Stalin war die Frage, welche Form des Reisens der sozialistischen Gesellschaftsform entsprach, Gegenstand scharf geführter ideologischer Debatten. Unter Chruščev und Brežnev gewann diese Auseinandersetzung vor dem Hintergrund des neu eingeführten Auslandstourismus wieder an Brisanz. Sie diente nun nicht mehr nur der Verständigung über die ideologiekonforme Form der Freizeitgestaltung, sondern reflektierte auch den Einfluss sowjetischer Touristengruppen auf die Wahrnehmung ausländischer Gesellschaften. Analysiert werden in diesem Zusammenhang außerdem Formen der Begegnung zwischen Touristen und ausländischen Bevölkerungen. Zunächst allerdings wird der Gegenstand dieses Buchs in größere Forschungszusammenhänge eingeordnet.

---

38 Die Reiseagenturen werden im Folgenden ohne Anführungszeichen genannt.

1.1 Einordnung der Arbeit in Forschungsdiskurse

1.1.1 Der Auslandstourismus
als Teil der poststalinistischen sowjetischen Gesellschaftsordnung

Methodisch verortet sich die vorliegende Arbeit innerhalb der jüngeren Kultur-geschichte Osteuropas, die sich in den letzten Jahren verstärkt den Konsum-und Freizeitpraktiken der sozialistischen Gesellschaften der Nachkriegszeit zugewandt hat.[39] Spezifisch auf den sowjetischen Raum bezogen hat das Inte-resse an einer intensivierten Beschäftigung mit Themen der poststalinistischen Zeit stark zugenommen, nachdem der Fokus in den ersten Jahren nach der Öffnung der russischen Archive zunächst auf der Erforschung des Stalinismus gelegen hatte.[40] In den letzten Jahren heben Historiker die Notwendigkeit her-vor, sich dem „Privatleben" der sowjetischen Bürger zuzuwenden und damit das vermeintlich dominierende Narrativ eines uniformen und durchherrschten Alltags zu hinterfragen.[41] Gerade für die von Michail Gorbačev mit dem Label „Stagnation" gebrandmarkte Ära Brežnev (1964–1982) nehmen Autoren von Sammelbänden seit der Jahrtausendwende immer wieder für sich in Anspruch, eine „Neubewertung" des politischen, wirtschaftlichen und gesellschaftlichen Lebens in dieser Zeit vorzunehmen.[42] Etwas nüchterner betrachtet lässt sich

---

39 Stellvertretend für diesen Trend seien hier nur einige prominente Sammelbände der jüng-sten Vergangenheit genannt: David Crowley u. Susan E. Reid (Hg.): Style and Socialism. Modernity and Material Culture in Post-war Eastern Europe, Oxford 2000; Hannes Gran-dits (Hg.): Yugoslavia's Sunny Side. A History of Tourism in Socialism (1950s–1980s), Bu-dapest 2010; Paulina Bren u. Mary Neuburger (Hg.): Communism Unwrapped. Consump-tion in Cold War Eastern Europe, Oxford 2012; Diane Koenker u. Anne Gorsuch (Hg.): The Socialist Sixties. Crossing Borders in the Second World, Bloomington 2013 sowie Gleb Tsipursky: Socialist Fun. Youth, Consumption, & State-sponsored Popular Culture in the Soviet Union 1945–1970, Pittsburgh 2016.

40 Für einen konzisen Überblick über den Trend hin zur poststalinistischen Forschung s. Mi-riam Dobson: The Post-Stalin Era. De-Stalinization, Daily Life, and Dissent, in: Kritika 4/ 2011, S. 905–924.

41 Siehe etwa Lewis H. Siegelbaum (Hg.): Borders of Socialism. Private Spheres of Soviet Russia, New York u. a. 2006; Susan E. Reid: Khrushchev Modern: Agency and Modern-ization in the Soviet Home, in: Cahiers du monde russe 1–2/2006, S. 227–268; Deborah A. Field: Private Life and Communist Morality in Khrushchev's Russia, New York 2007; Natal'ja Černyšova: Soviet Consumer Culture in the Brezhnev Era, London u. a. 2013; Eva Hausbacher u. a. (Hg.): Fashion, Consumption and Everyday Culture in the Soviet Union between 1945 and 1985, München 2014 sowie Choi Chatterjee u. a. (Hg.): Every-day Life in Russia Past and Present, Bloomington 2015.

42 Edwin Bacon u. Mark Sandle (Hg.): Brezhnev Reconsidered, Houndmills u. a. 2002; Boris Belge u. Martin Deuerlein (Hg.): Goldenes Zeitalter der Stagnation? Perspektiven auf die sowjetische Ordnung der Brežnev-Ära, Tübingen 2014 sowie Dina Fainberg u. Artemij Kalinovskij (Hg.): Reconsidering Stagnation in the Brezhnev Era. Ideology and Exchange, Lanham 2016.

festhalten, dass sich hier ein breiterer Trend innerhalb der Geschichtswissen-
schaften widerspiegelt, etablierte politik- und sozialgeschichtliche Ansätze um
kulturhistorische Perspektiven zu erweitern.[43] Dies hat zu einem deutlich differenzierteren und detaillierteren Verständnis des Alltagslebens in der zweiten
Hälfte des sowjetischen 20. Jahrhunderts geführt.

In Bezug auf die Bedeutung des Auslandstourismus macht sich die Arbeit dabei
zwei jüngere methodische Ansätze zu eigen. Erstens folgt sie dem Vorschlag von
Eleonory Gilburd und Denis Kozlov, die Epoche des „Tauwetters" als „Ereignis"
ernst zu nehmen.[44] Demnach ist die (letztendlich inkonsequent durchgeführte)
Entstalinisierung unter Chruščev als Teil einer langen Tradition russischer und
sowjetischer Staatsführer zu verstehen, sich zu Beginn der eigenen Herrschaft
durch einen deutlichen politischen Kurswechsel zu profilieren; gleichzeitig ist
aber auch der singuläre und die weitere historische Entwicklung prägende Charakter dieser Epoche zu würdigen: Das „Tauwetter" wirkte sich nachhaltig auf
das Denken, die Verhaltensmuster und Lebensstile der sowjetischen Bevölkerung aus und erzeugte einen gesellschaftlichen Optimismus, der bis weit in die
Ära Brežnev hineinreichte.[45]

Die Einführung eines organisierten Auslandstourismus war vor diesem Hintergrund Teil des „Tauwetter-Ereignisses": Er setzte auf bestehende Traditionen auf
und war an vielen Stellen vom stalinistischen Erbe geprägt. Gleichzeitig beruhte
er auf der Etablierung neuer Institutionen und Verhaltensmuster, die einen de-
zidiert poststalinistischen Charakter trugen.[46] Gerade aus diesem Grund überdauerte der Auslandstourismus die Absetzung Chruščevs und erlebte in den späten 1960er und 70er Jahren einen regelrechten Boom: Die gesellschaftspolitische
„konservative Wende" unter Brežnev ließ sich leicht auf die inhaltliche und organisatorische Gestaltung des Auslandstourismus übertragen, weil dieser sich im
Kern nie vollständig von stalinistischen Formen der kollektiven Disziplinierung

---

43 Ein Plädoyer für eine „Versöhnung" der vermeintlich konkurrierenden historischen Ansätze bei der Analyse der sowjetischen Gesellschaft lieferte Mark Edele am Beispiel der Forschungen zum Stalinismus, s. ders.: Soviet Society, Social Structure, and Everyday Life.
  Major Frameworks Reconsidered, in: Kritika 2/2007, S. 349–373. Gute Beispiele für methodisch breit angelegte Sammelbände, die einen Überblick über die Diversität der aktuellen Forschungslandschaft auf dem Gebiet der poststalinistischen Sowjetunion bieten, sind
  Polly Jones (Hg.): The Dilemmas of De-stalinization. A Social and Cultural History of Reform in the Khrushchev Era, New York, N.Y. 2005 sowie Eleonory Gilburd u. Denis Kozlov
  (Hg.): The Thaw. Soviet Society and Culture During the 1950s and 1960s, Toronto 2013.
44 Eleonory Gilburd u. Denis Kozlov: The Thaw as an Event in Russian History, in: Dies.
  (Hg.): Thaw, S. 18–81.
45 Vgl. ebd., S. 28–32.
46 So ging das Jugendreisebüro Sputnik unmittelbar aus dem Weltjugendfestival in Moskau
  1957 hervor und verstetigte in vielerlei Hinsicht dessen internationalistischen Geist. Detailliert wird diese These in Kapitel 3.1.4 ausgeführt.

und propagandistischen Außendarstellung befreit hatte. Darüber hinaus profitier-
te der auslandstouristische Sektor von der zunehmenden Bedeutung einer wachsenden und sich stärker ausdifferenzierenden Bürokratie.[47] Ab Mitte der 1960er
Jahre entstand eine eigene „Verwaltung für Auslandstourismus", die auf institutioneller Ebene eine zunehmende Autonomie und einen Bedeutungszuwachs dieses
Sektors in den kommenden Jahrzehnten vorwegnahm (vgl. Kapitel 3.1.3).

Zweitens nimmt diese Arbeit den Appell von David Crowley und Susan Reid
auf, die Rolle des Konsums in der poststalinistischen Sowjetunion differenziert zu
bewerten.[48] Das Versprechen und die Realisierung eines verbesserten Lebensstandards für die breite Bevölkerung waren demnach mehr als das Feigenblatt einer
weiterhin repressiven und autoritären Parteidiktatur, sondern sie kennzeichneten
vielmehr eine neue Form von Herrschaftslegitimation. Durch die verstärkte Förderung des Konsumgütersektors und des Außenhandels versuchte Chruščev, mit
planwirtschaftlichen Mitteln einen spürbaren Anstieg des Lebensstandards seiner
Bevölkerung zu erreichen und so auf diesem Gebiet mit den westlichen Industrienationen gleichzuziehen. Außerdem förderte er – zumindest in der Frühphase des
Tauwetters – lokale „Graswurzel-Initiativen" im kulturellen Bereich, die eine stärkere Identifikation der Bevölkerung mit der staatlichen Ideologie ermöglichten.[49]
Widerstände innerhalb des Parteiapparates und die spätere konservative innenpolitische Wende unter Brežnev führten jedoch dazu, dass der unter Chruščev
begonnene wirtschafts- und kulturpolitische Liberalisierungskurs in Teilen rück-
gängig gemacht wurde. Es gelang der KPdSU vor diesem Hintergrund in den
1960er und 70er Jahren nicht, die während des Tauwetters geweckten Konsum-
und Selbstverwirklichungsbedürfnisse der Bevölkerung mit der Rückkehr zu
einem autoritären Herrschaftsstil und einer (erneuten) Einengung gesellschaftlicher Diskursräume in Einklang zu bringen.[50] Die Vision eines auf Funktionalität
und Kollektivität gründenden „rationalen Konsums", die Chruščev zu Beginn
seiner Amtszeit als Alternative zum ungehemmten Konsumismus kapitalistischer
Gesellschaften formuliert hatte, blieb eine Schimäre.[51] Stattdessen wuchs die Be-

47 Vgl. Manfred Hildermeier: Geschichte der Sowjetunion 1917–1991. Entstehung und Nie-
    dergang des ersten sozialistischen Staates, München 1998, S. 857–866.
48 David Crowley u. Susan E. Reid: Introduction: Pleasures in Socialism?, in: Dies. (Hg.),
    Pleasures, S. 3–51.
49 Vgl. das Kapitel „Youth Initiative and the 1956 Youth Club Movement", in: Tsipursky:
    Socialist, S. 101–133.
50 Ebd., S. 21–38. Siehe außerdem Polly Jones: Introduction, in: Dies. (Hg.), Dilemmas,
    S. 1–18 und zum Scheitern des Versuchs der Schaffung einer alternativen sozialistischen
    Konsumgesellschaft György Péteri: Introduction. The Oblique Coordinate Systems of
    Modern Identity, in: Ders. (Hg.), Imagining the West in Eastern Europe and the Soviet
    Union, Pittsburgh 2010, S. 1–12, insbes. S. 9.
51 Zum Konzept des „rationalen Konsums" siehe Susan E. Reid: Cold War in the Kitchen:
    Gender and the De-stalinization of Consumer Taste in the Soviet Union under Khrushchev,

deutung der Schattenwirtschaft im Laufe der 1960er und 70er Jahre. Einerseits gilt sie in der Forschung als stabilisierendes Element der sozialen Ordnung, weil sie planwirtschaftliche Defizite der Warenzirkulation und der Befriedigung von Konsumentenbedürfnissen kompensierte, andererseits trug sie potenziell dazu bei, das Vertrauen in die Gerechtigkeit und Steuerungskompetenz des sowjetischen Staatsapparates zu untergraben.[52] Welche Rolle in diesem Kontext der Auslandstourismus spielte, der sowjetischen Bürgern einerseits Zugang zu ausländischen Warenströmen verschaffte, aber anderseits kommerzielle Aktivitäten streng limitierte, ist ein Untersuchungsgegenstand dieses Buches.

1.1.2 Der Auslandstourismus als Teil der sowjetischen Kulturdiplomatie

In der Wissenschaft herrschte lange Zeit eine eher ignorante Haltung bezüglich des Engagements der UdSSR auf dem Feld der Kulturdiplomatie. Wenig überraschend widmeten westliche Forscher sich noch während des Auseinanderfallens der sozialistischen Staatengemeinschaft und in den darauf folgenden Jahren zunächst den Details der Überlegenheit der USA auf dem „weichen" Terrain der Blockkonfrontation.[53]

Erst nach der Jahrtausendwende wuchs das Interesse an der „Logik der sowjetischen Kulturdiplomatie".[54] Seit Nigel Gould-Davies in dem gleichnamigen

in: Slavic Review 2/2002, S. 211–252, hier S. 219 sowie für eine transnationale sozialistische Perspektive (am Beispiel des Autos) das Kapitel „Leitbilder und Diskurse des sozialistischen Autokonsums", in Luminita Gatejel: Warten, hoffen und endlich fahren. Auto und Sozialismus in der Sowjetunion, in Rumänien und der DDR (1956–1989/91), Dissertation, Frankfurt, New York 2014, S. 75–97. Zum Scheitern des Konzepts des „rationellen Konsums" vor dem Hintergrund ausländischer Einflüsse auf die sowjetische Jugend vgl. Pia Koivunen: Overcoming Cold War Boundaries at the World Youth Festivals, in: Sari Autio u. Katalin Miklóssy (Hg.), Reassessing Cold War Europe, Milton Park u. a. 2011, S. 175–192.

52 Vgl. dazu die klassische Studie von James R. Millar: The Little Deal: Brezhnev's Contribution to Acquisitive Socialism, in: Slavic Review 4/1985, S. 694–706; siehe außerdem Stephan Merl: Konsum in der Sowjetunion: Element der Systemstabilisierung?, in: GWU 9/2007, S. 519–536.

53 Joseph S. Nye prägte den Begriff der „Soft Power" für nichtmilitärische, kulturdiplomatische Formen der Beeinflussung anderer Staaten und ihrer Bevölkerungen und machte diese als zentrales Moment der amerikanischen Überlegenheit in der Spätphase des Kalten Kriegs aus, vgl. ders.: Soft Power, in: Foreign Policy 80/1990, S. 153–171. Spätere historische Studien nutzten den Zugriff auf freigegebene Archivbestände in den USA und Russland, um ein detaillierteres Bild der US-Kulturdiplomatie zu zeichnen (und ihr große Erfolge zu bescheiden), vgl. Walter L. Hixson: Parting the Curtain. Propaganda, Culture, and the Cold War, 1945–1961, New York 1998, Frances Stonor Saunders: Who Paid the Piper? The CIA and the Cultural Cold War, London 1999 und Yale Richmond: Cultural Exchange & the Cold War. Raising the Iron Curtain, University Park 2003.

54 Nigel Gould-Davies: The Logic of Soviet Cultural Diplomacy, in: Diplomatic history 2/2003, S. 193–214.

Aufsatz von 2003 die Hintergründe und Motive der verstärkten Bereitschaft der KPdSU für einen Austausch von Ideen, Personen und Waren mit dem Westen nach dem Tod Stalins analysierte, hat die Beschäftigung mit dieser Thematik stark zugenommen. Zu unterscheiden sind dabei grundsätzlich zwei Ansätze: Zum einen hat sich eine Reihe von Studien mit der Rezeption westlicher kultureller Einflüsse in der sowjetischen Bevölkerung beschäftigt und die Versuche der staatlichen Kader beleuchtet, diesen Einflüssen über die Massenmedien entgegenzuwirken.[55] Zum anderen wurden die sowjetischen Bemühungen um eine Ausweitung der kulturellen Einflusszone auf die „Satellitenstaaten" und die westliche Welt entweder als vereinzelte Maßnahmen oder als Teil einer koordinierten zentralstaatlichen Politik beleuchtet.[56]

Generell geht der Trend dahin, die zahlreichen Interaktionen auf kultureller Ebene als Teil einer blockübergreifenden „Verflechtungsgeschichte" zu begreifen. In diesem Kontext entstandene Studien zielen darauf ab, nicht die Großmächte als bestimmende Akteure eines Nullsummenspiels in den Fokus zu nehmen, sondern die verschiedenen Formen und Medien der Begegnung selbst in den Mittelpunkt der Analysen zu stellen. Dabei gilt den Eigenlogiken der verschiedenen Berührungsebenen (sportliche Wettkämpfe, Messeausstellungen, Kino- und Theaterfestivals, Tourismus etc.) und den durch sie hervorgerufenen wechselseitigen Beeinflussungen besondere Aufmerksamkeit.[57]

---

55 Rósa Magnúsdóttir: Keeping up appearances. How the Soviet State Failed to Control Popular Attitudes toward the United States of America, 1945–1959, Dissertation, Chapel Hill 2006; Susan E. Reid: Who Will Beat Whom? Soviet Popular Reception of the American National Exhibition in Moscow, 1959, in: Kritika 9/2008, S. 855–904; Sergei Dobrynin: The Silver Curtain: Representations of the West in the Soviet Cold War Films, in: History Compass 7/2009, S. 862–878; Sergei Kapterev: Illusionary Spoils. Soviet Attitudes toward American Cinema during the Early Cold War, in: Kritika 10/2009, S. 779–807.

56 Balázs Apor u. a. (Hg.): The Sovietization of Eastern Europe. New Perspectives on the Postwar Period, Washington, DC 2008; Jonathan C. Valdez: Internationalism and the Ideology of Soviet Influence in Eastern Europe, Cambridge u. a. 2009; Austin Jersild: The Soviet State as Imperial Scavenger: "Catch Up and Surpass" in the Transnational Socialist Bloc, 1950–1960, in: The American Historical Review 1/ 2011, S. 109–132 und Lewis Siegelbaum: Sputnik Goes to Brussels. The Exhibition of a Soviet Technological Wonder, in: Journal of Contemporary History 47. 2012, S. 120–137.

57 Vgl. u. a. David Caute: The Dancer Defects. The Struggle for Cultural Supremacy During the Cold War, Oxford u. a. 2008; Sari Autio-Sarasmo (Hg.): Winter kept us warm. Cold War Interactions Reconsidered, Helsinki 2010; Bernd Greiner u. a. (Hg.): Macht und Geist im Kalten Krieg, Hamburg 2011; Kaarel Piirimäe u. Olaf Mertelsmann (Hg.), The Baltic Sea Region and the Cold War, Frankfurt am Main u. a. 2012; Rana Mitter u. Patrick Major (Hg.): Across the Blocs. Cold War Cultural and Social History, London 2012; Giles Scott-Smith u. Peter Romijn (Hg.): Divided Dreamworlds? The Cultural Cold War in East and West, Amsterdam 2012; Eva-Maria Stolberg (Hg.): The Soviet Union and the United States. Rivals of the Twentieth Century. Coexistence and Competition, Frankfurt am Main 2013; Patryk Babiracki u. Kenyon Zimmer (Hg.): Cold War Crossings. International

Die Aufdeckung immer weiterer Interaktionsfelder hat dazu geführt, dass die von Winston Churchill geprägte Metapher des „Eisernen Vorhangs" in jüngster Zeit wiederholt hinterfragt und modifiziert wurde. Als Alternativen wurden Bezeichnungen wie „Nylon Curtain"[58], „Silver Curtain"[59] und – in einer besonders originellen biologischen Analogie – „semipermeable Membran"[60] ins Feld geführt. Wie an diesen Beispielen zu erkennen ist, wird das Bild des trennenden „Vorhangs" in der Regel auch in jüngeren Ansätzen nicht gänzlich verworfen, sondern lediglich dessen undurchdringlicher Charakter relativiert.

Der von Michael David-Fox vorgeschlagene Begriff der „semipermeablen Membran" überzeugt dabei durch seine Anschaulichkeit – die Membran ruft Assoziationen von lebendigen, in stetem Fluss befindlichen, aber eben auch begrenzten Austauschprozessen hervor. David-Fox verortet dabei den Ursprung dieser durchlässigen Abgrenzung bereits im Stalinismus. In den 1930er Jahre hätten „Waren, Personen, Wissen und Modelle aus der Außenwelt selektiv und auf verschiedenen Wegen die Grenzen der kommunistischen Länder überschritten".[61]

Der „stalinistische Überlegenheitskomplex" habe die Bolschewiki vor dem Zweiten Weltkrieg in dem Denken bestärkt, dass das „Ein- und Überholen" des westlichen industriellen Produktionsstandards für die progressive sowjetische Gesellschaftsordnung nur eine Frage der Zeit sei und daher der Import von Know-How und Technik als „Anschubhilfe" zu rechtfertigen war.

Die spätere Öffnungspolitik des Tauwetters sei durch die Sozialisation Chruščevs und anderer führender Kader mit dem „Überlegenheitskomplex" zu erklären. Das Ende der mit dem Krieg und dem Spätstalinismus verbundenen Isolationspolitik erzeugte laut David-Fox in der Parteiführung die optimistische Haltung, das sowjetische Projekt auch ohne inneren Terror und äußere Abschottung zum Erfolg führen zu können. Das Bewusstsein der eigenen soziokulturellen Überlegen-

Travel and Exchange Across the Soviet Bloc, 1940s-1960s, College Station 2014 und Simo Mikkonen u. Pia Koivunen (Hg.): Beyond the Divide. Entangled Histories of Cold War Europe, New York 2015.

58 Gemeint ist damit die symbolische Bedeutung des Nylon als „Inbegriff der industriellen Moderne". Die (Un-)Fähigkeit, hochwertige Produkte (u. a. aus Nylon) für den Konsumgütermarkt herzustellen, war in dieser Sicht das entscheidende Moment des Ost-West-Konflikts, vgl. György Péteri (Hg.): Nylon Curtain. Transnational and Transsystemic Tendencies in the Cultural Life of State-Socialist Russia and East-Central Europe, Trondheim 2006, Zitat auf S. 115.

59 Gemeint ist der Einfluss, den die amerikanische und westeuropäische bzw. die sowjetische und osteuropäische Kinoindustrie auf die Vorstellungen der Bevölkerungen über das Leben in dem jeweils anderen Staatenbündnis hattte, vgl. Dobrynin: Silver und Anne Gorsuch: From Iron Curtain to Silver Screen. Imagining the West in the Khrushchev Era, in: Péteri (Hg.), Imagining, S. 153–171.

60 Michael David-Fox: The Iron Curtain As Semipermeable Membrane. Origins and Demise of the Stalinist Superiority Complex, in: Babiracki/Zimmer (Hg.), Cold, S. 14–39.

61 Ebd., S. 18.

heit sollte den eigenen Bürgern dabei helfen, die noch offensichtlichen Defizite im Lebensstandard im Vergleich mit den kapitalistischen Industrienationen und auch den meisten „Bruderländern" als Übergangserscheinung zu tolerieren. David-Fox charakterisierte diese Haltung als „übersteigertes Selbstbewusstsein" und das Einsickern von westlichen Einflüssen durch die „Membran" als „ideologische Zeitbombe" für das sowjetische Projekt.[62] Diese pessimistisch-teleologische Lesart einer aus Selbstüberschätzung geborenen, letzlich selbstzerstörerischen Abkehr von der Isolationsstrategie kann am Beispiel des Auslandstourismus überprüft und kritisch hinterfragt werden: War es wirklich der Glaube an die eigene Stärke, der die sowjetische Führung dazu motivierte, den touristischen Austausch mit dem Ausland voranzutreiben? Und waren sie sich der potenziellen Gefahren für die eigene Herrschaftsstabilität nicht bewusst? Diese Fragen sind nicht nur relevant für das Verhältnis zum kapitalistischen Ausland, sondern auch und insbesondere für jenes zu den benachbarten sozialistischen Staaten. Wie Austin Jersild betont, verriet der offizielle Sprachgebrauch, dass in der sowjetischen Logik die Beziehungen zu den „Bruderländern" nicht als Außenpolitik, sondern als eine spezifisch sozialistische Form des Bündnisses aufgefasst wurden, bei der die Grenzen zwischen den Staaten „verwischt und ambivalent" erschienen.[63] Das immer prekäre Dogma der „sozialistischen Völkerfreundschaft" war ein perfider Euphemismus für hierarchische Beziehungen, die auf der Etablierung Moskau-höriger Regierungen, der Durchsetzung einer sowjetischen Sicht auf die Geschichte[64] und – gerade in den ersten Jahren nach dem 2. Weltkrieg – auf einer Ausbeutung der dortigen materiellen und intellektuellen Ressourcen beruhte.[65] Die politischen Krisen in der DDR und Ungarn 1956, der Prager Frühling 1968/69 und das Aufkommen der Solidarność-Bewegung Ende der 1970er Jahre in Polen verdeutlichten dabei allerdings die Fragilität der sozialistischen Staatengemeinschaft und stellten die in der UdSSR verbreitete Wahrnehmung in Frage, dass diese Staaten einen erweiterten Souveränitäts- und Schutzraum des Sowjetischen darstellten, radikal in Frage.
Die sowjetische Parteiführung betrachteten die emanzipatorischen gesellschaftlichen Strömungen in diesen Ländern als Folge westlicher Einflussnahme.[66]

---

62 Ebd., S. 35.
63 Jersild: Soviet, S. 116.
64 Malte Rolf: Das sowjetische Massenfest, Dissertation, Hamburg 2006, S. 329–337.
65 Vgl. Jersild: Soviet; Jan C. Behrends: Die erfundene Freundschaft. Propaganda für die Sowjetunion in Polen und in der DDR, Dissertation, Köln 2006.
66 Vgl. für die den Fall der ČSSR Mark Kramer: The Czechoslovak Crisis and the Brezhnev Doctrine, in: Carole Fink u. a. (Hg.), 1968. The World Transformed, Cambridge u. a. 1998, S. 111–172, hier insbes. S. 135–141 sowie Rachel Applebaum: Friendship of the Peoples. Soviet-Czechoslovak Cultural and Social Contacts From the Battle For Prague to the Prague Spring, 1945–1969, Dissertation, Chicago 2010, S. 268ff. Für den polnischen Fall siehe Maryna Bessonova: Soviet Attitudes Towards Poland's Solidarity Movement,

Die verstärkte Konfrontation mit Kritik an der Politik der KPdSU ab Ende der 1960er Jahre erzwang insofern eine Neukartierung der *mental maps* sowjetischer Touristen. Sie machten die Erfahrung, dass die Grenze zwischen „Eigenem" und „Fremdem" eben nicht entlang der Systemblöcke verlief, sondern mitten durch diese hindurch. Das Studium der touristischen Beziehungen zwischen der Sowjetunion und den sozialistischen Nachbarländern ermöglicht es insofern, die dynamische und zunehmend komplexe Sichtweise sowjetischer Funktionäre und Touristen auf die „Freundschaftsbeziehungen" nachzuzeichnen.

1.2 Quellenlage

Die Arbeit basiert zu großen Teilen auf Quellenbeständen des Staatsarchivs der Russischen Föderation (*Gosurdarstvennyj archiv Rossijskoj Federacii,* im Folgenden GARF) und des Russischen Staatsarchivs für soziopolitische Geschichte (*Rossijskij gosurdarstvennyj archiv socio-političeskoi istorii,* im Folgenden RGASPI). Im GARF befinden sich umfangreiche Bestände aus dem internen Schriftverkehr, Berichte und Statistiken von Intourist und der gewerkschaftlichen Tourismusverwaltung (zur Rolle der Gewerkschaften im Auslandstourismus siehe Kapitel 3), im RGASPI sind entsprechende Dokumente von Sputnik hinterlegt. Vereinzelt wurden darüber hinaus Quellen des Russischen Staatsarchivs für Neueste Geschichte (*Rossijskij gosurdarstvennyj archiv novejšej istorii,* RGANI), des Zentralen Archivs gesellschaftlicher Bewegungen der Stadt Moskau (*Central'nyj archiv obščestvennych dviženij Moskvy,* CAODM) sowie des Permer Staatsarchivs für Neueste Geschichte (*Permskij gosurdarstvennyj archiv novejšej istorii,* PermGANI*)* berücksichtigt. In diesen Archiven sind vor allem Dokumente zu Parteibeschlüssen in Fragen des Tourismus zu finden.

Außerhalb der Russischen Föderation fanden Recherchen im Warschauer Staatsarchiv (*Archiwum Akt Nowych,* AAN) und im Institut für nationales Gedenken (*Instytut Pamięci Narodowej,* IPN) statt. Das dort verfügbare Quellenmaterial erlaubt Einblicke in die Zusammenarbeit zwischen Polen und der Sowjetunion aus der Perspektive der polnischen Tourismusorganisationen. Aus dem Bundesarchiv (BArch) stammen Dokumente aus dem Nachlass der Gesellschaft für sowjetisch-deutsche Freundschaft (DSF) über den Empfang sowjetischer Reisegruppen. Der Autor erhielt zudem Zugriff auf zwei Berichte und fotografisches Material des „Jugendaustauschwerkes" in Verl (JAW), das in den 1960er und 70er Jahren von Sputnik entsandte Reisegruppen empfing. Abgesehen davon wurden Presseberichte

in: Lee Trepanier (Hg.), The Solidarity movement and perspectives on the last decade of the Cold War, Krakow 2010, S. 67–78.

sowjetischer und internationaler Radiosender, Zeitungen und Zeitschriften, Berichte des sowjetischen Geheimdienstes, literarische Reiseberichte, Filme sowie publizierte und nicht-publizierte Memoiren berücksichtigt. Ein Teil dieser Quellen stammt aus der Russischen Staatsbibliothek (*Rossijskaja gosudarstvennaja biblioteka*, RGB), ein Teil ist über das Internet frei zugänglich, hervorzuheben sind hierbei Geheimdienstberichte aus dem Litauischen Spezialarchiv (*Lietuvos Ypatingasis Archyvas,* LYA) die „Open Society Archives" (OSA), die einen Teil ihrer Dokumente online zur Verfügung stellen, wobei für diese Arbeit die Berichte und Reportagen des „Radio Free Europe" (RFE) aus den Jahren 1955–1960 über sowjetische Touristengruppen in Europa berücksichtigt wurden.

Gerade letztgenannte Quellengattungen dienen als Korrektiv bzw. Ergänzung zu der in dieser Arbeit vorwiegend berücksichtigten staatlichen Überlieferung. Insgesamt ist die „Staatslastigkeit" des Quellenmaterials aber durchaus bewusst gewählt. Es sollen mit der vorliegenden Untersuchung in erster Linie Aussagen über Diskurse innerhalb des Herrschafts- und Verwaltungsapparates und über das Selbstbild und die Handlungsweisen der darin agierenden Funktionäre gemacht werden. Davon abgesehen vertritt der Autor die Ansicht, dass unter Berücksichtigung quellenkritischer Überlegungen in begrenztem Rahmen durchaus auch Aussagen über die in den Quellen beschriebenen Touristen und deren Einstellungen gemacht werden können. Wie im folgenden Kapitel näher ausgeführt wird, existieren bereits (kleinere) Studien, die andere Materialien, darunter u. a. Interviews als zentrale Quellenkategorie nutzen. Bislang kann aber nicht die Rede davon sein, dass die in dieser Arbeit verwendeten offiziellen Dokumente im Bereich des Tourismus annähernd erschöpfend ausgewertet worden sind. Gerade für die Ära Brežnev und noch mehr für das letzte Jahrzehnt der sowjetischen Geschichte gilt vielmehr, das weitere Forschung sowohl mit staatlicher als auch nicht-staatlicher Überlieferung dringend erforderlich ist.

1.3 Forschungsstand

Bis in die 2000er Jahre beruhten die spärlichen Informationen über den Auslandstourismus aus der UdSSR weitgehend auf sowjetischen Publikationen, journalistischen Artikeln und Auskünften von Exilsowjetbürgern. Während des Kalten Krieges stammte das Gros des darüber hinausgehenden wissenschaftlichen Interesses außerhalb der Sowjetunion dabei aus dem Bereich der Politik- und Sozialwissenschaften und insbesondere der amerikanischen Sowjetologie.[67]

---

67 Die entsprechenden Literaturhinweise sind bei der Besprechung der einzelnen Veröffentlichungen im weiteren Verlauf des Kapitels angegeben.

Eine der frühesten einschlägigen Untersuchungen verfasste allerdings 1960 ein Unterausschuss des Ständigen Justizausschusses des US-Senats. Er bezog sich auf Berichte in den sowjetischen Medien über Bürger aus der UdSSR, die zwischen Februar 1959 und Januar 1960 als Teil eines im Januar 1958 beschlossenen Kulturaustauschprogramms (auch bekannt als „Lacy-Zarubin-Abkommen")[68] die USA besucht hatten.[69]

Die Untersuchung war geprägt von einer scharfen Rhetorik angesichts einer als antiamerikanische Kampagne wahrgenommen sowjetischen Berichterstattung. Obwohl die sowjetischen Besucher in seinem Bericht als „Touristen" adressiert wurden, stellte der Unterausschuss diese Zuschreibung selbst in Frage, indem er sie als „politisch zuverlässige und sorgfältig trainierte zivile Beobachter" kennzeichnete und in einem Großteil von ihnen „Geheimdienstmitarbeiter" zu erkennen glaubte.[70] Der Bericht verlieh der Unsicherheit Ausdruck, die man in den USA und in anderen westlichen Staaten angesichts einer schwer einzuschätzenden Öffnungspolitik der KPdSU empfand.

Dass ein präzises Verständnis des sowjetischen Tourismussektors in den Vereinigten Staaten auch während der Phase der Détente als Teil einer präventiven Sicherheitsstrategie wahrgenommen wurde, verdeutlicht die Tatsache, dass die im Oktober 1967 von Jill Lion vorgestellte Studie „Long Distance Passenger Travel" vom amerikanischen Verteidigungsministerium finanziert worden war und der Kontrolle der Wissenschaftsabteilung der U.S. Air Force unterlegen hatte.[71] Im Vergleich zu der sieben Jahre zuvor publizierten Studie des Senats-Unterausschusses bedient sich Lion einer sachlichen Sprache und sieht den Auslandstourismus weniger als zentral gesteuerte Spionagemission denn als ein Luxuskonsumgut, das insbesondere auf das Interesse einer gut gebildeten sowjetischen Elite stieß und deren Vergleichshorizonte potenziell erweiterte.[72]

---

68 Das Abkommen ist benannt nach den beiden Diplomaten Georgij Zarubin (UdSSR) und William Lacy (USA), die die jeweiligen Delegationen bei den Verhandlungen in Washington von 28. Oktober 1957 bis zum 27. Januar 1958 anführten; der Text des Abkommens ist online einsehbar unter https://librariesandcoldwarculturalexchange.wordpress.com/text-of-lacy-zaroubin-agreement-january-27–1958/, zuletzt eingesehen am 31.10.2018.

69 United States House Committee on the Judiciary: The United States through the Eyes of Soviet Tourists. An Analysis of Their Published Reports Prepared by the Staff of the Subcommittee to Investigate the Administration of the Internal Security Act and Order Internal Security Laws of the Committee on the Judiciary, United States Senate, 86. Congress, 2. session, Washington, D.C 1960.

70 Ebd., S. 1.

71 Jill A. Lion: Long Distance Passenger Travel in the Soviet Union. Research Program on Problems of International Communication and Security, Oktober 1967.

72 Diese Sichtweise vertrat auch der amerikanische Historiker John Bushnell, der die zentrale Bedeutung des sowjetischen Reiseverkehrs in die „Bruderländer" darin sah, dass „die sowjetische Mittelklasse insgesamt eine einigermaßen akkurate Vorstellung von den dortigen Konsumstandards" erhielt. Vgl. John Bushnell: The ‚New Soviet Man' Turns Pessimist,

Obgleich das Ausmaß des sowjetischen Auslandstourismus in den 1980er Jahren seinen Höhepunkt erreichte, erhielt er auch in dieser Zeit weder innerhalb noch außerhalb der UdSSR besondere Aufmerksamkeit. In der Sowjetunion erschienen erst ab den späten 1970er Jahren erste Forschungsarbeiten zu dieser Thematik. Sie litten ähnlich wie vergleichbare Arbeiten westlicher Wissenschaftler an einem mangelnden Zugriff auf Primärquellen.[73] Typische Beispiele hierfür sind zwei Publikationen des Historikers Valerij Kvartal'nov aus dem Jahr 1987. Seine Monographie über die „Organisation und Entwicklung des vaterländischen und internationalen Tourismus" beschränkte sich auf eine rudimentäre und rein deskriptive Institutionengeschichte.[74] Seine gemeinsam mit V. K. Fedorčenko verfasste Geschichte des sowjetischen Jugendtourismus enthält immerhin eine deutlich detailliertere Schilderung der Entstehungsgeschichte und Entwicklung des vom Komsomol gegründeten Jugendreisebüros Sputnik.[75] Allerdings bleibt es auch hier bei einer rein faktenorientierten Darstellungsweise. Der Tenor des Buches, dass sich der Jugendtourismus in einer Kette von aufeinander abgestimmten und vorausschauenden Planungsschritten der Parteiführung harmonisch zu einem mächtigen Motor internationaler Freundschaft und Zusammenarbeit entwickelte, beruht dabei in erster Linie auf einer unkritischen Rezeption von Parteitagsdeklamationen und der Eigendarstellung von Sputnik. Ein bis heute auch in westlichen Publikationen zu sowjetischen Auslandsreisen häufig zitierter Beitrag ist Gennadij Dolženkos 1988 veröffentlichte „Geschichte des Tourismus im vorrevolutionären Russland und in der UdSSR". Dabei widmet Dolženko dem Auslandstourismus hier lediglich zwei wenig informative Seiten, in denen unter anderem aufgeblähte Statistiken über dessen quantitative Ausmaße aus älteren sowjetischen Quellen zitiert werden.[76] Andere Forschungsarbeiten aus dieser Zeit werden deutlich seltener rezipiert, obgleich ihre Befunde auf einer deutlich besseren und kritischeren Analyse der vor-

in: Stephen Frand Cohen u. a. (Hg.), The Soviet Union since Stalin, Bloomington 1980, S. 179–199, hier insbesondere der Abschnitt „International Comparisons", S. 191–194, das Zitat ist von S. 192. Bushnell prägte davon ausgehend als einer der ersten Wissenschaftler das wirkmächtige Bild vom Auslandstourismus als Shopping-Tour: „Für Sowjetreisende in Osteuropa sind die Hauptsehenswürdigkeiten nicht architektonische Monumente, sondern Geschäfte [...]", s. ebd., S. 192.

73 Siehe beispielhaft die Publikationen Donat Ismaev: Turizm – put' vzaimoponimanija meždu narodami, Moskau 1977; Viktor Mošnjaga und Valerija A. Lukov: Istorija meždunarodnogo i detskogo dviženija, Moskau 1983 sowie M. E. Nemoljaeva und L. F. Chodorkov: Meždunarodnyj turizm. Včera, segodnja, zavtra, Moskau 1985.

74 V. A. Kvartal'nov: Organizatsija i razvitie otečestvennogo i inostrannogo turizma, Moskau 1987, hier S. 34.

75 V. A. Kvartal'nov u. V. K. Fedorčenko: Orbity „Sputnika". Iz istorii molodežnogo turizma, Kiew 1987.

76 Gennadij Dolženko: Istorija turizma v dorevoljucionnoj Rossii i SSSR, Rostov am Don 1988, hier S. 154–155.

handenen Empirie beruhen.[77] Besonders hervorzuheben ist hier der hervorragend recherchierte Beitrag von Derek Hall und Denis Shaw über den Stand der Reisefreiheit in der Sowjetunion zu Beginn der 1990er Jahre in einem 1991 erschienenen Sammelband über den Tourismussektor im sozialistischen Raum.[78] Hall und Shaw geben hierin nicht nur eine fundierte Abschätzung der quantitativen Entwicklung des Auslandstourismus, sondern schildern auch die institutionellen Entwicklungen in diesem Bereich vor dem Hintergrund von Glasnost' und Perestroika.

Eine genuin historische Erforschung des Auslandstourismus erfolgt allerdings erst seit Mitte der 2000er Jahre im Rahmen eines wachsenden Interesses an touristischen Praktiken im osteuropäischen Raum.[79] Eine Pionierrolle kommt hierbei dem 2006 erschienenen Sammelband „Turizm. The Russian and East European Tourist under Capitalism and Socialism" zu.[80] Für den Bereich des sowjetischen Auslandstourismus war es dabei insbesondere der Aufsatz über sowjetische Touristen in Osteuropa der Mitherausgeberin Anne Gorsuch, der den Auftakt für eine ganze Reihe von weiteren einschlägigen Forschungsarbeiten in den darauf folgenden Jahren bildete.[81]

Gorsuch verwendet erstmals Primärquellen aus den Beständen der sowjetischen Tourismusorganisationen und kann auf dieser Grundlage ein detaillierteres Bild des Auswahlverfahrens, der Reiseprogramme und des Innenlebens der Touristengruppen zeichnen. Da sich Gorsuch anders als der Großteil der weiter oben besprochenen Vorwende-Forschungsliteratur ausschließlich mit der Chruščev-Ära befasst, kam sie zu einem ausgewogenen Fazit in Bezug auf die Bedeutung des Auslandstourismus für die Integrität des Sowjetimperiums in dieser Phase. Wenngleich der höhere Lebensstandard in vielen sozialistischen Staaten einen starken Eindruck auf die sowjetischen Touristen gemacht und bei einigen refor-

---

77 Dies gilt neben der im folgenden Absatz beschriebene Studie von Hall insbesondere auch für den Aufsatz „Soviet Tourism and Détente" von Randolph Siverson, Alexander Groth und Marc Blumenberg von 1980. Darin verweisen sie auf die im internationalen Vergleich verschwindend geringe Quote sowjetischer Auslandstouristen, auf Grundlage derer sie die UdSSR als „isolationistisch" bezeichneten. Randolph M. Siverson u. a.: Soviet Tourism and Détente, in: Studies in Comparative Communism 13/1980, S. 356–368, hier S. 366.

78 Derek R. Hall (Hg.): Tourism and Economic Development in Eastern Europe and the Soviet Union, London 1991.

79 Einen Überblick über Forschungsarbeiten zum Tourismus im sozialistischen Raum bis 2015 liefert Adam T. Rosenbaum: Leisure Travel and Real Existing Socialism. New Research on Tourism in the Soviet Union and Communist Eastern Europe, in: Journal of Tourism History 1–2/2015, S. 157–176. Allerdings beschränkt sich Rosenbaum auf deutsch- und englischsprachige Untersuchungen. Einen guten Überblick bis zum Jahr 2011 liefern Mark Keck-Szajbel u. Heike Wolter: A Contradiction in Terms? An Analysis of the Historiography on East Bloc Tourism, in: Gijs Mom (Hg.), Mobility in History. Themes in transport. Yearbook 2011, Neuchâtel 2011.

80 Gorsuch u. Koenker (Hg.): Turizm.

81 Gorsuch: Time.

merische Impulse geweckt habe, seien Auslandsreisen für die sowjetische Elite zuvorderst Ausdruck eines neuen poststalinistischen Lebensgefühls und einer liberalen Haltung ihrer Regierung gewesen. Mit einer Reihe weiterer Aufsätze und der 2011 veröffentlichten Monographie „All this is Your World. Soviet Tourism at Home and Abroad After Stalin" vertieft Gorsuch ihre Auseinandersetzung mit dem Auslandstourismus und betrachtet diesen als „Bühne" für die performative Darstellung sowjetischer Identität sowie als originäre Konsumerfahrung.[82] In den Jahren nach Gorsuchs erster Publikation über den sowjetischen Auslandstourismus erschienen eine Reihe von Veröffentlichungen, die mit vergleichbaren Quellenbeständen aus regionalen und überregionalen Archiven arbeiteten. Aleksej Solov'ev und Aleksej Popov betonen dabei in ihren kurzen Aufsätzen von 2006 und 2008 noch die aus der staatlichen Überlieferung hervorgehende starke Reglementierung des Reisealltags und werteten sie als Indiz einer umfassenden Kontrolle der touristischen Wahrnehmung.[83] Allerdings deuten schon die ebenfalls eher kursorischen Untersuchungen Sergej Ševyrins in den Folgejahren an, dass die Arbeit mit den internen Dokumenten der Reiseagenturen keineswegs zwangsläufig eine enge Auslegung der Freiheitsgrade sowjetischer Touristen nahelegt.[84]

Rachel Applebaum, die im Rahmen ihrer Dissertation über die sowjetisch-tschechoslowakischen Beziehungen zwischen 1945 und 1969 auch den touristischen Austausch ausführlich in den Blick nimmt, kommt zu sehr differenzierten Ergebnissen in Bezug auf die Handlungsspielräume und Wahrnehmungsmuster von Reisenden aus der UdSSR.[85] Gerade die Krisenerfahrung im Umfeld des Prager Frühlings 1968/1969 habe hier „zu einem Grad der Offenheit zwischen

82 Anne Gorsuch: All this is Your World. Soviet Tourism at Home and Abroad After Stalin, Oxford, New York 2011. Die Monographie versammelt neben drei neuen Kapiteln auch frühere Forschungsarbeiten, darunter dies: Imagining, in: Péteri (Hg.), Imagining und dies.: Vystuplenie na meždunarodnoj scene: sovetskie turisty chruščevskoj epochi na kapitalističeskom zapade, in: Antropologičeskij forum 13. 2010, S. 359–388.

83 Aleksej Solov'ev: Zaroždenie meždunarodnogo molodjožnogo turizma v SSSR, in: Upravlenie obščestvennymi i ekonomičeskimi sistemami 2/2006, S. 49–56; Aleksej Popov: Sovetskie turisty za rubežom: ideologija, kommunikatsija, emotsii (po otčetam rukovoditelej turistskich grupp), in: Istorična panorama 6/2008, S. 49–56.

84 Sergej Ševyrin: „Povedenie turistov za predelami SSSR bylo skromnym. Odnako takie turisty kak…", in: Staatliche Universität Perm (Hg.): rossijskaja povsednevnost': Rutinnoe i paradoksal'noe. Materialy dvadsat' pervoj Vserossijskoj konferencii studentov, aspirantov, doktorantov, Perm 2009; Ders.: „Proniknovenie naše po planete osobenno zametno vdaleke…". Iz istorii zarubežnogo turizma v SSSR, in: RetroSpektiva. 2010, S. 21–27.

85 Vgl. Applebaum: Friendship, hier insbesondere das Kapitel 5: „Traveling the Friendship Train: Soviet-Czechoslovak Tourism, 1955–1969", S. 191–234 sowie dies. A Test of Friendship. Soviet-Czechoslovak Tourism and the Prague Spring, 1968–1969, in: Koenker u. Gorsuch (Hg.), Socialist, S. 213–232.

Sowjets und Tschechoslowaken geführt, für den es kein Vorbild gab und der mindestens bis 1989 nicht mehr erreicht wurde.“[86] Die zwischen 2013 und 2015 entstandenen Arbeiten von Diane Koenker, Zbigniew Wojnowski und Aleksandr Čistikov betonen ebenfalls den fragilen Charakter des den Gruppen auferlegten Kontrollregimes.[87] Sie betrachten das komplexe und restriktive Regelwerk des Auslandstourismus weniger als Ausdruck eines stabilen und hierarchischen Herrschaftsverhältnisses zwischen Funktionären und Touristen, denn als Ausdruck eines idealtypischen Machtanspruches der KPdSU auf die Sicht- und Handelsweisen ihrer Bürger, dem die handelnden Akteure in der Realität nie vollständig Folge leisten konnten und wollten. Stattdessen lässt sich der Auslandstourismus als Handlungsfeld verstehen, in dem Funktionäre und Touristen im Laufe der Jahre lernten, die gegenseitigen Erwartungen und Ansprüche in einem unausgesprochenen Kompromiss aufeinander abzustimmen.

Eine neue Perspektive auf das Geschehen innerhalb sowjetischer Reisegruppen werfen Autoren, die zu diesen Zwecken alternatives Quellenmaterial zu Rate zogen.[88] Sergej Žuk greift so für seine Recherchen über den Zusammenhang des vom Komsomol organisierten Auslandstourismus mit der Musikszene im ukrainischen Dniepropetrovsk während der Brežnev-Ära unter anderem auf Dokumente des KGB und Interviews mit ehemaligen Touristen und Reisefunktionären zurück.[89] Er weist dabei dem legalen und illegalen Konsum eine überragende

---

86 Applebaum: Friendship, S. 223.
87 Koenker: Club, hier insbesondere das Kapitel „Travel Abroad“; Zbigniew Wojnowski: Patriotism and the Soviet Empire. Ukraine Views the Socialist States of Eastern Europe, 1956–1985, Dissertation, University College London 2010, hier insbesondere Kapitel 2: National Supremacy: Soviet Travels in Eastern Europe, S. 106–138 sowie ders.: An Unlikely Bulwark of Sovietness. Cross-border Travel and Soviet Patriotism in Western Ukraine, 1956–1985, in: Nationalities Papers 1/2015, S. 82–101; Aleksandr Čistikov: Sovetskij turist za rubežom v 1950–1960-e gg., in: N. V. Michajlov (Hg.), Čelovek i ličnost' v istorii Rossii. Konec XIX–XX vek, Sankt Petersburg 2012, S. 356–368; sowie ders.: ‚Ladno l' za morem il' čudo?' Vpečatlenija sovetskich ljudej o zagranice v ličnych zapisjach i vystuplenijach (seredina 1950-ch – seredina 1960-ch gg.), in: Novejšaja Istorija Rossii. 2011, S. 167–177.
88 Andrej Kozovoj arbeitete etwa mit schriftlich erfassten Rückmeldungen sowjetischer Jugendtouristen von ihrer USA-Reise Mitte der 1970er Jahre, s. ders.: Eye to Eye With the "Main Enemy": Soviet Youth Travel to the United States, in: Ab Imperio 2/2011, S. 221–237; Siehe außerdem die auf Zeitzeugen-Interviews basierenden Studien von Golubev: Neuvostoturismin und Raleigh: On the Other. Eine oral history-Studie mit regionalspezifischem Zuschnitt liefert darüber hinaus Kassymbekova: Leisure. Kassymbekova attestiert dem Auslandstourismus eine allmähliche Entpolitisierung in den 1960er und 70er Jahren.
89 Sergei I. Žuk: Rock and Roll in the Rocket City. The West, Identity, and Ideology in Soviet Dniepropetrovsk, 1960–1985, Washington D.C u. Baltimore 2010, hier insbesondere das Kapitel „Tourism, Cultural Consumption and Komsomol Business“, S. 280–302. Siehe außerdem ders.: Closing and Opening Soviet Society (Introduction to the Forum), in: Ab Imperio 2/2011, S. 123–158.

Bedeutung zu und stellt dabei noch deutlich radikaler als die oben genannten Autoren die Aufsichtsfunktion der Gruppenleiter in Frage. Anstatt das Verhalten der Touristen zu überwachen, hätten diese ihre privilegierte Position genutzt, um sich Vorteile auf den ausländischen Schattenmärkten zu verschaffen. Zusammenfassend lässt sich in der jüngeren Forschung zu den Dynamiken innerhalb der Reisegruppen festhalten, dass sich das vermeintlich umfassende Kontrollregime über die Touristen bei genauerem Hinsehen als porös erwies. Reisende besaßen im Ausland trotz bestehender strenger Verhaltensnormen Möglichkeiten, ihre Interessen geltend zu machen und sich Freiräume zu verschaffen. Das hatte auch damit zu tun, dass sich das Verhältnis zwischen Aufsichtspersonal und Touristen deutlich komplexer darstellte, als es eine simple Gegenüberstellung von Überwachern und Überwachten nahelegen würde. Wer wen kontrollierte, wer auf wen Einfluss ausübte und wer Autorität innerhalb der Reisegruppe besaß, war nicht alleine von der formalen Funktion der beteiligten Personen abhängig, sondern ebenso von deren sozialem Status und gruppendynamischen Prozessen. In vielen Fällen bildeten die Funktionäre mit den durch sie beaufsichtigten Gruppen außerdem Interessensgemeinschaften, wenn es darum ging, durch Schmuggel- und Tauschgeschäfte kommerziellen Profit aus den Reisen zu erzielen. Die Hierarchieverhältnisse innerhalb der Touristengruppen waren insofern keinesfalls statisch, sondern dynamisch. Sie werden in diesem Buch detailliert nachgezeichnet und als Ausgangspunkt für Reflexionen über die Spezifik gesellschaftlicher Aushandlungsprozesse in der Sowjetunion genutzt.

Während die bis hierhin vorgestellte Erforschung touristischer Verhaltens- und Konsummuster relativ weit vorangeschritten ist, sieht es in Hinblick auf die Aufarbeitung der institutionellen und organisatorischen Zusammenhänge im sowjetischen Auslandstourismus deutlich schlechter aus. Zwar lieferte die Promotionsschrift von Ekaterina Andreeva über die „Evolution touristischer Praktiken von Russen in Frankreich" bereits 2006 eine Übersicht über die am Auslandstourismus beteiligten Institutionen und deren Arbeitsweise.[90] Andreevas Forschung erhielt aber ähnlich wie die 2011 erschienene Dissertation zum internationalen sowjetischen Jugendtourismus von Anastasija Maškova kaum größere Beachtung.[91] Die Dissertation von Ol'ga Radčenko über die Geschichte von Intourist in der Ukraine wiederum konzentriert sich auf die verwaltungstechnische und wirtschaftliche Entwicklung der Reiseagentur und bietet damit die

---

90 Ekaterina Andreeva: Evoljucija turističeskich praktik russkich vo Frantsii: Načalo XIX – načalo XXI v. v, Dissertation, Saratov 2006, hier insbesondere das Kapitel 2: „Die Spezifik der Entwicklung des sowjetischen Tourismus", S. 76–117.
91 Anastasija Maškova: BMMT „Sputnik" v 1958–1968 gg. Stanovlenie i razvitie molodožnogo inostrannogo turizma v SSSR. Dissertation, Moskau 2011.

Grundlage für eine dringend notwendige weitergehende unternehmenshistorische Aufarbeitung des sowjetischen Auslandstourismus.[92]
Ein wichtiger Beitrag zur auslandstouristischen Forschung aus dem russischsprachigen Raum ist die weiter oben bereits erwähnte Monographie von Igor' Orlov und Aleksej Popov „Durch den ‚Eisernen Vorhang'. Russo turisto: Der sowjetische Auslandstourismus 1955–1991" (Übersetzung v. V.).[93] Gerade das umfangreiche erste Kapitel bietet einen sehr detaillierten und gut recherchierten Einblick in die Gründungsphase der auslandstouristischen Organisationsstrukturen. Anders als der Buchtitel verspricht, spielen die Entwicklungen der 1980er Jahre und damit die Bedeutung von Glasnost' und Perestroika für den Tourismussektor in dieser Monographie allerdings kaum eine Rolle, sodass diese historische Phase weiterhin ein Desiderat bleibt.
Insgesamt leidet die Forschung zum sowjetischen Auslandstourismus an einer mangelnden Vernetzung und gegenseitigen Bezugnahme. Abgesehen von den Arbeiten Anne Gorsuchs nehmen die meisten Studien in diesem Bereich nur einen Bruchteil der existierenden Literatur zur Kenntnis, wodurch unnötige Redundanzen und zuweilen sogar Erkenntnisrückschritte entstehen. Exemplarisch hierfür sind die bis heute immer wieder unkritisch kolportierten Angaben zum Umfang des Auslandstourismus bei Dolženko.[94] Dabei hatten Lion, Randolph Siverson, Alexander Groth und Marc Blumenberg sowie im deutschsprachigen Raum Bernd Knabe bereits in den 1960er und 70er Jahren die aus der Sowjetunion kolportierten Tourismusstatistiken kritisch hinterfragt und Applebaum sowie Gorsuch noch einmal Anfang der 2010er Jahre auf die Problematik dieses Zahlenmaterials verwiesen.[95]

---

92 Ol'ga Radčenko: „Inturist" v Ukraine 1960–1980 godov. Meždu krasnoj propagandoj i tverdoj valjutoj, Dissertation, Čerkassy 2013. Abgesehen von den genannten Monographien wurde in den vergangenen Jahren von ukrainischen und russischen Historikern eine Reihe von Artikeln veröffentlicht, die sich eher kursorisch mit verschiedenen Aspekten des auslandstouristischen Organisationsapparates beschäftigen, vgl. E.P. Archipova: Nekotorye aspekty razvitija sovetskogo vyezdnogo turizma v 1980–1991 gg. (na primere turističeskogo obmena s kapitalističeskimi stranami, in: Sovremennye problemy servisa i turizma, 1/2008, S. 36–43; Aleksej Popov: Zarubežnie kruizy dlja sovetskich turistov. Iz istorii transportnogo turizma v SSSR, in: Sovremennye problemy servisa i turizma. 2010, S. 24–30 sowie Aleksandr Čistikov: Sovetskij vyezdnoj turizm 1950–1960-ch godov. Socialnyj aspekt, in: Trudy Istoriceskogo fakulteta Sankt-Peterburgskogo universiteta 9/2012, S. 184–190.
93 Igor' Orlov u. Aleksej Popov: Skvoz' „železnyj zanaves". Russo turisto: sovetskij vyezdnoj turizm, 1955–1991, Moskau 2016.
94 Zur Problematik der Kolportage falscher Tourismusstatistiken s. Benedikt Tondera: ‚Like Sheep'? Disobedience Among Soviet Tourists Travelling Abroad, in: Comparativ 2/2014, S. 18–35, hier S. 22–26.
95 Vgl. Vgl. Bernd Knabe: Urlaub des Sowjetbürgers, Köln 1977, S. 34–39, Applebaum: Friendship, S. 194–197 und Gorsuch: All this, S. 18–19.

Dessen ungeachtet lässt sich insgesamt festhalten, dass die Frühphase der sowjetischen Auslandsreisen unter Chruščev mittlerweile gerade in Bezug auf den Reiseablauf und das Innenleben der Touristengruppen relativ gut erforscht ist, während es im Bereich der strukturellen Verankerung in den sowjetischen Politik- und Verwaltungsapparat noch großen Forschungsbedarf gibt. Deutlich schlechter sieht es für die Brežnev-Ära aus, wo der Fokus der spärlich vorhandenen Literatur bislang weitgehend auf den legalen und illegalen kommerziellen Aktivitäten der Touristen liegt. Der sowjetische Auslandstourismus der 1980er Jahre und der Perestroika ist bislang nahezu vollständig unerforscht.

2   Historischer Hintergrund

Auslandsreisen Adeliger und Geistlicher lassen sich seit dem 9. Jahrhundert nachweisen, wenngleich diese bis ins späte 17. Jahrhundert selten vorkamen und kaum aussagekräftige Berichte darüber existieren.[1] Daher wird in der Regel Peter der Große als Urvater der russischen Auslandsreise benannt.[2] Sein erster längerer Aufenthalt in Europa führte Peter unter anderem nach Preußen, Italien, England und in die Niederlande.[3] Für den „Westler" Peter I. hatte die Reise durch diese Staaten eine militärisch-technische und kulturelle Schlüsselbedeutung: Sie legte den Grundstein für die Modernisierung des russischen Staates nach westlichem Vorbild. Zugleich öffnete der Zar für nachfolgende Generationen das vielbeschworene „Fenster zum Westen". Bis weit in das 19. Jahrhundert hinein waren Reisen in das westliche Ausland die Plattform, auf der sich ein ausgesuchter Kreis junger Adeliger das kulturelle und intellektuelle Rüstzeug für ihre späteren Führungspositionen in der staatlichen Verwaltung beschafften.[4]

Der Übergang von einem sozial exklusiven Individualreiseverkehr adeliger Prägung zu einem bürgerlich dominierten Kollektivtourismus lässt sich zeitlich

---

1   Vgl. hierzu u. a. die Ausführungen von Georg von Rauch in ders.: Eindrücke russischer Reisender von Deutschland im 18. und 19. Jahrhundert, in: Friedhelm Berthold Kaiser u. Bernhard Stasiewski (Hg.), Reisebericht von Deutschen über Russland und von Russen über Deutsche, Köln, Wien 1980, S. 58–74, hier S 59–61 sowie Fred Otten: „Und die Paläste waren sehr wunderbar" – Russische Reiseberichte, in: Dagmar Herrmann (Hg.), Deutsche und Deutschland aus russischer Sicht. 11.–17. Jahrhundert (= West-östliche Spiegelungen. Russe und Russland aus deutscher Sicht und Deutsche und Deutschland aus russischer Sicht von den Anfängen bis zum 20. Jahrhundert, Bd. 1), München 1988, S. 274–308, hier S. 274–277.

2   Vgl. Louise McReynolds (2006): The Prerevolutionary Russian Tourist. Commercialization in the Nineteenth Century. In: Gorsuch u. Koenker (Hg.), Turizm, S. 17–42, hier: S. 20; Gennadij Dolženko u. Jurii Putrik: Istorija turizma v Rossijskoj imperii, Sovetskom Sojuze i Rossijskoj Federacii, Rostov am Don 2010, S. 13.

3   Einen anschaulichen Überblick über die Stationen der Reise Peters I. bietet der Katalog zu der Ausstellung „Schätze aus dem Kreml – Peter I. in Westeuropa" von Wolfgang Griep u. Frauke Krahé (Hg.): Peter I. in Westeuropa. Die Große Gesandtschaft 1697–1698, Bremen 1991.

4   Nach Schätzungen von Sara Dickinson reisten im frühen 18. Jahrhundert deutlich weniger als fünf Prozent des russischen Adels ins Ausland, s. dies.: Breaking Ground. Travel and National Culture in Russia from Peter I to the Era of Pushkin. Amsterdam u. a. 2006, S. 28.

nicht an einem Ereignis festmachen. Susan Layton nimmt im innerrussischen Diskurs bereits in den 1830er Jahren erste Anzeichen für das Aufkommen neuer Reiseformen wahr und führt als Beleg dafür den Versuch der *Literaturnaja gazeta* an, 1831 eine Definition des Begriffes „Tourismus" zu formulieren.[5] In den Folgejahren habe dieser Begriff und die damit verknüpften Aktivitäten an Popularität gewonnen – anhand der Berichterstattung in der russischen Presse lasse sich ein Trend hin zu einer „Urlaubermentalität" nachzeichnen: Unterhaltung, Konsum und gesellige Aktivitäten gehörten demnach immer selbstverständlicher zum Reiseerleben dazu.[6] Die meisten Historiker verorten den Beginn eines Tourismus moderner Prägung hingegen deutlich später. Als Wegbereiter gilt in ihrer Sichtweise Alexander II., dessen Reformpolitik nicht nur einen massiven Ausbau der Verkehrsinfrastruktur innerhalb seines Reiches möglich machte,[7] sondern der auch die von Nikolaus verordneten Beschränkungen des Auslandsreiseverkehrs aufhob und damit den Weg bereitete für eine „Ära des Tourismus".[8] Eine der frühesten Organisationen, die aus dieser Entwicklung Kapital schlugen, war die 1857 in Odessa gegründete „Russische Gesellschaft für Dampfschifffahrt und Handel" (*Russkoe obščestvo parochodstva i torgovli*), die ab den 1860er Jahren in zunehmendem Maße neben Waren auch Touristen transportierte und dafür staatliche Subventionen erhielt.[9] Allerdings entwickelte sich der touristische Markt im Russischen Reich nur sehr zögerlich. Bis in die 1890er Jahre entstanden wenige kleine, nicht-kommerzielle Vereine wie die 1878 in Tiflis gegründete „Gesellschaft der Liebhaber der Naturkunde und Alpen" und der 1890 in Odessa entstandene „Krimkaukasische Bergverein".[10] Dabei handelte es sich um Projekte eines aufstrebenden Bildungsbürgertums, das sich die geographische Erschließung und die symbolische Aneignung der russischen Peripherie auf die Fahnen geschrieben hatte.[11] Diese kleinen Vereine mit meist lediglich ein- oder zweistelliger Mitgliederzahl

---

5 Vgl. Susan Layton: The Divisive Modern Tourist Abroad. Representations of Self and Other in the Early Reform Era, in: Slavic Review 4/2009, S. 848–871, hier S. 850f.
6 Ebd., S. 851.
7 Vgl. Frithjof Benjamin Schenk: "This New Means of Transportation Will Make Unstable People Even More Unstable". Railways and Geographical Mobility in Tsarist Russia, in: John Randolph u. Eugene M. Avrutin (Hg.), Russia in Motion. Cultures of Human Mobility since 1850, Urbana 2012, S. 218–234.
8 Vgl. Margarita Marinova: Transnational Russian-American Travel Writing, New York, NY u. a. 2011, S. 15. Vgl. außerdem Usyskin: Očerki, S. 27f sowie Layton: Modern, S. 855.
9 McReynolds: Prerevolutionary, S. 26.
10 Vgl. Dolženko u. Putrik: Istorija, S. 26–35.
11 Vgl. Eva Maurer: Wege zum Pik Stalin. Sowjetische Alpinisten, 1928–1953, Dissertation, Zürich 2010, S. 51–65.

organisierten Reisen vorwiegend für ihre Mitglieder und verfolgten keine kommerziellen Interessen.[12]

Auch für Auslandsreisen existierten vorläufig keine Reisebüros im klassischen Sinne. Ein erster Hinweis auf die Existenz eines Nachahmers Thomas Cooks auf russischem Gebiet lässt sich in der von Grigorij Usyskin zitierten Schrift „Das erste Unternehmen in Russland für Gemeinschaftsreisen in alle Länder der Welt von Leopold Lipson" aus dem Jahre 1885 finden.[13] Wenngleich bislang keine Belege für eine tatsächliche geschäftliche Aktivität Lipsons vorliegen, so zeugt das in Sankt Petersburg erschienene Heftchen davon, dass Geschäftsleute begannen, das kommerzielle Potential von Auslandsreisen auszuloten. Ganz im Stile eines modernen Touristikunternehmens versprach Lipson seinen potenziellen Kunden vom Transfer über die Reiseplanung bis hin zur Unterbringung eine Pauschalversorgung zu vergleichsweise günstigen Konditionen und eine Verbindung von „Vergnügen und Nutzen".[14]

Anders als in vielen westeuropäischen Staaten bildeten sich im Russischen Reich vor dem Ersten Weltkrieg keine nennenswerten kommerziellen Reisefirmen heraus. Die erste größere touristische Organisation, die nachweislich Auslandsreisen für kleinere Gruppen organisierte, war die 1895 in Sankt Petersburg gegründete „Gesellschaft der Fahrradtouristen" (*Rossijskoe obščestvo velosipedistov-turistov*; 1901 umbenannt in „Russländische Touristengesellschaft", *Rossijskoe obščestvo turistov*, ROT).[15] ROT schloss mit europäischen Partnern Vereinbarungen ab, wonach russische Reisende in diesen Ländern vergleichbare Vergünstigungen erhielten wie einheimische Touristen.[16] Statistiken für die von ROT organisierten Auslandsreisen liegen nicht vor, allerdings dürfte die Zahl sehr niedrig gewesen sein, denn die Touristengesellschaft umfasste in ihrer Blütezeit vor dem 1. Weltkrieg lediglich knapp über 2.000 Mitglieder, von denen nur ein Bruchteil das Ausland besuchte.[17] Seit 1910 befand sich ROT zudem unter Beobachtung des russischen Innenministeriums, da führende Mitglieder verdächtigt wurden, den Verein zur Verbreitung sozialistischer Propaganda zu nutzen.[18]

Ein weiterer Kanal für kollektiv organisierte Auslandsreisen waren in den Vorkriegsjahren sogenannte „Exkursionskommissionen" bürgerlicher Bildungsvereine.[19] Laut Gennadij Dolženko vermittelte etwa alleine der touristische Zweig

---

12 Ebd.
13 Vgl. Usyskin: Očerki, S. 29–35.
14 Vgl. ebd., S. 31f.
15 Vgl. Grigorij Usyskin: Očerki istorii rossijskogo turizma, Moskau u. a. 2000. 62–75 sowie Dolženko, Putrik: Istorija, S. 56–64.
16 Vgl. Dolženko, Putrik: Istorija, S. 62.
17 Ebd.
18 Vgl. Usyskin: Očerki, S. 74–75.
19 Vgl. Dolženko u. Putrik: Istorija, S. 64–69.

der Moskauer „Gesellschaft für die Verbreitung technischen Wissens" (*Obščestvo rasprostranenija techničeskich znanii*) von 1908 bis zum Beginn des Ersten Weltkrieges 7.217 Auslandsreisen nach Westeuropa und Japan für seine in Bildungsberufen tätigen Mitglieder.[20]

Abgesehen von solchen Einzelbeispielen mangelt es allerdings an verlässlichen Zahlen zum Umfang der Auslandsreisen im Russischen Reich. Aus ungesicherten zeitgenössischen Quellen lässt sich immerhin der Rückschluss ziehen, dass die Zahl der russischen Auslandsreisenden nach einer restriktiven Phase unter Nikolaus I. ab Mitte des 19. Jahrhunderts sprunghaft anstieg und sich in den 1860er Jahren jährlich über 275.000 Russen zeitweise im Ausland aufhielten.[21] Dieser Trend scheint auch nach dem Tod Alexander II. im Jahr 1881 angehalten zu haben. Noch 1913 stellten Russen an prominenten deutschen Urlaubsorten die größten Kontingente an Reisegästen, allein auf Berlin entfielen in diesem Jahr 100.000 polizeiliche Meldungen.[22] Die zahlungskräftige russische Oberschicht verbrachte ihren Urlaub lieber im Ausland als an den heimischen Ferienorten, da dies größeres kulturelles Prestige versprach und sie dort eine deutlich besser entwickelte touristische Infrastruktur vorfand.[23] Auf die Hilfe russischer Reisebüros oder touristischer Vereine griff sie dabei nur in den seltensten Fällen zurück. Auslandsreisen im zarischen Russland wurden nach wie vor in erster Linie individuell organisiert.

2.1 Jahre der Isolation – Tourismus in der frühen Sowjetunion und unter Stalin 1917–1953

Obwohl diese Arbeit den sowjetischen Auslandstourismus zum Thema hat, soll es in diesem Kapitel zunächst um den innersowjetischen Tourismus gehen. Die hierin vorgestellten Diskurse um den „proletarischen Massentourismus" hatten auch für den späteren Auslandstourismus eine zentrale Bedeutung und sind daher für dessen vertieftes Verständnis unverzichtbar. Darüber hinaus sind Parallelen auch in Bezug auf die Verteilungslogik von Reiseberechtigungen und das soziale Herkunftsprofil der Touristen festzustellen.

---

20 Ebd., S. 66f.
21 Vgl. Susan Layton: The Divisive Modern Tourist Abroad. Representations of Self and Other in the Early Reform Era, in: Slavic Review 4/2009, S. 848–871, hier S. 865.
22 Vgl. Matthias Heeke: Reisen zu den Sowjets. Der ausländische Tourismus in Russland 1921–1941, Dissertation, Münster u. a. 2003, S. 13.
23 Vgl. Luise McReynolds: Russia at Play. Leisure Activities at the End of the Tsarist Era, Ithaca 2003, S. 168f.

Große Teile der touristischen Infrastruktur des Zarenreiches wurden von den Wirren des Ersten Weltkrieges und dem auf die Oktoberrevolution folgenden Bürgerkrieg in Mitleidenschaft gezogen. Der Adel und das Großbürgertum, die bisherigen Trägergruppen des russischen Auslandsreiseverkehrs, waren in diesen Jahren zu großen Teilen enteignet worden, ins Exil geflüchtet oder umgekommen. Der Auslandstourismus kam in dieser Zeit weitgehend zum Erliegen und erlebte erst unter Chruščev eine echte Renaissance.[24]

Noch während des Russischen Bürgerkrieges verstaatlichte der Rat der Volkskommissare in den Jahren 1919 und 1920 die unter seiner Kontrolle befindlichen Sanatorien und Gesundheitseinrichtungen und läutete damit die Ära des sowjetischen Tourismus ein. Der Fokus lag zunächst darauf, die von den Kriegshandlungen stark in Mitleidenschaft gezogenen Ferienanlagen wiederzuerrichten und neue „Erholungseinrichtungen" (*dom otdycha*) für die Arbeiterschaft entlang der Schwarzmeerküste und im Kaukasus aufzubauen.[25] Wie Christian Noack betont, unterschied sich die Nutzung der vorhandenen touristischen Infrastruktur unter den Bolschewiki zunächst kaum von den vorrevolutionären Gepflogenheiten des Adels – das Prinzip des Sanatoriumsaufenthalts als mit großem Personal- und Ressourcenaufwand hergestellter stressfreier Gegenentwurf zur Hektik des Alltags wurde ebensowenig angetastet wie die pompöse Architektur an den Badestränden der beliebtesten Urlaubsorte. Während in den Verordnungen der Volkskommissariate die große Bedeutung der Sanatorien und Spas zur Regeneration der werktätigen Bevölkerung hervorgehoben und eine revolutionäre Rhetorik bemüht wurde, kam nur ein äußerst bescheidener Teil der Bevölkerung überhaupt in den Genuss solcher Erholungsangebote.[26] Gerade über den Zugang zu den begehrtesten und exklusivsten Urlaubsdestinationen entschieden in erster Linie sozialer Status und mit fortlaufender Dauer der Neuen Ökonomischen Politik auch zunehmend das Einkommen. An den gut ausgestatteten Urlaubsorten wie Sotschi, Kislovodsk und der südlichen Krimküste befanden sich unter den Urlaubern in erster Linie Parteimitglieder, hohe Funktionäre und die professionelle Elite der jungen Sowjetunion.[27]

Das Paradox, dass der Urlaub im Arbeiter- und Bauernstaat zu großen Teilen ein Elitephänomen blieb, sorgte dabei innerhalb der sowjetischen Massenorganisationen für Spannungen. Im Komsomol bildete sich 1926 eine Gruppe von touristischen Aktivisten heraus, die unter anderem die Komsomol'skaja Pravda als Agitationsplattform nutzten, um für ihre Vorstellungen eines zeitgemäßen

---

24 Zu den wenigen Ausnahmen siehe das folgende Unterkapitel.
25 Vgl. Koenker: Club, S. 16–29 sowie Christian Noack: "A Mighty Weapon in the Class War". Proletarian Values, Tourism and Mass Mobilisation in Stalin's Time, in: Journal of Modern European History 10/2012, S. 231–254, hier S. 233.
26 Vgl. Noack: Mighty.
27 Vgl. Koenker: Club Red, S. 33.

sozialistischen Tourismus zu werben. Moskauer Komsomolzen traten 1927 in Scharen dem aus dem Zarenreich verbliebenen kommerziell agierenden touristischen Verein ROT bei und übernahmen im Dezember 1927 bei einer Mitgliederversammlung dessen Leitung.[28] 1929 benannte sich die nunmehr fest in der Hand des Komsomol befindliche ROT um in „Gesellschaft für proletarischen Tourismus" (*Obščestvo proletarskogo turizma* – OPT) und weitete ihren Aktionsradius deutlich aus – neben der Organisation von innersowjetischen Reisen für Mitglieder des Vereins gab die OPT auch eine eigene Zeitschrift heraus, betrieb einen Laden für touristisches Equipment in Moskau und errichtete Unterkünfte entlang populärer touristischer Routen.[29]

Mit der OPT etablierte sich der Komsomol als ernstzunehmender Akteur auf dem Feld des sowjetischen Tourismus. Er stand damit in Konkurrenz zu der im März 1928 vom Volkskommissariat für Aufklärung gegründeten Aktiengesellschaft „Sowjetischer Tourist" (*Sovietskij turist* – Sovtur).[30] Während Sovtur im Prinzip wie ein privates Reiseunternehmen agierte und über eine ebenso exklusive wie zahlungskräftige Kundschaft verfügte, nahm die OPT für sich in Anspruch, die Reinform eines „proletarischen Tourismus" zu repräsentieren. In dem Positionspapier „Über den Tourismus" hatte das Zentralkomitee des Komsomol bereits am 20. Mai 1927 seine Sichtweise auf die Bedeutung des Tourismus verdeutlicht. Er sollte als „ein Mittel der kulturell-aufklärerischen Arbeit" dienen, die Jugend zu „Selbstständigkeit, Mut und der Fähigkeit, sich in unbekanntem Gelände zu orientieren" erziehen und schließlich auch die Kriegsbereitschaft fördern.[31] Die Betonung lag dabei auf der Selbstorganisation und der Eigeninitiative: Tourismus im Verständnis des Komsomol war eine Übung im Komfortverzicht und diente in erster Linie der körperlichen Ertüchtigung. Organisatorisch setzte die OPT auf die Eigeninitiative lokaler Basiseinheiten – Reisen sollten von Mitgliedern der Reisegesellschaft in betrieblichen Zellen möglichst eigenständig vorbereitet und durchgeführt werden.[32]

Aus dem sich verschärfenden Konflikt zwischen OPT und Sovtur um die Vorherrschaft auf dem Feld des Tourismus während der ersten großen Kollektivierungskampagne 1929/1930 ging der Komsomol schließlich siegreich hervor – es gelang ihm, die OPT als die eigentlich proletarische Organisation darzustellen und Sovtur als „kommerzielle" Vereinigung in Misskredit zu bringen. Die vom

---

28 Ebd., S. 54–56.

29 Vgl. Dolženko, Putrik: Istorija, S. 98–100.

30 Zur Gründung von Sovtur siehe Igor' Orlov: Massovyj turizm v stalinskoj povsednevnosti, Moskau 2010, S. 42–43.

31 Zur touristischen Ideologie des Komsomol in dieser Zeit siehe Olejsa Golubeva: Rossijskij turizm v 1920–1970-ch godach. Systema organizatsij i upravlenija, in: Vestnik Čeljabinskogo gosudarstvennogo universiteta. 2010, S. 68–75, hier S. 68.

32 Orlov: Massovyj, S. 49–50.

Rat der Volkskommissare im März 1930 beschlossene Zwangsvereinigung von
OPT und Sovtur zur „Gesellschaft für proletarischen Tourismus und Exkursionen" (*Obščestvo proletarskogo turizma i ekskursij* – OPTE) unter Leitung des
Komsomol stellte einen Triumph für die Jugendorganisation dar.[33]
Allerdings gelang es OPTE in den Folgejahren kaum, sich glaubwürdig als „proletarische Massenorganisation" zu profilieren. Entgegen der eigenen Außendarstellung blieb die Gesamtzahl der organisierten Reisen bis Mitte der 1930er
Jahre in einem bescheidenen fünfstelligen Bereich; die Mobilisierung der Arbeiter schlug weitgehend fehl. Dem Tourismus hing bei der werktätigen Bevölkerung weiterhin das Image einer ziel- und nutzlosen Freizeitbeschäftigung für
die Intelligenz an, und weder Betriebe noch die Gewerkschaften zeigten Interesse daran, die OPTE finanziell oder organisatorisch zu unterstützen.[34] 1936
verabschiedete die KPdSU mit großem propagandistischem Aufwand eine neue
Verfassung, in der das Grundrecht auf Erholung festgeschrieben wurde.[35] In diesem Zusammenhang wandte sich die Partei auch dem bis dahin eher stiefmütterlich behandelten Tourismus zu. Durch einen Erlass des Exekutivkomitees
wurde angesichts des vermeintlichen Scheiterns der OPTE die Organisation des
Tourismus auf die Gewerkschaften übertragen.[36]
Diese stiegen damit zum zentralen Akteur innerhalb des sowjetischen Freizeitsektors auf und behielten diesen Status bis zum Zerfall der Sowjetunion. Allerdings war auch die gewerkschaftliche „Verwaltung für Tourismus und Exkursionen" (*Turistsko-ekskursionnoe upravlenie* – TEU) weit davon entfernt, einen
„proletarischen Massentourismus" im Verständnis des Komsomol zu betreiben.
Stattdessen agierte die TEU ähnlich wie in früheren Jahren Sovtur in erster Linie
als kommerzieller Vermittler von Pauschalreisen. Die von der OPTE propagierte
dezentrale Agitation des Tourismus innerhalb betrieblicher Zellen wurde fallengelassen. Das Ideal des proletarischen Tourismus spielte im sowjetischen Diskurs
zwar weiterhin eine Rolle, dieser hatte aber seine organisatorische Basis verloren
und blieb damit eine gesellschaftliche Randerscheinung.[37]
Der Trend hin zu einer komfortorientierten und weniger agitatorischen Ausrichtung des Freizeitsektors setzte sich auch nach der Unterbrechung durch den
Zweiten Weltkrieg und einer längeren Phase des Wiederaufbaus fort. Bereits

---

33 Noack: Mighty, S. 240–244.
34 Vgl. Koenker: Club Red, S. 64–70.
35 Der Volltext der Verfassung mitsamt eines kurzen Erklärungstextes ist auf der Webseite des
   u. a. vom Bundesinnenministeriums geförderten Internetprojekts „100(0) Schlüsseldokumente zur russischen und sowjetischen Geschichte zu finden: http://www.1000dokumente.
   de/index.html?c=dokument_ru&dokument=0021_ver&object=context&l=de,
   zuletzt eingesehen am 31.10.2018.
36 Vgl. Noack: Mighty, S. 247–248; Dolženko u. Putrik: Istorija, S. 112–113.
37 Vgl. Koenker: Club Red, S. 127.

Anfang der 1950er Jahre hatte die touristische Infrastruktur das Niveau der Vorkriegsjahre erreicht und wurde mit Unterstützung der Partei weiter ausgebaut. Noch stärker als in den 1930er Jahren wurde der innersowjetische Tourismus dabei als Belohnungsmechanismus für die loyale Führungsschicht im Spätstalinismus instrumentalisiert.[38]

2.1.1 Auslandsreisen aus der Sowjetunion vor 1953

Bis 1955 existierte kein institutionell verankertes Angebot an touristischen Gruppenreisen für sowjetische Bürger. Das 1929 gegründete halbstaatliche Reisebüro Intourist richtete seine Dienstleistungen fast ausschließlich an Ausländer, die eine Reise in die UdSSR planten. In der Forschung sind für die Zeit vor 1955 nur zwei explizit touristische Gruppenreisen ins Ausland belegt. Gennadij Dolženko bezeichnet dabei die von einem großen propagandistischen Echo begleitete Kreuzfahrt der „Abchasia" im November 1930 mit 257 Passagieren entlang der Hafenstädte Hamburg, Neapel und Istanbul als erste touristische Auslandsreise.[39] Diese unter Begleitung von Kultur- und Medienschaffenden für verdiente Stoßarbeiter durchgeführte Reise enthielt bereits typische Elemente späterer Gruppenreisen. Dolženko beschreibt sie als „spezifische Form der politischen Schulung": „Während der Fahrt wurden Lektionen zu politischen Themen gehalten, es fanden Diskussionen über den Staatsaufbau der Länder statt, entlang deren Küsten das Schiff sich bewegte, es wurden literarisch-künstlerische Abende organisiert."[40]

Die Reisegemeinschaft stellte unter Stalin somit eine Art mobile sowjetische Exklave dar – die Touristen verließen ihre Heimat zwar physisch; mental und habituell blieben sie aber fest an ihre Herkunftsgesellschaft gebunden. Bei der Einführung eines regulären Auslandstourismus unter Chruščev griffen die touristischen Funktionäre und Gruppenleiter bei der Konzeption der Reisen und im Umgang mit den Touristen auf diese „Traditionen" der ersten stalinistischen Auslandsfahrten zurück.

Und noch in einer weiteren Hinsicht wirkte sich der Stalinismus stilprägend auf den Auslandstourismus der nachfolgenden Jahrzehnte aus: In dieser Zeit entstanden literarische Reiseberichte, die in der Sowjetunion breit rezipiert wurden und damit das Denken und Sprechen über das Ausland nachhaltig prägten.[41] Wie Andreas Renner am Beispiel von Reiseberichten aus Japan verdeutlichte,

---

38 Vgl. Diane Koenker: Whose Right to Rest? Contesting the Family Vacation in the Postwar Soviet Union, in: Comparative Studies in Society and History 51, 2/2009, S. 401–425, hier insbes. S. 403ff.
39 Dolženko: Istorija, S. 153.
40 Ebd.
41 Vgl. David-Fox: Showcasing, S. 89–97.

griffen die sowjetischen Autoren dabei Topoi aus Reiseberichten des 19. Jahrhunderts auf und passten diese den neuen politischen und diplomatischen Verhältnissen an.[42] Einerseits konnten sie dabei auf etablierte literarische Konventionen und „visuelle Marker"[43] zurückgreifen, die die Texte als Teil eines langfristigen Diskurses kenntlich machten; andererseits erlaubte es die Neuinterpretation der kanonischen Reiseeindrücke, den Unterschied zu früheren Sichtweisen zu verdeutlichen.

Eines der bekanntesten Beispiele für diese Form der Aneignung und Aktualisierung des Genres unter sowjetischen Vorzeichen waren die mit vielen Photographien unterlegten satirischen Berichte des populären Autorenduos Il'f und Petrov über ihre dreieinhalbmonatige Reise durch die USA in den Jahren 1935 und 1936. Sie erschienen zunächst in der Zeitung *Pravda* sowie der Illustrierten *Ogonek* und schließlich 1937 gesammelt als episodischer Roman mit dem Titel *Odnoetažnaja Amerika* („Eingeschossiges Amerika").[44] Die Reiseskizzen Il'fs und Petrovs stehen dabei ganz offensichtlich in der Tradition der russischen Reiseliteratur des 19. Jahrhunderts und greifen insbesondere typische Topoi von Amerikaberichten des ausgehenden Zarenreiches auf.[45] Dazu zählen die Verwendung etablierter Stereotype zur Kennzeichnung der Bevölkerung (geschäftstüchtig, pragmatisch, gesprächig, oberflächlich, ungebildet) sowie die Kontrastierung von technischer Fortschrittlichkeit und materiellem Wohlstand mit gesellschaftlicher Ungerechtigkeit und ideologischer Leere. Im Gegensatz zu den russischen Westreisenden des 19. Jahrhunderts allerdings bewegten sich Il'f und Petrov mit dem Selbstverständnis durch die „neue Welt", Vertreter einer progressiven Gesellschaftsordnung zu sein. Den höheren Lebensstandard und das überlegene wissenschaftlich-technische Entwicklungsniveau der USA nahmen sie dabei ganz pragmatisch zur Kenntnis. Es galt ihnen nicht als Merkmal einer überlegenen Kultur, sondern tendenziell als Ausdruck einer dem Materialismus verfallenen kollektiven Dekadenz. Vor allem aber diente das hohe Niveau

---

42 Vgl. Andreas Renner: Watching Foreign Neighbours. Russian and Soviet Travel Writing about Japan in the First Half of the Twentieth Century, in: Journal of Tourism History 3/2011, S. 39–56.

43 Ebd., S. 40.

44 Il'ja Il'f und Evgenij Petrov: Odnoetažnaja Amerika, Moskau 1937.

45 Zum russischen Blick auf (Nord-)Amerika im späten 19. Jahrhundert s. etwa Margarita Marinova: Transnational Russian-American Travel Writing, New York, NY u. a. 2011; Arnold Schrier: A Russian Looks at America. The Journey of Aleksandr Borisovich Lakier in 1857, Chicago u. a. 1979 sowie Olga Peters Hasty: America through Russian Eyes, 1874–1926, New Haven, Conn. u. a. 1988.

der amerikanischen Ingenieurstechnik als Anschauungsunterricht für die Optimierung des sowjetischen Fortschrittsprojekts.[46]
Die Invasion deutscher Truppen in die Sowjetunion 1941 eröffnete der sowjetischen Propaganda die Möglichkeit, den grausamen Krieg mit NS-Deutschland als Schlacht zwischen Vernunft und Barbarei zu inszenieren.[47] Die Vorzeichen des Fortschrittsdiskurses konnten endlich umgekehrt werden; die „Wilden" kamen nun aus dem Westen, die „Verteidiger der Zivilisation" befanden sich im Osten. Zur Popularisierung dieses Weltbildes trug ganz wesentlich Ilja Ehrenburg bei – bemerkenswerterweise dieselbe Person, die ein gutes Jahrzehnt später mit der Erzählung „Tauwetter" einer neuen historischen Zäsur ihren Namen verleihen sollte. Ehrenburg war ein Kosmopolit, der lange Zeit im Ausland als sowjetischer Kulturbotschafter gewirkt hatte, und den stalinistischen Säuberungen entkommen war. In seinen Kriegsreportagen, die über die Zeitung „Prawda" große Verbreitung erlangten, nutzte Ehrenburg das Beispiel des Nationalsozialismus, um aufzuzeigen, dass wirtschaftlich-technischer und zivilisatorischer Fortschritt keineswegs Hand in Hand gehen mussten.[48] Er schuf damit ein Argumentationsmuster, das dem Sozialismus eine Existenzberechtigung jenseits des Produktionswettrennens mit dem Kapitalismus einräumte. In der unmittelbaren Nachkriegszeit vermischte sich dieser Entwurf eines sowjetischen Sonderweges in die Moderne mit einer sich verschärfenden antiamerikanischen Propagandakampagne der Bolschewiki.[49] Die Vorstellung, dass die Sowjetunion sich ideologisch radikal von der westlichen Gesellschaft abgrenzen müsste und nach alternativen Möglichkeiten einer wirtschaftlich-technischen Entwicklung Ausschau halten sollte, geriet nach dem Tod Stalins zunächst in den Hintergrund. Erst in den 1970er Jahren kehrte angesichts enttäuschender volkswirtschaftlicher Kennzahlen der Gedanke einer nicht an westlichen Fort-

---

46 Vgl. dazu auch den Aufsatz von Karen Ryan: Imagining America. Il'f and Petrov's Odnoetazhnaia Amerika and Ideological Alterity, in: Canadian Slavonic papers 44/2002, S. 263–278.

47 Dazu sehr instruktiv die gesamte Ausgabe von Kritika, Volume 10, Nr. 3 (2009), Special Issue: Fascination and Enmity. Russia and Germany as Entangled Histories, 1914–45.

48 Vgl. Jochen Hellbeck: „The Diaries of Fritzes and the Letters of Gretchens". Personal Writings from the German-Soviet War and Their Readers, in Kritika 3/2009, S. 571–606 sowie Katerina Clark: Ehrenburg and Grossmann. Two Cosmopolitan Jewish Writers Reflect on Nazi Germany at War, in: Kritika 3/2009, S. 607–628.

49 Siehe dazu den kurzen, aber informativen Beitrag von Jan C. Behrends: Erfundene Feindschaft und exportierte Erfindung. Der spätstalinistische Antiamerikanismus als sowjetische Leiterzählung und polnische Propaganda, in: Ders. u. a. (Hg.), Antiamerikanismus im 20. Jahrhundert. Studien zu Ost- und Westeuropa, Bonn 2005, S. 159–186; vgl. außerdem Frederick Barghoorn: The Soviet Image of the United States: A Study of Distortion. New York u. a. 1950.

schrittsmaßstäben orientierten Ausrichtung des sowjetischen Projekts zurück in den öffentlichen Diskurs.

In den Tauwetterjahren hingegen bezog sich der auslandstouristische Diskurs eindeutig auf die in *Odnoetažnaja Amerika* popularisierten Narrative. Das Buch blieb ein zentraler Referenztext, auf den sich Journalisten und Schriftsteller bei ihren Auslandsreisen in den nachfolgenden Jahrzehnten wiederholt bezogen.[50] Die von Il'f und Petrov virtuos balancierte Mischung aus Anerkennung und Ablehnung der amerikanischen Gesellschaft passte ideal zum Gedanken des „Einholen und Überholen" des Kapitalismus und diente daher in den 1950er und 60er Jahren vielen Autoren als Vorlage für Reiseberichte, die westlichen Gesellschaften eine zumindest partielle Vorbildfunktion einräumten.[51]

Für die Lektüre der folgenden Kapitel ist das Wissen über die Gestalt des Tourismussektors und die Diskurse über das Ausland im Stalinismus sehr hilfreich. Auf diese Weise lässt sich nachvollziehen, dass die auf vielen Ebenen stattfindenden Auseinandersetzungen über das „angemessene" Verhalten von Touristen unter Chruščev und Brežnev ihre Vorläufer in den 1920er und 30er Jahren hatten. Das gleiche galt für die Beschreibung des Auslands – auch hier bezogen sich Funktionäre wie Touristen zunächst bewusst oder unbewusst auf die literarischen Vorlagen aus der Stalinzeit. Erst in den 1970er Jahren bemühte sich die KPdSU verstärkt darum, eine neue Sprache über das Fremde und das Eigene unter den Touristen zu etablieren.

---

50 Mehrere Male begaben sich sowjetische bzw. russische Journalisten explizit auf die Spuren von Il'f und Petrov, darunter das Autorenduo Boris Strel'nikov und Il'ja Šatunovskij in dem 1972 erschienenen Reportagenband „Amerika von rechts und links", vgl. dies.: Amerika sprava i sleva, Moskau 1972 sowie die aus dem russischen Fernsehen bekannten Moderatoren Ivan Urgant und Vladimir Pozner im Rahmen einer TV-Reportage im Jahr 2006. Das Buch dazu erschien zwei Jahre später, vgl. Vladimir Pozner u. a.: Odnoetažnaja Amerika, Moskau 2008.

51 Vgl. dazu Vera Šamina: Russians in Search of America, in: Stefan Lampadius u. Elmar Schenkel (Hg.), Under Western and Eastern eyes. Ost und West in der Reiseliteratur des 20. Jahrhunderts, Leipzig 2012, S. 159–170 sowie Eleonory Gilburd: Books and Borders: Sergei Obraztsov and Soviet Travels to London in the 1950s, in: Gorsuch u. Koenker (Hg.), Turizm, S. 227–247.

3 Die Organisation des Auslandstourismus

3.1 Institutionen des Auslandstourismus

3.1.1 Die Gewerkschaften

Da die Gewerkschaften seit Mitte der 1930er Jahre eine führende Rolle auf dem Gebiet des innersowjetischen Tourismus einnahmen, war es naheliegend, dass sie über ihren touristischen Arm auch an der Organisation des Auslandstourismus beteiligt wurden. Von 1955 bis 1957 beschränkte sich die Rolle der TEU dabei auf die organisatorische Zuarbeit für Intourist bei der Auswahl und Vorbereitung von Reisekandidaten sowie auf die Zusammenstellung der benötigten Reisedokumente und den Transfer der Touristen vom Heimat- zum Abreiseort (in der Regel Moskau oder Leningrad). Wenngleich auch andere sowjetische Institutionen, beispielsweise die „Union sowjetischer Gesellschaften für Freundschaft und kulturelle Verbindungen mit dem Ausland" (*Sojuz Sovetskich obščestv družby i kulturnoj svjazi s zarubežnimi stranami* – SSOD) und verschiedene Allunions-Ministerien dazu berechtigt waren, touristische Reisegenehmigungen für Fahrten mit Intourist zu erteilen, waren die Gewerkschaften an 85–90 Prozent aller Intourist-Auslandsreisen organisatorisch beteiligt und damit mit Abstand der wichtigste inländische Kooperationspartner für die staatliche Reiseagentur.[1]

Am 19. April 1957 beschloss der Zentralrat der Gewerkschaften eine Umstrukturierung der TEU, die unter anderem die Schaffung einer Abteilung für „touristische Reisen ins Ausland" beinhaltete."[2] Diese Abteilung zeichnete ab 1958 für ein eigenständiges Auslandsreiseprogramm verantwortlich, das sich in erster Linie auf stark ermäßigte Fahrten für verdiente Arbeiter konzentrierte. Ähnlich wie Sputnik basierten diese Reisen zunächst ausschließlich auf dem Prinzip des devisenfreien Austauschs; das Volumen der gewerkschaftlichen Auslandsreisen blieb aber über den gesamten Untersuchungszeitraum deutlich hinter jenem von Intourist und Sputnik zurück (vgl. Tab. 3 auf S. 67).[3]

Die institutionellen Erweiterungen im Bereich des internationalen Tourismus waren Teil umfassender Refomen der TEU in den 1960er Jahren im Zuge

---

1 GARF, f. 9520, op. 1, d. 1810, S. 1.
2 Sergej Mironenko: Fondy Gosudarstvennogo archiva Rossijskoj Federacii po istorii SSSR, Putevoditel'. Tom 3, Moskau 1997, S. 432.
3 GARF, f. 9520, op. 1, d. 1810, S. 1–5.

eines staatlich geförderten Ausbaus des Freizeitsektors. 1962 wurde die TEU im Rahmen des Gewerkschaftsbeschlusses „Über die weitere Entwicklung des Tourismus" in den „Zentralrat für Tourismus" (*Central'nyj sovet po turizmu*, CST) umgewandelt, wobei insbesondere die föderalen Strukturen der Verwaltung gestärkt und die touristische Infrastruktur ausgebaut wurde. Dieser Prozess setzte sich 1969 mit der Umbenennung des CST in „Zentralrat für Tourismus und Exkursionen" (*Central'nyj sovet po turizmu i ekskursijam*, CSTE) fort; im Zentrum dieser Umstrukturierung stand dabei die Verankerung touristischer Zellen auf Ebene von Betrieben und Ausbildungseinrichtungen.[4] Die Verwaltungsgliederung des CSTE trug auch dem Wachstum des Auslandstourismus Rechnung; es existierten nun zwei Abteilungen für Auslandstourismus in die sozialistische und die kapitalistischen Länder. 1973 arbeiteten hier 31 Personen, darüber hinaus waren unionsweit im Dezember 1973 insgesamt 489 fest angestellte (und von Intourist bezahlte) Mitarbeiter an 45 Standorten damit beschäftigt, Auslandsreisen von Sowjetbürgern vorzubereiten.[5]

Trotz der dynamischen Entwicklung der gewerkschaftlichen Strukturen im Bereich des Tourismus in den 1960er und 70er Jahren bleibt festzuhalten, dass das dadurch bereitgestellte Angebot an staatlich geförderten In- und Auslandsreisen bei weitem nicht mit dem gestiegenen Bedarf und der wachsenden Kaufkraft in der Bevölkerung Schritt hielt. Während sowjetische Bürger den Mangel an staatlichen Reiseangeboten im Inland über den sogenannten „wilden Tourismus" kompensieren konnten,[6] fehlte ein derartiges Ventil für die überschüssige Nachfrage nach Auslandsreisen. Außerdem erwiesen sich auch die neu geschaffenen Strukturen im CSTE als bei weitem unzureichend, um den steigenden Komplexitätsanforderungen im Auslandstourismus gerecht zu werden; die Jahresberichte des Zentralrats für Tourismus und Exkursionen zeugten davon, dass die einschlägigen Verwaltungsstrukturen den Anforderungen stets hinterherhinkten (siehe Kapitel 3.5.2).

---

4 Vgl. Golubeva: Rossijskij, S. 73–74.
5 GARF, f. 9520, d. 1810, op. 1, S. 1.
6 Zum „wilden" Tourismus in der Sowjetunion s. Christian Noack: Von „wilden" und anderen Touristen. Zur Geschichte des Massentourismus in der UdSSR, in: WerkstattGeschichte 36/2004, S. 24–41; ders.: Coping with the Tourist: Planned and „Wild" Mass Tourism on the Soviet Black Sea Coast, in: Gorsuch u. Koenker (Hg.), Turizm, S. 281–304 sowie Aleksej Popov: „My iščem to, čego ne terjali". Sovetskie „dikari" v poiskach mesta pod solncem, in: Ab Imperio 2/2012, S. 261–298.

3.1.2 Die Freundschaftsgesellschaften

Mit dem Sammelbegriff der „Freundschaftsgesellschaften"[7] wurden zwischenstaatliche Vereine bezeichnet, die seit den 1920er Jahren im Kontext von kulturdiplomatischen Initiativen der Sowjetunion begründet und deren Aktivitäten bis 1958 von der „Allunionsgesellschaft für kulturelle Beziehungen mit dem Ausland" (*Vsesojuznoe obščestvo kul'turnoj svjazi z zagranicej* – VOKS) koordiniert wurden.[8] Die Mitgliederstärke, politische Ausrichtung und Aktivitäten der Freundschaftsgesellschaften unterschieden sich stark je nach politischer Lage und dem Stand der diplomatischen Beziehungen zu den jeweiligen Ländern. Grundsätzlich verfolgte VOKS das Ziel, über die Freundschaftsgesellschaften Beziehungen zu sympathisierenden Intellektuellen und kommunistischen Gruppierungen im Ausland aufzubauen.

Nach dem Zweiten Weltkriegs entstanden in den durch die Sowjetunion in Ostmitteleuropa installierten kommunistischen Regimen neue Freundschaftsgesellschaften, die dank großzügiger finanzieller und organisatorischer Unterstützung durch die KPdSU schnell den Charakter von Massenorganisationen annahmen.[9] Gleichzeitig erlaubte die vorsichtige Öffnung des Eisernen Vorhangs für Personen und Ideen im Zuge der Tauwetter-Politik neue Formen des Informations- und Personenaustauschs mit bestehenden und neugegründeten Freundschaftsgesellschaften in Westeuropa und Nordamerika.[10]

Die im Früh- und Hochstalinismus gewachsenen Strukturen der VOKS erwiesen sich in diesem Zusammenhang als unzeitgemäß; unter Chruščev wurde die Organisation infolge von Auseinandersetzungen zwischen dem Außenministerium und der Parteispitze über die inhaltliche Ausrichtung und die Verteilung von Zuständigkeiten aufgelöst und im Februar 1958 als SSOD neubegründet.[11] Die SSOD trat dabei als formal unabhängiger Dachverband aller kulturdiplo-

---

7 Nicht alle Gesellschaften, die kulturelle Beziehungen mit der Sowjetunion pflegten, trugen den Begriff der „Freundschaft" in ihrem Namen. Zur Problematisierung des Begriffs siehe John van Oudenaren: Détente in Europe. The Soviet Union and the West since 1953, Durham u. a. 1991, S. 288.

8 Zur Geschichte von VOKS s. das Kapitel „Cultural Diplomacy of a New Type, in: David-Fox: Showcasing, S. 28–60.

9 Vgl. zur Gründungsphase der Freundschaftsgesellschaften in Polen bzw. der DDR Behrends: Erfundene, insbes. Kapitel 3: „Die Erfindung der Freundschaft 1944–1949", S. 91–170.

10 Sonja Großmann: Dealing With „Friends". Soviet Friendship Societies as a Challenge For Western Diplomacy, in: Mikkonen u. Koivunen (Hg.), Beyond, S. 196–217.

11 Vgl. David-Fox: Showcasing, S. 323; Mironenko: Fondy, S. 653. Nigel Gould-Davies gibt abweichend den September 1957 als Gründungsmonat der SSOD an, sowie dies.: Falsche Freunde im Kalten Krieg? Sowjetische Freundschaftsgesellschaften in Westeuropa als als Instrumente und Akteure der Cultural Diplomacy, Oldenburg 2019 (im Erscheinen). Vgl. ders.: Logic, S. 205–206.

matischer Organisationen in der Sowjetunion auf, dessen Leitung zwischen den Mitgliederversammlungen von einem Präsidium ausgeübt wurde.[12] Für den aufkommenden Auslandstourismus spielte die SSOD eine wichtige Rolle: Sie unterstützte Intourist und Sputnik über die Freundschaftsgesellschaften bei der Herstellung von Kontakten zu ausländischen Reiseagenturen und übernahm in vielen Fällen die Planung der Reiseprogramme. Auch ein Großteil der Begegnungen sowjetischer Touristen mit der ausländischen Bevölkerung etwa auf den sogenannten „Freundschaftsabenden" war auf das Engagement der Freundschaftsgesellschaften in den bereisten Ländern zurückzuführen.

3.1.3 Intourist

3.1.3.1 Exkurs: Intourist unter Stalin (1929–1953)

Dem internationalen Tourismus öffnete sich die Sowjetunion nach dem Ersten Weltkrieg und dem Bürgerkrieg nur zögerlich und zunächst ausschließlich für hereinkommende Reisende. Bis 1928 genehmigte das sowjetische Außenkommissariat (NKID) europäischen Ausländern die Einreise dabei nur unter strengen Auflagen für zweckgebundene Aufenthalte.[13] Der Besucherzustrom in die UdSSR blieb daher in diesen Jahren relativ gering und beschränkte sich vornehmlich auf politisch sympathisierende Kulturschaffende und Politiker, die in vielen Fällen dezentral von Einzelpersonen oder kleineren bis mittleren sowjetischen Organisationen eingeladen wurden.[14] Eine erste Zentralisierung des hereinkommenden Reiseverkehrs erfolgte 1925 durch die Gründung von VOKS. Erst nachdem sich die praktischen Erfahrungen der staatlichen sowjetischen Transportgesellschaft *Sovtorgflot* mit ersten amerikanischen Touristen in den Jahren 1926 und 1927 als ideologisch unbedenklich erwiesen hatten[15] und Spitzenfunktionäre von VOKS und dem Außenhandelskommissariat das wirtschaftliche Potenzial eines erweiterten Auslandstourismus aus westlichen Ländern betonten, wuchs auch bei der Parteiführung die Bereitschaft für die Einrichtung einer kommerziellen Reiseagentur. Am 12. April 1929 beschloss der Rat für Arbeit und Verteidigung die Gründung der „Staatlichen Aktiengesellschaft für Auslandstourismus ‚Intourist'" (*Gosudarstvennoe akcionernoe obščestvo po inostrannomu turizmu v SSSR „Inturist"*), die vom Transport bis zur Unterbringung und Verpflegung der Touristen alle touristischen Dienstleistungen auf sich vereinte.[16]

---

12 S. dazu den Beitrag zur SSOD in der „Großen sowjetischen Enzyklopädie", online unter http://dic.academic.ru/dic.nsf/bse/134882/%D0%A1%D0%BE%D1%8E%D0%B7, zuletzt eingesehen am 31.10.2018.

13 Vgl. Heeke: Reisen, S. 15–17.

14 Vgl. Eva Oberloskamp: Fremde neue Welten, Dissertation, München 2011, S. 203–205.

15 Heeke: Reisen, S. 31–39. Zur Entstehungsgeschichte von Intourist siehe auch Bagdasarjan u. a.: Sovetskoe, S. 12–13.

16 Heeke: Reisen, S. 31–39.

Intourist war dem Volkskommissariat für Außen- und Innenhandel untergeordnet, das gleichzeitig mit 40 Prozent des Aktienbestandes Haupteigentümer der Reiseagentur war.[17] Schnell löste Intourist die bis Ende der 1920er Jahre dominierende VOKS als zentrale Anlaufstelle für die Anbahnung und Abwicklung touristischer Reisen in die Sowjetunion ab.[18] Der Aufstieg von Intourist markierte dabei auf drei Ebenen eine Akzentverschiebung in der Kulturpolitik des Frühstalinismus: Erstens setzte Intourist im Unterschied zu VOKS nicht in erster Linie auf die ideologische Beeinflussung der ausländischen Gesellschaftselite, sondern hatte eine breitere Schicht politisch interessierter und gleichzeitig zahlungskräftiger Touristen im Blick. Hierin manifestierte sich eine gestiegene Bereitschaft der Bolschewiki, das touristische Interesse an der Sowjetunion ökonomisch zu verwerten – die Zurückhaltung der frühen 1920er Jahre wich einem unternehmerischen Pragmatismus, der Profitstreben und Propaganda nicht als Widerspruch auffasste.[19] Auch wenn es nicht gelang, Intourist wie geplant zu einem profitablen Unternehmen auszubauen und die Reiseagentur unter Stalin stets auf staatliche Finanzierung angewiesen war, blieb sie vom Anspruch her eine gewinnorientierte Institution.[20]

Zweitens war der Aufstieg von Intourist zum Monopolisten auf dem Gebiet des internationalen Tourismus das Resultat eines von der Partei gezielt herbeigeführten institutionellen Konzentrationsprozesses. Während der Phase der Neuen Ökonomischen Politik wurde der touristische Sektor in der Sowjetunion von den zentralen Machtinstanzen stiefmütterlich behandelt. Dementsprechend betätigten sich hier eine Reihe von Akteuren mit teils eher kommerziellen, teils eher ideologischen Interessen. Im Rahmen der ersten großen Kollektivierungskampagne 1929/1930 und des damit einhergehenden wirtschaftspolitischen Rechtsrucks drängte die Parteiführung verstärkt auf eine institutionelle Konzentration und eine stärkere ideologische Instrumentalisierung des Reisesektors. Während auf dem Gebiet des innersowjetischen Tourismus ab Mitte der 1930er Jahren den Gewerkschaften die alleinige Führungsrolle zukam, zeichnete sich schon in den frühen 1930er Jahren ab, dass Intourist dank massiver staatlicher Unterstützung alle internationalen touristischen Kompetenzen auf sich vereinen würde.[21]

Drittens etablierte die Installation eines staatlichen Fernreisebüros eine klare Trennung zwischen inländischem und internationalem Tourismus, die im Grundsatz bis zum Zerfall der Sowjetunion Gültigkeit behielt.[22] Intourist kümmerte sich zunächst mit wenigen Ausnahmen exklusiv um ausländische Kunden

---

17 Für weitere Details siehe ebd., S. 34.
18 Vgl das Kapitel das Kapitel „The Rise of Intourist", in: David-Fox: Showcasing, S. 176–183.
19 Vgl. zu dieser These ebd. sowie Salmon: Land, S. 31–34.
20 Vgl. Heeke: Reisen, S. 45–50.
21 David-Fox: Showcasing, S. 176–183.
22 Vgl. dazu insbesondere die Ausführungen in Bagdasarjan u. a.: Sovetskoe, S. 14–17.

und war auf kommerziellen Gewinn sowie propagandistische Außenwirkung ausgerichtet. Die – mit kurzer Unterbrechung zwischen 1933 und 1939 – bis 1964 bestehende Zuordnung von Intourist zum Außenhandelskommissariat bzw. -ministerium[23] verdeutlichte diese Ausrichtung.

3.1.3.2 Intourist unter Chruščev (1953–1964)

Wenngleich innerhalb der Kommunistischen Partei schon unmittelbar nach dem Tod Stalins Stimmen laut wurden, die den Ausbau des Auslandstourismus forderten, dauerte es bis Mitte des Jahres 1955, ehe es zu offiziellen Beschlüssen in dieser Frage kam; dann allerdings verlief die weitere Entwicklung sehr zügig.[24] Der erste Entwurf des Zentralkomitees über die Etablierung eines institutionalisierten Auslandsreiseverkehrs vom 23. April 1955 sah unter anderem vor, die Ausreisen zunächst auf eine Zahl von 1.500 Personen jährlich und das Gebiet der sozialistischen Staatengemeinschaft zu beschränken.[25] Das „gute Klima"[26] auf der Genfer Gipfelkonferenz im Juli 1955, auf der alle Staatschefs der Alliierten erstmals nach dem Zweiten Weltkrieg wieder zu diplomatischen Gesprächen (u. a. auch über eine Stärkung der gegenseitigen Handelsbeziehungen) zusammenkamen, gilt als wichtiges Moment, das die sowjetische Führung zu weiteren Schritten in Richtung einer touristischen Öffnung bewegte.[27] Das Präsidium des Zentralkomitees der KPdSU beauftragte schließlich am 14. Juli 1955 die Gewerkschaften, den KGB und die beim Zentralkomitee angesiedelte „Kommission für Auslandstourismus", ein geregeltes Verfahren für touristische Gruppenreisen ins Ausland zu entwickeln.[28] Intourist verabschiedete wenige Wochen nach diesem Beschluss am 8. August 1955 eine neue Charta, in der das staatliche Reisebüro das Ziel formulierte, neben der Förderung des hereinkommenden Tourismus auch jenen aus der Sowjetunion ins Ausland zu einer Priorität zu machen.[29] Dabei handelte es sich tatsächlich um mehr als ein Lippenbekenntnis, denn schon im September 1955 besuchte die erste sowjetische Intourist-Gruppe Schweden.[30]

---

23 1953 wurde das Außenhandelskommissariat in Außenhandelsministerium umbenannt.
24 Zur Vorgeschichte der Einführung des ausgehenden Auslandstourismus s. Gorsuch: All this, S. 12–13; außerdem Gould-Davies: Logic, S. 204.
25 Gorsuch: All this, S. 13, siehe außerdem Igor' Orlov: The Soviet Union Outgoing Tourism in 1955–1985: Volume, Geography, Organizational Forms, online unter https://www.hse.ru/ data/2014/04/29/1322754646/50HUM2014.pdf, S. 7–8, zuletzt eingesehen am 31.10.2018.
26 Vgl. „Das Genfer Trostwort: ‚Klima gut'", in: Die Zeit vom 28. Juli 1955.
27 Gorsuch: All this, S. 13.
28 Orlov: Outgoing, S. 8.
29 Ebd. Siehe dazu auch den kurzen Abschnitt „Rise. 1954–1973" in der historischen Selbstdarstellung von Intourist auf der Firmenwebseite unter https://www.intourist.com/about. aspx?id=9804958&currency=USD, zuletzt eingesehen am 31.10.2018.
30 Gorsuch: All this, S. 11, Orlov: Soviet, S. 11.

Vieles deutet darauf hin, dass die zügige Einführung des Auslandstourismus in dem Wunsch der sowjetischen Führung begründet lag, angesichts der sich entspannenden weltpolitischen Großwetterlage wirtschaftlichen Profit aus einem verstärkten touristischen Austausch zu schlagen. Außenminister Vjačeslav Molotov nutzte so die Genfer Gipfelkonferenz unter anderem dazu, um am Rande ein Gespräch mit dem italienischen Botschafter Massimo Magistrati über verstärkte kulturelle und wirtschaftliche Beziehungen zu führen und dabei auch explizit den touristischen Austausch zu erwähnen. In dem Bericht der Botschaft wird in diesem Zusammenhang vermerkt, Intourist sei darum bemüht, italienische Reiseunternehmen für die Zusammenarbeit bei der Anwerbung von Touristengruppen für „begleitete Touren" durch die Sowjetunion zu gewinnen.[31] Das Signal der Handelsbereitschaft wurde im Ausland gebührend zur Kenntnis genommen: Zeitungen in Großbritannien, der Bundesrepublik und den USA schenkten den ankommenden Reisegruppen als Botschaftern einer Zeitenwende große Aufmerksamkeit.[32] Auch die sowjetische Presse bemühte sich, die ersten Auslandsfahrten von Touristengruppen propagandistisch als Ausdruck einer weltoffenen Haltung der UdSSR zu instrumentalisieren.[33] Dabei dürfte nur den wenigsten Sowjetbürgern verständlich gewesen sein, was die abgedruckten Reiseberichte mit ihrer Realität zu tun hatten. Sie beschränkten sich in der Regel auf eine stereotype Schilderung des Reiseablaufs, ohne auf die organisatorischen Hintergründe der Fahrten einzugehen. Die Erkenntnis, dass Auslandstourismus prinzipiell jedem Bürger offen stehen sollte, war aus derartigen Berichten nicht zu entnehmen und entsprach auch nicht deren Intention.

Tatsächlich befand sich die Verschickung sowjetischer Touristen ins Ausland in den ersten Jahren in einer Art zurückhaltenden Testphase. Davon zeugen nicht nur die bescheidenen, im niedrigen vierstelligen Bereich angesiedelten Zahlen der Ausreisen in der zweiten Hälfte der 1950er Jahre. Auch die Ver-

---

31 „The Magistrati-Molotov Talk in Geneva, August 1955", S. 1, online unter http://www. parallelarchive.org/document/3108?terms=molotov%3Bmagistrati%3B, zuletzt eingesehen am 31.10.2018.

32 Zeitungsartikel über eintreffende sowjetische Reisegruppen erschienen u. a. in „The Times" vom 13. Juni 1956 ("Soviet Tourists in Italy: First Cruise Abroad"), zitiert nach Gorsuch: All this, S. 11; in „Die Zeit" vom 16. Juni 1956 („Notizen für Reisende", der Abschnitt zu den sowjetischen Touristen beginnt mit dem Satz: „Der Vorhang wird gelüftet"), in diversen regionalen amerikanischen Zeitungen wie dem „Sarasota Herald Tribune" (Florida) vom 7. August 1958 ("Soviet Tourists to See Gotham"), „Deseret News" (Salt Lake City) vom 20. August 1958 ("14 'Ordinary' Soviet Tourists Arrive") und der „Gettysburg Times" (Pennsylvania) vom 22. August 1958 ("14 Soviet Tourists to See Stock Exchange") dominierte dagegen ein etwas distanzierterer und skeptischer Ton. Alle Artikel bis auf den erstgenannten sind Stand 31.10.2018 online über die Suchmaschine „Google" bzw. über das Online-Archive von zeit.de abrufbar.

33 Vgl. etwa die Berichte über das Kreuzfahrtschiff „Pobeda" in der „Pravda" vom 23. Juli 1956, S. 4 sowie vom 31. Juli 1956, S. 3.

fahren zur Auswahl geeigneter Reisekandidaten und das Zusammenspiel der zuständigen sowjetischen Organisationen wurden erst im Laufe dieser Zeit nach dem Prinzip Versuch und Irrtum erprobt. Intourist verblieb zunächst bis 1964 im Außenhandelsministeriums und war in seiner Planung von dessen Vorgaben abhängig. Die Aufgabe der Reiseagentur bestand darin, geeignete Geschäftspartner in den Zielländern zu sondieren, mit diesen die Konditionen des Reiseprogramms, der Unterbringung und der Verpflegung auszuhandeln und schließlich den Transfer der Touristen aus der Sowjetunion ins Ausland und zurück zu organisieren.[34]

1964 wurde Intourist Teil der neu geschaffenen „Verwaltung für Tourismus beim Ministerrat der UdSSR" (*Upravlenie po inostrannomu turizmu pri Sovete Ministrov SSSR*, UIT).[35] Die Integration des Reisebüros in ein Regierungsorgan kennzeichnete die gestiegene Bedeutung und Komplexität des Auslandstourismus und dessen engere institutionelle Einbindung in die staatlichen Verwaltungsstrukturen.[36] In der neuen Tourismusverwaltung versammelten sich Vertreter aus 17 Ministerien, Komitees und Behörden, die die verschiedenen Bereiche des Fremdenverkehrs koordinierten.[37] Gegenüber der ausländischen Presse stellte sich Intourist dessen ungeachtet weiterhin als von staatlichen Einflüssen unabhängige, „unpolitische" Organisation dar.[38]

Die institutionelle Aufwertung des Auslandstourismus erreichte fünf Jahre später ihren vorläufigen Höhepunkt, als die UIT in „Hauptverwaltung für Auslandstourismus beim Ministerrat der UdSSR" (*Glavnoe upravlenie po inostrannomu turizmu pri Sovete Ministrov SSSR*, GUIT oder Glavinturist) umbenannt wurde und den Status eines Ministeriums erhielt.[39] Nach dem Tod Leonid Brežnevs kam noch einmal Bewegung in die Strukturen der GUIT – im Mai 1983 wurde die Behörde in „Staatliches Komitee der UdSSR für Auslandstourismus" (*Gosudarstvennyi komitet SSSR po inostannomu turizmu*, Goskominturist) umbenannt,

---

34   Zur institutionellen Aufgabenverteilung im sowjetischen Auslandstourismus siehe auch Orlov/Popov: Russo, S. 60–80.

35   Die genaue Datierung und die organisatorischen Hintergründe dieser institutionellen Umstrukturierung im auswärtigen Tourismussektor sind in der Forschung bisher noch nicht beleuchtet worden, vgl. Salmon: Land, S. 226.

36   Vgl. Usyskin: Očerki, S. 182.

37   Vgl. Marina Sokolova: Istorija turizma, Moskau 2005, S. 210.

38   So beantwortete der Vizepräsident von Intourist, Viktor Bojčenko, in einem am 21. August 1964 veröffentlichten Interview mit der „Zeit" die Frage, warum ausländische Touristen in der Sowjetunion keinen Zugang zur westlichen Presse hätten, mit der Aussage, dass Intourist ein „wirtschaftliches Unternehmen" sei und die Politik von der Regierung gemacht werde, vgl. Jochen Willke: „Wird Russland Autoreise-Land?", in: „Die Zeit" vom 21. August 1964.

39   Vgl. Andreeva: Evoljucija, S. 103.

dessen Präsident zugleich einen Sitz im Ministerrat erhielt.[40] Der Auslandstourismus tauchte nun zudem als eigenes Element in dem Fünfjahresplan für soziale und wirtschaftliche Entwicklung von 1983 auf.[41] Die Verstaatlichung dieses Sektors und die Einbettung von Intourist in die Regierungs- und planwirtschaftlichen Strukturen erreicht damit ihren Höhepunkt.

Unter Gorbačev erfolgte im Zuge der Wirtschaftsreformen die Einführung privatwirtschaftlicher Elemente im Bereich des Auslandstourismus. Ab 1987 wurde das Zuteilungssystem von Reiseberechtigungen durch die Gewerkschaften abgeschafft und Sowjetbürger konnten Auslandsreisen nun in Verkaufsstellen von Intourist erwerben; zwei Jahre später wurde die Aktiengesellschaft Intourist aus den Strukturen von Goskominturist herausgelöst und erhielt das Recht, einen eigenen Haushalt zu führen.[42]

3.1.4 Sputnik

Schon kurz nach seiner Gründung setzte der Komsomol zur Stärkung seines internationalen Einflusses und zur Verbreitung „wahrhaftiger Informationen über das Leben des sowjetischen Volkes"[43] auf den Austausch mit politisch nahestehenden Gruppierungen im Ausland, insbesondere auch in den kapitalistischen Ländern. Sozialdemokratische und sozialistische Delegationen unter anderem aus Deutschland, Österreich, Belgien, Frankreich und der Tschechoslowakei besuchten auf Einladung der Jugendorganisation die Sowjetunion zwischen 1925 und 1941 und empfingen ihrerseits sowjetische Delegationen.[44]

Zu Beginn des Zweiten Weltkrieges koordinierte die Jugendorganisation ihre internationale Arbeit innerhalb des neugegründeten „Antifaschistischen Komitees der sowjetischen Jugend" (*Antifašistskij komitet sovietskoj molodeži*). Das „Antifaschistische Komitee" schrieb sich den „antiimperialistischen Kampf" auf die Fahnen und zielte in seiner Rhetorik nun verstärkt gegen die USA und deren Verbündete als Klassenfeinde.[45] Im Zuge der Entstalinisierung wurde die Organisation 1956 restrukturiert und in „Komitee der sowjetischen Jugendorganisationen" (*Komitet molodežnych organizatsii SSSR*; KMO) umbenannt.[46]

Das KMO war bereits kurz nach seiner Gründung mitverantwortlich für eine der öffentlichkeitswirksamsten Manifestationen des neuen kulturpolitischen

---

40 Vgl. Dolženko: Istorija, S. 150.
41 Vgl. Orlov: Soviet, S. 15.
42 Mironenko: Fondy, S. 173.
43 RGASPI, f. M-5, op. 1, d. 1, S. 1.
44 Vgl. Kvartal'nov u. Fedorčenko: Orbity, S. 28–32.
45 Ebd., S. 31.
46 Siehe den entsprechenden Artikel zum KMO in der „Großen sowjetischen Enzyklopädie", http://bse.sci-lib.com/article063289.html, zuletzt eingesehen am 31.10.2018.

Kurses unter Chruščev: In Zusammenarbeit mit dem Komsomol organisierte es das Weltjugendfestival im Sommer 1957 in Moskau. Die dreiwöchige Veranstaltung wird in der Forschung als regelrechtes Erweckungserlebnis für die sowjetische Bevölkerung einerseits und als weltweit wahrgenommenes Signal einer sich öffnenden UdSSR andererseits beschrieben.[47] Tatsächlich war das Weltjugendfestival zugleich auch der Startschuss in eine neue Ära des sowjetischen Fremdenverkehrs. Pia Koivunen beschrieb die enormen Infrastrukturinvestitionen im Rahmen des Festivals als Wegbereiter für den wenige Jahre später einsetzenden Boom des internationalen Tourismus in die Sowjetunion.[48]

Darüber hinaus wirkte die Großveranstaltung aber auch als Initialzündung für die Entwicklung des ausgehenden Reiseverkehrs. Ganz konkret trieben die Vorbereitungen auf den Empfang der letztendlich insgesamt rund 34.000 Gäste aus 131 Ländern die Schaffung neuer touristischer Strukturen innerhalb der Sowjetunion voran. Schon zwei Monate vor Beginn des Festivals, im Mai 1957, hatte das KMO eine Kommission zur Koordinierung des internationalen touristischen Jugendaustausches einberufen, an der Vertreter von Intourist, der TEU und des beim Gesundheitsministerium angesiedelten „Komitees für Körperkultur und Sport" (*Komitet po fizičeskoj kul'ture i sportu*) beteiligt waren.[49]

Zwar mehrten sich bereits seit der vorsichtigen Öffnung der UdSSR für den internationalen Tourismus im Jahr 1955 die Anfragen von Jugendorganisationen sowohl aus dem sozialistischen als auch aus dem kapitalistischen Ausland, aber insbesondere angesichts des explosionsartig angestiegenen Interesses an der Sowjetunion im Rahmen des Weltjugendfestivals rückte die Notwendigkeit übergeordneter Koordination des Fremdenverkehrs immer dringlicher auf die Agenda der zuständigen Institutionen. Die zahlreichen Anfragen der Jugendorganisationen aus dem Ausland sprengten die Kapazitäten von Intourist, das bis dahin alleine für die Organisation des ein- und ausgehenden Fremdenverkehrs zuständig gewesen war.[50]

Insbesondere Delegationen aus dem sozialistischen Ausland fragten nach weniger kostspieligen Alternativen zum kommerziellen Reiseangebot, um die Zahl der in die Sowjetunion reisenden Touristen anheben zu können. So wandte sich etwa der sowjetische Botschafter in Ungarn, Evgenij Gromov, am 14. Juni 1957 mit der Bitte an den Komsomol, zusätzlich zu der offiziellen ungarischen Dele-

---

47 Hierzu Zubok: Zhivago's, S. 94–111 und Richmond: Cultural, S. 11–13.
48 Pia Koivunen: The 1957 Moscow Youth Festival. Propagating a New, Peaceful Image of the Soviet Union, in: Melanie Ilič u. Jeremy Smith (Hg.), Soviet State and Society under Nikita Khrushchev, London u. a. 2011, S. 47–65, hier S. 56.
49 Maškova: BMMT, S. 44, siehe außerdem Orlov: Molodežnyj.
50 Über die entsprechenden Verhandlungen zwischen Intourist, dem KMO, den Gewerkschaften und weiteren von touristischen Anfragen betroffenen Organisationen s. RGASPI, f. M-5, op. 2, d. 1, S. 1–3.

gation 500 weitere Touristen während des Weltjugendfestivals aufzunehmen.[51] Führende Funktionäre des Komsomol und der Partei in Ungarn hätten ein „riesiges Interesse" der dortigen Jugend an der Sowjetunion vermeldet.[52] Allerdings sei ein Aufenthalt in der UdSSR zu dem für touristische Dienstleistungen üblichen Wechselkurs weder für die ungarischen Touristen noch für den Komsomol zu finanzieren. Daher regte Gromov an, die ungarischen Touristen zu vergünstigten Handelskonditionen aufzunehmen. Entgegenkommen in dieser Angelegenheit hätte „eine große Bedeutung für die Verstärkung des Einflusses und die Erhöhung der Autorität des ungarischen Komsomol bei der Jugend".[53] Intourist stimmte dem Ansinnen schließlich nach weiteren Verhandlungen mit einer ungarischen Delegation des Komsomol zu und schlug eine innerhalb des Rates für gegenseitige Wirtschaftshilfe mögliche devisenfreie Abrechnung der touristischen Dienstleistung vor.[54] Die Vereinbarung sah vor, dass 500 ungarische Touristen in einem Zeitraum von zwölf Tagen innerhalb der sowjetischen Grenzen Dienstleistungen im Gegenwert von 30 Rubel pro Tag erhielten. Im Gegenzug sollte die touristische Organisation des ungarischen Komsomol 500 sowjetische Touristen zu entsprechenden Konditionen empfangen.[55]

Vergleichbare Anfragen nach touristischem Austausch zu vergünstigten Konditionen oder auf devisenfreier Basis erreichten die mit Tourismus assoziierten Organisationen der Sowjetunion im Vorfeld des Weltjugendfestivals in großer Zahl, und die Nachfrage riss auch zum Jahreswechsel 1957/1958 nicht ab. Das Problem bestand darin, dass für die Anbahnung derartiger Beziehungen weder ein geregeltes Verfahren noch ein eindeutiger institutioneller Ansprechpartner existierte. Der Vorsitzende von KMO, Sergej Romanovskij, beklagte sich Anfang des Jahres 1958 in einem Brief an den Gewerkschaftsvorsitzenden Viktor Grišin darüber, dass touristische Anfragen aus dem Ausland zeitgleich bei verschiedenen sowjetischen Institutionen aufliefen und Verhandlungen zuweilen parallel geführt würden.[56] Er wisse nicht, ob er entsprechende an seine Organisation gerichtete Anfragen selbst bearbeiten oder an Intourist bzw. die Gewerkschaften weiterzuleiten habe.[57]

Tatsächlich erkannte inzwischen auch das Zentralkomitee der Partei Handlungsbedarf. Am 25. Mai 1958 schlug es die Gründung eines Jugendreisebüros vor; am 3. Juni desselben Jahres beauftragte der Ministerrat in einer Anord-

---

51 RGASPI, f. M-1, op. 30, d. 17, S. 34f.
52 Ebd.
53 Ebd.
54 Ebd., S. 32f.
55 Ebd.
56 RGASPI, f. M-5, op. 2, d. 14, S. 3.
57 Ebd.

nung den Komsomol mit der Umsetzung dieses Vorschlags.[58] Bereits zwei Tage später, am 5. Juni 1958 beschlossen daraufhin die Zentralkomitees des Komsomol und des KMO die Einrichtung des etwas sperrig betitelten „Büros für internationalen Jugendtourismus beim Komitee der Jugendorganisationen der UdSSR, ‚Sputnik'" (*Bjuro meždunarodnogo molodežnogo turizma pri KMO SSSR ‚Sputnik'*)".[59] Der Verweis auf den sowjetischen Satelliten, der im Oktober 1957 die Erdkugel umrundet hatte und weltweit für großes Aufsehen gesorgt hatte, verdeutlichte die Stimmungslage, vor deren Hintergrund die zügige Einrichtung einer Institution für Jugendtourismus möglich geworden war. Sputnik sollte den Propagandacoup der Erdumrundung gewissermaßen institutionalisieren und damit seine Wirkung zeitlich verlängern.

Die von Sputnik im ersten internen Jahresbericht pathetisch verkündeten Ziele, „unter der ausländischen Jugend wahre Informationen über das Leben in der Sowjetunion" zu verbreiten, unterschieden sich zwar nicht von dem ideologischen Anspruch von Intourist.[60] Anders als für den profitorientierten Staatsbetrieb spielte für Sputnik der kommerzielle Aspekt des Tourismus jedoch eine untergeordnete Rolle, weshalb sich das Jugendreisebüro im innersowjetischen Diskurs als bodenständige und authentisch sozialistische Organisation profilieren konnte, die ein breites Spektrum der Gesellschaft ansprechen wollte. In der Selbstbeschreibung des ersten Jahresberichts von Sputnik hieß es dazu, dass „das Büro für internationalen Jugendtourisms davon ausgeht, dass die Jugend günstigere [und] erschwinglichere Auslandsreisemöglichkeiten benötigt und ohne überflüssigen Komfort bei der Verpflegung, in den Zügen, Hotels, Kantinen etc. auskommt."[61]

Selbstbewusst grenzte auch der Leiter der Abteilung für Auslandsreisen bei Sputnik B. Kir'jakov das Jugendreisebüro in seinem ersten Jahresbericht von den anderen Reisebetrieben der Sowjetunion ab:

> „Es ist allgemein bekannt, dass früher [touristische Auslandsreisen] nur über Intourist und die [TEU] organisiert wurden, die schlecht mit den Organen des Komsomol verbunden sind und die Auswahl der Touristen weitgehend über die großen gewerkschaftlichen Organisationen durchführten und dabei die breite Masse der Arbeiter, Kolchosniki und der studentischen Jugend, die oftmals nicht einmal von der Möglichkeit einer Auslandsreise wussten, nicht erreichten. [...] Diese Situation hat sich nachhaltig verändert, seit die Zusammenstellung der Touristengruppen,

---

58 Maškova: BMMT, S. 46–47; Orlov: Molodežnyj.
59 RGASPI, f. M-5, op. 1, d. 1, S. 40; 45.
60 Ebd., S. 1.
61 Ebd., S. 4.

die mit unserem Büro verreisen, den regionalen und städtischen Komitees des Komsomol in den Unionsrepubliken anvertraut wurde."[62]

Mit der Gründung eines eigenen Reisebüros verdeutlichte der Komsomol also nicht nur seine kulturpolitischen Ambitionen; er setzte zugleich innersowjetisch einen Kontrapunkt zu dem elitären Auftreten von Intourist.

3.2 Das touristische Leitungspersonal

3.2.1 Gruppenleiter

Gruppenleiter stellten den verlängerten Arm der entsendenden touristischen Organisation im Ausland dar. Bei Sputnik befand sich in jeder touristischen Gruppe „im sozialistischen Ausland, Finnland und Österreich" mindestens ein Gruppenleiter; in andere kapitalistische Länder wurden in Abhängigkeit von dem Programm und den empfangenden Organisationen zwei oder auch drei Gruppenleiter gesandt; bei „Freundschafts-" und „Spezialzügen" kamen ebenfalls drei, vier oder mehr Gruppenleiter zum Einsatz.[63] Auch wenn von Intourist keine entsprechende Auskunft vorliegt, legen die Berichte von Auslandsreisen nahe, dass hier eine vergleichbare Zuteilung vorgenommen wurde.

Die Verantwortung für Auswahl, Vorbereitung und Kontrolle der Gruppenleiter unterlag bei Sputnik unabhängig von der Reisedestination den regionalen und überregionalen Komitees des Komsomol.[64] Bei Intourist- oder Gewerkschaftsreisen in sozialistische Länder schlug in der Regel das Gebietskomitee der Gewerkschaften geeignete Kandidaten vor und war zugleich für deren Eignungsprüfung und Schulung zuständig.[65] Die Gruppenleiter für Reisen in kapitalistische Länder wurden dagegen von Intourist selbst vorgeschlagen und durch die Parteikomitees der jeweiligen Oblast bestätigt;[66] eine Tatsache, die den Sonderstatus dieser Zielregion kennzeichnete und den Gewerkschaften ihren untergeordneten Status bei der Zusammenarbeit mit Intourist vor Augen führte.

Mit deutlichen Worten prangerte dementsprechend der Vorsitzende der CST, Aleksej Abukov, in einem Schreiben von 1964 an, dass die Gewerkschaften, die ansonsten den gesamten touristischen Auswahlprozess organisierten und für das Benehmen der Touristen verantwortlich zeichneten, für das kapitalistische Ausland „keine Rechte besäßen, eigene Vertreter zu Gruppenleitern zu ernennen."[67]

---

62 RGASPI, f. M-5, op. 1, d. 2, S. 202f.
63 RGASPI, f. M-5, op. 1, d. 490, S. 19–20.
64 RGASPI, f. M-5, op. 1, d. 89, S. 87.
65 GARF, f. 9520, op. 1, d. 731, S. 273.
66 GARF, f. 9520, op. 1, d. 1549, S. 8f.
67 GARF, f. 9520, op. 2, d. 26, S. 9.

De facto änderte sich trotz dieser Beschwerde an der Minderprivilegierung der Gewerkschaften in diesem Bereich bis zum Ende der Ära Brežnev nichts.[68] In den Anfangsjahren wurde der Vorbereitung und Schulung sowie der Leistungskontrolle der Gruppenleiter keine gesonderte Aufmerksamkeit gewidmet. Man vertraute darauf, dass sich die Qualität des Leitungspersonals zwangsläufig aus der sorgfältigen Auswahl ergab. Laut einer Anweisung von Intourist sollten entsprechend nur die „am besten vorbereiteten und politisch gebildetsten Touristen, die Lebenserfahrung bei der Arbeit mit Menschen und Organisationstalent mitbringen", für diesen Posten berücksichtigt werden.[69] Dies bedeutete im Klartext, dass ausschließlich Parteimitglieder für diese Position berücksichtigt wurden. Im Falle von Sputnik rekrutierten sich Gruppenleiter vorwiegend aus Spitzenkadern des Komsomol. Bei Reisen in das kapitalistische Ausland kamen in erster Linie führende Funktionäre auf Allunions- oder Republiksebene zum Zug, im sozialistischen Ausland dagegen eher regionale und lokale Kader.[70] Für Intourist sind Überblicksstatistiken über die soziale Herkunft der Gruppenleiter nur sporadisch verfügbar, allerdings dürfte die entsprechende Statistik des Moskauer Oblast' von 1974 auch für andere Regionen und Zeiträume repräsentativ sein. Demnach waren von 216 in diesem Jahr ins sozialistische Ausland verreisten Gruppenleitern gut die Hälfte (121) Gewerkschaftsfunktionäre, ein knappes Fünftel (42) stammte aus der öffentlichen Verwaltung und nur etwa jeder achte trug ein Parteiamt (27). Im kapitalistischen Ausland gestaltete sich das Verhältnis dagegen umgekehrt, hier dominierten unter den 42 verreisten Gruppenleitern die Parteifunktionäre (25), während Gewerkschaftler nur etwa ein Drittel des Kontingents stellten (15).[71] Auch die in diesem Bericht gemachte Anmerkung, dass „die überwiegende Mehrheit" der Gruppenleiter über einen Hochschulabschluss verfügte, dürfte zu generalisieren sein: im Januar 1982 lag die entsprechende Quote im Moskauer Oblast' unter allen Gruppenleitern bei 98 Prozent.[72] Der Sonderstatus des Gruppenleiters als Kontrollinstanz war neben seinem hohen Sozialstatus auch durch die Tatsache gekennzeichnet, dass er – anders als der Gruppenälteste – in aller Regel aus einem anderen Ort stammte als die Touristen und diese erst kurz vor oder während der Reise kennenlernte. Seine Aufgaben waren in einer Dienstanweisung festgelegt und betrafen den gesamten

68 So bestätigten etwa Berichte aus dem CSTE in Saratovsk von November 1971 und der Jahresbericht des Moskauer Gebietskomitees der Gewerkschaften von 1982 diese Praxis, vgl. GARF, f. 9520, op. 1, d. 1549, S. 7–9; GARF, f. 9520, op. 1, d. 3061, S. 43.

69 GARF, f. 9520, op. 1, d. 425, S. 181.

70 RGASPI, f. M-5, op. 1, d. 178, S. 8.

71 GARF, f. 9520, op. 1, d. 1982; vgl. auch eine entsprechende Statistik der Gewerkschaften für das Jahr 1970, GARF, f. 9520, op. 1, d. 1422, S. 12.

72 GARF, f. 9520, op. 1, d. 3061, S. 43.

Reiseprozess von der Vorbereitung bis zur Heimkehr der Touristengruppe: Vor Reiseantritt hatte sich der Gruppenleiter demnach umfassend über die wirtschaftlichen, politischen und kulturellen Eigenheiten des Ziellandes zu informieren und das Reiseprogramm so wie die mit der Empfängerseite vereinbarten Reisekonditionen zu studieren.[73] Er achtete darauf, dass alle Touristen vor der Abfahrt an den vorbereitenden Seminaren in Moskau oder Leningrad teilnahmen (falls diese vorgesehen waren), prüfte ihre Reisedokumente auf Korrektheit und erinnerte sie daran, dass sie außer ihrem Reisepass keine persönlichen Dokumente ins Ausland mitnehmen durften; er nahm stellvertretend für die Gruppe die kollektive Reiseberechtigung in Empfang, organisierte den Erwerb der Fahrkarten für den Transfer der Touristen aus ihrem Heimatort zum Zielort und zurück. Zuständigkeit hatte der Gruppenleiter auch für finanzielle Belange während der Reise: Er sammelte von den Touristen das ihnen zustehende Taschengeld ein und wechselte es am Grenzpunkt um in die jeweilige Fremdwährung. Zu seinen Aufgaben zählte es, darauf zu achten, dass kein Tourist sowjetische Währung mit sich ins Ausland führte.[74]

Am Reiseziel angekommen, nahm der Gruppenleiter in der Regel Kontakt zu der dortigen diplomatischen Vertretung der Sowjetunion auf und meldete die Ankunft „seiner" Touristen. Hier erhielt er Informationen und Anweisungen zum Verhalten im besuchten Land, die er an die Gruppe weiterzuleiten hatte. Mit den Vertretern der empfangenden touristischen Organisation glich der Gruppenleiter das Reiseprogramm ab und überwachte dessen Einhaltung. Darüber hinaus kontrollierte er die Erfüllung der vertraglich vereinbarten Konditionen der Unterbringung und Verpflegung. Bei festgestellten Mängeln war es seine Aufgabe, sich an die Leitung der Unterkunft oder an den Reiseveranstalter zu wenden, um diesbezüglich Nachbesserungen zu erwirken.

Nach der Rückreise meldete sich der Gruppenleiter bei der Zentrale von Sputnik bzw. Intourist in Moskau und gab die Reisepässe der Touristen dort ab. Möglichst zeitnah wurde sowohl dort als auch bei dem zuständigen Gebietskomitee der Gewerkschaften bzw. des Komsomol sein Bericht erwartet. Dieser sollte Auskunft über die organisatorischen Rahmenbedingungen der Reise, das Verhalten der Touristen, das Verhältnis zur einheimischen Bevölkerung und gegebenenfalls Verbesserungsvorschläge enthalten.[75]

Neben all diesen formalen und konkret umschriebenen Aufgaben kam dem Gruppenleiters die Rolle des Aufsehers über die Touristen zu; eine Rolle, de-

---

73 RGASPI, f. M-5, op. 1, d. 52, S. 26–28, die Rolle des Gruppenleiters wird anhand dieser Quelle auch beschrieben in Gorsuch: All this, S. 22f.

74 Ebd. Siehe auch die 1965 geäußerte Klage einer gewerkschaftlichen Gruppenleiterin über die aufwendige Verwaltung des den Touristen zustehenden Geldes, GARF, f. 9520, op. 1, d. 874, S. 4–5.

75 Ebd.

ren Ausgestaltung weitgehend in seinem Ermessen lag. Laut Vorschrift hatte
der Gruppenleiter die „nötige Ordnung und Disziplin" unter den Touristen
durchzusetzen und „Verletzungen der Verhaltensnormen" der zuständigen sowjetischen Auslandsvertretung unverzüglich zu melden.[76] Darüber hinaus sollte
er Touristen vor „Provokationen von feindlichen und sowjetischen Menschen
gegenüber illoyalen Personen" schützen und bei Gesprächen mit Einheimischen
darauf hinwirken, dass „auf gestellte Fragen [...] richtige Antworten über das
Leben in der Sowjetunion" gegeben würden.[77]
Wie aus vereinzelten kollektiven Beschwerdebriefen von Touristen hervorgeht,
interpretierten in der Frühphase des Auslandstourismus einige Gruppenleiter
ihre Rolle in einem geradezu absolutistischen Sinne; sie sahen sich als unantastbare Herrscher über eine Schar Untergebener (s. Abb. 1). Als „außerordentlich
zügellosen, groben und wichtigtuerischen Menschen" charakterisierten etwa
acht kasachische Touristen den armenischen Gruppenleiter Genrich Saakjan
im September 1960 nach einer Reise durch die Tschechoslowakei: „Er terrori-
sierte seine Gruppe buchstäblich, in dem er mehrfach körperliche Gewalt an-
drohte, er überschüttete die Teilnehmer seiner [armenischen] Delegation und
auch unseren Gruppenleiter und Genossen aus unserer Gruppe. mit unflätigen
Ausdrücken."[78]
Derartige Einlassungen durch verunsicherte Touristen stießen innerhalb der
touristischen Organisationen zunächst kaum auf Resonanz. Die Revision der
Arbeit der Gruppenleiter nahm in den Jahresberichten der touristischen Organisationen bis Mitte der 1960er Jahre keinen oder nur einen geringen Raum ein.
Erst gegen Ende der Amtszeit von Chruščev geriet die Rolle der Gruppenleiter
im Kontext des beginnenden touristischen Booms und organisatorischer Umstrukturierungen stärker in den Blickpunkt und entsprechend nahm die Auseinandersetzung mit ihrer Tätigkeit auch in den Jahresberichten der touristischen Organisationen einen breiteren Raum ein. Insbesondere die Tatsache,
dass sich in der Praxis viele regionale Komitees der Gewerkschaften und des
Komsomol nicht an die formalen Dienstwege bei der Bestimmung der Gruppenleiter hielten, wurde hierbei von höchster Stelle angeprangert. So forderten
der Stellvertretende Außenhandelsminister Boris Borisov sowie der Gewerk-
schaftssekretär Leonid Solov'ev in einem gemeinsamen Schreiben an die Vorsitzenden des CST und Intourist, V. Barbin und Vladimir Ankudinov im
Oktober 1963, dass Kandidaturen von Gruppenleitern rechtzeitig in den entsprechenden Sitzungen der Gewerkschaftskomitees zu besprechen und eine „ihnen

---

76 Ebd., S. 27.
77 Ebd., S. 27f.
78 RGASPI, f. M-5, op. 1, d. 54, S. 12. Siehe in diesem Zusammenhang auch die Schilderung
der Moskauer Gewerkschaftstouristen über den Habitus ihrer Gruppenleiterin Savkova
auf S. 165.

Abb. 1: Unantastbare Herrscher?
Der Gruppenleiter Georgij Primenko
in Verl im Mai 1975 (Quelle: JAW).

angemessene Vorbereitung" für die Auslandsreise zu gewährleisten seien.[79] Auch die Leitung von Sputnik kritisierte im Jahresbericht von 1965, dass viele Gruppenleiter von den zuständigen Komitees des Komsomol vor ihrer Abreise nicht auf ihre Eignung hin geprüft würden.[80]

Der starke Anstieg des Auslandstourismus führte allerdings dazu, dass die Probleme bei der Rekrutierung „zuverlässiger" Gruppenleiter in den Folgejahren eher zu- als abnahmen. Dies wurde unter anderem in dem vom Zentralkomitee der KPdSU verabschiedeten Beschluss „Über Maßnahmen zur Verbesserung der Organisation des sowjetischen Auslandstourismus" vom Januar 1970 thematisiert. Das Moskauer Parteikomitee räumte in der Reaktion auf diesen Beschluss im März 1970 ein, dass es „ernsthafte Mängel" bei der Auswahl von Gruppenleitern gebe und diese Angelegenheit „einer handvoll schlecht vorbereiteter Mitarbeiter" überlassen werde.[81] Auch Sputnik konstatierte im Januar 1970, dass „derzeit der Großteil der Gruppenleiter sich ein bis zwei Tage vor der Abreise mit

79 GARF, f. 5, op. 1, d. 731, S. 273.
80 RGASPI, f. M-5, op. 2, d. 23, S. 6.
81 CAODM KPSS, f. P-4, op. 169, d. 15, S. 7.

ihrer Gruppe trifft und in keiner Weise an der Auswahl und Vorbereitung der Touristen teilnimmt [...]."[82]
Tatsächlich erhöhten Sputnik und der CSTE in dieser Zeit auch angesichts eines als zunehmend riskant eingeschätzten Tourismus in den Westen ihre Bemühungen, die Gruppenleiter stärker in das umfassende touristische Vorbereitungs- und Kontrollregime zu integrieren. 1970 verweigerte der CSTE 35 Gruppenleitern die Ausreisegenehmigung in kapitalistische Länder und sprach in 337 Fällen Rügen aus, weil die Kandidaturen von den zuständigen gewerkschaftlichen Regionalkomitees zu kurzfristig bestimmt wurden oder sich fehlerhafte Angaben in deren Dokumenten fanden.[83] Funktionäre des CSTE und von Sputnik übten bei Inspektionen Druck auf die Regionalabteilungen aus, der Auswahl und Schulung von Gruppenleitern mehr Aufmerksamkeit zu schenken.[84]
Die Position des Gruppenleiters, die den Trägern in den Anfangsjahren nahezu unangreifbare Autorität versprochen hatte, wurde in dieser Zeit verstärkt einer kritischen Revision unterzogen. Die zuständigen Stellen registrierten nicht nur gravierende Fälle von Regelverletzungen, sondern auch offensichtlich zu Tage tretende Inkompetenz und kleinere Unachtsamkeiten. So führte der Bericht des CSTE über Reisen in das sozialistische Ausland von 1970 neben der versuchten Vergewaltigung einer bulgarischen Reiseführerin durch einen armenischen Gruppenleiter auch zwei relativ geringfügige Versäumnisse zweier Gruppenleiter auf: Einer hatte die Reisepässe der Touristen vor der Abreise nicht gründlich genug überprüft, der andere etwas mehr Devisen ausgegeben als ihm zustanden.[85] Ein weiterer Bericht über Intourist-Reisen nach Bulgarien aus demselben Jahr enthielt sogar innerhalb der Rubrik „Mängel bei der Auswahl, Instruktion und Vorbereitung sowjetischer Auslandstouristen" eine eigene Unterkategorie mit dem Titel „Anmerkungen zu Gruppenleitern", in denen ähnliche Verfehlungen aufgelistet wurden.[86]
Mitte der 1970er Jahre bildete sich bei den Gewerkschaften ein reguliertes Verfahren zur „Qualitätskontrolle" der Gruppenleiter heraus, das zusätzlich zu dem üblichen Auswahlverfahren spezielle Schulungen, das Studium von Reiseberichten früherer Gruppenleiter sowie persönliche Gespräche mit Vertretern von Gewerkschafts- und Parteikomitees auf Oblast'-Ebene vorsah. So hielt sich die Sekretärin des Gewerkschaftsrates des Oblast' Moskau, L. D. Maleev, an Dienstagen Zeit für Gespräche mit angehenden Gruppenleitern frei; außerdem wurde in Moskau jeder Gruppenleiter an einen Referenten von Intourist zwecks

---

82 RGASPI, f. M-5, op. 2, d. 160, S. 24.
83 GARF, f. 9520, op. 1, d. 1417, S. 19.
84 GARF f. 9520, op. 1, d. 1545, S. 19.
85 Ebd.
86 GARF, f. 9520, op. 1, d. 1419, S. 30.

eines instruktiven Gespräches verwiesen.[87] Bis 1982 änderte sich an diesem formalen Prozedere bei der Auswahl und Vorbereitung von Gruppenleitern wenig. Nach Angaben der Moskauer Gewerkschaften hatte zu diesem Zeitpunkt die „gründliche Arbeit bei der Auswahl und Vorbereitung der Gruppenleiter" positive Ergebnisse hervorgebracht.[88]

Bei Sputnik hingegen war die organisatorische Leitung insbesondere bei Reisen in kapitalistische Länder mit der Arbeit ihrer Gruppenleiter zu Beginn der 1980er Jahre keineswegs zufrieden. Noch im Oktober 1980 hatte das Zentralkomitee des Komsomol eine neue Instruktion zur „Organisation und Bezahlung von Auslandsreisen der sowjetischen Jugend" herausgegeben, das u. a. auch eine Überarbeitung und Ergänzung der Dienstanweisungen für Gruppenleiter zur Folge hatte: „Die Aufgabe aller Organisatoren des sowjetischen Auslandstourismus", hieß es in der Reaktion von Sputnik, „besteht darin, diese grundlegenden Dokumente gut zu kennen und ihren Anforderungen uneingeschränkt nachzukommen."[89] Gruppenleiter, die es versäumten, im Ausland ihre Pflichten zu erfüllen, sollten dafür zur Verantwortung gezogen und gegebenenfalls sogar ihre Bezahlung in Teilen oder ganz einbüßen.[90]

3.2.2 Der „Gruppenälteste"

Anders als der Gruppenleiter rekrutierte sich der Gruppenälteste (*staršij gruppy*, gelegentlich auch *starosta*) aus der Reisegemeinschaft selbst. Er wurde im Vorfeld der Reise in der Regel von den Touristen bestimmt.[91] Bei Gruppen, die sich aus mehreren Regionen zusammensetzten, stellten diese jeweils einen eigenen Ältesten, so dass es durchaus mehrere Älteste in einer Reisegruppe geben konnte. Obgleich über den Auswahlvorgang dieser lokalen Ältesten nur wenige konkrete Informationen vorliegen, sind diese im Falle von Sputnik vermutlich spätestens ab Mitte der 1960er Jahre nicht in allen Fällen von der Touristengruppe selbst, sondern zuweilen auch von den zuständigen Gebietskomitees des Komsomol bestimmt worden.[92]

Der Gruppenälteste fungierte zugleich als Unterstützer und Korrektiv des Gruppenleiters. Er assistierte diesem bei seinen organisatorischen Aufgaben und trug

---

87 GARF, f. 9520, op. 1, d. 1982, S. 47.
88 GARF, f. 9520, op. 1, d. 3061, S. 48.
89 RGASPI, f. M-5, op. 3, d. 407, S. 16.
90 Ebd., S. 17.
91 Vgl. Ševyrin: Proniknovenie.
92 Ein konkreter Beleg über die Auswahl eines regionalen Gruppenältesten existiert für das Jahr 1968, wo es über den Gruppenältesten Polišuk heißt, dass er von dem zuständigen Gebietskomitee des Komsomol zum Ältesten der Touristen aus der kasachischen Stadt Kustanai bestimmt wurde, RGASPI, f. M-5, op. 1, d. 593, S. 89.

eine Mitverantwortung für die Einhaltung der Disziplin unter seinen Mitreisenden, etwa indem er abends die Vollzähligkeit der Touristen im Hotel prüfte.[93] Gruppenälteste waren dazu aufgefordert und berechtigt, anders als die Gruppenleiter aber nicht dazu verpflichtet, Berichte über ihre Reisen an die regionalen Komitees der Gewerkschaften (bei Intourist und Gewerkschaftsreisen) bzw. an Sputnik zu verschicken. Diese stellten zuweilen eine wichtige Ergänzung zu den Berichten der Gruppenleiter dar, insbesondere wenn es um Vorwürfe gegen einzelne Touristen ging. Das Verhältnis zwischen den Gruppenältesten und den Gruppenleitern war dabei nicht immer spannungsfrei. Letztere beklagten sich gelegentlich über mangelnde Unterstützung seitens der Ältesten oder warfen diesen sogar vor, die Gruppe gegen sie aufgehetzt zu haben;[94] die Gruppenältesten ihrerseits erhoben ähnliche Vorwürfe in die Gegenrichtung.[95] Auch wenn derartige Reibereien eher die Ausnahme darstellten, passten sie letztendlich in das Kalkül der Reisebüros, eine möglichst umfassende Kontrolle der Gruppe zu gewährleisten – so waren nicht nur die Touristen angreifbar, auch die Gruppenleitung kontrollierte sich gegenseitig.

3.2.3 Geheimdienstagenten

Obwohl sie offiziell nicht existierten, übten auch die häufig inkognito mitreisenden Geheimdienstmitarbeiter großen Einfluss auf die Touristengruppe aus. Agenten und inoffizielle Mitarbeiter des KGB nahmen an fast allen Reisen ins westliche Ausland teil; auf Reisen ins sozialistische Ausland waren sie nur sporadisch vertreten.[96] Zeitzeugenaussagen zufolge waren sich die meisten Reisen-

---

93 GARF, f. 9612, op. 3, d. 432, S. 66.
94 Zu Fällen von mangelnder Unterstützung siehe u. a. GARF f. 9612, op. 1, d. 478, S. 25; GARF, f. 9520, op. 1, d. 873, S. 15, zum Vorwurf des Aufhetzens der Gruppe gegen den Gruppenleiter siehe GARF, f. 9520, op. 1, d. 430, S. 124.
95 Siehe etwa GARF, f. 9520, op. 1, d. 729, S. 23–26; GARF, f. 9520, op. 1, d. 430, S. 21–24, RGASPI, f. M-5, op. 1, d. 27, S. 9.
96 Dies geht etwa aus dem Bericht „Informationen über den Zustand und die Maßnahmen zur weiteren Ausarbeitung der konterrevolutionären Arbeit über die Kanäle der zeitweiligen Auslandsreisen sowjetischer Bürger" des stellvertretenden Vorsitzenden der 2. Hauptverwaltung des litauischen KGB von 1978 hervor, vgl. LYA, f. K-1, ap. 3, b. 754, S. 144–151 (für eine Schilderung der Zuständigkeiten im KGB auf dem Gebiet des internationalen Tourismus s. Oleg Nečiporenko: KGB i tajna smerti Kennedi, Moskau 2014, S. 28ff). Demnach reisten aus dem Litauischen SSR in den Jahren 1977–1978 4.388 Personen in 154 Gruppen in das kapitalistische Ausland, während 23.466 Personen das sozialistische Ausland besuchten (die Zahl der Gruppen ist für den sozialistischen Staatenraum in diesem Bericht nicht gesondert angegeben, legt man die Gruppenstärke in kapitalistischen Ländern zugrunde, kommt man auf eine Zahl von rund 820 Gruppen). Dabei begleiteten 102 hauptamtliche und 97 inoffizielle Mitarbeiter des KGB Reisegruppen in das kapita-

den der Anwesenheit der unter der Hand als „Kindermädchen" gekennzeichneten Mitarbeiter des KGB offensichtlich bewusst und berücksichtigten diese bei ihrem Handeln.[97] Gerade der – bei Reisen innerhalb des sozialistischen Staatenraumes oft unbegründete – Verdacht, dass potentiell jeder Mitreisende über das eigene Verhalten Protokoll führen könnte, trug nicht unwesentlich zu dem von vielen Reisenden empfundene Gefühl der erzwungenen Konformität bei.[98] Andererseits deutet die Aussage einer Interview-Partnerin von Donald Raleigh über die Erfahrungen ihrer Mutter von einer Frankreich-Reise Anfang der 1960er Jahre darauf hin, dass die Anwesenheit von KGB-Agenten nicht zwangsläufig als einschränkend und bedrückend empfunden wurde: „Zur angenehmen Überraschung der Gruppe verheimlichte derjenige, der sie beaufsichtigen sollte, ‚seine Rolle nicht wirklich und verhielt sich würdevoll'".[99] Für eine genauere Einschätzung der Auswirkung der geheimdienstlichen Arbeit auf das Verhalten von Touristen ist weitere Forschung unabdinglich.

Insbesondere im kapitalistischen Ausland fungierten die Geheimdienstmitarbeiter als inoffizielle und zusätzliche Kontrollinstanz neben dem Gruppenleiter (wenn dieser nicht selbst für den KGB arbeitete). Zu seinen Kernaufgaben zählten die Vereitelung von Fluchtversuchen, die Zurückweisung „feindlicher Propaganda", aber auch die Beobachtung des Verhaltens der Touristen.[100] Der KGB übte darüber hinaus bereits vor Reisebeginn Einfluss auf Touristengruppen aus, indem er sich in den Ausreisekommissionen an der Eignungsprüfung der Reisekandidaten beteiligte und gegebenenfalls ein Veto einlegte.[101] Einer bestimmten Anzahl an Reisekandidaten wurde so Jahr für Jahr wegen vermuteter „politischer Unreife", „unehrenhaftem Benehmen im Alltag", „moralischer Unzulänglichkeit", der Existenz „kompromittierender Materialien" oder wegen Fluchtgefahr durch das Einschreiten des Geheimdienstes im letzten Moment die Ausreise verweigert. In der litauischen Sowjetrepublik etwa traf dies bei Rei-

---

listische Ausland (und damit insgesamt mehr als ein Agent pro Reisegruppe), während der ungleich größeren Anzahl an Touristengruppen im sozialistischen Ausland lediglich 19 hauptamtliche und 35 inoffizielle Mitarbeiter gegenüberstanden, womit im Schnitt nur in jeder 15. Reisegruppe ein Geheimdienstmitarbeiter vertreten war.

97 Vgl. Gorsuch: All this, S. 24.
98 Wie in Fußnote 254 beschrieben, wurde nur ein geringer Teil der Reisen ins sozialistische Ausland von Geheimdienstmitarbeitern begleitet.
99 Raleigh: On, S. 378.
100 Dieses Aufgabenfeld geht ebenfalls aus dem o.g. Geheimdienstbericht der Litauischen SSR hervor, s. LYA, f. K-1, ap. 3, b. 754, S. 144–151; siehe zur Aufgabenstellung des KGB auf dem Feld des Tourismus mit Schwerpunkt auf hereinkommenden Reisenden außerdem Alexander Hazanov: Foreign Visitors in the Late Soviet Union, the KGB and the Limits of Surveillance, Vortrag an der University of Pennsylvania am 11.11.2015, online unter https://www.sas.upenn.edu/dcc/sites/www.sas.upenn.edu.dcc/files/uploads/Alex%20Hazanov%20DCC%20Workshop.pdf, zuletzt eingesehen am 31.10.2018.
101 LYA, f. K-1, ap. 3, b. 709, S. 34.

sen in kapitalistische Länder in den Jahren 1977 und 1978 auf 145 Personen von insgesamt 4.388 verreisten Bürgern zu (für das sozialistische Ausland liegen keine entsprechenden Zahlen vor).[102] Inwiefern diese Zahlen für die gesamte Sowjetunion repräsentativ waren, bleibt weiteren Untersuchungen zu dieser Fragestellung vorbehalten. Generell spricht allerdings viel dafür, dass die Überwachung des sowjetischen Auslandstourismus durch den KGB nach einem ähnlichen Muster verlief, wie Alexander Hazanov es für die Beschattung westlicher Touristen in die UdSSR beschreibt – der Geheimdienst verfügte über ein genaues Bild der Gefahrenlage und hatte mögliche Versuche ideologischer Beeinflussung im Blick, war aber erstaunlich zurückhaltend, wenn es um konkrete Maßnahmen zur Verhinderung derartiger Vorgänge ging. Dies hing einerseits mit mangelnden finanziellen und administrativen Mitteln zusammen, andererseits aber auch mit einer politisch gewollten grundsätzlichen Abkehr von umfassenden repressiven Einschüchterungsmaßnahmen, wie sie unter Stalin praktiziert wurden.[103]

3.3 Hintergrundinformationen zum sowjetischen Auslandstourismus

3.3.1 Statistiken

Ein in der einschlägigen Forschung sehr nachlässig behandeltes Themen ist die Statistik der sowjetischen Auslandsreisen. Zahlen, die seit den 1960er Jahren in der Sowjetunion publiziert werden, dienen vielen Untersuchungen bis heute unhinterfragt als Informationsgrundlage über die Größenordnung des ausgehenden Reiseverkehrs. Als Quelle werden dabei immer wieder Gennadij Dolženkos Angaben von 1988 angeführt, wonach bereits 1956 561.000 sowjetische Touristen ins Ausland gereist seien und sich diese Zahl in den Folgejahren auf 730.000 (1960), „knapp 1,2 Millionen" (1965), „mehr als 1,8 Millionen" (1970), „etwa 2,5 Millionen" (1975), „knapp 4 Millionen (1980)" und schließlich über 4,5 Millionen (1985) erhöht habe.[104] Welche Definition von „Tourist" dieser Statistik zugrunde liegt, erläutert Dolženko dabei nicht. Die von ihm ins Feld geführten Zahlen und seine Quellenangaben legen aber nahe, dass er sich auf Angaben über die Anzahl der Sowjetbürger *insgesamt* bezog, die in den jeweiligen Jahren das Ausland besuchten.

---

102 LYA, f. K-1, ap. 3, b. 754, S. 144–151, hier S. 146.
103 Vgl. Alexander Hazanov: Porous Empire. Foreign visitors and the post-Stalin Soviet state. Dissertation, Philadelphia, Pennsylvania 2016, S. 224–288.
104 Dolženko, Istorija, S. 153.

Tabelle 1: Zahl der Auslandsreisen mit Intourist 1959–1982[1]

Jahr	Gesamt	Soz. Ausland	Kap. Ausland	Anteil Soz. (in %)	Anteil. Kap. (in %)	Wachstum Gesamt[4]	Wachstum Soz.[4]	Wachstum Kap.[4]
1959	29322	24132	5190	82,3	17,7			
1960	45168	37247	7921	82,5	17,5	54	54,3	52,6
1961	57539	47788	9751	83,1	16,9	27,4	28,3	23,1
1965	66496	56948	9668	85,6	14,4	3,7	4,5	-0,5
1966	86375	73823	12552	85,5	14,5	29,9	29,6	31,5
1968	117179							
1969	142666							
1970	166025	145600	20425	87,7	12,3	20,9	22,7	12,2
1974	301700							
1976[2]	370000	326300	43700	88,2	11,8	20,5	20,7	19
1982[3]	460000					4,1		

1 Zahlen für 1959–1974 entnommen aus: GARF, f. 9612, op. 2, d. 240, S. 32–33, GARF, f. 9520, op. 1, d. 1417, S. 8 u. 24.

2 Die Angaben für 1976 sind hochgerechnet aus den Angaben für die ersten 10 Monate des Jahres unter Berücksichtigung des durchschnittlichen Anteils des Novembers und Dezembers am touristischen Aufkommen in anderen Jahren, vgl. f. 9520, op. 1, d. 2311, S. 21.

3 Hochgerechnet aus den Zahlen für das Gebiet Moskau anhand des Anteils der Ausreisen aus Moskau in vorhergehenden Jahren am Gesamtaufkommen, vgl. GARF, f. 9520, op. 1, d. 3061, S. 45.

4 Angaben in Prozent. Gemeint ist das durchschnittliche jährliche Wachstum im Vergleich zum vorherigen Zeitpunkt. Ausnahme: Die Wachstumsangaben für die Auslandsreisen insgesamt in den Jahren 1970 und 1976 beziehen sich auf die Jahre 1966 bzw. 1970, um eine Vergleichbarkeit mit den Wachstumszahlen im kapitalistischen und sozialistischen Raum zu gewährleisten.

Intourist veröffentlichte diesbezügliche Statistiken unter anderem in dem hauseigenen Bulletin „Novosti Inturista". Im Oktober 1959 war hier als Gesamtzahl „sowjetische[r] Bürger, die das Ausland besuchten" die Zahl 740.805 für das laufende Jahr angegeben.[105] Sie liegt nahe bei den 730.000 Touristen, die Dolženko für das Jahr 1960 angab. Allerdings geht aus der Aufschlüsselung der Intourist-Statistik hervor, dass nur ein Bruchteil davon, nämlich 138.819 Personen, der Rubrik „Tourismus/Kuraufenthalt" zugeordnet war. Der Löwenanteil der sowjetischen Bürger im Ausland rekrutierte sich dieser Quelle zufolge aus Geschäftsreisenden, Sportlern und Delegationsmitgliedern.

105 RGASPI, f. M-5, op. 1, d. 60, S. 18.

Tabelle 2: Zahl der Auslandsreisen mit Sputnik 1958–1982[1]

Jahr	Gesamt	Soz. Ausland	Kap. Ausland	Anteil Soz. (in %)	Anteil. Kap. (in %)	Wachstum Gesamt[2]	Wachstum Soz.[2]	Wachstum Kap.[2]
1958	1364							
1959	6149	5641	508	91,7	8,3	350,8		
1960	9517	8149	1368	85,6	14,4	54,8	44,5	169,3
1961	11765	10379	1386	88,2	11,8	23,6	27,4	1,3
1962	12619	10980	1639	87	13	7,3	5,8	18,3
1963	15712	14329	1383	91,2	8,8	24,5	30,5	-15,6
1964	18388	16375	2013	89,1	10,9	17	14,3	45,6
1965	23451	21286	2165	90,8	9,2	27,5	30	7,6
1966	31215	28537	2678	91,4	8,6	33,1	34,1	23,7
1971	70024	65781	4243	93,9	6,1	17,5	18,2	9,6
1975	102053					9,9		
1982	112059					1,3		

1   Zahlen entnommen aus: RGASPI, f. M-5, op. 1, d. 27, S. 20; d. 89, S. 43; d. 158, S. 118; op. 2, d. 923, S. 1; op. 3, d. 4, S. 31-32; d. 116, S. 18; d. 359, S. 76.
2   Angaben in Prozent. Gemeint ist das durchschnittliche jährliche Wachstum im Vergleich zum vorherigen Zeitpunkt.

Da der Begriff „Tourist" nur vage definiert ist, ergeben sich für die statistische Bestimmung von Touristenzahlen große Schwankungen.[106] Allerdings zeigt das oben zitierte Beispiel des Intourist-Bulletins, das auch im sowjetischen Kontext verschiedene Formen der Auslandsreise differenziert und nur etwa zehn Prozent davon als „Tourismus" bezeichnet wurden. Dies galt vor allem für den internen Diskurs: Wenn Mitarbeiter von Intourist, Sputnik und den Gewerkschaften über Auslands*tourismus* sprachen, meinten sie in der Regel die Summe der von ihren Organisationen zu diesem Zweck entsandten Personen. In der breiten Öf-

106   Laut Definition der World Tourism Organization ist Auslandstourist im statistischen Sinne z.B. jeder, der sich für länger als 24 Stunden und weniger als ein Jahr auf fremdem Staatsgebiet bewegt und nicht Durchreisender, Flüchtling, Grenzbeamter, Diplomat, dauerhafter Migrant oder im militärischen Einsatz befindlich ist, vgl. dazu die Ausführungen im einleitenden Kapitel von Jörn W. Mundt: Tourismus, München u. a. 2006, S. 4–9 sowie die Ausführungen zur Definition des Begriffs in: Bundesministerium für Wirtschaft und Technologie: Wirtschaftsfaktor Tourismus Deutschland. Kennzahlen einer umsatzstarken Querschnittsbranche, München 2012, S. 10.

fentlichkeit und vor allem gegenüber dem Ausland hingegen benutzten führende Funktionäre wie der Intourist-Vorsitzende Vladimir Ankudinov in einem Interview mit der Zeitung „Izvestija" im Jahr 1966 dagegen deutlich höhere Zahlen, die fast identisch mit denen von Dolženko sind.[107]

Tabelle 3: Zahl der Auslandsreisen mit den Gewerkschaften 1959–1977[1]

Jahr	Gesamt	Soz. Ausland	Kap. Ausland	Anteil Soz.	Anteil. Kap.	Wachstum Gesamt	Wachstum Soz...	Wachstum Kap.
1959	4351	4109	242	94,4	5,6			
1960	5577	5060	517	90,7	9,3	28,2	23,1	113,6
1965	5895	5775	120	98	2	1,1	2,7	-25,3
1966	7217	6980	237	96,7	3,3	22,4	20,9	97,5
1968	8373							
1969	8997							
1970	8241	7686	555	93,3	6,7	3,4	2,4	23,7
1971	8310					0,8		
1977[2]	12700					7,3		

1 Zahlen entnommen aus: GARF, f. 9520, op. 1, d. 1422, S. 5.
2 Bei der Angabe handelt es sich um eine Hochrechnung aus den verfügbaren Angaben zu den Auslandsreisen aus der Usbekischen Sowjetrepublik entsprechend des Anteils der Reisen aus dieser Republik am gesamten Ausreisevolumen in anderen Jahren.
3 Angaben in Prozent. Gemeint ist das durchschnittliche jährliche Wachstum im Vergleich zum vorherigen Zeitpunkt. Ausnahme: Die Wachstumsangaben für die Auslandsreisen insgesamt in dem Jahren 1970 bezieht sich auf das Jahr 1966, um eine Vergleichbarkeit mit den Wachstumzahlen im kapitalistischen und sozialistischen Raum zu gewährleisten.

Diese Form der zielgruppenorientierten Sprechweise kann als Versuch verstanden werden, gegenüber der eigenen Bevölkerung und dem Ausland den gravierenden Rückstand der Sowjetunion bei der Zahl von Auslandsreisen in Relation zur Bevölkerungsgröße zu kaschieren – ein Vorhaben, das angesichts der Persistenz der von Dolženko kolportierten Zahlen im wissenschaftlichen Diskurs erstaunlich erfolgreich umgesetzt wurde. Dabei gaben bereits die zeitgenössischen Tourismusstatistiken der Vereinten Nationen einen Hinweis darauf, dass die sowjetischen Eigenangaben über touristische Auslandsreisen mit Vor-

---

107 Vladimir Ankudinov: „Važnaja forma meždunarodnogo obšenija", in „Izvestija" vom 28.10.1966, zitiert nach Gorsuch: All this, S 18.

sicht zu genießen waren – die Zahlen der UN lagen nicht nur deutlich unter jenen von Dolženko, sie wiesen die Sowjetunion in den 1970er Jahren auch in anderer Hinsicht weit abgeschlagen von anderen Industrienationen aus. Demnach lag die UdSSR 1977 sowohl in Bezug auf den Prozentualen Anteil von Auslandstouristen auf die Gesamtbevölkerung (0,9) und die „Anzahl der Einwohner auf einen Touristen [...], der eine Entfernung von 2.700 km oder mehr zurückgelegt hat" (3954,4) weit hinter Ländern mit einer ausgeprägten Tourismusindustrie zurück.[108] In Westdeutschland lagen die entsprechenden Indikatoren etwa bei 47,5 Prozent und 35,4 zu 1.[109] Aber auch in anderen Ländern der sozialistischen Staatengemeinschaft fielen die diesbezüglichen Zahlen deutlich höher aus, etwa in Polen mit 15,3 Prozent bzw. 1748,6 zu 1.[110]

Anstatt sich daher auf die aus sowjetischen Publikationen kolportierten Zahlenangaben zu stützen, wird im Folgenden eine quellenbasierte Schätzung des Volumens des Auslandsreiseverkehrs vorgenommen. Hierfür werden die internen Statistiken der beiden großen sowjetischen Reiseagenturen Intourist und Sputnik sowie jene des gewerkschaftseigenen Reiseprogramms herangezogen. Ein Problem ergibt sich daraus, dass nicht für alle Jahre vollständige Datensätze vorliegen und insbesondere ab den 1970er Jahren aggregierte Daten zu den Auslandsreisen in den jeweiligen Organisationen seltener erstellt wurden. Eine Ursache dafür ergibt sich aus der zunehmenden Komplexität des Auslandsreisesektors gegen Ende der Ära Brežnev und der Verlagerung des Organisationsschwerpunktes auf die regionalen und lokalen Verwaltungsebenen: Während in diesen Jahren Statistiken zum Auslandstourismus in den einzelnen Sowjetrepubliken und Oblasts immer detaillierter angelegt wurden, finden sich in den Beständen von Intourist und Sputnik kaum noch Daten zum gesamtsowjetischen Auslandstourismus. Dennoch lassen sich mit Zuhilfenahme der vorhandenen Daten die Dimensionen des ausgehenden Reiseverkehrs auch in der zweiten Hälfte der 1970er Jahre und Anfang der 1980er Jahre annäherungsweise abschätzen.[111]

Betrachtet man die vorhandenen internen Statistiken der Reiseorganisationen, ergibt sich über die Jahre eine insgesamt sehr bescheidene Gesamtzahl touristischer Auslandsreisen (siehe Tab. 1–3). Die ersten vollständigen Zahlen für Intourist liegen für das Jahr 1959 vor, in dem insgesamt 29.322 Touristen entsandt wurden, darunter 5.190 in kapitalistische Länder. Sputnik verschickte im selben Jahr 6.149 Touristen, darunter 508 ins kapitalistische Ausland, die Gewerkschaften organisierten 1959 4.351 Auslandsreisen (242 davon in kapitalistische Länder). Zusammengerechnet ergibt sich so für dieses Jahr eine Gesamtzahl von

---

108 Statistisches Jahrbuch der UN von 1977, zitiert nach Andreeva, Evoljucija, S. 83–84.
109 Ebd.
110 Ebd.
111 Details dazu, wie die entsprechenden Zahlen errechnet wurden, lassen sich den Anmerkungen zu Tabelle 1 entnehmen.

39.822 Touristen, von denen 5.940 kapitalistische Länder besuchten. In den Folgejahren verzeichneten sowohl Intourist als auch Sputnik hohe zweistellige Wachstumsraten, sodass die Anzahl der Auslandsreisen 1965, im ersten vollständigen Jahr der Ära Brežnev, insgesamt bei 94.432 (11.853 in kapitalistische Länder) lag.

Bereits aus diesen Zahlen lassen sich grundlegende Tendenzen herauslesen: So fuhr bei allen Organisationen eine große Mehrheit der Touristen in das sozialistische Ausland, mehr als vier von fünf bei Intourist und etwa neun von zehn bei Sputnik und den Gewerkschaften. Im Laufe der Jahre stieg der Anteil der Reisen ins sozialistische Ausland weiter an, bei Intourist von 82,3 Prozent (1959) auf 85,6 Prozent (1965), 87,7 Prozent (1970) und schließlich 88,2 Prozent (1976); bei Sputnik sank die entsprechende Kennziffer zwar zwischen 1959 und 1960 zunächst von 91,7 Prozent auf 85,6 Prozent ab, erhöhte sich in den folgenden Jahren aber ebenfalls auf 90,1 Prozent (1965) und 93,9 Prozent (1971). Bei den Gewerkschaften lag die diesbezügliche Quote durchgängig über 90 Prozent. Der auslandstouristische „Boom" der 1960er Jahre war insofern vor allem auch ein Boom des Tourismus in die sozialistischen Länder. Bei Intourist lag das durchschnittliche Wachstum der Reisen in die „Bruderländer" zwischen 1966 und 1970 so bei 18,5 Prozent (im Vergleich zu 12,9 Prozent in die kapitalistischen Länder), bei Sputnik war die entsprechende Entwicklung zwischen 1966 und 1971 sogar noch deutlicher ausgeprägt (18,2 zu 9,6 Prozent).

Sowohl bei Intourist als auch bei Sputnik nahmen die durchschnittlichen jährlichen Wachstumsraten bei der Entsendung von Touristen bis Mitte der 1970er Jahren ab; bei Intourist lag der Wert zwischen 1970 und 1976 bei im Schnitt 14,3 Prozent jährlich (von 166.025–1970 auf rund 370.000–1976), Sputnik steigerte seine entsprechenden Zahlen zwischen 1971 und 1975 noch um knapp zehn Prozent, 1982 lag die Zahl der entsandten Touristen bei dem Jugendbüro dann allerdings nur marginal über jener von 1975. Auch bei Intourist fiel das Wachstum zwischen 1976 und 1982 mit jährlich etwa vier Prozent im Vergleich zu den Vorjahren eher bescheiden aus. 1982 versandten Intourist und Sputnik zusammen rund 570.000 Touristen (die Zahl des Gewerkschaftstourismus ist für dieses Jahr nicht bekannt). Am Ende der Ära Brežnev reiste somit jährlich durchschnittlich nur einer von 500 Bürgern in der UdSSR als Tourist ins Ausland.[112]

Das Volumen des Auslandstourismus entwickelte sich ab Mitte der 1960er Jahre ähnlich, wie die von der CIA geschätzte Dynamik des sowjetischen Wirtschaftswachstums: Dieses hatte zeitgenössischen Berechnungen des amerikanischen Geheimdienstes zufolge unter Chruščev und Brežnev (nach einem kleinen Zwischenhoch zu Beginn von dessen Amtszeit) kontinuierlich abgenommen und

---

112 Zugrunde liegt dieser Schätzung die Bevölkerungsstatistik der UdSSR für das Jahr 1982 aus Hildermeier: Geschichte, S. 1172. Dort ist für diesen Zeitpunkt eine Gesamtzahl von 260 Millionen Bürgern angegeben.

sich gegen Anfang der 1980er Jahre der Stagnation genähert.[113] Die These liegt nahe, dass der Auslandstourismus nach den ersten rasanten Wachstumsjahren eine unter den gegeben Umständen maximale Ausdehnung erhalten hatte und sich unter Brežnev allmählich der allgemeinen Entwicklung anpasste. Da die Bereitstellung von Personal, Infrastruktur und Devisen seitens der sowjetischen Reiseagenturen von der gesamtwirtschaftlichen Entwicklung abhängig war, ist es naheliegend, dass auch der auslandstouristische Sektor inhärenten planwirtschaftlichen Wachstumsbeschränkungen unterlag.[114] Darüber hinaus wird in Kapitel 3.6.3 gezeigt, dass wichtige sozialistische Zielländer wie Bulgarien und Polen in den 1970er Jahren zunehmend Schwierigkeiten hatten, die wachsende Zahl sowjetischer Touristen unterzubringen oder dies zumindest nicht unter den Bedingungen tun wollten, die ihnen die sowjetische Seite auferlegte. Jedenfalls waren ideologische Bedenken keineswegs der Hauptgrund für die Stagnation touristischer Auslandsreisen in der zweiten Hälfte der 1970er Jahre. Vielmehr hatte das institutionelle Gefüge im Bereich des Auslandstourismus zu dieser Zeit die Grenzen seiner Strapazierfähigkeit erreicht. Der große Aufwand, der bei Auswahl, Überwachung und Gängelung der Touristen betrieben wurde, erzeugte bürokratische Reibungsverluste, die die Erhöhung der Reisekontingente begrenzten.

3.3.2 Zielregionen des sowjetischen Auslandstourismus

Innerhalb des kapitalistischen Auslands zählte Finnland aufgrund der geographischen Nähe und der guten diplomatischen Beziehungen zur Sowjetunion zu einem der wichtigsten Zielländer touristischer Gruppenreisen.[115] 1956 entfielen bei Intourist alleine 28 Prozent der Fahrten auf den skandinavischen Nachbarn; 1965 lag dieser Anteil sogar bei 38,6 Prozent; bei Sputnik führte 1960

---

113   Vgl. das Schaubild 9.2 bei Philip Hanson: The Rise and Fall of the the Soviet Economy. An Economic History of the USSR from 1945, London 2003 sowie das dazugehörige Kapitel „The Soviet Economy in Retrospect", S. 240–255.

114   Alexander Groth stellte 2006 beispielsweise die These auf, dass der im Vergleich zum Westen riesige quantitative Unterschied in Bezug auf den Auslandstourismus im sozialistischen Raum nicht alleine auf wirtschaftliche Ursachen zurückzuführen sein könne. Gerade die Zahl der Westreisen besaß aber neben politischen Erwägungen durchaus auch wirtschaftliche Beschränkungen: Intourist wollte die Devisenausgaben hier möglichst begrenzen. Für den sozialistischen Raum wiederum war eine bewusste Einschränkung der Ausreisen mit Ausnahme von Krisensituationen nicht vorgesehen; vgl. Alexander J. Groth: East and West: Travel and Communication under Alternate Regimes. A Research Note, in: Communist and Post-Communist Studies 1/2006, S. 121–133.

115   Vgl. zur besonderen Rolle Finnlands den Artikel von Golubev: Neuvostoturismin, insbes. das Kapitel "Why Finland? The Agreement of 1948 and Its Consequences", S. 415–417.

gut ein Viertel der Reisen nach Finnland, bis 1977 nahm der Anteil aufgrund einer stärkeren Diversifizierung der angebotenen Reisen allerdings auf knapp 13 Prozent ab. Zu weiteren wichtigen Zielländern zählten europäische Länder mit starken kommunistischen bzw. sozialdemokratischen Bewegungen, darunter Frankreich, Italien und Großbritannien, in die sowohl Intourist als auch Sputnik zusammen in der Regel mindestens 30 Prozent bis 40 Prozent ihrer Touristen verschickten. Die Bundesrepublik war für Sputnik ein deutlich wichtigerer Partner als für Intourist; von 1960 bis 1977 stieg der Anteil der Reisen des Jugendbüros nach Westdeutschland von 3 Prozent auf 9 Prozent, bei Intourist dagegen wuchs der Anteil zwischen 1956 und 1965 von lediglich 2 Prozent auf 4 Prozent.

Im sozialistischen Ausland lagen die Schwerpunkte bei Intourist und Sputnik unterschiedlich: Für Intourist zählten die Tschechoslowakei und Bulgarien zu den wichtigsten Destinationen; 1963 empfingen diese beiden Länder deutlich mehr als die Hälfte aller Intourist-Reisenden innerhalb der Sozialistischen Staatengemeinschaft (Reisen in andere sozialistische Länder wie China, Kuba oder auch Jugoslawien fielen zu diesem Zeitpunkt kaum ins Gewicht).[116] Die Bedeutung Bulgariens nahm in den Folgejahren für Intourist noch zu: 1966 entsandte das Reisebüro mit 28.388 Touristen schon knapp 40 Prozent aller Touristen dorthin;[117] 1972 gaben führende Funktionäre der Gewerkschaften an, „mehr als 55 Prozent aller Reisen ins sozialistische Ausland" gingen nach Bulgarien.[118] Anders sah es im Fall der ČSSR aus: Nicht zuletzt infolge der Ereignisse des Prager Frühlings nahm der Anteil der Reisen in die Tschechoslowakei bei Intourist ab Ende der 1960er Jahre zunächst deutlich ab; 1970 besuchten mit „rund 30.000"[119] Touristen nur noch ein Fünftel aller Auslandsreisenden aus der UdSSR die ČSSR. Dafür nahm die Bedeutung anderer Zielländer zu. So verdoppelte sich alleine zwischen 1966 und 1970 die Zahl der Reisen nach Polen von über 10.000 auf gut 20.000.[120] Fahrten in die DDR wurden im Jahresbericht des CSTE von 1970 neben jenen nach Bulgarien als „sehr populär" bezeichnet; gegen Ende der 1970er Jahre machten sie rund 15 Prozent des Intourist-Reiseprogramms in das sozialistische Ausland aus.[121] In den 1970er Jahren etablierte sich damit eine Verteilung, bei der das Gros der Auslandsreisen auf Bulgarien entfiel und sich das restliche Kontingent relativ gleichmäßig auf Polen, die DDR, die ČSSR, Ungarn und Rumänien verteilte.

---

116 GARF, f. 9520, op. 1, d. 619, S. 9–10.
117 GARF, f. 9612, op. 3, d. 142, S. 1.
118 GARF, f. 9520, op. 1, d. 1656, S. 24.
119 GARF, f. 9520, op. 1, d. 1417, S. 15.
120 Ebd., S. 24.
121 GARF, f. 9520, op. 1, d. 2849, S. 58.

Bei Sputnik war in den ersten Jahren die Tschechoslowakei das mit Abstand wichtigste Partnerland unter den verbündeten Staaten. 1959 besuchte fast jeder zweite Jugendtourist das Nachbarland. Bis Mitte der 1960er Jahre behielt die ČSSR die Spitzenposition unter den sozialistischen Zielländern, wenngleich der Anteil 1965 nur noch gut ein Viertel betrug. Andere Partnerländer gewannen dafür an Gewicht; gut jeder fünfte Sputnik-Tourist besuchte 1965 Polen, auch auf die DDR und Ungarn entfielen bedeutende Kontingente.

Die Bedeutung Bulgariens wuchs erst in dieser Zeit – unter Chruščev hatte nur ein kleiner Bruchteil der Reisen in das touristisch geprägte Land geführt; 1965 waren es immerhin schon 13 Prozent.[122] Dies hatte in erster Linie damit zu tun, dass Sputnik für dieses Jahr mit Bulgarien eine exklusive Vereinbarung abschloss, die erstmals neben dem üblichen devisenfreien touristischen Austausch auch das Angebot kommerzieller Reisen für Sputnik-Reisende vorsah.[123] 1965 Jahr fuhren auf diese Weise 1.000 sowjetische Bürger nach Bulgarien; 1966 und 1967 waren es bereits 2.000 bzw. 4.000.[124] Ungeachtet dieser Sonderstellung erreichte Bulgarien in den Folgejahren bei Sputnik nicht die dominante Stellung, die es in den 1970er Jahren bei Intourist einnahm. Es gehörte zwar auch hier zu einem der wichtigsten Reiseländer, teilte sich aber noch 1978 und 1979 die Spitzenposition mit Polen, als diese Destinationen mit jeweils über 30.000 sowjetischen Touristen etwa ein Viertel des Anteils unter sich ausmachten.[125] Ähnlich wie bei Intourist sank die ČSSR nach 1968 in etwa auf das Niveau der DDR und Ungarns herab, die in den 1970er Jahren stabil zwischen 10 Prozent und 15 Prozent der sowjetischen Touristen empfingen.[126]

3.3.3 Soziale Zusammensetzung der Reisegruppen

Der sowjetische Auslandstourismus war prinzipiell eine elitäre Angelegenheit. Bereits auf der weiter oben erwähnten Präsidiumssitzung des Gebietskomitees in Gorki im Dezember 1956 hielt der Gewerkschaftsfunktionär Emel'janov fest, dass „geringverdienende Arbeiter […] nicht ins Ausland fahren, es fahren die, die ein gutes Gehalt haben."[127] Tatsächlich war ein hoher beruflicher Status das deutlichste Differenzierungsmerkmal der Auslandstouristen im Vergleich zur Gesamtbevölkerung: Unter allen Intourist-Reisenden stellten die in internen Statistiken als „Angestellte", „ingenieurstechnische Fachkräfte" oder „Parteiarbeiter" bezeichnete Funktionselite gegenüber den Arbeitern und Bauern die eindeu-

---

122 RGASPI, f. M-5, op. 2, d. 71, S. 88–89.
123 Ebd.
124 Ebd.
125 RGASPI, f. M-5, op. 3, d. 116, S. 18.
126 Ebd.
127 GARF, f. 9520, op. 1, d. 316, S. 43.

tige Mehrheit. 1961 rekrutierten sich aus diesen sozialen Gruppen, die in der Gesamtbevölkerung laut Zensus etwa die Hälfte der Bevölkerung ausmachten,[128] fast 85 Prozent aller Touristen.[129] Noch drastischer stellte sich dieser Kontrast bei den begehrten Reisen in das kapitalistische Ausland dar, wo lediglich fünf Prozent der Touristen als Arbeiter oder Bauern eingestuft wurden.[130] Auch der Komsomol konnte sein Versprechen, mit Sputnik eine erschwingliche Alternative zu Intourist bereitzustellen, in den ersten Jahren nur bedingt einlösen. Wie bei Intourist dominierten hier zunächst Angestellte, Ingenieure und Funktionäre innerhalb der touristischen Gruppen. Ihr Anteil lag bis Mitte der 1960er Jahre konstant im Bereich von etwa zwei Dritteln; hinzu kam die mit durchschnittlich 10–15 Prozent vertretene Gruppe der Studenten.[131] Zwar lag der in der internen Statistik ausgewiesene Anteil der Arbeiter und Bauern zwischen 1958 und 1964 mit Ausnahme von 1963 in jedem Jahr über 20 Prozent und damit etwas höher als bei Intourist.[132] Allerdings nahm die Repräsentanz der Arbeiter und Bauern unter den Touristen bis 1965 kontinuierlich ab: Wies die Statistik für das erste (halbe) Geschäftsjahr noch einen Anteil von etwas über 30 Prozent aus, so erreichte er 1965 einen Tiefstwert von 16,8 Prozent.[133] Die Entwicklung verlief dabei in Hinblick auf die Zielregionen der Auslandsreisen gegensätzlich. Während bei Sputnik 1959 jeder vierte Tourist in den „Bruderländern" als Arbeiter oder Kolchosnik eingestuft wurde, lag deren Anteil unter den „Westreisenden" der betriebsinternen Statistik zufolge in diesem Jahr bei mageren 3,7 Prozent.[134] Allerdings schwächte sich diese Differenz im Laufe der Jahre ab: 1964 hatte sich der Anteil der Arbeiter und Bauern in den kapitalistischen Ländern auf immerhin 12,7 Prozent erhöht, in den sozialistischen Ländern lag er hingegen zu diesem Zeitpunkt nur noch bei gut 21 Prozent.[135] Studenten waren im westlichen Ausland ebenfalls deutlich unterdurchschnittlich vertreten; ihr Anteil lag hier im Beobachtungszeitraum im Schnitt bei etwa fünf Prozent.

Weder eine Mitgliedschaft in der Partei noch eine im Komsomol war obligatorische Voraussetzung für eine Auslandsreise; allerdings erhöhte sie die Chancen gerade für die begehrten Reiseziele im kapitalistischen Ausland signifikant. 1961 betrug der Anteil der Parteimitglieder oder -kandidaten unter allen In-

---

128 Vgl. Hildermeier: Geschichte, S. 1176. (Laut Zensus von 1959 betrug der Anteil der „Angestellten" in der Bevölkerung 49,5 Prozent.

129 GARF, f. 9520, op. 1, d. 462, S. 67 u. 77.

130 Ebd.

131 RGASPI, f. M-5, op. 1, d. 191, S. 115.

132 RGASPI, f. M-5, op. 1, d. 158, S. 118. Zu der sozialen Zusammensetzung auf den Reisen von Intourist 1960 siehe GARF f. 9520, op. 1, d. 431, S. 96.

133 RGASPI, f. M-5, op. 1, d. 490, S. 82.

134 RGASPI, f. M-5, op. 1, d. 27, S. 20.

135 RGASPI, f. M-5, op. 1, d. 490, S. 82, 84.

tourist-Reisenden im kapitalistischen Ausland 48 Prozent, dazu kamen 10 Prozent Komsomolzen.[136] Im sozialistischen Ausland machte der Anteil der Parteimitglieder und Komsomolzen mit 53 Prozent zwar auch mehr als die Hälfte aus, allerdings entfiel hier mit über 20 Prozent ein deutlich höherer Anteil auf die Komsomolzen.[137] Auch der Frauenanteil lag innerhalb der „Bruderstaaten" mit fast zwei Dritteln (63 Prozent) weit über jenem im kapitalistischen Ausland (49 Prozent).[138] Zusammengefasst lässt sich damit eine Faustregel für das Profil eines Intourist-Reisenden formulieren: unter den Touristen im kapitalistischen Ausland überwogen tendenziell ältere männliche Parteimitglieder; im sozialistischen Ausland jüngere weibliche Partei- oder Komsomolmitglieder.

Im Prinzip traf diese Verteilung auch auf Sputnik zu, wobei hier in den ersten Jahren nahezu alle Reisenden entweder Mitglied des Komsomol (62 Prozent) oder der Partei (36 Prozent) waren.[139] Der Geschlechterunterschied in Bezug auf die Zielregionen war auch bei dem Jugendreisebüro signifikant: Bei Reisen in sozialistische Länder stieg der Frauenanteil zwischen 1959 und 1964 von 55 auf 58 Prozent.[140] In den kapitalistischen Ländern überwogen dagegen eindeutig die Männer: 1959 waren dort drei von vier sowjetischen Touristen männlich; 1964 immerhin noch etwas über 57 Prozent.[141] Der Anteil der über 30-jährigen war bei Sputnik angesichts der Tatsache, dass es sich um ein „Jugendreisebüro" handelte, zwischen 1958 und 1964 mit acht bis zehn Prozent erstaunlich hoch.[142] In kapitalistischen Ländern war 1964 sogar fast jeder fünfte Tourist älter als 30 Jahre, zudem betrug der Anteil der Parteimitglieder fast 60 Prozent (gegenüber 39 Prozent Komsomolzen).[143]

Unter Brežnev erhöhte sich bei den Reiseagenturen parallel zu einem generell gesteigerten Aufkommen an Auslandsreisen auch der Anteil der Arbeiter und Bauern. Insbesondere Sputnik steigerte diese Kennziffer von den erwähnten 17 Prozent 1965 auf 29 Prozent im Folgejahr, 35 Prozent (1971) und 43 Prozent (1975).[144] Auch der Anteil der Arbeiter und Bauern im kapitalistischen Ausland

---

136 GARF, f. 9612, op. 1, d. 462, S. 67.
137 Ebd., S. 77.
138 Ebd., S. 67 und 77.
139 RGASPI, f. M-5, op. 1, d. 158, S. 118.
140 Für 1959 s. RGASPI, f. M-5, op. 1, d. 52, S. 6; für 1964 s. RGASPI, f. M-5, op. 1, d. 191, S. 2.
141 Für 1959 s. RGASPI, f. M-5, op. 1, d. 52, S. 6; für 196 s. RGASPI, f. M-5, op. 1, d. 191, S. 9.
142 Für 1959 s. RGASPI, f. M-5, op. 1, d. 52, S. 6, für 1964 s. RGASPI, f. M-5, op. 1, d. 191, S. 2.
143 RGASPI, f. M-5, op. 1, d. 191, S. 9.
144 RGASPI, f. M-5, op. 1, d. 490, S. 84 (für 1965 und 66), RGASPI, f. M-5, op. 2, d. 774, S. 42 (für 1971) und RGASPI, f. M-5, op. 2, d. 923, S. 1 (für 1975).

konnte bis 1975 auf 34 Prozent gesteigert werden.[145] Eine ähnliche, wenn auch deutlich moderatere Entwicklung vollzog sich bei Intourist, wo 1968 ein Fünftel und 1970 bereits ein Viertel aller Touristen der „Arbeiter"- bzw. „Bauern"-Kategorie zugeordnet wurden.[146] Das kapitalistische Ausland blieb zwar bis 1970 mit rund 94 Prozent wie gehabt eine Domäne der Angestellten-Klasse,[147] aber fünf Jahre später (1974) lag auch hier der Arbeiter- und Bauernanteil bei immerhin 16,3 Prozent.[148] Relativ stabil blieb dagegen die Quote der Partei- und Komsomolmitglieder; bei Intourist lag sie im kapitalistischen Ausland 1976 mit 53 Prozent lediglich etwas niedriger als 1961 und auch bei Sputnik lag der Anteil (unabhängig von der Zielregion) 1975 mit 95 Prozent nur wenige Prozentpunkte unter dem Wert von 1962.[149] Insgesamt lässt sich daher festhalten, dass auf dem Feld des Auslandstourismus in den 1960er und 70er Jahren parallel zum innersowjetischen Tourismus langsame „Demokratisierungstendenzen" festzustellen waren.[150] Die Reisegruppen stellten zwar auch Anfang der 1980er Jahre bei weitem kein getreues Abbild der Gesamtgesellschaft dar, aber anders als unter Chruščev weitete sich der Anteil von Touristen, die nicht unmittelbar zur Nomenklatura zählte, immer weiter aus.

Die ethnische Zusammensetzung der Reisegruppen stand nicht im Fokus dieser Arbeit, wobei eine entsprechende Statistik von Intourist aus dem Jahr 1961 durchaus spannende Fragen aufwirft. Demnach waren auf Fahrten in das kapitalistische Ausland Russen mit 65,3 Prozent (6.443 von 9. 751) deutlich stärker vertreten als ihr prozentualer Anteil an der sowjetischen Gesamtbevölkerung, welcher zu dieser Zeit bei etwa 54,6 Prozent lag.[151] Das gleiche galt aber auch für Juden, deren Anteil hier mit 7,5 Prozent (728 von 9.751) angegeben wird, womit sie überproportional zu ihrem Bevölkerungsanteil von zu dieser Zeit etwa fünf Prozent unter den Touristen vertreten gewesen wären.[152] Dies ist zunächst kontraintuitiv zu der Vermutung, dass der jüdischen Bevölkerung mit vermeintlichen „historischen Heimstätten" Auslandsreisen dieser Art nur in Ausnahmefällen genehmigt wurden. Ob diese Zahlen verlässlich sind und wie sie sich im Laufe der 1970er Jahre entwickelten, bleibt ein offenes Untersuchungsfeld. Das gilt auch für die Frage, wie hoch der Anteil anderer Minderheiten war,

---

145 RGASPI, f. M-5, op. 2, d. 923, S. 1.
146 GARF, f. 9520, op. 1, d. 1417, S. 24.
147 Ebd.
148 GARF, f. 9520, op. 1, d. 2311, S. 21.
149 Ebd., für Sputnik s. f. M-5, op. 2, d. 923, S. 1.
150 Vgl. Christian Noack: Brezhnev's "Little Freedoms": Tourism, Individuality, and Mobility in the Late Soviet Period, in: Fainberg/Kalinovsky (Hg.), Reconsidering, S. 59–76.
151 Vgl. Hildermeier: Geschichte, S. 906.
152 GARF, f. 9612, op. 1, d. 462, S. 67. Zum Anteil der jüdischen Bevölkerung Anfang der 1960er Jahre siehe Friedrich C. Schroeder (Hg.): Bundesstaat und Nationalitätenrecht in der Sowjetunion, Berlin 1974, S. 275.

denen eine Affinität zu ihren „Herkunftsländern" nachgesagt werden konnte, z. B. den Russlanddeutschen, deren Anteil sich in der oben genannten Statistik unter der Angabe „Sonstige" verbarg und deren Anteil 2 Prozent betrug.[153]

3.4 Organisatorische Grundlagen der Auslandsreisen

3.4.1 „…der große rot-gelbe Luxusbus" – Die Hintergründe der Intourist-Auslandsreisen

„Die erste russische Touristengruppe in Westdeutschland seit der Revolution erreichte Frankfurt am Main am 26. Juni 1956. Um 12:00 Uhr traf der große rot-gelbe Luxusbus am Hauptbahnhof ein, mit Spannung erwartet von einer Gruppe von Reportern und Kameraleuten. [...] Nachdem sie das ‚Goethe-Haus' und den ‚Römer', Frankfurts berühmte Stadthalle, besichtigt hatten, aßen [die sowjetischen Touristen] um 14:00 Uhr im ‚Kaiserkeller' zu Mittag, einem der angesagtesten Restaurants. [...] Der Preis dieser Zehn-Tages-Tour ist 2.340 DM, inklusive der Kosten für den Zugtransfer MOSKAU-BERLIN-MOSKAU [Hervorhebung im Orginal, Anm. d. V.], dem Bustransfer BERLIN-HAMBURG-HANNOVER-KÖLN-KOBLENZ-WIESBADEN-MANNHEIM-HEIDELBERG-WÜRZBURG-STUTTGART-MÜNCHEN-NÜRNBERG-BERLIN, der Unterbringung in Hotels der obersten Kategorie, drei exzellenter Mahlzeiten pro Tag, Sightseeing-Touren in allen Städten, wobei Steuern, Gebühren und Trinkgelder bereits enthalten sind."[154]

Der Bericht von „Radio Free Europe" über den Besuch einer der ersten Intourist-Reisegruppen in der Bundesrepublik ging detailliert auf die Umstände ein, unter denen die sowjetischen Touristen reisten. Die Schilderung entsprach dabei genau dem Bild, dass Intourist insbesondere im westlichen Ausland vermitteln wollte: Nach Jahrzehnten der Entbehrungen konnten es sich sowjetische Bürger leisten, am gehobenen Freizeitkomfort der westlichen Welt teilzuhaben. Der zur Schau gestellte Konsum luxuriöser Dienstleistungen signalisierte die Hinwendung zu einer neuen Legitimationsgrundlage des sozialistischen Gesellschaftsmodells, die nicht mehr ausschließlich auf schwerindustrieller Potenz, sondern auch auf der Befriedigung von verfeinerten Konsumbedürfnissen beruhte.[155] Dazu passte auch die von „Radio Free Europe" übermittelte (falsche) Behauptung der Touristen, jeder sowjetische Bürger, der über die angemessenen Mittel verfüge, habe

---

153 GARF, f. 9612, op. 1, d. 462, S. 67.
154 HU OSA RFE/RL 300–1–2–6712, S. 1–2.
155 Gilburd und Kozlov sprechen in diesem Kontext von einer Verwestlichung der sowjetischen materiellen Wertevorstellungen, vgl. dies.: Thaw, S. 46.

die Möglichkeit, über eine der von Intourist angebotenen Touren ins Ausland zu verreisen.[156]

Der Eindruck eines anbrechenden goldenen Zeitalters für sowjetische Auslandstouristen, der über derartige Aussagen vermittelt werden sollte, war bereits für zeitgenössische Beobachter leicht zu dekonstruieren. Schon der oben zitierte Bericht deutete an, dass es sich bei der sowjetischen Reisegruppe in der Bundesrepublik keineswegs um die Vorhut einer neuen kaufkräftigen Touristenwelle von jenseits des Eisernen Vorhangs handelte. Die sowjetische Regierung habe die Fahrt stark subventioniert, hieß es darin, indem sie den Touristen ermögliche, den Preis der Reise zum offiziellen Wechselkurs in Rubel zu begleichen.[157] Tatsächlich kamen die von Intourist organisierten Auslandsfahrten sowjetischer Bürger eher einer staatlich bezuschussten Imagekampagne gleich, von der vor allem verdiente Parteifunktionäre profitierten. Aus betriebswirtschaftlicher Sicht jedenfalls war die Verschickung von Reisegruppen ins westliche Ausland ein Verlustgeschäft, dass den begehrten Gewinn aus den Einnahmen des hereinkommenden Tourismus schmälerte.[158]

Dieser simple Zusammenhang war – neben den bekannten ideologischen Bedenken – mitverantwortlich für das über Jahrzehnte hinweg extrem niedrige Niveau an Auslandsreisen aus der Sowjetunion in weit entfernte Länder mit einem hohen Preisniveau wie die USA, Japan und einen Großteil der westeuropäischen Staaten. Auch der im Vergleich mit westlichen Standards eher bescheidene Komfortlevel, die rigide Einschränkung der erlaubten Devisenausgaben und der (für sowjetische Verhältnisse) sehr hohe Preis von Intourist-Touren[159] hatten unter anderem damit zu tun, dass die Hauptaufgabe des staatlichen Reisebüros nach wie vor darin bestand, zahlungskräftige Ausländer in die Sowjetunion zu locken.[160]

Auch wenn Intourist sich nach außen als nach privatwirtschaftlichen Maßstäben geführtes Unternehmens gerierte, wurde das Reisebüro in der Realität aufgrund massiver staatlicher Eingriffe von ideologischen und planwirtschaftlichen Leitlinien bestimmt. Die Auslandsfahrten, die es für sowjetische Reisegruppen organisierte, waren nur insofern „kommerziell", als sie in der Regel bei ausländischen Dienstleistern eingekauft wurden (im oben genannten Beispiel bei dem Rei-

---

156 HU OSA RFE/RL 300–1–2–6712, S. 2.

157 Ebd., S. 3.

158 Siehe zu dieser These auch Gorsuch: All this, S. 112.

159 Vgl. zu der abschreckenden Wirkung des Reisepreises auf Touristen auch Kassymbekova: Leisure, S. 73–74.

160 Der Auslandstourismus galt aus sowjetischer Sicht gerade im Vergleich zu anderen Formen des Außenhandels als mit Abstand effektivste Einnahmequelle, vgl. V. I. Azar: Turizm – specifičeskaja forma potreblenija, in: Izvestija Akademii Nauk SSSR 1975, S. 84–96, hier insbes. S. 85.

sebüro Fröhlich aus Hannover). Ansonsten unterschieden sich von Intourist organisierte Reisen grundsätzlich kaum von jenen des Jugendreisebüros Sputnik – auch hier waren *putevki* nicht im freien Verkauf erhältlich, wurden die Preise nicht nach marktwirtschaftlichen Erwägungen festgelegt, und es wurde Wert darauf gelegt, dass die Touristengruppen Propaganda für die Sowjetunion betrieben. Allerdings machte die Tatsache, dass Intourist im Gegensatz zu Sputnik im Ausland vorgab, ein privatwirtschaftliches Unternehmen zu sein, für sowjetische Touristen de facto einen echten Unterschied: Das Versprechen von Komfort, Unterhaltung und Luxus wurde zwar selten auf höchstem Niveau eingelöst, es war aber Ausdruck einer neuen Konsumphilosophie, die von Intourist-"Kunden" entsprechend eingefordert werden konnte. Sputnik hingegen war prinzipiell der im Stalinismus begründeten „proletarischen" Denkphilosophie verhaftet, die sich explizit gegen jegliche Form von Hedonismus aussprach.

3.4.2 „Ohne überflüssigen Komfort" – Die Rahmenbedingungen des devisenfreien Austauschs unter Sputnik

Die Organisationsstruktur von Sputnik wies zu Beginn vier Abteilungen auf, die für Auslandsreisen sowjetischer Bürger, hereinkommende Auslandstouristen, Finanzen und Planung sowie den Transport und die Buchhaltung verantwortlich zeichneten.[161] Ungeachtet der Tatsache, dass das Büro mit lediglich 20 Mitarbeitern personell recht bescheiden ausgestattet war,[162] gelang es Sputnik, die Zahl der entsandten Touristen zwischen dem ersten vollen Betriebsjahr 1959 und 1961 von rund 6.000 auf 12.000 zu verdoppeln.[163] In den Anfangsjahren zählten zu den Vertragspartnern in erster Linie Reiseorganisationen aus dem sozialistischen Ausland. Als Grundlage für den touristischen Austausch dienten Rahmenverträge, die die Konditionen dieser spezifischen Handelsbeziehungen für die gesamte Saison festlegten. Gewisse Mindeststandards waren dabei in nahezu allen Verträgen enthalten, darunter der Transfer der Touristen in der untersten Wagenklasse des Eisenbahnfernverkehrs inklusive des Weitertransports vom Zielbahnhof zur Unterkunft, eine Verpflegung mit drei warmen Mahlzeiten am Tag, die Gewährleistung von Unterkunft bei Exkursionen, die Auszahlung eines kleinen Taschengeldes, die Ausarbeitung eines touristisches Programms sowie die Bereitstellung eines Reiseführers, der die Sprache der einreisenden Touristen beherrschte.[164]

---

161 RGASPI, f. M-5, op. 1, d. 85, S. 8; Maškova: BMMT, S. 48.
162 Maškova: BMMT, S. 48.
163 RGASPI, f. M-5, op. 1, d. 178, S. 147.
164 Siehe RGASPI, f. M-5, op. 1, d. 1, S. 4–5; ein konkretes Beispiel für einen typischen Vertrag der Anfangsjahre ist unter anderem jener zwischen Sputnik und dem ungarischen

Darüber hinaus fanden sich in einzelnen Verträgen spezifischere Regelungen bzw. Konkretisierungen der oben genannten Aspekte. So hieß es etwa in einer Vereinbarung zwischen Sputnik und dem „Komitee für Touristik und Wandern" (KTW) der DDR für das Jahr 1959 zu der Frage der Unterbringung bei Exkursionen:

> „Bei der Organisation von Übernachtungen in Zelten müssen elektrisches Licht, Betten mit Bettzeug und das unbedingt notwendige Inventar bereitgestellt werden. Während weiterer Exkursionen übernachten die Touristen in Feldzelten. Während des Aufenthalts ist von beiden Seiten je nach Bedarf zu gewährleisten, dass sich die Touristen duschen beziehungsweise baden können."[165]

Zentraler Bestandteil der Austauschverträge war die Regelung der finanziellen Details. In dem oben genannten Beispiel verpflichtete sich das KTW dazu, insgesamt 1.000 sowjetische Touristen für zwölf Tage aufzunehmen und dabei Dienstleistungen im Wert von umgerechnet 698 Rubel pro Person zu erbringen.[166] Sputnik seinerseits erklärte sich zwar lediglich zur Aufnahme von 570 deutschen Touristen bereit, denen dafür allerdings ein 18-tägiger Aufenthalt in der Sowjetunion im Gegenwert von 1.240 Rubel garantiert wurde.[167] Die spezifische Arithmetik des devisenfreien Austausches sah insofern vor, dass die unterschiedlichen Preisniveaus für touristische Dienstleistungen über das Tauschverhältnis und die Aufenthaltsdauer der Touristen ausgeglichen wurden.
Die bereitzustellenden Leistungen berechneten sich dabei aus verschiedenen Faktoren. In Bezug auf die Unterbringung und Verpflegung sollten die Vertragspartner mit den Kosten eines „durchschnittlichen Touristen dieses Landes" kalkulieren. In Westeuropa galt dabei der Jugendherbergsstandard als Orientierungsmaßstab; Sputnik seinerseits verwendete die Kosten für den Aufenthalt an einem gewerkschaftlichen Ferienlager als Berechnungsgrundlage.[168] Hinzu kam ein Taschengeld, dass die empfangene Seite den Touristen auszahlte und dessen Höhe rund ein Viertel der veranschlagten Kosten für die tägliche Verpflegung und Unterkunft ausmachen sollte. Ausgaben, die im Rahmen des touristischen Programms anfielen, darunter Transportkosten, Honorare für die Reiseführer und Dolmetscher sowie Eintrittspreise waren zwischen den Vertragspartnern

---

Reisebüro „Express" vom 30. Oktober 1958, RGASPI f. 5, op. 1, d. 11, S. 17–18; auch beschrieben bei Maškova: BMMT, S. 51ff.

165 RGASPI, f. M-5, op. 1. d. 11, S. 121.

166 Ebd., S. 119–123.

167 Ebd.

168 Die detaillierten finanziellen Regelungen eines devisenfreien Austausches lassen sich etwa aus einem Angebot entnehmen, dass Sputnik dem „British Youth Festival Comittee im Frühjahr 1960 unterbreitete, siehe RGASPI, f. M-5, op. 1, d. 14, S. 6.

abzustimmen. Zuletzt flossen auch die Verwaltungsausgaben der Reiseorganisation in den Tagessatz.

Die Besonderheit des devisenfreien Austausches bestand aus Sicht der sowjetischen Touristen darin, dass sie zum Preis einer Inlandsreise ins Ausland fuhren. Der Beitrag, den Sputnik von ihnen erhob, wurde nicht zur Begleichung der anfallenden Kosten im Ausland verwendet (damit wäre das Prinzip der Devisenfreiheit verletzt gewesen), sondern zur Deckung der Kosten der im Gegenzug einreisenden Austauschtouristen. Zudem machte es preislich keinen großen Unterschied, in welches Land die sowjetischen Touristen reisten.[169] Auf diese Weise waren Auslandsreisen mit Sputnik zwar für sowjetische Verhältnisse immer noch relativ teuer, aber deutlich günstiger als bei Intourist. Für eine 12- bis 14-tägige Reise in ein sozialistisches Land zahlten Touristen des Jugendreisebüros 1961 in der Regel rund 90 Rubel, was nahe an das monatlichen Einkommen in dieser Zeit heranreichte.[170] Eine vergleichbare Reise mit Intourist kostete dagegen 1962 mit 197 Rubel mehr als das Doppelte.[171]

Damit gelang es Sputnik tatsächlich, sich schon in den Anfangsjahren als „günstige" Reisealternative für junge sowjetische Touristen zu etablieren. Allerdings zahlte das Reisebüro einen Tribut für seine ehrgeizigen Ziele, bereits in den ersten Monaten nach seiner Gründung mehr als zwei Dutzend Reisegruppen entsenden zu wollen. Nachdem Sputnik im Juni und Juli 1958 mit Reisebüros in Bulgarien, Ungarn, der DDR, Polen, Rumänien, der Tschechoslowakei sowie in Belgien Verträge für einen devisenfreien Austausch beschlossen hatte, beauftragte das Reisebüro in aller Eile die Komitees des Komsomol auf Republiks- Oblast'- und lokaler Ebene mit der Zusammenstellung von Reisegruppen für die Monate August und September desselben Jahres.[172] Wie im nächsten Kapitel beschrieben, zeigten sich diese in vielen Fällen überfordert mit der Aufgabe, innerhalb dieses kurzen Zeitraumes „geeignete" Reisekandidaten auszuwählen. Ähnlich wie Intourist hatte Sputnik in den Anfangsjahren damit zu kämpfen, dass ein geregeltes Verfahren für die Auswahl der Touristen während des laufenden Betriebes eingeführt und erprobt werden musste.

---

169 Vgl. die Auflistung der Kosten für Auslandsreisen in sozialistische Reisen in das sozialistische Ausland zwischen 1958 und 1966, RGASPI, f. M-5, op. 1, d. 490, S. 89.

170 RGASPI, f. M-5, op. 1, d. 158, S. 157. Der Durchschnittslohn in einem kasachischen Großkombinat betrug nach Angaben eines Berichts von Sputnik „über 100 Rubel", vgl. RGASPI, f. M-5, op. 1, d. 196, S. 35; Sergej Ševyrin gab die Gehaltsspanne im Oblast' Perm je nach Berufsgruppe zwischen 67 und 177 Rubel (letzteres für Ärzte) an, vgl. ders.: Proniknovenie.

171 Recherchen von Sergej Ševyrin zufolge kostete eine 14-tägige Reise nach Ungarn einen sowjetischen Intourist-Kunden 1962 197 Rubel, siehe ders.: Proniknovenie.

172 RGASPI, f. M-5, op. 1, d. 1, S. 23–24.

3.5 Der touristische Apparat in der Praxis – Die Auswahl der Touristen und die Zusammenarbeit der Reiseinstitutionen

Der Blick auf das Auswahlverfahren für touristische Auslandsreisen verrät viel über die Beschaffenheit der poststalinistischen sowjetischen Gesellschaft: Hier zeigte sich, welche Individuen und soziale Gruppen über Macht und Einfluss verfügten, wie das unübersichtliche Geflecht von Verwaltungsstrukturen und Hierarchieebenen die Verteilung von Konsumgütern steuerte und wie Interessenskonflikte zwischen Funktionären und Reisekandidaten ausgehandelt wurden. Dabei ist vor allem der Widerspruch zwischen dem auf dem Papier festgeschriebenen formalen Verfahren für die Vergabe von Reiseplätzen und dessen durch Korruption, Schlampigkeit, Inkompetenz oder Personalmangel bedingte mangelhafte Umsetzung von großer Bedeutung. Während die rigiden Anforderungen an sowjetische Reisekandidaten und die daraus resultierenden Frustrationen in der Forschung wiederholt beschrieben wurden,[173] waren die hohen formalen Hürden keineswegs der Grund dafür, dass Personen ohne einflussreiche Beziehungen tendenziell schlechte Karten beim Wettlauf um die wenigen verfügbaren „Reiseberechtigungsscheine" (*putevka*) hatten. Das Auswahlprozedere glich zwar einem bürokratischen Marathonlauf, es räumte aber auf dem Papier jedem Bewerber die gleichen Chancen ein. Das eigentliche Problem bestand darin, dass außerhalb der touristischen Verwaltung niemand Einblick in die Vorgänge bei der Auswahl von Touristen hatte, was Missbrauch und Vetternwirtschaft in diesem Bereich Tür und Tor öffnete: Intransparenz und Korruption in den zuständigen Kommissionen sorgten dafür, dass die Zugangswege zu touristischen Auslandsreisen ein gut gehütetes Geheimnis blieben.

Diejenigen, die es in das Verfahren schafften, mussten insofern darauf hoffen, dass sich die zuständigen Funktionäre in ihrer Region an die Regularien hielten. Diese waren zwar streng und zeitaufwendig, aber nur deren Einhaltung garantierte den Reisekandidaten eine einigermaßen faire Chance. Andernfalls gingen die begehrten *putevki* wie so viele andere Luxusgüter in der Sowjetunion unter Missachtung der Auflagen an Personen, die gute Beziehungen zu den zuständigen Funktionären besaßen, an Verwandte und Freunde dieser Funktionäre oder gleich an die Funktionäre selbst. In vielen Fällen verfielen sie aber auch schlicht, weil die bürokratischen Mühlen an irgendeiner Stelle des Prozesses ins Stocken gerieten.

---

173 Vgl. u.a. Ševyrin: Proniknovenie, Gorsuch: Vystuplenie, S. 365 sowie Popov/Orlov: Russo, S. 44–60.

3.5.1 Die Etablierung der Auswahlverfahren bei Intourist und Sputnik

Die Regularien zur Touristenauswahl wurden im Laufe des Jahres 1956 eingeführt und damit erst einige Monate *nachdem* die ersten Gruppen entsandt worden waren. Die erste einschlägige Verordnung des Zentralkomitees der KPdSU „Über die Organisation von Auslandsreisen sowjetischer Touristen" datierte vom 3. Januar 1956.[174] Während Auslandsreisende zuvor von der All-unions-Leitung der Gewerkschaften ausgewählt worden waren, verlagerte das Zentralkomitee die Verantwortung mit diesem Beschluss auf die regionalen Partei- und Gewerkschaftsstrukturen.[175] Auf Ebene der Betriebe und Ausbildungseinrichtungen sollten Gewerkschafts- und Parteikomitees Bewerbungen für Auslandsreisen entgegennehmen und prüfen. Zu berücksichtigen waren dabei nur Kandidaturen von „politisch zuverlässigen und in alltäglich-moralischen Fragen standfesten" Personen, die ihre Reise „nicht nur zur Erholung, sondern auch zum Kennenlernen des Lebens anderer Völker und der Errungenschaften der ausländischen Wissenschaft und Technik" nutzen sollten.[176] Auf einer nächsten Stufe hatten dann die Gebietskomitees der Gewerkschaften die Kandidaturen zu prüfen und die Dokumente der Reisegruppe vorzubereiten. Als letzte Kontrollinstanz waren schließlich von der Partei ebenfalls auf Ebene des Oblast' eingesetzte Ausreisekomitees vorgesehen,[177] die sich in der Regel aus drei bis vier führenden Funktionären der Partei, der Gewerkschaften und des KGB zusammensetzten.[178] Das Jugendreisebüro Sputnik orientierte sich nach seiner Gründung ebenfalls an dem von Intourist etablierten Auswahlprozedere. Der einzige Unterschied der am 6. August 1958 schriftlich fixierten Regularien bestand darin, dass hier Komitees des Komsomol die Aufgaben der Gewerkschaften übernahmen.[179]

Im Prinzip verlief das Verfahren aus Sicht eines sowjetischen Bürgers, der sich um eine Auslandsreise bewarb, also unabhängig von der Reiseagentur sehr ähnlich. Es erinnerte dabei stark an das Prozedere, das Angehörige der sowjetischen Intelligenz ab Mitte der 1920er Jahre zu durchlaufen hatten, wenn sie sich um eine Ausreisegenehmigung für Propagandareisen bei einer staatlichen

---

174 Die Inhalte dieser Sitzung lassen sich der Sitzung des Tscheljabinsker Stadtkomitee der KPdSU entnehmen, die am 23. Januar 1956 über die Verordnung des Zentralkomitees beriet, vgl. RGANI, f. 5, op. 30, d. 161, S. 35.

175 Dies geht aus einer Sitzung des Gewerkschaftspräsidiums des Oblast' Gorki am 27. Dezember 1956 hervor, wo die Änderung der Verfahren beklagt wurde, vgl. GARF, f. 9520, op. 1, d. 316, S. 43–44.

176 RGANI, f. 5, op. 30, d. 161, S. 35.

177 Ebd.

178 In Tscheljabinsk etwa gehörten dieser Kommission neben dem Parteisekretär ein weiterer führender Parteifunktionär sowie die Gebietsvorsitzenden des KGB und des Gewerkschaftsrats an, ebd., S. 36.

179 RGASPI, f. M-5, op. 1, d. 1, S. 23.

Institution bemühten.[180] Im Folgenden werden die Bewerbungsschritte exemplarisch am Beispiel eines Reiseantrags bei Sputnik vorgestellt:[181] Zunächst reichte der Kandidat an seinem Arbeitsplatz bzw. an seiner Ausbildungsstätte bei dem Vorsitzenden des Komsomolkomitees ein Bewerbungsformular ein und beantragte die Erstellung eines Empfehlungsschreibens (*charakteristika-rekomendacija*). Das Empfehlungsschreiben sollte Auskunft über die berufliche Position des Kandidaten, seine gesellschaftlich-politische Aktivität und seine charakterliche Eignung geben. Es war von dem Leiter des Betriebs, dem zuständigen Abteilungsleiter sowie von den Vorsitzenden der betrieblichen Partei- und Gewerkschaftskomitees zu unterzeichnen. Im Anschluss hatte sich der Kandidat mit seinem Empfehlungsschreiben persönlich dem städtischen Parteikomitee vorzustellen.

Die endgültige Entscheidung über die Eignung des Kandidaten auf lokaler Ebene lag bei dem Stadtkomitee des Komsomol. An dieser Stelle war zusätzlich ein medizinisches Attest vorzulegen, das Auskunft über die gesundheitliche Eignung des potentiellen Touristen gab sowie gegebenenfalls weitere vom Komitee angeforderte Papiere. War das Stadtkomitee mit der Kandidatur einverstanden, hatte es laut Instruktion die Dokumente des Antragstellers an das nächsthöhere Komitee des Komsomol auf Oblastebene weiterzuleiten, wo diese erneut geprüft wurden. Die letzte Prüfinstanz stellte schließlich die Ausreisekommission dar. Legte auch diese kein Veto ein, beantragte die touristische Abteilung des Komsomol auf Gebietsebene beim Innenministerium die Erstellung einer kollektiven Reisegenehmigung für die jeweilige Touristengruppe, prüfte diese nach Erteilung auf die Korrektheit der darin enthaltenen Daten und händigte sie dem Leiter der touristischen Gruppe vor der Ausreise aus.

Zuletzt sah das Verfahren vor, dass die Vorsitzenden der Komsomolkomitees auf Ebene des Oblasts und der Republik ihre Unterschrift unter die kollektive Reisegenehmigung setzten, bevor diese nach Moskau an die Sputnik-Zentrale verschickt wurde. Bei Reisen in das sozialistische Ausland sollte die Genehmigung mindestens 20 Tage vor der Abreise in Moskau eintreffen. Für Reisen in das kapitalistische Ausland galten besondere Regeln: Die kollektive Reisegenehmigung war hier schon 40 Tage im Voraus einzureichen, zusammen mit Passfotos der Touristen und von diesen ausgefüllten Formularen zu ihren Verwandtschaftsbeziehungen. Auf Grundlage dieser Dokumente beantragte Sputnik beim Außenministerium die Visa für die Reisegruppen. Die Touristen selbst

---

180 Vgl. David-Fox: Showcasing, S. 94–95.

181 Die Vorschriften über das Auswahlverfahren verschickte Sputnik an die regionalen Ableger des Komsomol und sollten diesen als Grundlage für ihre Arbeit dienen. Die nachfolgenden Angaben sind einer Instruktion aus dem Jahre 1960 entnommen; der frühesten, die dem Autor vorliegt. Es ist davon auszugehen, dass sie jener aus dem Jahre 1958 weitgehend entsprach, vgl. RGASPI, f. M-5, op. 1, d. 52, S. 21–23.

durften bei der Ausreise nur ihren Reisepass mit sich führen, die Mitnahme anderer Ausweispapiere war untersagt.

Wenige Wochen vor der Abreise erhielt der Reisekandidat von Vertretern der Gebietskomitees des Komsomol bzw. außerhalb der Russischen Republik von Vertretern des Zentralkomitees des Komsomol auf Republiksebene Informationen und Instruktionen über die Reise. Die Touristen sollten hier mit der Innen- und Außenpolitik der Sowjetunion, den Aktivitäten des Komsomol sowie mit Wirtschaft, Kultur und Politik des Ziellandes vertraut gemacht werden. Besonderer Nachdruck sollte dabei auf die Notwendigkeit eines „tadellosen und achtsamen Verhaltens" im Ausland sowie auf die unangefochtene Autorität des Gruppenleiters gelegt werden.[182] Darüber hinaus sollte der Sekretär des Gebietskomitees jeden Touristen individuell über die „geschäftliche und politische Bedeutung" seiner Reise aufklären.[183]

Letzte Anweisungen bekamen die Touristen unmittelbar vor der Abreise durch Mitarbeiter von Sputnik bei ihrem Zwischenstopp in Moskau (für Reisegruppen, die ohne Zwischenhalt in Moskau ins Ausland reisten, sollten diese Anweisungen in dem zuständigen Oblast' vom Komsomol erteilt werden). Hier wurden das Reiseprogramm und die Fahrtroute vorgestellt. Auch hier galten für Reisen in das kapitalistische Ausland Sonderregeln. Touristen wurden in zwei- bis viertägigen „Zyklen von Gesprächen und Lektionen" von spezifisch geschulten Mitarbeitern des Außenministeriums, des Komsomol und des KMO auf die spezifischen Anforderungen eines Aufenthaltes jenseits der Sozialistischen Staatengemeinschaft vorbereitet.[184]

3.5.2 Das Auswahlverfahren in der Praxis am Beispiel von drei Krisensituationen bei Intourist und Sputnik

Das formale Prozedere der Touristenauswahl erzeugte einen enormen bürokratischen Aufwand auf den verschiedenen Verwaltungsebenen der Gewerkschaften, des Komsomol und der Partei und erforderte ein hohes Maß an Kommunikation zwischen den verschiedenen zuständigen Stellen. In der Realität lief der Auswahlprozess in einer Vielzahl von Fällen daher auch weder vorschriftsgemäß noch innerhalb der vorgesehenen zeitlichen Fristen ab. In den folgenden Unterkapiteln wird an drei Beispielen verdeutlicht, wie die Interaktion zwischen Intourist, Sputnik und dem für die Auswahl zuständigen Verwaltungsapparat in der Praxis (nicht) funktionierte. Schlaglichtartig werden dabei drei Phasen beleuchtet: Erstens die Etablierung des Auswahlprozesses unter Chruščev, wobei hier vor allem das Zusammenspiel von Sputnik mit den regionalen Komitees des

---

182 Ebd., S. 22.
183 RGASPI, f. M-5, op. 1, d. 89, S. 87.
184 RGASPI, f. M-5, op. 1, d. 52, S. 23; RGASPI, f. M-5, op. 1, d. 27, S. 4.

Komsomol im Vordergrund steht, zweitens eine Krisenphase innerhalb der touristischen Apparate während der Boomphase des Auslandstourismus am Übergang von den 1960er- zu den 70er Jahren und schließlich eine Episode aus den frühen 1980er Jahren, in der Ermüdungserscheinungen der Organisationsstrukturen deutlich zu Tage traten.

3.5.2.1 „…hätte mir irgendwer gesagt, dass ich das kontrollieren muss…“ – Der Streit um Zuständigkeiten in der Frühphase des Auslandstourismus (1956–1964)

Im Dezember 1956 wurde auf einer Sitzung des Präsidiums des Gewerkschaftsrates im Oblast' Gorki das „von irgendwem aus den Zentralkomitees" neu etablierte dezentralisierte Verfahren zur Auswahl von Touristen in Frage gestellt.[185] Die Betrauung der gewerkschaftlichen Oblast'- und Betriebskomitees mit dieser Aufgabe habe für ein „Durcheinander" gesorgt; die Mitarbeiter der Gebietskomitees hätten ihre Arbeit „unqualifiziert" durchgeführt, so dass die Dokumente von Touristengruppen in vielen Fällen erst 15 Tage vor Abfahrt der Reisegruppen in Moskau eingetroffen seien.[186] Das Mitglied des Präsidiums Emel'janov gab an, er habe sich an den Allunions-Zentralrat der Gewerkschaften „in Bezug auf dieses Chaos" gewandt: „Es ist absolut nicht zielführend, die Gebietskomitees in diese Angelegenheit einzubeziehen."[187] Über das Jahr verteilt seien 25 geplante Reisen nicht zustande gekommen, weil man es nicht geschafft habe, die Dokumente der Touristen rechtzeitig zu verschicken.

Auch die Sekretärin des kasachischen Gewerkschaftsrats E. Načinkova stellte ihrer Organisation Ende 1956 in einem Schreiben an den Allunionsrat der Gewerkschaften zwar in Bezug auf die Erfüllung der Aufgaben insgesamt ein gutes Zeugnis aus, räumte aber ein, einige Gebietskomitees hätten trotz verfügbarer Plätze überhaupt keine Touristen verschickt oder sehr nachlässig gearbeitet. Bei der Begutachtung von Kandidaturen sei es zu „unnötiger Schlamperei" gekommen, darüber hinaus habe es an „Genauigkeit und Organisiertheit bei der Zusammenstellung und Bearbeitung der Papiere" gemangelt.[188]

Bei den beschriebenen Mängeln handelte es sich dabei keineswegs nur um die Geburtswehen eines komplexen institutionellen Prozesses. Das Nichtzustandekommen von Reisegruppen aufgrund bürokratischen Schlendrians und Inkompetenz erwies sich als chronisches Problem des gesamten sowjetischen Auslandsreisesektors. Noch 1960 fuhren mit Intourist und den Gewerkschaften

---

185 GARF, f. 9520, op. 1, d. 316, S. 43.
186 Ebd.
187 Ebd.
188 Ebd., S. 108.

drei Prozent weniger Touristen ins Ausland als geplant,[189] und einige Oblasts schafften es auch bis Anfang der 1970er Jahre nicht, das ihnen zugeteilte Reisekontingent auszuschöpfen.[190] Auch die Verwaltungsstrukturen des Komsomol waren mit ihren touristischen Aufgaben offensichtlich überfordert. In den ersten sechs Monaten der Tätigkeit von Sputnik (also im zweiten Halbjahr 1958) kamen von 1.415 vertraglich vereinbarten Auslandsreisen 114 nicht zustande. Wie schlecht die Abstimmung zwischen den beteiligten Instanzen funktionierte, war dabei unter anderem daran zu erkennen, dass einige Touristengruppen Moskau ohne kollektive Reisegenehmigungen oder mit abgelaufenen Reisepässen erreichten, was ihre Weiterreise unmöglich machte.[191] Entsprechend verärgert äußerte sich die Leitung von Sputnik in ihrem ersten Jahresbericht über die „Langsamkeit und Ineffizienz" der regionalen Komitees des Komsomol.[192] Die Nichterfüllung der vorgesehenen Reisekontingente im Rahmen der devisenfreien Austauschabkommen erschwere die reibungslose Zusammenarbeit mit den Partnerorganisationen erheblich.[193] Darüber hinaus seien vor der Abreise mit den Touristen häufig weder individuelle Gespräche noch informative Lektionen über die zu besuchenden Länder durchgeführt worden.[194] Da viele Gruppen mit fehlerhaften kollektiven Reisegenehmigungen in Moskau anreisten, habe auch das Jugendreisebüro selbst oft keine Zeit mehr, für eine inhaltliche Vorbereitung der Touristen zu sorgen.

Bis zum Ende der Ära Chruščev stiegen zwar sowohl bei Intourist als auch bei Sputnik die Planerfüllungsquoten bei der Verschickung von Touristen im unionsweiten Durchschnitt auf über 100 Prozent an.[195] Allerdings gab es hier regional sehr starke Unterschiede: Während das Moskauer Stadtkomitee des Komsomol 1963 mit 2.623 entsandten Touristen den Plan zu 62 Prozent übererfüllte und damit in diesem Jahr alleine für fast 17 Prozent des gesamten auswärtigen Reiseverkehrs von Sputnik verantwortlich zeichnete, sah die Lage andernorts deutlich

---

189   GARF, f. 9520, op. 1, d. 430, S. 31.

190   Aus dem Oblast' Tula wurden beispielsweise noch 1970 lediglich 80 Prozent des verfügbaren Kontingents an Intourist-Reisen vermittelt, vgl. GARF, f. 9520, op. 1, d. 1549, S. 77.

191   RGASPI, f. M-5, op. 1, d. 52, S. 24.

192   Ebd.

193   Ebd.

194   RGASPI, f. M-5, op. 1, d. 27, S. 4.

195   Bei Sputnik stieg das Verhältnis der entsandten Touristen im Vergleich zu den Planzahlen von gut 92 Prozent im Jahr 1958 auf fast 104 Prozent im Jahr 1963 an, vgl. für 1958 RGASPI, f. M-5, op. 1, d. 1, S. 23; für 1963 siehe den entsprechenden Jahresbericht von Sputnik, RGASPI, f. M-5, op. 1, d. 191, S. 115. Glavinturist hielt in seinem Jahresbericht für 1971 fest, 180.558 statt der geplanten 171.112 entsandt zu haben. Die Planerfüllungsquote lag damit bei 105,5 Prozent, vgl. GARF, f. 9520, op. 1, d. 1545, S. 16.

schlechter aus.[196] So entsandte das Zentralkomitees des Kirgisischen Komsomol in demselben Jahr nur 27 statt der planmäßig vorgesehen 70 Touristen; aus Turkmenistan verreisten sogar statt 65 nur 17 Personen.[197]

Das „Erfolgsrezept" des Moskauer Komsomol bestand dabei weniger in der effizienten Arbeitsweise der dortigen Funktionäre. Im Gegenteil: In einem Brief an das Moskauer Stadtkomitee listete der stellvertretende Vorsitzende von Sputnik, Viktor Mošnjaga, eine Vielzahl organisatorischer Mängel auf, die nicht zuletzt durch die starke Erhöhung der entsandten Touristen hervorgerufen worden sei.[198] Die „Planlosigkeit" (*bessistemnost'*) in der Arbeit des Stadtkomitees hätte zu Hektik und Schlamperei bei der Vorbereitung von Reisegruppen geführt.[199] Beispielsweise seien die Reisedokumente für eine Moskauer Touristengruppe, die mit einem „Freundschaftszug"[200] nach Bulgarien reisen sollten, erst eine Stunde vor der Abfahrt fertiggestellt worden. Zudem würden Gruppen nur in einem halbstündigen Schnellverfahren, bei dem geklärt werde, „was man im Ausland machen darf und was nicht", auf ihre Ausreise vorbereitet.[201] Im Unterschied zur Peripherie wirkte sich die Nachlässigkeit der Moskauer Komsomol-Funktionäre allerdings nicht nachteilig auf die Quantität der entsandten Touristen aus. Im Gegensatz zu ihren Kollegen aus weiter entlegenen Regionen konnten sie es sich leisten, Dienstvorgänge buchstäblich in letzter Minute zu erledigen – schließlich befanden sich die zuständigen Behörden und die zentralen touristischen Institutionen in derselben Stadt.

Ganz anders stellte sich die Lage an der Peripherie dar. In einem umfassenden gemeinsamen Bericht aus Kasachstan über die Praxis der Auswahl und Versendung von Touristen legten die dortigen Vertreter des KMO und des Komsomol auf allen Ebenen gravierende Mängel bei der Organisation des Auslandstourismus offen und übten dabei zugleich scharfe Selbstkritik.[202] Viele Funktionäre auf Betriebsebene wüssten nicht von der Möglichkeit, über Sputnik Auslandsreisen durchzuführen, oder seien sich nicht im Klaren darüber, wie dies organisatorisch zu handhaben wäre. Aber auch auf den höheren Organisationsebenen mangelte es an Fachkompetenz. So habe der Abteilungsleiter für die Region Westkasachstan im Zentralkomitee des Komsomol Jurij Popov nicht gewusst, dass seine

---

196 RGASPI, f. M-5, op. 1, d. 191, S. 122.
197 Ebd., S. 116.
198 Ebd., S. 122–25.
199 Ebd., S. 123.
200 „Freundschaftszüge" (*poezda družby*) waren Züge, in denen mehrere hundert sowjetische Touristen durch sozialistische Länder reisten. Abgesehen von regulärem touristischem Programm waren auf solchen Fahrten öffentlichkeitswirksame Begegnungen mit der Bevölkerung vorgesehen, an Bahnhöfen empfingen zuweilen örtliche Würdenträger die Züge in einem feierlichen Rahmen.
201 Ebd., S. 123f.
202 RGASPI, f. M-5, op. 1, d. 196, S. 29–42.

Abteilung dafür zuständig sei, eine bestimmte Anzahl Touristen ins Ausland zu entsenden und auf den entsprechenden Hinweis geantwortet: „Zweifelsohne, hätte mir irgendwer gesagt, dass ich das kontrollieren muss, so hätte ich mich immer dafür interessiert."[203]

Nicht alle Funktionäre gestanden ihre Tatenlosigkeit derart offen ein. Der Sekretär des Komsomol-Stadtkomitees von Aktjubinsk etwa versicherte dem übergeordneten Komitee auf Ebene des Krai, dass den Mitgliedern des Komsomol in seiner Stadt die Möglichkeiten der Auslandsreise bekannt seien.[204] Allerdings stellte sich bei einer Befragung der Belegschaft eines großen Industriekombinats in Aktjubinsk heraus, dass keiner der dort beschäftigten Komsomolzen jemals etwas von der Existenz Sputniks gehört hatte. Die Behauptung des Leiters des Komsomol-Betriebskomitees, G. A. Reznik, es gäbe in dem Kombinat kein Bedürfnis nach Auslandsreisen, entpuppte sich als Lüge:[205] „Viele Komsomolzen im Betrieb waren empört, als sie erfuhren, dass ohne sie zu fragen über ihr Schicksal entschieden wird", heißt es dazu im Bericht. Ein Vorarbeiter aus dem Kombinat, Saidula Agisov, wurde mit dem Ausspruch zitiert:[206] „Warum verbergen sie das vor uns, jeder weiß doch, dass ich unbedingt in die DDR fahren möchte, und das Geld für die *putevka* habe ich."[207]

Der Hinweis des Arbeiters auf seine Zahlungskräftigkeit ist in diesem Kontext aufschlussreich: Zwar waren die Reiseberechtigungsscheine bei Sputnik deutlich günstiger als bei Intourist, aber für einen Arbeiter stellten sie auch hier eine nicht unerhebliche Ausgabe dar. Offenbar gingen viele Funktionäre implizit davon aus, dass die Preise für *putevki* deutlich über dem lagen, was sich ein durchschnittlicher Arbeiter leisten konnte oder wollte. Vielerorts würden Touristen nach dem Prinzip „kann der Tourist die Kosten der Reise bezahlen" ausgewählt, hatte Sputnik bereits 1959 in einem Bericht festgestellt.[208] Aus Behauptungen wie jener des Komsomol-Funktionärs Reznik, die Belegschaft in seinem Betrieb habe kein Interesse an Auslandsreisen, lässt sich in diesem Kontext auch eine Geringschätzigkeit herauslesen – er unterstellte seinen Genossen ungefragt, dass das exklusive Angebot des Auslandstourismus ihren Horizont sowohl kulturell als auch finanziell übersteige.

Die eigenmächtige Nicht-Weitergabe von Informationen über den Auslandstourismus durch Funktionäre des Komsomol an der Basis entzog weite Teile der jungen sowjetischen Bevölkerung mangels alternativer Informationsquellen de facto der Teilhabe an diesem Angebot. Sowjetische Bürger waren gerade abseits

203 Ebd., S. 38.
204 Ebd., S. 35.
205 Ebd.
206 Ebd.
207 Ebd.
208 RGASPI, f. M-5, op. 1, d. 27, S. 4.

von Moskau und Leningrad auf die mündliche Vermittlung von Informationen über das Angebot touristischer Reisen am Arbeitsplatz oder bei Versammlungen in lokalen „Kulturhäusern" angewiesen.[209] Darüber hinaus organisierten lokale und regionale Komitees des Komsomol gelegentlich Vortragsabende mit ehemaligen Touristen, die dort über ihre Erfahrungen berichteten.[210] Mit einer flächendeckenden und systematischen Informationspolitik hatte dies aber wenig zu tun. Im Gegenteil: Nicht nur die oben genannte Umfrage in dem kasachischen Kombinat, sondern auch die jährlichen Berichte von Sputnik lassen darauf schließen, dass der Bevölkerung in vielen Regionen der Sowjetunion und insbesondere an der Peripherie Informationen über die Möglichkeiten der Auslandsreise vorenthalten und ihr damit jede Chance an der Teilhabe daran genommen wurde.[211] Sputnik begründete dies 1963 damit, dass der internationale Tourismus innerhalb des Komsomol als „eine der wichtigsten Formen politischer Arbeit" nicht ernst genommen und dessen Umsetzung von vielen regionalen Zweigstellen aus Desinteresse schlichtweg ignoriert würde.[212]

Die Missstände bei der Propagierung des Auslandstourismus unter der Bevölkerung hatten allerdings noch andere Ursachen: Offensichtlich missbrauchten viele für diesen Bereich zuständige Funktionäre des Komsomol ihren Einfluss und hielten sich nicht an vorgegebene Arbeitsschritte. Bequemlichkeit zählte dabei zu den harmloseren, aber offensichtlich durchaus verbreiteten Motiven, da die zuständigen Komitees bei Einhaltung des vorgeschriebenen Auswahlprozederes erhebliche zusätzliche bürokratische Arbeit zu erwarten hatten. In einem Bericht von 1962 kritisierte Sputnik die schon in der Planungsphase für die neue touristische Saison aus vielen Oblasts der Sowjetunion eintreffenden Absagen für Reisekontingente nach Polen und in die DDR aufgrund vermeintlich fehlender Nachfrage: „Die Vorsitzenden dieser Organisationen wählen mit den Ablehnungen einen bequemen Ausweg, anstatt sich die Mühe zu machen, die Jugend [über den Auslandstourismus] zu informieren."[213]

Viele Funktionäre wiederum nutzten ihren Einfluss, um gezielt Freunden und Verwandten zu Auslandsreisen zu verhelfen. In einem „Bericht über ernsthafte Mängel im Bereich der Auswahl und Entsendung von Touristen ins Ausland" von 1963 berichtete Sputnik alleine für die Republik Aserbaidschan von 36 Fällen,

---

209 Zur Funktion der Kulturhäuser s. White: De-Stalinization.
210 RGASPI, f. M-5, op. 1, d. 196, S. 30 u. 32.
211 Siehe dazu unter anderem die Aussage in dem „Bericht über ernsthafte Mängel in der Arbeit einzelner Organisationen des Komsomol bei der Auswahl und Vorbereitung junger Auslandstouristen" von 1964: „Es ist festzustellen, dass die Komitets des Komsomol unter der Jugend Auslandsreisen kaum propagandieren und zu diesem Zweck nur selten […] die Presse, das Radio, das Fernsehen einsetzen [sowie] Auftritte Jugendlicher organisieren, die sich im Ausland aufgehalten haben.", vgl. RGASPI, f. M-5, op. 1, d. 196, S. 4.
212 RGASPI, f. M-5, op. 1, d. 191, S. 119.
213 RGASPI, f. M-5, op. 1, d. 158, S. 11.

in denen für die Touristenauswahl zuständige Funktionäre ihre eigenen Kinder ins Ausland geschickt hätten.[214] „Leider", so der Bericht weiter, „kommt es nach wie vor nicht selten vor, dass der Verteilung von Reiseberechtigungsscheinen Freundschafts- und Verwandtschaftsbeziehungen zugrunde liegen."[215] Dies ermöglichte es gut vernetzten Personen, ungeachtet des verschwindend geringen Angebots immer wieder für exklusive und begehrte Auslandsreisen berücksichtigt zu werden. In Woronesch etwa erhielt ein leitender Funktionär des Komsomol einen von lediglich zwei in diesem Oblast' vergebenen Reiseberechtigungsscheinen nach Frankreich, obwohl er kurz zuvor erst von einer touristischen Reise aus Italien zurückgekehrt war.[216] Diese Privilegierung Einzelner war keine Ausnahme. Mit süffisantem Unterton konstatiere Sputnik 1964, es existierten „etatmäßige Touristen", die alljährlich in den Genuss von Auslandsreisen kämen.[217] Da das Kontingent an verfügbaren Reiseplätzen und das touristische Auswahlprozedere nur den beteiligten Institutionen und zuweilen sogar nur einzelnen Spitzenfunktionären bekannt waren, gab es nur eingeschränkte Kontrollmöglichkeiten für Verstöße gegen die dienstlichen Vorschriften. Eine Reihe von Gebietskomitees des Komsomol in Kasachstan etwa umging das vorgeschriebene komplizierte Bewerbungsverfahren auf Betriebsebene und bestimmte die Touristen einfach selbst.[218] Auch das Urteil der Ausreisekommissionen – formal als höchste Entscheidungsinstanz über die Eignung von Reisekandidaten vorgesehen – wurde bei weitem nicht immer abgewartet. Regionale Komitees des Komsomol schickten immer wieder Touristen auf die Reise, ohne dass die zuständige Ausreisekommission deren Eignung bestätigt hatte. Dies führte dazu, dass Reisegruppen zuweilen in Moskau festsaßen, weil eine Entscheidung der Ausreisekommission noch nicht vorlag.[219] Bei nachträglich eintreffenden negativen Entscheidungen musste Sputnik einzelne Personen aus den Reisegruppen entfernen und in die Heimat zurückschicken.

Derartige Vorfälle waren das Indiz einer ineffizienten Zusammenarbeit zwischen den verschiedenen am Auslandstourismus beteiligten Institutionen. Sie erzeugten nicht nur erhebliche bürokratische Reibungsverluste, sondern führten auch zu dramatischen Situationen, die das Vertrauen der sowjetischen Bürger in die Gerechtigkeit der über sie entscheidenden Instanzen untergraben musste. In einem charakteristischen Fall aus dem Jahr 1961 bemerkte das Zentralkomitee des turkmenischen Komsomol nach der Entsendung einer Reisegruppe in die DDR, dass für die Touristen die Entscheidung der Ausreisekommission nicht vorlag

---

214 RGASPI, f. M-5, op. 2, d. 14, S. 1.
215 Ebd.
216 Ebd., S. 1f.
217 RGASPI, f. M-5, op. 1, d. 196, S. 4.
218 Ebd., S. 38f.
219 RGASPI, f. M-5, op. 1, d. 158, S. 11f.

und auch nicht rechtzeitig einzuholen war.[220] Daraufhin wurde der designierte Gruppenleiter, der aus einer anderen Stadt als die Touristengruppe stammte, mit dem Flugzeug nach Moskau beordert, um dort die Gruppe nach einer fünftägigen Zugfahrt „abzufangen" und in die Heimat zurückzuschicken.[221]

Im Auswahlprozess manifestierte sich auf diese Weise eine der vielen Paradoxien des sowjetischen Auslandstourismus: In ihrem Wunsch nach maximaler Kontrolle hatten Partei und Komsomol ein enorm verschachteltes und bürokratisches Verfahren etabliert, das kaum unter Kontrolle zu halten war. Da die Organisation des Auslandstourismus weitgehend unter Ausschluss der Öffentlichkeit stattfand und die Führungsgremien der Gewerkschaften, des Komsomol und der Partei diesem Sektor keine besondere Aufmerksamkeit widmeten, agierten die zuständigen Funktionäre nahezu ohne Rechtfertigungszwang. Vor diesem Hintergrund war die Versuchung bei allen Beteiligten groß, durch Missachtung der offiziellen Vorschriften den Arbeitsaufwand zu verringern und den persönlichen Einfluss auf das Verfahren zu erhöhen. Die zahlreichen am Auswahlprozess beteiligten Institutionen bildeten auf diese Weise kein funktionierendes System von „checks and balances", da es an übergeordneter Aufsicht mangelte.

Zwar wurde Sputnik nicht müde, regionale Komitees des Komsomol für Vorschriftsverletzungen zu kritisieren, aber es fehlte dem kleinen Reisebüro an Personal, finanziellen Mitteln und Unterstützung durch die Führung des Komsomol, um die Arbeit unionsweit effektiv zu kontrollieren. Ernste Maßnahmen zu einer Überarbeitung und strengeren Überwachung des Auswahlprozesses leitete Sputnik erst ein, nachdem das Zentralkomitee des Komsomol in einer Verordnung vom 11. Oktober 1963 die bestehenden Mängel in der Auswahlpraxis scharf kritisiert hatte.[222] Der Schwerpunkt dieser Maßnahmen betraf dabei den Bereich der kapitalistischen Länder: Die Außenwirkung sowjetischer Touristen jenseits des sozialistischen Staatenraums galt als zentrales Kriterium für den Erfolg des Auslandstourismus. Dementsprechend sollte in diesem Bereich nach anhaltend schlechten Erfahrungen mit „Disziplinverletzungen" von Sowjetreisenden (siehe Kapitel 4.1.1) in vorderster Linie nicht nur die Eignung der Reisekandidaten im Vorfeld genauer geprüft, sondern auch die Vorbereitung und Kontrolle der Touristen intensiviert werden.

Eine wichtige Neuerung betraf dabei die Zusammensetzung der Reisegruppen: Statt wie bisher ein bis zwei Touristen aus zehn bis 15 verschiedenen Oblasts zu rekrutieren, sollten sich die Gruppen nun aus nicht mehr als drei bis vier verschiedenen Oblasts mit jeweils fünf bereits zu Beginn des Jahres ausgewählten Vertretern zusammensetzen.[223] An der Spitze solcher touristischen Fünfergruppen soll-

220 Ebd., S. 12.
221 Ebd.
222 RGASPI, f. M-5, op. 1, d. 168, S. 1–4.
223 Ebd., S. 1.

ten „Älteste" (siehe Kapitel 3.2.2) stehen; von der Gruppe selbst gewählte und von dem zuständigen Gebietskomitee des Komsomol gebilligte Leitungspersonen.[224] Die frühzeitige und kompaktere Zusammensetzung der Reisegruppen sollte eine verbesserte Vorbereitung der Touristen in der Heimatregion gewährleisten. Sputnik kündigte außerdem an, bei der Auswahl der Reisekandidaten – auch hier ging es in erster Linie um das kapitalistische Ausland – stärker als bisher Einfluss nehmen zu wollen. Damit sollte sichergestellt werden, dass verdiente Aktivisten unter der Jugend zum Zuge kämen, die im Ausland „große politische Arbeit" zu leisten im Stande wären.[225] Vor allem aber versprach das Jugendreisebüro eine konsequentere Kontrolle bestehender Vorschriften, die in der gängigen Praxis von vielen Regionalkomitees des Komsomol schlicht ignoriert wurden. Zu diesem Zweck kündigte es neben einer Erhöhung von Inspektionsreisen an, in Zukunft die in den größten Oblasts sowie den nichtrussischen Sowjetrepubliken für Tourismus zuständigen Funktionäre am Ende des Jahres zwecks einer Bestandsaufnahme nach Moskau einzuberufen.[226] Zudem drängte Sputnik darauf, in allen Oblasts vom Reisebüro autorisierte Funktionäre des Komsomol „voll und ganz" für den Auslandstourismus abzustellen, „damit sie die ihnen anvertraute Arbeit nicht als zweitrangige Angelegenheit, sondern als wichtigen Bestandteil der vielseitigen Aktivitäten des Komsomol betrachten".[227] Innovativen Charakter hatte aber vor allem die Forderung von Sputnik, in jedem Oblast' „öffentliche Kommissionen" einzurichten, die die Auswahl und Versendung von Touristen überwachen sollten.[228] Dem überlieferten Quellenbestand nach zu urteilen wurde diese Forderung bis auf wenige Ausnahmen (s. den obigen Bericht aus Kasachstan) allerdings kaum aufgegriffen und unter Brežnev nicht wiederbelebt. Wie das folgende Kapitel zeigt, wurden auch die angekündigten Maßnahmen von Sputnik zur besseren Koordination der touristischen Verwaltungsstrukturen letztendlich nicht in die Tat umgesetzt.

3.5.2.2 Die Jahre 1969–1970: Der Auslandstourismus in der Krise

Der Leiter der Abteilung „Reisen in die sozialistischen Länder" in der Moskauer Zentrale von Sputnik wandte sich Anfang des Jahres 1970 in einem dramatischen Schreiben an den neuen Vorsitzenden des Jugendreisebüros, Viktor Mošnjaga.[229] Das ständige Wachstum des Auslandstourismus und die erhöhten

---

224 Ebd., S. 1f.
225 Ebd.
226 Ebd., S. 3.
227 Ebd.
228 Ebd.
229 Das genaue Datum des Schreibens geht aus dem Dokument nicht hervor, s. RGASPI, f. M-5, op. 2, d. 160, S. 8.

Ansprüche an dessen inhaltliche Ausgestaltung hätten eine „Reihe von Fragen" aufgeworfen. In seiner Abteilung seien lediglich sieben Mitarbeiter für die Entsendung von rund 58.000 Touristen und die Organisation von 17 „Freundschaftszügen" zuständig. Darüber hinaus müssten sie Korrespondenz mit den regionalen Komitees des Komsomol führen und deren Arbeit überprüfen, die Qualität des Empfangs der Touristen im Ausland protokollieren und dazu noch ihre eigene Arbeit dokumentieren und analysieren. Die Praxis der Jahre 1968 und 1969 habe gezeigt, dass die Hälfte der Verpflichtungen nicht rechtzeitig und professionell erledigt werden konnte:

> „Die starke Erhöhung der Auslandsreisen sowjetischer Touristen im Jahr 1970 macht es den Mitarbeitern der Abteilung unter den derzeitigen Arbeitsbedingungen praktisch unmöglich, ihre Arbeit sinnvoll zu erledigen, ganz zu schweigen davon, dass dies körperlich anstrengend ist und die Kräfte von manchen übersteigt."[230]

Ohne eine Erhöhung der Mitarbeiterzahl und eine Anhebung des Qualifikationsniveaus könne man nicht ernsthaft eine Verbesserung der programmatischen Ausgestaltung und der politischen Wirksamkeit der Auslandsreisen erwarten. Die äußeren Arbeitsbedingen in der Abteilung für Reisen in die sozialistischen Länder, so das Schreiben weiter, genügten nicht den „elementaren ethischen und sanitären Normen":

> „Die Abteilung benötigt dringend ein weiteres Zimmer, in dem Dienstgebäude müssen dringend Materialien und Möbel bereitgestellt werden, die es erlauben, das dienstliche Schriftgut so aufzubewahren, wie es die entsprechende Vorschrift verlangt, und ermöglichen, diese Dokumente zu systematisieren und sie im Sinne einer elementaren Arbeitsorganisation nutzbar zu machen. Ohne eine Lösung dieser Fragen kann die Abteilung die Pläne von [Sputnik] für die Auslandsreisen der sowjetischen Jugend im Jahr 1970 nicht den Anforderungen des ZK VLKSM und des ZK KPdSU gemäß erfüllen."[231]

Der in drastischen Worten verfasste Hilferuf des Sputnik-Abteilungsleiters wirft einen Schatten auf die vermeintliche Erfolgsgeschichte des sowjetischen Auslandstourismus der 1960er Jahre. Angesichts enormer Wachstumsraten kamen die ursprünglich für deutlich kleinere Maßstäbe angelegten Organisationsstrukturen gegen Ende der 1960er Jahre an die Grenzen ihrer Belastungsfähigkeit. Die von der Parteiführung aus ideologischen Gründen offensichtlich für opportun gehaltene Ausweitung eines touristischen Austausches insbesondere inner-

---

230 Ebd.
231 Ebd., S. 9–10.

halb des sozialistischen Staatenraums geriet zunehmend in Widerspruch zu der geringen Bereitschaft, die notwendigen personellen und finanziellen Mittel dafür bereitzustellen. Wie groß der Handlungsbedarf auch aus Sicht der touristischen Funktionäre der Gewerkschaften war, hatte sich schon am 23. Januar 1969 auf einer Konferenz bei Moskau gezeigt, auf der Mitarbeiter aus den verschiedensten Regionen, Aufgabenbereichen und Hierarchieebenen des gewerkschaftlich (mit-)organisierten Auslandstourismus zusammenkamen. Alle Aspekte des bisherigen Organisationsablaufs wurden dabei von den Rednern teilweise scharf kritisiert und in Frage gestellt. So war in den Ausführungen der Tscheljabinsker CST-Funktionärin Šemetova deutlich die Frustration über die misslingende Zusammenarbeit mit Intourist zu spüren. Dafür, dass auf der Konferenz viele Vertreter der Reiseagentur auf die Einhaltung formaler Fristen bei der Fertigstellung von Dokumenten durch die regionalen Gewerkschaftskomitees pochten, hatte sie nur Spott übrig: „Kommt mal ein bisschen auf den Boden zurück."[232] Sie habe beispielsweise vor einem Tag (also am 22. Januar) von Intourist erfahren, dass im April des laufenden Jahres Reisen entlang des Mittelmeers und nach Skandinavien verfügbar sein würden. Laut Vorschrift müsste ihre Abteilung für diese Fahrten der Ausreisekommission schon am 1. Februar Listen mit geeigneten Kandidaten zur Prüfung vorlegen und Anfang März Intourist die fertigen Reisedokumente zusenden. Es bliebe also in der Realität weder Zeit, die verfügbaren Reiseziele in ihrem Oblast' zu bewerben, noch Kandidaten auszuwählen:

> „Im besten Falle schicken wir am Ende eine Liste [an Intourist], manchmal kommt es zu Verzögerungen, aber auf jeden Fall schicken wir [die Liste], ohne die Entscheidung [der Ausreisekommission abzuwarten]. Auf diese Weise wurden in diesem Jahr wie noch nie zuvor Schwierigkeiten für die Arbeit der Gewerkschaftsräte geschaffen, Schwierigkeiten, die man hätte vermeiden können. [...] Deswegen würde ich mir wünschen, dass die Mitarbeiter des Zentralrates von ‚Intourist' [gemeint ist die UIT] unsere Schwierigkeiten verstünden und sie nicht selber schüfen."[233]

Die Konferenz wirkte gerade für die Mitarbeiter peripher gelegener Oblasts und Republiken wie eine langersehnte Gelegenheit, der Unzufriedenheit über die Zusammenarbeit mit Intourist Luft zu machen. In fast jeder Hinsicht stellten sie der Reiseagentur ein schlechtes Zeugnis aus. Grinenko, Instrukteur im Oblast' Donetsk, beklagte sich darüber, dass die regionalen Agenturen von Intourist sich nicht an Absprachen hielten und nachlässig mit zugesandten Papieren umgingen.[234] Der Funktionär des belarussischen Gewerkschaftsrates Achramovič

---

232 GARF, f. 9520, op. 2, d. 32, S. 66.
233 Ebd.
234 Ebd., S. 18.

kritisierte die erratische Preispolitik der Reiseagentur. Vor einer Fahrt nach Frankreich seien einer Gruppe dreimal Preiserhöhungen mitgeteilt worden, dann habe Intourist den Touristen vor ihrer Abreise beim Zwischenhalt in Moskau eröffnet, sie hätten 30 Rubel zu viel gezahlt.[235]

Einen zentralen Kritikpunkt stellte darüber hinaus die Behandlung dar, die Touristen während des Transfers durch die Sowjetunion erfuhren. Es handelte sich dabei um ein Thema, dass schon in den frühen 1960er Jahren zu Konflikten zwischen den Gewerkschaften und Intourist geführt hatte.[236] Während beide Seiten darin übereinstimmten, dass die Zustände hier teilweise haarsträubend waren, divergierten die Ansichten darüber, wie mit dieser Frage umzugehen sei und wen die Hauptverantwortung treffe. Mordvincev, Leiter der Intourist-Abteilung im moldawischen Ungheni an der Grenze zu Rumänien, machte in seinen Ausführungen indirekt die mangelhafte Arbeit der regionalen Gewerkschaftsfunktionäre bei der Entsendung von Reisegruppen für die Missstände verantwortlich.[237] In vielen Fällen erreichten Touristen „trotz wiederholter Mahnungen"[238] die Grenze deutlich später als geplant und seien hier bereits von den Reisestrapazen gekennzeichnet. Eine Gruppe aus Sverdlovsk sei so im Dezember 1968 ohne Pässe, ausreichende Kleidung und Nahrung in Ungheni angekommen: „Sie erreichten uns schmutzig, halbnackt, barfüßig. Das ist uns sehr unangenehm. Und wir müssen sie empfangen und irgendwie weiterschicken."[239]

Die Gewerkschaftsfunktionäre dagegen sahen das Hauptproblem (neben der weiter oben geschilderten kurzfristigen Planung durch Intourist) darin, dass an den zentralen Zwischenhaltestationen keine Kapazitäten zur Unterbringung und Verpflegung der Touristen bereitstünden. Bacar, Funktionär des estnischen CST, machte es Intourist dabei zum Vorwurf, entsprechende Vorschläge der Gewerkschaften schlicht zu ignorieren:

> „Hier trat ein Genosse [von der Moskauer Intourist-Abteilung] auf und sagte, dass die Touristen in die Reisezentrale kämen und dort die Arbeit störten. Aber wohin sollen sie denn gehen, wenn es kalt ist, es friert oder regnet und sie um vier Uhr nachts am Bahnhof ankommen? Wo sollen sie sich denn für mehrere Stunden aufhalten? Wir haben die Vertretung [von Intourist] darum gebeten, zwei Zimmer für ankommende Touristen bereitzustellen, aber darauf lassen sie sich nicht ein."[240]

---

235 GARF, f. 9520, op. 2, d. 32, S. 8.
236 Vgl. dazu die Ausführungen von Gorsuch über die Mängel bei Transport und Unterbringung von Touristen während des Transfers durch die Sowjetunion im Jahr 1963, dies.: All this, S. 98–99.
237 GARF, f. 9520, op. 2, d. 32, S. 80–81.
238 Ebd., S. 80.
239 Ebd., S. 81.
240 Ebd., S. 38.

Direkt im Anschluss hatte ein Redner das Wort, der sich durch die Aussagen Bacars angesprochen fühlen durfte, denn es handelte sich um den Abteilungsleiter für Dienstleistungen bei Intourist, Ševjakov.[241] Dieser wies darauf hin, dass sich die Zahl der in Moskau übernachtenden durchreisenden sowjetischen Auslandstouristen seit 1964 mehr als verdreifacht habe. An manchen Tagen kämen auf 600 Plätze, die Intourist zu diesem Zwecke im Hotel „Zarja" zur Verfügung stünden, 1.300 Touristen. Ungeachtet dessen könnten viele verfügbare Hotelplätze nicht vergeben werden, weil Durchreisende ohne Pässe oder genaue Angaben zu ihrer Reisegruppe nach Moskau kämen und ihr Anspruch auf Unterbringung nicht geprüft werden könne. Auch sonst spielte Ševjakov den Gewerkschaften den Ball zurück: Diese erzeugten ein Durcheinander durch eine unterschiedliche Handhabung der Bezahlung von Übernachtungen (in manchen Regionen waren diese im Preis der *putevki* enthalten, in anderen sollten die Touristen diese in Moskau bar bezahlen) und durch ungenaue Mitteilungen darüber, in welchen Zügen und Wagons ihre Gruppen in Moskau eintreffen.

Auf diese Weise schoben sich die Vertreter der Gewerkschaften und Intourist gegenseitig den Schwarzen Peter zu, ohne dass konstruktive Lösungen erkennbar wurden. Nur selten fanden sich Stimmen, die den Mut aufbrachten, das verworrene System an sich in Frage zu stellen. So richtete Milovanov, Instrukteur des Tscheljabinsker Gebietskomitees der CST einen Appell an die anwesenden Vertreter der Reiseagentur:

> „Hier sind Vertreter der VAO ‚Intourist', und viele der Vortragenden haben zugegeben, dass sich die Versorgung der Touristen bei der Rückkehr [...] von ihren Reisen bei uns in Moskau und in anderen Städten auf einem niedrigen Niveau befindet. Viele Touristen kehren zufrieden von ihren Auslandsreisen zurück, aber mit der Versorgung, die sie bei uns während der Heimfahrt erhalten, können sie eben nicht zufrieden sein. Darauf wird in vielen Berichten hingewiesen. Ich will es so formulieren: Wir erfüllen eine sehr wichtige und politische Aufgabe und haben vor, in Zukunft noch mehr Touristen ins Ausland zu entsenden, also lasst uns die Tourismusindustrie auf ein solides Fundament stellen; lasst uns die Sache so einrichten, dass von Anfang bis zum Ende alle Bedingungen für eine normale Versorgung unserer sowjetischen Touristen gewährleistet sind. Wir dürfen den Eindruck nach einem hervorragenden Auslandsaufenthalt nicht verderben. Das müssen wir sicherstellen. Wir kümmern uns um die Informationsvermittlung, bearbeiten die Unterlagen, und ihr organisiert die Sache so, dass die Touristen zufrieden sind."[242]

---

241 Ebd., S. 41–48.
242 Ebd., S. 73.

Noch deutlicher wurde der Gewerkschaftsfunktionär Proizvolov aus Sverdlovsk, der den „faulen Formalismus" innerhalb der Organisationsstrukturen anprangerte. Anstatt die Verantwortung für Missstände auf den Ministerrat oder ausländische Partner abzuschieben, sollten sich die auslandstouristischen Institutionen auf ihre eigene Stärke besinnen:

> „Wir müssen unsere Autorität zur Geltung bringen. Wenn in [den gewerkschaftlichen Komitees], bei Intourist und dem VCSPS alle ernsthaft arbeiten und sich nicht gegenseitig beharken, dann wird diese weiter wachsen."[243]

Zu den wenigen Rednern, die den problematischen Blick auf die Lage des touristischen Sektors auf der Konferenz nicht teilten, zählte ausgerechnet der Vorsitzende der UIT, Vladimir Ankudinov. In seinem schwungvollen Vortrag wischte er die Bedenken, die in diesem Jahr geplante Erhöhung des touristischen Kontingents im sozialistischen Raum von 110.000 auf 135.000 könne die vorhandenen Strukturen überlasten, in launischem Tonfall vom Tisch:

> „Wenn wir über die Erhöhung der Anzahl sowjetischer Touristen sprechen, sagen mir einige Genossen: Genosse Ankudinov, Sie haben eine glühende Phantasie, sie sollten zu Zeiten Jules Vernes leben. Warum? Was sind denn 135 Tausend sowjetische Touristen? Wir haben 88 Millionen Gewerkschaftmitglieder und nur 135 Tausend Touristen fahren in diesem Jahr in die sozialistischen Staaten. Was ist das für ein Prozentsatz? Das ist ein Fünftel Prozent der Gewerkschaftsmitglieder. Wir können mehr verschicken. Wir haben die finanziellen und währungstechnischen Möglichkeiten."[244]

Zwar behielt Ankudinov in Bezug auf die Realisierbarkeit der Steigerungsraten von Entsendungen recht (siehe Tab. 1). Allerdings blieben die auf der Konferenz thematisierten Fragen der überbordenden Bürokratie, der schlechten Zusammenarbeit zwischen den zuständigen Stellen und der unzureichenden Infrastruktur weitgehend unangetastet. 1970, im Jahr nach der oben genannten Konferenz bei Moskau, waren diesbezüglich aus den verschiedensten Richtungen Warnsignale zu hören. Den Auftakt machte die Verordnung des Zentralkomitees der KPdSU vom 13. Januar „Über Maßnahmen zur Verbesserung der Organisation des sowjetischen Auslandstourismus":[245] Darin kritisierte das ZK den geringen Anteil an Arbeitern unter den Touristen, die hohe Zahl an Disziplinverstößen unter Auslandsreisenden, die missbräuchliche Zuweisung von Ermäßigungen an Nicht-Bedürftige und die wiederholte Entsendung ein- und derselben Bürger.

---

243 Ebd., S. 111.
244 Ebd., S. 139.
245 CAODM, f. P-4, op. 169, d. 15, S. 6.

Auch Sputnik listete am 20. Januar 1970 in einem Schreiben an das Zentralkomitee des Komsomol eine Reihe gravierender Mängel in der Arbeit der Regionalkomitees der Jugendorganisation auf.[246] Unter anderem würden bei der Ausstellung von Empfehlungsschreiben Vorschriften verletzt, es habe auch Fälle von Fälschungen medizinischer Gutachten gegeben. Namentlich wurden drei Mitglieder des Komsomol genannt, deren besonders auffälliges Fehlverhalten bei Auslandsreisen im Jahr 1969 auf ein nicht vorschriftsmäßiges Zustandekommen ihrer Reisedokumente zurückzuführen. Eine dieser Personen hatte nach ihrer Rückkehr aus Jugoslawien in Moskau Selbstmord begangen, wobei in ihrem medizinischen Gutachten eine vorhandene Schizophrenie verschwiegen worden war.[247]

Anfang der 1970er Jahre begann Glavinturist damit, Referenten aus Moskau auf Inspektionsreisen in die Gebietskomitees des CSTE zu schicken. Die ersten Rückmeldungen fielen dabei ernüchternd aus. In Sverdlovsk deckte ein Vertreter der Abteilung für Reisen in sozialistische Länder Betrügereien bei der Zusammenstellung von Touristengruppen auf: Der Betrieb des Touristen Romanov hatte so dessen Frau ein Empfehlungsschreiben als „Hausfrau" ausgestellt, obwohl diese bei den Gewerkschaften beschäftigt gewesen sei. Auf diese Weise konnte Frau Romanova sich gegenüber dem CSTE als „ohne Unterhaltssicherung im Urlaub" befindlich und damit anspruchsberechtigt für eine Preisermäßigung ausgeben.[248]

In einem Bericht von Glavinturist über die Arbeit des CSTE in Saratow vom November desselben Jahres hieß es drastisch, die Abteilung sei mit ihren Aufgaben „nicht zurechtgekommen".[249] Im laufenden Jahr seien bereits zwölf (von insgesamt rund 100) Gruppen annulliert worden; aber schon seit 1965 würden die Versendequoten für Touristen nicht eingehalten:

> „Bei der Überprüfung zeigte sich, dass die Abteilung für Auslandstourismus ihre Arbeit nicht plant. [...] Die Mitarbeiter der Abteilung kommen nicht in die Betriebe, es gibt keine Verbindung zu den Betriebskommissionen der Gewerkschaften, es existiert kein Aktiv. Nur wenige Gruppen werden tatsächlich durch die gewerkschaftlichen Gebietskomitees zusammengestellt. [...] De facto erhalten die Mitarbeiter der Abteilung selbst die Dokumente und stellen die Gruppen zusammen."[250]

Die Überprüfung durch den Glavinturist-Referenten brachte zudem ans Tageslicht, dass in vielen Betrieben kaum über Möglichkeiten der Auslandsreisen

---

246 RGASPI, f. M-5, op. 2, d. 160, S. 23.
247 Der Hinweis auf die Schizophrenie des Touristen findet sich in einem weiteren Schreiben von Sputnik, s. RGASPI, f. M-5, op. 2, d. 160, S. 21.
248 GARF, f. 9520, op. 1, d. 1549, S. 97.
249 Ebd., S. 7.
250 Ebd., S. 8.

informiert wurde. Nur in einem von drei besuchten Betrieben war ein Plakat mit Informationen über verfügbare Reisen in sozialistische Länder zu finden; Treffen mit ehemaligen Touristen oder Annoncen in Radio und Presse gäbe es hingegen nirgendwo. „Der Vorsitzende der Abteilung [für Auslandstourismus bei dem Gebietskomitee der Saratower Gewerkschaften] Komarov A.M. erklärt dies damit", heißt es im Bericht, „dass die lokalen Organe davon abrieten, zu breite Reklame für den Tourismus zu betreiben, da die Möglichkeit der Auslandsreisen aus dem Oblast' etwas begrenzt sei."[251] Verhalten positiv fiel immerhin die Rückmeldung aus der Kasachischen Republik aus. Die gewerkschaftlichen Organe, so attestierte der Referent von Glavinturist, hätten ihre Arbeit in den letzten beiden Jahren verbessert.[252] Allerdings lag auch hier einiges im Argen:

> „Unter den Bedingungen des schnellen Wachstums der Zahl der Auslandsreisen, das die reale Nachfrage der Werktätigen an solchen Reisen widerspiegelt, hat in einer Reihe gewerkschaftlicher Organe die Aufmerksamkeit bei der Auswahl von Personen nachgelassen; die Ausstellung der Empfehlungsschreiben findet dort formal, ohne umfassende Einbeziehung aller Eigenschaften der Kandidaten und zuweilen auch verantwortungslos statt."[253]

Fast überall in der Republik verletzten die gewerkschaftlichen Gebietskomitees die Prinzipien der Zuteilung von Reiseberechtigungen, ähnlich wie in Saratow stellten einzelne Mitarbeiter häufig weitgehend eigenständig Touristengruppen zusammen. Im Oblast' Čimkentsk kümmerten sich die Gewerkschaften dem Bericht zufolge überhaupt nicht um die Zusammenstellung und Versendung von Reisegruppen.[254]
Die stichprobenartigen Kontrollen der gewerkschaftlichen Arbeit in den Oblasts durch die Mitarbeiter von Glavinturist zeigten ähnlich wie die zuvor zitierten Berichte der Reisebüros und die Beiträge auf der gewerkschaftlichen Tourismuskonferenz von 1969, dass das Wachstum des ausgehenden Reiseverkehrs in der Sowjetunion nur zum Teil von einem Ausbau der organisatorischen Infrastruktur und einer Professionalisierung der zuständigen Funktionäre getragen war. Vielfach wurde die Erhöhung der Touristenzahlen innerhalb der bestehenden Strukturen dagegen durch die Missachtung des komplexen Regelwerks erreicht. An vielen Orten der Sowjetunion bestimmten einzelne Funktionäre in den gewerkschaftlichen Gebietskomitees vorbei an allen anderen Kontrollinstanzen eigenmächtig über die Zusammenstellung von Reisegruppen. Diese und andere

251 Ebd., S. 10.
252 Ebd., S. 13.
253 Ebd., S. 13–14.
254 Ebd.

Formen der Umgehung von Vorschriften waren allen Beteiligten bekannt; aber weder das Zentralkomitee der KPdSU noch Glavinturist, der Komsomol oder die Gewerkschaften unternahmen ernsthafte Schritte, um an diesem Zustand etwas zu verändern. Die politisch gewünschte Steigerung des touristischen Austausches gerade mit den „Bruderländern" war innerhalb der vorhandenen Strukturen unter Einhaltung der Vorschriften kaum zu realisieren.

3.5.2.3 Konsolidierung zum Ende der Ära Brežnev?

Der Bericht der Abteilungsleiterin für ausgehenden Tourismus bei Glavinturist über die Inspektion der Arbeit des gewerkschaftlichen Gebietskomitees in Leningrad vom 17.-21. Juli 1980 vermittelte auf den ersten Blick den Eindruck einer wohlsortierten Behörde:

> „Jeder Instrukteur führt für seine Gruppen Ordner, in denen die Empfehlungsschreiben, Anträge, medizinischen Gutachten, Kopien der Briefe an die OVIR [gemeint ist die Visaabteilung des Innenministeriums, Anm. d. V.] und die Korrespondenz mit der Gruppe aufbewahrt werden. Zehn bis zwölf Tage vor der Abreise findet eine Instruktion der Gruppe statt, wobei Informationen über die Besonderheiten des Landes vermittelt werden, Mitarbeiter von „Intourist" halten Vorträge, der Vorsitzende oder stellvertretende Vorsitzende des gewerkschaftlichen Gebietskomitees informiert über die Verhaltensnormen, danach regelt der Instrukteur alle organisatorischen Fragen. [...] In der Abteilung sind fast alle Berichte über die Reisen der Gruppen verfügbar."[255]

Im weiteren Verlauf des Berichts wird allerdings deutlich, dass sich die Lage seit 1970 nicht substanziell verbessert hatte. Die Gewerkschaften kümmerten sich nach wie vor nicht ausreichend um die Bewerbung von Auslandsreisen in den Betrieben und Ausbildungseinrichtungen. Dies hatte offensichtlich auch damit zu tun, dass die für Tourismus zuständigen Mitarbeiter der regionalen Gewerkschaftskomitees mit ihren Verwaltungsaufgaben in der Regel bereits vollständig ausgelastet waren. Die Leitung des sowjetischen Gewerkschaftsbundes hatte aus diesem Grund den Zentralrat für Tourismus und Exkursionen darum gebeten, Mitarbeiter in die Branchenkomitees der gewerkschaftlichen Gebietskomitees zu entsenden, um diese bei der touristischen Arbeit in den Betrieben zu unterstützen.[256] Seit einer Restrukturierung der sowjetischen Gewerkschaften im Januar 1976 hatte sich auch die Organisationsstruktur des sowjetischen Tourismus leicht verändert. Es existierten nun auf allen Verwaltungsebenen der Gewerkschaften

---

255 GARF, f. 9520, op. 1, d. 2605, S. 6.
256 Ebd.

parallel zu den traditionellen Strukturen 25 sogenannte „Branchenkomitees", die jeweils für bestimmte Industriezweige verantwortlich waren. Den Branchenkomitees wurde auch die Verantwortung für die Organisation des Auslandstourismus übertragen, was angesichts der seit den 1960er Jahren anhaltenden Spezialisierungstendenz in diesem Bereich (siehe Kapitel 3.7.3) ein logischer Schritt war: Da der Trend dahin ging, Touristengruppen mit einem einheitlichen beruflichen Profil zu versehen oder sie gleich aus einem Großbetrieb zu rekrutieren, war es naheliegend, dass die Aufgabe der Auswahl und Vorbereitung von Reisekandidaten sowie die Jahresplanung von Auslandsreisen ebenfalls von fachlich ausgerichteten Gremien übernommen wurde.

Die Instrukteure der Abteilungen für Auslandstourismus in den Gebietskomitees übernahmen nun vorwiegend koordinierende Aufgaben. Sie teilten den Branchenkomitees die Reisekontingente entsprechend ihrer Mitgliederstärke, ihres verfügbaren Budgets und ihres angemeldeten Bedarfs zu. Im Oblast' Moskau war jeweils ein Mitarbeiter der auslandstouristischen Abteilung des gewerkschaftlichen Gebietskomitees für ein bis zwei Branchenkomitees zuständig, unterstützte diese bei der Anfertigung der Reisedokumente, hielt Vorträge vor den dortigen Funktionären und Aktivisten und besuchte die jeweiligen Betriebe, um die dortige Arbeit zu überprüfen.[257]

Allerdings verdeutlichte die Anfrage der Allunions-Gewerkschaftsführung an den CSTE bezüglich der Bereitstellung von Mitarbeitern für die Branchenkomitees, dass die ein Jahrzehnt zuvor innerhalb der touristischen Organisationen so intensiv diskutierten Probleme keineswegs gelöst worden waren: Nach wie vor mangelte es vielerorts an Personal, um die anstehenden Aufgaben angemessen zu lösen. Die Inspektionen von Glavinturist in anderen Oblasts brachten darüber hinaus zum Vorschein, dass die Zusammenarbeit zwischen den Gewerkschaften und der Reiseagentur weiterhin nicht reibungslos funktionierte, der Anteil an Arbeitern und erstmalig Reisenden niedriger war als vorgesehen und nach wie vor Missbrauch mit Vergünstigungen betrieben wurde.[258]

Immerhin ließ der insgesamt eher unaufgeregte Ton der Inspektionsberichte aus den Oblasts den Rückschluss zu, dass sich ungeachtet aller vorhandenen Schwierigkeiten mittlerweile in den regionalen Zweigstellen der Gewerkschaften einigermaßen stabil funktionierende Routinen etabliert hatten. Gravierende Missstände und Planuntererfüllungen, wie sie noch ein Jahrzehnt zuvor in vielen Oblasts anzutreffen waren, tauchten in den Berichten von Glavinturist und den Gewerkschaftsräten nur noch selten auf. Dass der Auslandstourismus

---

257 Die Details der Arbeitsteilung zwischen den Obkoms und den Branchenkomitees der Gewerkschaften gehen aus einem Bericht des Gewerkschaftsrats des Moskauer Oblast' hervor, s. GARF, f. 9520, op. 1, d. 3061, S. 43–45.

258 Siehe dazu unter anderem die Berichte aus dem Oblast' Kalusch, GARF, f. 9520, op. 1, d. 2605, S. 15.

gegen Ende der Ära Brežnev den Kinderschuhen entwachsen war, hatte aber auch seine Schattenseiten. Zwar funktionierten die Abläufe in den einzelnen Republiken und Oblasts inzwischen reibungsloser, dafür zeichnete sich immer deutlicher ab, dass ein Nebeneffekt der Professionalisierungstendenzen bei der Touristenauswahl und -vorbereitung die Entstehung und Verfestigung korrupter Strukturen war: Wie sich bereits Anfang der 1970er Jahre angedeutet hatte, bildeten sich in den verschiedenen Verwaltungsbezirken jeweils eigene Organisationslogiken heraus. In vielen Fällen entschied dabei nicht das Zusammenspiel der Institutionen über das Schicksal von Reisekandidaturen, sondern die Entscheidungsmacht von Funktionärsnetzwerken, die vorbei an den zuständigen Kommissionen über den Zugang zu Reiseberechtigungsscheinen entschieden. Während diese Entwicklung immer wieder in Kontrollberichten von Glavinturist-Funktionären thematisiert wurde, blieb eine grundlegende Aufklärung der verfilzten Strukturen in der Zusammenarbeit zwischen dem staatlichen Reisebüro und den Gewerkschaften unter Brežnev aus. Anders beim Komsomol: Hier erschütterte im Frühjahr 1981 ein Skandal den gesamten touristischen Verwaltungsapparat. Die Revisionskommission der Jugendorganisation hatte bei einer Prüfung „Fakten einer gesetzeswidrigen Auswahl von Touristen, die ins Ausland reisen, Verstöße gegen Vorschriften des Devisenumtauschs und Instruktionen zur Durchführung von Kassenoperationen und Buchhaltung" festgestellt.[259] Infolge dieser Enthüllungen wurden leitende Angestellte der Geschäftsstelle von Sputnik in Moskau sowie regionale Funktionäre des Jugendreisebüros entlassen und die Staatsanwaltschaft mit weiteren Ermittlungen beauftragt. Kenner des Betriebs dürften über die in einem diesbezüglichen Schreiben des Zentralkomitees des Komsomol attestierte „Unehrlichkeit einzelner Personen, die ihre dienstliche Stellung für hinterhältige Zwecke ausnutzten, die Erfordernisse und Normen unserer Moral der Vergessenheit preisgaben und großen moralischen Schaden anrichteten" wenig verwundert gewesen sein.[260] Überraschend war eher, dass seit zwei Jahrzehnten auf allen Ebenen der Organisation des Auslandstourismus etablierte Verhaltensmuster ausgerechnet zu diesem Zeitpunkt zum Gegenstand staatsanwaltschaftlicher Ermittlungen gemacht wurden. Dieser Vorgang deutete auf die Einleitung eines politischen Kurswechsels im Kreml hin. Offensichtlich war innerhalb der Parteiführung die Geduld mit der abwägenden Politik des alternden Brežnevs am Ende; bereits vor dessen Absetzung kündete sich der deutlich kompromisslosere innenpolitische Stil und die Bekämpfung der Schattenwirtschaft unter dessen Nachfolger Andropov an.[261]
Das Zentralkomitee des Komsomol sah sich veranlasst, die Dienstanweisungen für Gruppenleiter von Reisen in das kapitalistische Ausland grundlegend zu über-

259 RGASPI, f. M-5, op. 3, d. 407, S. 15.
260 Ebd.
261 Vgl. Hildermeier: Geschichte, S. 1016f.

arbeiten. „Die Aufgabe aller Organisatoren des sowjetischen Auslandstourismus besteht darin,", beschwor der Vorsitzende von Sputnik, Evgenij M. Rybinskij in einer ausführlichen Grundsatzrede zu Beginn des Jahres 1982 seine Mitarbeiter, „die grundlegenden Dokumente zu kennen und ihren Anforderungen unbedingt zu folgen."[262] Rybinskij kritisierte scharf alle Bereiche der Arbeitsorganisation von der Kandidatenauswahl über die Vorbereitung und Kontrolle der Gruppenleiter bis hin zum Transfer der Touristen über die Grenze:

> „Wir haben noch ein geringes Niveau der Arbeitsplanung, eine geringe Pflichttreue, viele Mängel in der Verwaltungsarbeit. Einzelne Mitarbeiter handeln verantwortungslos, ermangeln der Fähigkeit, ihre Verfehlungen bei der Arbeit kritisch zu bewerten und zeigen sich unaufmerksam gegenüber anderen Personen. [...] In unserem Postfach gibt es eine Menge Briefe, in denen uns ein und dieselbe Frage gestellt wird, wie man über die *putevki* von ‚Sputnik' ins Ausland reisen kann. Und das ist gut so, denn es zeugt von einem weiterhin ansteigenden Interesse an unserer touristischen Organisation. Gleichzeitig stellt sich die Frage, warum unsere Reisen vor Ort so schlecht beworben werden, warum man sich gegenüber den Anfragen und Bitten der Jugend so hartherzig verhält. Viele Beschwerden könnten vermieden werden, wenn unsere zuständigen Mitarbeiter und Büroleiter vor Ort vor der Versendung von Gruppen gründlicher alle Fragen der Reisevorbereitung, der Ausstellung von Dokumenten, Reisetickets usw. durcharbeiten [und] sich dem ihnen anvertrauten Arbeitsbereich mit großer Verantwortung und Prinzipienfestigkeit widmen würden."[263]

Mit diesem Zitat brachte Rybinskij das zentrale Dilemma der Organisation des sowjetischen Auslandstourismus auf den Punkt: In der Theorie war jeder Arbeitsschritt sorgfältig geregelt und jeder loyale Sowjetbürger erhielt eine faire Chance auf Zugang zu einem Auswahlverfahren. Das Problem war, dass die beteiligten Institutionen in der Praxis wenig Anreize besaßen, das vorgesehene Prozedere einzuhalten: Für Funktionäre der Gewerkschaften und des Komsomol auf betrieblicher und lokaler Ebene barg eine verstärkte Propagierung von Auslandsreisen das Risiko, die ohnehin hohe Nachfrage nach Berechtigungsscheinen weiter zu steigern. Angesichts des enormen Verwaltungsaufwands, den jede Kandidatur mit sich brachte, versuchten viele von ihnen, dies eher zu vermeiden. Auch für die Komitees der Gewerkschaften, des Komsomol und der Partei auf Ebene der Stadt und des Oblast' bedeutete der jährliche Zuwachs an zu bearbeitenden Reisekandidaturen aufgrund der verschachtelten Verantwortlichkeiten einen erheblich gesteigerten Kommunikations- und Abstimmungsbedarf. Da zusätzlich

---

262 RGASPI, f. M-5, op. 3, d. 407, S. 16.
263 Ebd., S. 29–30.

noch die – in der Regel schlecht funktionierende – Zusammenarbeit mit Intourist und Sputnik koordiniert und die Urteile der Ausreisekommissionen abgewartet werden musste, war der laufende Reisebetrieb realistischerweise nicht unter Einhaltung aller Regeln zu gewährleisten.

Dass innerhalb dieses aus allen Nähten platzenden Systems Korruption und Misswirtschaft gediehen, ist kaum verwunderlich: Weil so viele Institutionen und Verwaltungsebenen in den Prozess der Reiseorganisation eingebunden waren, konnten Missstände von allen Beteiligten bequem verschleiert und Verantwortlichkeiten weitergereicht werden. Während die führenden Kader in Moskau an das Ehrgefühl und die Moral der regionalen Funktionäre appellierten, verwiesen diese auf die Unfähigkeit, angesichts der vorgefundenen Umstände ihre Aufgaben vorschriftsgemäß zu erfüllen. Auf diese Weise richtete sich das System des ausgehenden Auslandstourismus in einem leidlich funktionalen Provisorium ein, das nach außen zwar ordentliche Wachstumsraten hervorbrachte, innerlich aber geprägt war von Inkonsistenz, Ineffizienz und Intransparenz.

3.6 Praktische Probleme der Reiseorganisation: Transfer, Unterkunft und Verpflegung der Touristen

3.6.1 Sputnik

Wie in Kapitel 3.1.4 beschrieben, hatte Sputnik sich in seinem Gründungsdokument auf die Fahnen geschrieben, einen Tourismus „ohne überflüssigen Komfort" anzubieten. Die Vereinbarungen mit den Partnerorganisationen definierten bezüglich der zu gewährleistenden Standards bei Unterbringung, Transport und Verpflegung nur Mindeststandards, darunter einen Kaloriensatz von 4.000 pro Tag und Tourist; die Bereitstellung von Lunchpaketen auf Exkursionen und die Gewährleistung von Duschgelegenheiten.[264] In der Praxis wurden diese Standards allerdings häufig unterschritten; insbesondere die ersten Reisegruppen des Jugendreisebüros mussten aufgrund niedriger Versorgungsstandards zuweilen eine beachtliche Leidensfähigkeit unter Beweis stellen. Der devisenfreie Austausch befand sich noch in der Erprobungsphase und Sputnik schickte die ersten Touristen als Pioniere auf ungewisse Reisen zu Partnerorganisationen, für deren Zuverlässigkeit keine Erfahrungswerte bestanden.

Fast erwartbar fielen die Rückmeldungen in den ersten Monaten zahlreich und zuweilen sehr kritisch aus; Ein von Sputnik rückblickend für das Jahr 1958 zu-

---

264 Siehe etwa den „Vertrag über die Entsendung und Aufnahme von Gruppen junger Touristen in der UdSSR und in der DDR zwischen dem Büro für internationale Jugendtourismus beim Komitee der Jugendorganisationen der UdSSR und dem Zentralrat der FDJ und dem Komitee für Touristik und Wandern der DDR" von 1959, RGASPI, f. M-5, op. 1, d. 1, S. 119–123.

sammengestelltes Dossier über „Kritische Bemerkungen der Gruppenältesten über touristische Auslandsreisen" fiel mit fünf Seiten sehr ausführlich aus.[265] Zu den Hauptkritikpunkten zählten dabei neben fehlenden oder lückenhaften Reiseprogrammen (siehe dazu Kapitel 3.7.1) die hygienischen Bedingungen, die Verpflegung und der Transport der Touristen. Die Kombination solcher Mängel machte den Auslandsaufenthalt in einigen Fällen zu einer grenzwertigen Erfahrung. Hart traf es etwa nach Auskunft ihres Gruppenältestesten Ključarov eine Gruppe aus der Republik Baschkirien, die während ihres 14-tägigen Aufenthaltes in Polen „im offenen, schmutzigen Lastwagen" durch das Land transportiert und mit acht bis zehn Personen in 16-Quadratmeter-Zimmern untergebracht war.[266] In Kombination mit mangelnden Waschgelegenheiten, schmutziger Bettwäsche und eintöniger Nahrung ergab dies ein selbst für die bescheidenen Standards von Sputnik unakzeptables Reiseerlebnis.

Andere Gruppen sahen sich bei der Ankunft an ihren Zielorten mit der Aufforderung konfrontiert, ihr Gepäck zu Fuß zu den oft mehrere Kilometer weit entfernten Unterkünften zu transportieren.[267] Auf diese Weise zollten die Sputnik-Touristen Tribut für die Hektik, mit der das Jugendreisebüro des Komsomol im Sommer 1958 nahezu aus dem Nichts Austauschprogramme mit immerhin sechs Partnerländern aus dem Boden gestampft hatte. Dass sich das im vorigen Kapitel beschriebene organisatorische Chaos bei der Auswahl und Vorbereitung der Reisegruppen auf die Durchführung der Reisen im Ausland übertrug, konnte dabei kaum überraschen. Die kurzen Vorlaufzeiten stellte die in jenem Jahr mit Ausnahme von Belgien noch ausschließlich aus dem sozialistischen Staatenraum stammenden Partnerorganisationen vor erhebliche Schwierigkeiten; zumal die sowjetischen Reisegruppen aufgrund der beinahe schon abgelaufenen Urlaubssaison innerhalb eines engen Zeitfensters entsandt worden waren.[268]

Allerdings offenbarten die schlechten Erfahrungen der Anfangszeit auch strukturelle Probleme des von Sputnik betriebenen Austauschformats. Anders als regulären Auslandsreisenden standen den Touristen des Jugendbüros bis auf das ihnen vertraglich zugesicherte magere Taschengeld keine Devisen zur Verfügung. Darüber hinaus bemühten sich die einladenden Partnerorganisationen von Sputnik um eine möglichst preiswerte Versorgung der sowjetischen Touristen, wodurch diese immer wieder an zweifelhafte Dienstleister gerieten.

Gerade bei Reisen in kapitalistische Länder hegten die sowjetischen Touristen zuweilen den Verdacht, dass auf ihre Kosten an der Verpflegung gespart werde. Ein lettischer Gruppenleiter wies 1960 nach seinem Aufenthalt in Österreich

---

265 RGASPI, f. M-5, op. 1, d. 2, S. 207–212.
266 Ebd., S. 210.
267 RGASPI, f. M-5, op. 1, d. 1, S. 23.
268 Entsprechend äußerte sich etwa die touristische Abteilung des Zentralkomitees der Kommunistischen Partei der Tschechoslowakei, s. ebd.

darauf hin, dass die dortigen Hotels und Restaurants in Ermangelung detaillierter Vorgaben des Vertragspartners von Sputnik nicht einmal touristische Mindeststandards einhielten.[269] Ein Jugendherbergsleiter in Linz habe nicht nur die Herausgabe von Handtüchern verweigert, sondern unter anderem auch mit frischer Bettwäsche gegeizt, so dass sich die Gruppe genötigt sah, eine Übernachtung im Bus anzudrohen.[270]

Dabei war die zweitklassige Behandlung sowjetischer Touristen keineswegs nur auf deren magere finanzielle Ausstattung zurückzuführen. Bereits auf einer der ersten Sputnik-Reisen einer Leningrader Gruppe durch Polen Ende Juli/Anfang August 1958 hatte der Gruppenälteste Makov darüber geklagt, dass die polnische Reiseführerin seine Genossen herablassend behandelte und sie oft erst in den Reisebus einsteigen ließ, nachdem Touristen anderer Länder ihre Plätze bereits eingenommen hatten.[271] Gerade in den „Bruderländern" stand der unterprivilegierte Status, den der devisenfreie Tourismus mit sich brachte, in diametralem Widerspruch zu dem überhöhten Selbstbild vieler Sputnik-Reisender als – wie es ein Gruppenleiter 1960 formulierte – „Vertreter des großen Sowjetlandes".[272] Die Erfahrung, im sozialistischen Ausland bestenfalls als gewöhnliche Kunden behandelt zu werden, führte bei vielen Touristengruppen zu erheblichen Irritationen. Ein typisches Beispiel hierfür stellte das Verhalten einer Reisegruppe aus dem Stalingrader Oblast' dar, die sich am letzten Tag ihres Aufenthaltes in Prag im Sommer 1959 weigerte, die Zimmer ihres Wohnheims gemäß der Hausordnung bereits am Morgen zu räumen.[273] Im Bericht, den der Leiter der Prager Wohnheimsverwaltung Ladislav Libal Sputnik zusandte, hieß es dazu:

> „Als der Leiter des Wohnheims kam, um mit der Gruppenleitung zu sprechen, bildete sich um ihn herum eine Gruppe von 20 Personen, die ihn grob dafür beschimpften, dass sie am Tag der Abreise noch vor dem Mittag die Zimmer zu räumen hätten. Ihr Benehmen war von Äußerungen folgender Art gekennzeichnet: […] ‚Mit so einem Menschen lohnt es gar nicht zu sprechen, er hat uns nichts zu sagen, wir gehen direkt zum höchsten Vertreter des Zentralkomitees.' ‚Wir schreiben denen von der Zeitung, wie die hier mit uns umgehen.' ‚Wir sind hohe Funktionäre des Komsomol, wir sind keine Deutschen, dass Sie uns so behandeln wie alle anderen.' und schließlich, als sie sahen, dass selbst derartige harte Formulierungen die Lage nicht änderten, drohten sie damit, dass sie sich bei der sowjetischen Botschaft beschweren würden."[274]

269 RGASPI, f. M-5, op. 1, d. 55, S. 14.
270 Ebd.
271 RGASPI, f. M-5, op. 1, d. 2, S. 210.
272 RGASPI, f. M-5, op. 1, d. 55, S. 7.
273 RGASPI, f. M-5, op. 1, d. 27, S. 13–15.
274 Ebd., S. 14.

Nach Auskunft von Libal weigerten sich die Stalingrader Touristen anschließend tatsächlich, ihre Zimmer zur geforderten Uhrzeit zu räumen, wobei es zu Beschimpfungen und Handgreiflichkeiten gegenüber dem Reinigungspersonal gekommen sei.[275] Leidtragende dieses Vorfalls waren neben den Mitarbeitern des Wohnheims ironischerweise sowjetische Touristen, die nach der Abfahrt der Stalingrader Gruppe in deren „in großer Unordnung" hinterlassene Zimmer einziehen sollten.[276]

Eine andere Reisegruppe machte im April 1961 die Erfahrung, dass selbst eine Intervention der sowjetischen Botschaft nicht dazu beitrug, die Umstände der Unterbringung zu verbessern. Im Wohnheim der Warschauer Sportakademie sahen sich die Touristen mit schmutziger und löchriger Bettwäsche sowie dem Fehlen von Radiogeräten, Kleiderhaken, fließendem Wasser und Duschgelegenheiten konfrontiert.[277] Die darüber in Kenntnis gesetzte sowjetische Botschaft in Warschau wandte sich an die Führung des „Polnischen Studentenverbandes" (Zrzeszenie Studentów Polskich), die auch Besserung versprach.[278] An dem Zustand der Unterbringung änderte sich allerdings auch in den folgenden Tagen nichts.

Anders als es der Habitus der Sputnik-Touristen zuweilen annehmen ließ, brachte ihnen die sowjetische Herkunft weder zusätzliche Autorität noch einen Verhandlungsbonus gegenüber den touristischen Organisationen der „Bruderländer" ein. Die Einlassungen der Touristengruppen vor Ort und die Beschwerden von Sputnik bei den Partnerorganisationen führten nicht dazu, dass sich die insgesamt unbefriedigende Lage in Bezug auf Unterbringung und Verpflegung bis Mitte der 1960er Jahre grundlegend besserte.[279]

In den kapitalistischen Ländern waren die Probleme in Bezug auf den Komfortlevel der Touristen insgesamt weniger gravierend. Zwar notierte ein Überblicksbericht von Sputnik über den Austausch mit England im Jahr 1962 „eine Reihe von Mängeln".[280] Dabei handelte es sich aber eher um Kleinigkeiten, etwa die verbreitete Praxis, die Touristen erst am Abend ihrer Ankunft im Hotel einzuquartieren, wodurch ihnen die Möglichkeit verwehrt blieb, sich nach der Anreise zu erholen und aufzufrischen. Zwar besaßen Sputnik-Reisende auch im westlichen Ausland einen minderprivilegierten Status gegenüber kommerziell reisenden Touristen, aber angesichts eines insgesamt relativ hohen Komfortstandards sahen sie hier offensichtlich deutlich weniger Anlass für Beschwerden.

---

275 Ebd., S. 15.
276 Ebd.
277 RGASPI, f. M-5, op. 1, d. 57, S. 12.
278 Ebd.
279 Vgl. u. a. die „Anmerkungen zum Aufenthalt sowjetischer Touristen in Polen 1963" von Sputnik, RGASPI, f. M-5, op. 2, d. 14, S. 14–17.
280 RGASPI, f. M-5, op. 1, d. 158, S. 105f.

Insgesamt blieb das Komfortniveau der Sputnik-Reisen auch unter Brežnev angesichts steigender Touristenzahlen ab Mitte der 1960er Jahre niedrig. Wenig verwunderlich betraf dies mit Polen auch eines der wichtigsten touristischen Partnerländer für den Komsomol. 1965 machte Sputnik seinen dortigen Partnern „Juventur" und „Polstud" gegenüber „ernsthafte Bemerkungen", in denen eine Reihe von Mängeln bei der Versorgung der eigenen Touristen erwähnt wurden. Dazu zählten eine „minderwertige Bedienung in den Hotels und ein Mangel an heißem Wasser auf den Zimmern, das „schlechte Funktionieren der Duschvorrichtungen", schmutzige Bettwäsche, eintönige Mahlzeiten und ein unzuverlässiger Bustransport – wie gehabt mussten Touristen häufig ihr Gepäck selbst vom Bahnhof zu den Unterbringungen transportieren.[281] Mehr noch:

> „Die Touristen werden in Wagons der dritten Klasse mit Sitzplätzen durch das Land transportiert. Auf einzelnen Etappen befinden sich die Touristen 6–10 Stunden im Zug. Obwohl wir Zugfahrkarten haben, müssen [einige] Personen im Stehen unter sehr schweren Bedingungen fahren. [...] In einer Reihe von Fällen werden Touristen in Hotels untergebracht, in denen elementare Standards nicht eingehalten werden."[282]

In einem Hotel in Krakau habe es nicht einmal eine Wasserleitung gegeben, auf den Zimmern hätten „Kübel mit Wasser" gestanden. Auch die Unterbringungen in 8- bzw. 16-Bett-Zimmern sei noch bei sieben Gruppen vorgekommen.[283]
Aus anderen „Bruderländern" waren die Rückmeldungen in dieser Zeit dagegen bereits positiver; so hieß es in einem Sputnik-Bericht aus der ČSSR beispielsweise, dass man „mit Befriedigung" feststelle, dass sich im Jahr 1967 der Empfang und die Versorgung der sowjetischen Touristengruppen verbessert hätten.[284]
Generell schien der Gegensatz zwischen Anspruch und Wirklichkeit im sowjetischen Jugendauslandstourismus langsam kleiner zu werden. Hiervon legte unter anderem der anpackend-nüchterne Ton eines Berichts aus Polen von 1972 Zeugnis ab:

> „Von Warschau nach Międzyzdroje fahren wir mehr als 8 Stunden, die Entfernung ist rund 600 Kilometer, alle sind müde, aber die Stimmung ist munter, auf der Fahrt wird gesungen. [...] In Międzyzdroje sind wir in Zelten untergebracht. Es ist natürlich eng, vier Personen [pro Zelt], nur der Durchgang zum Bett ist frei und es gibt keine Handtücher [...]."[285]

---

281 RGASPI, f. M-5, op. 2, d. 23, S. 21.
282 Ebd., S. 22.
283 Ebd.
284 RGASPI, f. M-5, op. 1, d. 515, S. 186.
285 RGASPI, f. M-5, op. 2, d. 517, S. 30.

Auch wenn Mängel nach wie vor konstatiert wurden, war ein Wandel in der Haltung zu Komforteinbußen festzustellen. In einem Schreiben an das Zentralkomitee der KPdSU setzte sich die Leitung des Jugendreisebüros am 22. Januar 1970 in diesem Zusammenhang dafür ein, den Transfer von Touristen in die sozialistischen Länder in niedrigeren Wagenklassen und über mehrere Teilstrecken durchzuführen, um die Kosten für die *putevki* senken zu können: „Der Transport in Direktzügen verbessert unzweifelhaft den Komfort der Touristen, allerdings sind gepolsterte Wagen für die Jugend teuer."[286]
In der Forderung nach einer Komfortsenkung lässt sich eine verstärkte Rückbesinnung von Sputnik auf die im Stalinismus angelegten „proletarischen" Wurzeln der touristischen Ideologie des Komsomol erkennen. Charakteristischerweise spielten Beschwerden über die mangelnde Qualität von Unterbringung oder Transport in den Berichten der 1970er Jahre kaum noch eine Rolle. Wichtiger als die Frage, wie es den Touristen ging, war die Frage, wie deren Versorgung im Ausland wahrgenommen wurden. So hatte der Gruppenleiter Černonog nach einer Reise durch Polen im Februar 1980 wenig auszusetzen an dem Komfort des Reisebusses sowjetischer Bauart, mit dem seine Gruppe durch Polen transportiert wurde; sehr wohl aber an dem äußeren Erscheinungsbild desselben:

> „Das regnerische Wetter verstärkte den ohnehin unansehnlichen Anblick
> des Busses. [...] Während der gesamten Reise blieb der Bus von außen
> schmutzig. Ich halte einen solchen Zustand für absolut unvertretbar, denn
> der Bus ,Sovtransavto' repräsentiert im Ausland nicht nur ,Sovtransavto',
> sondern die gesamte Sowjetunion, so wie durch das Handeln jedes sowjetischen Menschen im Ausland über das Land als Ganzes geurteilt wird."[287]

Auch die Sputnik-Gruppenleiterin V. Mezina beklagte sich nur wenige Monate später während ihrer Fahrt durch die Schweiz mit Krasnodarer Touristen im Juni 1980 über die Außenwirkung der Transportbedingungen. Der 1955 gebaute Bus, in dem die Gruppe während der gesamten Reise transportiert wurde, sei „alles andere als modern" gewesen: „Der Bus besaß keinerlei Ausstattung [und] rief ein Lächeln bei den Touristen anderer Länder hervor."[288]
In derartigen Bemerkungen offenbarte sich eine Diskrepanz zwischen der Rückbesinnung auf die „proletarischen" Ursprünge des Jugendtourismus auf führender Funktionärsebene und einer mangelnden Identifikation mit diesem Trend bei den Gruppenleitern und Touristen. Letztere schienen kaum davon überzeugt gewesen zu sein, dass die materielle Bescheidenheit als zentraler „sowjetischer" Wert für die Außendarstellung fruchtbar gemacht werden könnte. Zumindest

---

286 RGASPI, f. M-5, op. 2, d. 160, S. 27.
287 RGASPI, f. M-5, op. 3, d. 187, S. 54.
288 RGASPI, f. M-5, op. 3, d. 198, S. 104.

war dies dann nicht der Fall, wenn der vermeintliche Verzicht auf Luxus und Komfort augenscheinlich als volkswirtschaftliches Armutszeugnis daherkam.

3.6.2 Gewerkschaften

Da die Gewerkschaftsreisen wie bei Sputnik als devisenfreie Austausche realisiert wurden, war die Qualität der Versorgung und Unterbringung in etwa vergleichbar mit jener des Jugendreisebüros, wenngleich die Touristen hier in der Regel nicht in Zeltlagern, sondern in Hotels oder Ferienlagern untergebracht wurden. Der Anteil von Arbeitern, der seine Reise ganz oder teilweise erstattet bekam, war bei den Gewerkschaften sehr hoch, entsprechend zurückhaltend fiel in der Regel die Kritik am Reisekomfort aus, obwohl in besonders harten Fällen auch hier Beschwerden von den Gruppenleitern geäußert wurden. Einer Leningrader Gruppe hatte man so nach Auskunft von Aleksandr Ivanov in Leipzig im August 1960 mehrere Tage hintereinander ranzige Butter mit der Auskunft serviert, es handele sich um „sowjetische Butter".[289] Auch in Olsztyn fühlte sich eine gewerkschaftliche Reisegruppe im September 1961 nicht respektiert, weil der Kellner des Restaurants betrunken gewesen sei, sie langsam bedient und den Frauen kein Brot an den Tisch gebracht habe.[290]

Gegen Mitte der 1960er Jahre, als sich im Zuge des steigenden Ausreisevolumens ähnlich wie bei Sputnik und Intourist auch die Reisebedingungen bei den Gewerkschaften weiter verschlechterten, intensivierte sich die Kritik in den Rückmeldungen der Gruppenleiter. Diese verwiesen dabei auch darauf, dass die Mängel in der Versorgung der Touristen den Belohnungscharakter der Reisen schmälerten. Eine Gruppe von prämierten Stoßarbeitern sah sich etwa nach Auskunft ihres Leiters durch eine achtzehntägige Reise nach Polen 1965 keineswegs angemessen für ihre Leistungen belohnt. Viele Programmpunkte kamen nicht wie geplant zustande und die Elitearbeiter mussten bei den Fahrten durch Polen bis zu vier Stunden stehend in überfüllten Zügen verbringen.[291] Aufgrund dieser Umstände „drückten einzelne Touristen Unzufriedenheit mit der Reise aus", formulierte es der Gruppenleiter in seinem Bericht vorsichtig, um dann in seinen Vorschlägen deutlicher zu werden:

> „Es wäre besser, wenn man den Touristen vor der Entsendung auf dieser Marschroute erklären würde, dass [die Reise] nicht von Intourist und in Polen nicht von ‚Orbis' [dem größten staatlichen Reiseanbieter, Anm. d. V.], sondern über eine andere Programmlinie von PTTK [Polskie Towarzystwo Turystyczno-Krajoznawcze/ „Polnische Gesellschaft für

289   GARF, f. 9520, op. 1, d. 426, S. 227.
290   GARF, f. 9520, op. 1, d. 425, S. 2.
291   GARF, f. 9520, op. 1, d. 874, S. 46.

Tourismus und Heimatkunde", Anm. d. V.] organisiert wird, einer Gesellschaft, die in Polen keine staatliche Institution darstellt und nicht den Gewerkschaften zugeordnet ist; und dass auf dieser Marschroute besser keine älteren Personen reisen sollten. Den Touristen muss erklärt werden, dass sie unter denselben Bedingungen reisen wie innerpolnische Touristen, dass sie in Kantinen der Ferienhäuser – die unseren Tourismuszentren entsprechen – essen werden und nicht in Restaurants. Sie reisen in Zügen der 2. Klasse."[292]

Wie sich unschwer aus diesen Anmerkungen herauslesen lässt, traten die Stoßarbeiter ihre hart erarbeitete Reise mit hohen Erwartungen an, nur um festzustellen, dass sie im Ausland selbst nach sowjetischen Maßstäben unterdurchschnittlich versorgt wurden und ihr Programm schlampig abgestimmt war. Die Wirkung, die ein derartiges Reiseerlebnis auf die Touristen hatte, beschrieb die Gruppenleiterin Anna Stulova, die ebenfalls 1965 eine Gruppe aus Ivanovsk nach Polen begleitete:

„Man sollte denken, dass eine touristische Reise durch die Volksrepublik Polen ein guter Erholungsurlaub wäre und den Horizont der Touristen erweitern würde, aber Faktoren wie ein Reiseführer, der mit seinen Aufgaben überfordert ist, Abweichungen vom Programm, minderwertige Nahrung, die Erkrankungen bei den Touristen hervorruft usw., haben den Eindruck dieser Reise sehr geschmälert."[293]

Insgesamt blieb trotz derartiger Fehlschläge festzuhalten, dass die gewerkschaftliche Reiselinie sich von Beginn an explizit an die Arbeiterschaft wandte und damit einer gesellschaftlichen Schicht Auslandsreisen ermöglichte, die bei Intourist und Sputnik lange Zeit marginalisiert blieb. Gerade in den Fällen, wo der Austausch (anders als mit der PTTK in Polen) mit gewerkschaftlichen Partnerorganisationen durchgeführt wurde, gab es durchaus auch positive Rückmeldungen, darunter aus Polen im Jahr 1965. Dabei zeigte sich, dass hier der zwischenmenschliche Kontakt eine ausschlaggebende Rolle bei der Einschätzung der Reiseerfahrung spielte. Obwohl sowohl eine Gruppe aus Konotop als auch eine aus Kiew keineswegs problemlose Anreisen hatten, bewerteten sie ihre Fahrten als außerordentlich erfolgreich. Sie fühlten sich von den polnischen Gewerkschaftsvertretern auf ihren Reisestationen „warm"[294] bzw. „gut, freudig und herzlich"[295]

---

292 Ebd., S. 47.
293 GARF, f. 9520, op. 1, d. 874, S. 18.
294 Ebd., S. 50.
295 Ebd., S. 75.

empfangen. Vor diesem Hintergrund der „allerherzlichsten Beziehungen"[296] fiel auch das Urteil über die Rahmenbedingungen deutlich positiver aus.

Der Einfluss zwischenmenschlicher Beziehungen auf die Wahrnehmung der Reiseumstände war ein Aspekt, der gerade bei Intourist und Sputnik in vielen Fällen zu negativen Rückmeldungen führte. Dem gewerkschaftlichen Tourismus kam hierbei zugute, dass er anders als der Jugendtourismus und der kommerzielle Reisebetrieb von Intourist keiner Wachstumslogik unterlag und mit weniger als 10.000 Touristen jährlich über den gesamten Betrachtungszeitraum hinweg in überschaubaren Dimensionen blieb. In seinem Nischendasein konnte sich eher als bei den größeren Reiseanbietern eine kontinuierliche und stabile Beziehung zu den Partnerorganisationen herausbilden. So konstatierte der Vorsitzende der CSTE Abukov in seinem touristischen Jahresbericht von 1972, dass ein „aufmerksames Verhältnis zu den sowjetischen Urlaubern von Seiten der Mitarbeiter der [ausländischen] Gewerkschaftszentren festzustellen ist [sowie] ein herzliches und aufmerksames Verhalten von Seiten des Dienstleistungspersonals."[297] Zwar gebe es bei der Versorgung der Touristen auch hier „vereinzelte Mängel", die betroffenen Organisationen der ČSSR, der DDR und Polens hätten aber versichert, „die sowjetischen Urlauber in Zukunft in komfortableren Ferienhäusern und Hotels unterzubringen."[298]

Die Tatsache, dass die Gewerkschaftsreisen eine Randerscheinung im sowjetischen Auslandstourismus blieben, war charakteristisch für die Entwicklung dieses Sektors unter Chruščev und Brežnev. Mehr noch als der Jugendtourismus kam diese Form des Reisens mit seiner Betonung der internationalen Klassensolidarität und dem hohen Arbeiteranteil der Idee des „proletarischen Massentourismus" recht nahe. Anstatt aber dessen Entwicklung zu fördern und auf weite Teile der Arbeiterschaft auszuweiten, pflegten die Gewerkschaften ihre eigene Reisesparte als eine Art Feigenblatt für das Fehlen eines echten Massenauslandstourismus. Der CSTE habe nicht die Absicht, den devisenfreien Tourismus in den kommenden Jahren weiter auszubauen, äußerte sich entsprechend dessen stellvertretender Vorsitzender Barbin in einem Gespräch mit Vertretern der PTTK in Moskau im September 1971. Die Organisationen der sozialistischen Länder, die wie die sowjetischen Gewerkschaften touristischen Austausch in erster Linie als Mittel zur Stärkung der grenzüberschreitenden Beziehungen betrieben, konzentrierten sich eher auf die Ausweitung des inländischen Tourismus und „für diese Organisationen macht es keinen Sinn, mit den spezialisierten Organisationen zu konkurrieren, die einen kommerziellen internationalen Tourismus betreiben."[299]

---

296 Ebd.
297 GARF, f. 9520, op. 1, d. 1656, S. 99.
298 Ebd., S. 99–100.
299 GARF, f. 9520, op. 1, d. 1543, S. 151.

3.6.3 Intourist

Es hatte Symbolwert, dass Intourist die ersten touristischen Auslandsreisen schon unter Stalin als Kreuzfahrten organisierte. Diese Form der Reise war in vielerlei Hinsicht das direkte Gegenteil dessen, was in den 1920er und 30er Jahren in der Sowjetunion als „proletarischer Massentourismus" diskutiert wurde. Sie folgte kommerziellen Interessen – ursprünglich nutzten Reedereien ihre ungenutzten Transportkapazitäten für Kreuzfahrten – sie richtete sich exklusiv an wohlhabendere Schichten und sie setzte fast ausschließlich auf Elemente der Unterhaltung und des Müßiggangs.[300]

Die Aneignung dieser ur-kapitalistischen Idee der Ferienreise verdeutlichte die Widersprüchlichkeit der auslandstouristischen Philosophie von Intourist: Einerseits bemühte sich das Unternehmen um eine inhaltliche Neuinterpretation der Kreuzfahrt im sozialistischen Sinne; andererseits setzte sich die Reiseagentur in Bezug auf die Bereitstellung einer Luxus-Dienstleistung in Vergleich zu kapitalistischen Touristikunternehmen. Auch wenn sie eine Ausnahmeerscheinung innerhalb des Angebots von Intourist darstellte, kann die Kreuzfahrt somit als charakteristischer Versuch der Reiseagentur aufgefasst werden, sich dem globalen Phänomen der Gruppenfernreisen kapitalistisch in der Form, aber sozialistisch im Inhalt zu nähern.

Wie Aleksej Popov feststellte, sprach aus Sicht von Intourist viel für die Ausrichtung von Kreuzfahrten: Erstens ließen sich die Devisenausgaben der Touristen auf diese Weise minimieren, da diese fast ausschließlich an Bord des Schiffes konsumierten und abgesehen von kürzeren Landgängen auch keine ausländischen Dienstleistungen in Anspruch nahmen.[301] Außerdem ermöglichte die Unterbringung der Touristen auf einem Schiff maximale Kontrolle über die Aktivitäten und Fremdbegegnungen der Reisenden. Während Kreuzfahrten in westlichen Industrienationen als ein Versuch der bestmöglichen Einlösung des kapitalistischen Versprechens auf die umfassende Erfüllung aller erdenklichen Konsumwünsche aufgefasst werden konnte,[302] waren Intourist-Cruises konzeptionell als sozialistische Hyperrealität angelegt: Die Touristen konnten sich über Radioempfänger rund um die Uhr mit Nachrichten aus der Heimat oder mit erbaulicher Lektüre beschallen lassen (auf einer Kreuzfahrt entlang der Ostsee im Herbst 1978 wurde so über Lautsprecher der vollständige dritte Band der

---

300 Zur Geschichte der Kreuzfahrten siehe das entsprechende Kapitel in Christian Schäfer: Kreuzfahrten. Die touristische Eroberung der Ozeane, Nürnberg 1998, S. 24–74 sowie Petra Krempien: Geschichte des Reisens und des Tourismus: Ein Überblick von den Anfängen bis zur Gegenwart, Limburgerhof 2000, S. 115–125.
301 Popov: Zarubežnie, S. 28.
302 Sehr anschaulich und unterhaltsam hat David Foster Wallace diese These in einem Essay formuliert, s. ders.: Shipping Out. On the (Nearly Lethal) Comforts of a Luxury Cruise, in: Harper's Magazine 1/1996, S. 33–56.

soeben veröffentlichten Memoiren-Triologie Leonid Brežnevs über die Schiffs-
lautsprecher verlesen); es fanden kulturelle und sportliche Aktivitäten statt, die
sowjetische Identität performativ erfahrbar machten, und die Touristen wurden
auf Vorträgen und Seminaren über die zu besuchenden Länder und sicherheits-
halber auch über das politische System der UdSSR geschult.[303]
Die Kreuzfahrtschiffe sollten ein sichtbarer Beleg dafür sein, dass die sowjetische
Freizeitindustrie dazu in der Lage war, Luxusliner auf Weltniveau zu produzie-
ren. In der Tat machte beispielsweise die im Frühjahr 1956 auf Europarundfahrt
geschickte „Pobeda" großen Eindruck auf einen Journalisten der „Zeit", der von
der Außenansicht des „Luxusdampfers" auf ein „sehr luxuriös ausgestattete[s]"
Schiff schloss.[304]
Die Rückmeldungen der Gruppenleiter aus dieser Zeit ließen allerdings eher den
Rückschluss zu, dass Intourist sich damit überfordert sah, ein mit westlichen
Maßstäben vergleichbares Wohlfühlerlebnis zu gewährleisten. Auf einer der ersten Kreuzfahrten im Mai 1956 hieß es so im Bericht zu dem Schiff „Molotov",
dass dieses sich trotz soeben erfolgter Renovierung in einem schlechten Zustand
befinde. In allen Toiletten und Waschbecken staue sich das Wasser, auch die
Duschen liefen bei Benutzung über und überschwemmten die gesamte Kajüte.
Manche Mängel waren regelrecht lebensgefährlich: So fiel laut Bericht eine Lam-
penabdeckung im Restaurant von der Decke und zerschellte auf einem Tisch.[305]
Nicht viel besser fiel das Urteil über die Jungfernfahrt der „Maria Uljanov" aus,
die im März 1960 zu einer Kreuzfahrt rund um Europa aufbrach:

> „Zu Beginn der Reise war das Schiff nicht fertig gestrichen, die Wäscherei
> und die Trockenkammer waren nicht in Betrieb, in den Sanitärkabinen
> fehlten Ionisatoren, die Belüftung in den Kajüten der 3. Klasse funktio-
> nierte nur schwach, in der Bar funktionierte die Kaffeemaschine nicht, das
> Restaurant war nicht ausreichend mit Geschirr ausgestattet […], auf dem
> Schiff mangelte es an Decken und Matten für das Sonnendeck, die An-
> zahl an Korbsesseln und Chaiselongues war nicht ausreichend. Die Aus-
> wahl an Lebensmitteln war zufriedenstellend, allerdings mangelte es an
> Gemüse, Früchten und Säften. Außerordentlich gering war die Auswahl
> an Weinen in der Bar und an den Restaurantbuffets, in der Bar mangelte
> es zudem an Cocktails. Völlig unzureichend war der Vorrat an Souvenirs.
> Das Restaurantpersonal, angefangen bei der Direktorin Genossin Popova
> K. P. bis hin zur Geschirrwäscherin und Küchenangestellten setzte sich
> aus unqualifizierten Mitarbeitern zusammen."[306]

---

303 Popov, Zarubežnie, S. 28.
304 „Notizen für Reisende", in: „Die Zeit" vom 16. Juni 1956.
305 GARF, f. 9612, op. 1, d. 373, S. 49.
306 GARF, f. 9520, op. 1, d. 426, S. 95.

Überraschend an derartigen Berichten war weniger, dass Intourist sich schwer damit tat, gerade im Bereich der Dienstleistungen die Komfortansprüche ihrer Passagiere an eine Kreuzfahrt zu erfüllen (ähnliche Schwierigkeiten waren auch aus der Arbeit mit westlichen Touristen bekannt)[307], sondern eher die Tatsache, dass die Gruppenleiter mit einer großen Selbstverständlichkeit Konsumstandards einforderten, für die zu diesem Zeitpunkt nur internationale Vergleichspunkte existierten. Obwohl sie sich als Reisende auf sowjetischen Kreuzfahrtschiffen zur absoluten Freizeitelite ihres Staates zählen durften, setzten sie sich nicht in Relation zum Rest der Bevölkerung, sondern zu einem Komfortlevel, das sie offensichtlich als für Kreuzfahrten angemessen erachteten.

In dieser erstaunlich hohen Anspruchshaltung bestand ein zentrales Dilemma für Intourist bei der Organisation des Auslandstourismus: Während sich die staatliche Reiseagentur bei der Vermittlung von Auslandsreisen für sowjetische Bürger erst allmählich an internationale Standards herantastete und dabei die Devisenausgaben nach Möglichkeit zu begrenzen versuchte, nahmen ihre mit einem elitären Bewusstsein ausgestatteten Gruppenleiter den Anspruch der Parteiführung, westliche Konsumstandards erreichen zu wollen, vom ersten Tag an sehr ernst. Entsprechend kritisch nahmen sie auch auf Reisen nach Westeuropa und Nordamerika Mängel in Unterbringung und Verpflegung wahr; darunter das Fehlen von Toiletten, Spiegeln und Sitzgelegenheiten auf den Zimmern.[308] Aber auch verfeinerte Bedürfnisse wurden artikuliert, wenn etwa die Hotelmöbel als „einfallslos" und die Ernährung als „eintönig" beschrieben wurde.[309]

Objektiv gesehen mussten sich Intourist-Reisende dabei im internationalen Vergleich mit einem mäßigen Standard begnügen. Sowohl im westlichen als auch im sozialistischen Ausland wurden sie so in der Regel in Mittelklasse-Hotels in eher dezentraler Lage untergebracht. Während diesbezügliche Beschwerden in Ländern wie England und den USA eher zurückhaltend ausfielen, lag das Niveau der Unterbringung in sozialistischen Staaten zuweilen kaum über jenem bei Sputnik. So musste die Leitung einer sowjetische Reisegruppe im Hotel „National" in der ostrumänischen Stadt Iaşi im Oktober 1960 bis tief in die Nacht darauf drängen, frisches Bettzeug gestellt zu bekommen. Gleich am nächsten Morgen habe die Hotelleitung den sowjetischen Touristen dann eröffnet, sie müssten umgehend nach dem Frühstück ihre Zimmer räumen, da „eine große

---

307 Vgl. etwa das bereits erwähnte Interview in „Die Zeit" von Jochen Willke vom 21. August 1964. Dort heißt es im Kontext einer Frage über das sowjetische touristische Personal: „Das Hotelpersonal arbeitet oft langsam und unlustig; der Service ist sehr unterschiedlich; auf das Frühstück muß man in der Regel ewig warten […]."

308 Benedikt Tondera: Der sowjetische Tourismus in den Westen unter Nikita Chruscev 1955–1964, in: Zeitschrift für Geschichtswissenschaft 1/2013, S. 43–64, hier: S. 51.

309 Ebd.

Gruppe von Gästen aus kapitalistischen Ländern und gesellschaftliche Vertreter der Rumänischen Volksrepublik" erwartet wurden.[310]
Enttäuscht über den Hotelstandard im sozialistischen Ausland äußerte sich auch der Instrukteur für Auslandstourismus beim Gewerkschaftskomitee des Oblast' Lwow P. Sineokij nach seinem Aufenthalt in der Tschechoslowakei im Dezember 1960:

> „Die Touristen erheben keinen Anspruch [...] auf Zweibettzimmer in Hotels. Und das ist ja in den Verträgen auch gar nicht vorgesehen. Aber der Tourist hat ein Recht darauf, nach Schlaf in einem normalen Bett zu verlangen, und nicht auf einem kurzen Sofa mit ausgeleierten Federn. [Eine derartige Unterbringung] findet in allen Hotels der Tschechoslowakei und Ungarns statt. Intourist sollte die tschechoslowakischen und ungarischen Kollegen auf diese Fragen hinweisen."[311]

Dabei mussten viele sowjetische Reisegruppen erleben, dass sie nicht nur durch die Vertragspartner von Intourist im Ausland bestenfalls mittelmäßig bedient wurden, sondern schon während des Transits durch die Sowjetunion von den regionalen Intourist-Zweigstellen eine nachrangige Behandlung erfuhren. Empört äußerte sich etwa der Gruppenleiter S. Gadžiev über einen Zwischenhalt seiner Touristengruppe aus Dagestan auf der Reise nach Polen in Kiew im Frühjahr 1961:

> „Wir trafen am 7. Juni tagsüber um 12:40 Uhr in Kiew ein. Trotz unseres Telegramms, das wir fünf Tage vor unserer Abfahrt aus Machatschkala und am Tag der Abfahrt abgeschickt haben, stellte uns Intourist keinen Platz in einem Hotel zur Verfügung. Bis 7 Uhr abends befanden wir uns bei Intourist, um 7 Uhr sagten sie, dass unsere Gruppe im Hotel ‚Leningradskaja' untergebracht wird. [...] Als wir mit den Koffern im Hotel ‚Leningradskaja' ankamen, teilte uns der Empfangschef mit, es gebe keine Plätze mehr und er könne nichts machen. Wir kehrten zu Intourist zurück, aber dort war bereits niemand mehr. Um 11 Uhr abends fanden wir den [Intourist]-Vertreter Dymnikov. Er fing an, verschiedene Hotels anzurufen und schickte uns erneut ins ‚Leningradskaja'. Um 1 Uhr nachts wurden 5 Personen im Kabinett des Direktors untergebracht, 4 in der Wäschekammer des Hotels ‚Leningradskaja', die übrigen bei Intourist jeweils zu zweit auf einer Liege. Um 6 Uhr morgens standen die Touristen auf und um 7 Uhr reisten wir ab nach Brest (600 km), müde und mit niedergeschlagener Stimmung. Als wir nach Kiew zurückkehrten, empfing man uns bei Intourist wieder nicht, obwohl wir noch vor der Abreise ins

---

310 GARF, f. 9520, op. 1, d. 426, S. 185.
311 Ebd., S. 220.

Ausland 25 Rubel für die Reservierung von Plätzen am 26. Juni bei Intourist bezahlt hatten [...]. "[312]

Der hier geschilderte schlampige Umgang mit sowjetischen Touristen auf der Durchreise war eher die Regel als die Ausnahme. Die gerade in der Hauptsaison stets überlasteten Hotelkapazitäten in den sowjetischen Transitstädten waren in erster Linie für ausländische Touristen vorbehalten und führten immer wieder dazu, dass sowjetische Reisegruppen Nächte auf Bahnhofsstationen oder in behelfsweise hergerichteten Diensträumen verbrachten.[313] Intourist minderte den Reisekomfort seiner Touristen darüber hinaus auf andere Weisen. So klagte ein Gruppenleiter nach seiner Reise durch Polen und die Tschechoslowakei, dass der „leistungsschwache Motor" des sowjetischen Reisebusses für die über 5.000 Kilometer lange Reise ungeeignet gewesen sei, da er im Durchschnitt lediglich eine Geschwindigkeit von gut 40 km/h erreicht und Steigungen nur mit Mühe bewältigt habe.[314] Außerdem erzeugte Intourist durch die „Parallelbuchungen" von Gruppen Chaos, wenn diese wie bei einer Reise durch die ČSSR im August 1961 mit „60–70 Personen" gleichzeitig in Hotels eincheckten und Sehenswürdigkeiten besichtigten.[315] Dies hatte nicht nur zur Folge, dass ein Teil der Touristen den Erklärungen der Reiseführer akustisch nicht folgen konnte (und es den Gruppenleitern entsprechend schwer fiel, die „Disziplin aufrecht zu erhalten"), sondern führte auch dazu, dass es zu Problemen und Ungleichbehandlungen bei der Unterbringung der Reisenden in den Hotels kam.[316]
Die zahlreichen Beschwerden von Gruppenleitern über Mängel bei der Verpflegung, Unterbringung und dem Transport innerhalb der sozialistischen Länder verdeutlichten, dass Intourist genau wie im kapitalistischen Ausland auch hier an seinen Touristen sparte und diese daher im Vergleich zu Reisenden anderer (vor allem westlicher) Länder einen unterprivilegierten Status besaßen. Insofern erschien das Schreiben des stellvertretenden Leiters der Abteilung für England und Amerika bei Intourist V. Jakovlev an seinen Vorgesetzten Bojčenko im Dezember 1964, in dem dieser die schlechte Versorgung sowjetischer Touristen

---

312 GARF, f. 9520, op. 1, d. 425, S. 34–35.
313 Nur wenige Tage nach der Odyssee der Touristen aus Dagestan erfuhr eine Touristengruppe aus Dnepopetrovsk bei einem Zwischenhalt in Kiew ein ähnliches Schicksal. Der zuständige Intourist-Mitarbeiter empfing die Gruppe am Bahnhof mit den Worten, es sei in der Stadt „eng", da aufgrund der einsetzenden touristischen Saison alle Hotels durch die Ausländer belegt seien. Die Gruppe wurde schließlich in einem Dienstzimmer von Intourist auf dem Bahnhof untergebracht. Auf der Rückfahrt erfolgte die Unterbringung in Lwow unter ähnlich chaotischen Bedingungen, vgl. Ebd., S. 57–58.
314 Ebd., S. 146.
315 Ebd., S. 149.
316 Ebd.

durch die US-amerikanische Reiseagentur „American Express" auf deren Profitgier zurückführte, wenig glaubwürdig:

> „Besonders schlecht ist die Lage bei der Verpflegung, in deren Zusammenhang die Gespräche einen scharfen politischen Charakter bekommen haben. Die Reiseführer von ‚American Express' sprechen sich mit den Besitzern minderwertiger Schnellimbisse über die Versorgung der sowjetischen Touristen ab und schlagen daraus entsprechenden Profit. Beschwerden wegen der schlechten Verpflegung und eindringliche Forderungen durch Vertreter von Intourist werden von den Reiseführern von ‚American Express' lautstark zurückgewiesen. In ihren dreisten Erklärungen sagen sie den Touristen, dass sie [ihnen] keine gute Verpflegung organisieren könnten, weil Intourist auf niedrige Preise bestehen würde. Während der Reisen durch das Land binden sie den sow. Touristen die Idee auf, dass sie für das Geld, dass Intourist für das Essen zur Verfügung stelle (6,50 Dollar), nicht besser verpflegt werden könnten, ‚wie ihr zahlt, so verpflegen wir euch'. Tatsächlich sind die 6,50 D., die für die Verpflegung bereitgestellt werden (pro Tag und Person), genug, um in anständigen Cafeterien ohne dreiste Herabsetzungen durch die Reiseführer von ‚American Express' zu essen."[317]

Der letzten sowjetischen Reisegruppe, so Jakovlev in seinem Schreiben weiter, sei im November des laufenden Jahres auf Beschluss der amerikanischen Vertretung von Intourist dennoch zusätzliches Bargeld ausgehändigt worden, um sich selbst mit Nahrung zu versorgen.[318] Ungeachtet der aggressiven Rhetorik konnte diese pragmatische Lösung durchaus als Eingeständnis der knapp kalkulierten Ausgabepolitik von Intourist gewertet werden: Nach außen hin schob die sowjetische Reiseagentur die Verantwortung für die schlechte Qualität der Verpflegung auf ihren Vertragspartner, um dann das Problem durch die Hintertür mit einer kleinen Finanzspritze an die Touristen zu lösen. Eine derartige Intervention war tatsächlich die absolute Ausnahme und auf den privilegierten Status der USA-Reisenden zurückzuführen, die selbst unter den Touristen innerhalb der kapitalistischen Länder zu einer herausgehobenen Gruppe zählten und sich zu großen Teilen aus hohen Parteifunktionären zusammensetzten. In anderen Zusammenhängen zeigten sich Intourist-Funktionäre ihren Landsleuten gegenüber weitaus weniger entgegenkommend; im Gegenteil, eine Gruppenleiterin klagte im September 1965 darüber, von Vertretern der Reiseagentur in Brest herablassend behandelt worden zu sein: „Man ist konfrontiert mit Grobheit,

---

317 GARF, f. 9612, op. 3, d. 50, S. 1.
318 Ebd.

dem Unwillen, etwas höflich zu erklären, und [dem Wunsch], sich so schnell wie möglich aus der Verantwortung zu stehlen."[319]
Nach einem Jahrzehnt sowjetischer Auslandsreisen mit Intourist zeichnete sich ab, dass der Grad der Privilegierung bei Intourist sehr stark von dem Reiseziel und dem Prestige der Reisegruppe abhing. Während Touristen im westlichen Ausland einen vergleichsweise hohen Komfort genossen und zuweilen auch Protektion über die sowjetischen Auslandsvertretungen erhielten, erlebte sich das Gros der Reisenden auf den üblichen Marschrouten durch die „Bruderländer" als „Touristen zweiter Klasse". Das lag nicht nur an der bestenfalls mittelmäßigen Versorgung im Zielland, sondern auch an der herablassenden Behandlung durch Mitarbeiter der sowjetischen Reiseagenturen im Inland. Die Demütigungen, die viele Gruppen auf diese Weise durchmachten, hatten durchaus das Potenzial, das vermeintliche Reiseprivileg in eine nachhaltig desillusionierende Erfahrung zu verwandeln. So beklagte sich die Gruppenleiterin Bakova im September 1965 über die Behandlung sowjetischer Touristen in der DDR. Vor der Abfahrt in die Heimat verließ ihre Reisegruppe Dresden bereits am Morgen um 7:30 Uhr in Richtung Berlin und wartete dort dann auf die Anschlussfahrt in die Sowjetunion:

> „In Berlin aßen wir zu Mittag und zu Abend, aber durch den Tag waren alle sehr müde, man konnte sich nirgends erholen, aus Dresden schicken sie einen früh weg, weil sie sich dort auf den Empfang einer anderen Gruppe vorbereiten, aber in Berlin gibt es nirgendwo Platz, und alle Gruppen, die ein ähnliches Programm haben, erleben vor der Abfahrt genau die gleichen Unbequemlichkeiten, und die Ermüdung schlägt auf die Stimmung der Touristen, und es treten die verschiedensten Unzufriedenheiten auf."[320]

Noch direkter formulierte es der estnische Gruppenleiter Juri Koit, der nach einer Reise durch Finnland Intourist direkt als Verursacher eines verdorbenen Urlaubs adressierte. Die Weigerung der Leningrader Vertretung der Reiseagentur, seine Gruppe in einem Hotel unterzubringen, „rief Verärgerung unter den Touristen hervor und verdarb ihnen die Stimmung nach einer gelungenen Reise."[321]

Unter Brežnev verstärkten sich die bestehenden Tendenzen der Intourist-Auslandsreisen. Die Rückmeldungen über die Unterbringung und Verpflegung aus westlichen Ländern wie Finnland, Belgien, den Niederlanden, Luxemburg und Deutschland ab Mitte der 1960er Jahre fielen immer positiver aus. Hotels wur-

---

319   GARF, f. 9520, op. 1, d. 874, S. 4.
320   GARF, f. 9520, op. 1, d. 873, S. 13–14.
321   GARF, f. 9612, op. 3, d. 52, S. 77–78.

den als „sehr bequem, komfortabel, mit wunderbarer Bedienung"[322] und das Nahrungsangebot als „vielfältig" und „opulent"[323] beschrieben. „Die Hotels in allen Städten entsprachen der [touristischen] Klasse, in Luxemburg waren sie sogar höher als die tour. Klasse. Auch die Restaurants waren nicht schlecht", hieß es so in einem Bericht aus dem November 1966.[324]

Im Gegensatz dazu verschlechterten sich die entsprechenden Rückmeldungen aus den sozialistischen Ländern: In einer Bestandsaufnahme über den Versorgungsstandard in Bulgarien aus dem Jahr 1969 nahmen die Beschwerden über fünf Seiten ein; wobei die geschilderten Mängel teilweise gravierend waren.[325] In vielen Hotels funktionierte die Wasserversorgung nur mangelhaft; teilweise fiel sie für ganze Tage aus und die Touristen „konnten sich nirgendwo waschen".[326] Darüber hinaus wurde unter anderem über schmutzige Zimmer, Kakerlaken in der Suppe und Fliegen im Wein geklagt.[327] Weitere zwei Seiten dieses Berichts entfielen auf die schlechte Arbeit von Intourist während des Transfers der Touristen – auch an dieser Front hatte sich die Situation also nicht gebessert.

Milovanov, Instrukteur für Auslandstourismus des Tscheljabinsker Gebietskomitees der Gewerkschaften, räumte dabei auf der Moskauer Tourismuskonferenz von 1969 ein, dass auch die sowjetische Seite eine Mitverantwortung für die Zustände in Bulgarien trug:

> „Wir dachten, dass dort der Urlaub der Touristen nach unserem Prinzip in Ferienhäusern und Sanatorien organisiert wird. Aber es hat sich erwiesen, dass das keineswegs der Fall ist. Ein Großteil der Mahlzeiten dort ist soldatisch: Borschtsch mit Paprika für alle, eine andere Speise gibt es nicht. Es mag sein, dass wir diese Speise nicht möchten, aber etwas Anderes geben sie uns nicht, was sie dir auf den Tisch stellen, musst du auch essen. […] Vergessen Sie nicht, dass wenn die Bulgaren bei uns Urlaub machen, wir ihnen das Gleiche anbieten, wie sie unseren Genossen […]."[328]

Trotz dieser Einsicht schien sich die Lage auch zwei Jahre später eher zu verschlechtern als zu verbessern – 1971 zählten die Gewerkschaften in ihrem Jahresbericht über Bulgarien seitenweise schwerwiegende Missstände auf, darunter nicht funktionierende Klospülungen, schmutzige Waschbecken und Toiletten, „Kanalisationsgerüche" in den Duschen und die Unterbringung in schimmelbe-

---

322 GARF, f. 9612, op. 3, d. 135, S. 40.
323 Ebd., S. 4.
324 GARF, f. 9612, op. 3, d. 134, S. 60.
325 GARF, f. 9520, op. 1, d. 1419, S. 1–6.
326 Ebd., S. 1.
327 Ebd., S. 4.
328 GARF, f. 9520, op. 2, d. 32, S. 79.

deckten Kellerräumen.[329] Die offensichtliche Misere bei der Unterbringung der eigenen Touristen brachte die Leitung von Glavinturist dazu, 1972 in einem internen Schreiben einzuräumen, „dass seit 1969 die Tendenz einer gewissen Diskrepanz zwischen den Geschwindigkeiten des Wachstums [des Tourismus nach Bulgarien] und den tatsächlichen Möglichkeiten in Bezug auf die materielle Basis, den Transport von Touristen, die Anzahl qualifizierter Kader, des Dienstleistungspersonals sowie der Reiseführer und Dolmetscher zu beobachten ist, was zu einer Absenkung der Qualität der Versorgung der sowjetischen Touristen führt."[330]

„Die bulgarischen Genossen", so das Schreiben weiter, „unternehmen trotz unserer Einwände nachhaltige Versuche, das Problem der Unterbringung des zunehmenden Stroms sowjetischer Touristen einerseits durch eine Erhöhung der Fahrten außerhalb der Saison [...] und andererseits durch eine Unterbringung der sowjetischen Touristen in verschiedenartigen Bungalows und Privatwohnungen zu lösen. Es ist das Bemühen zu spüren, einen Teil der Ferienanlagen und Hotels in den Kurorten der Schwarzmeerküste zugunsten einer Erhöhung des Empfangs von Touristen aus den kapitalistischen Ländern freizubekommen."[331]

Weiter hieß es in dem Positionspapier, man lehne auch auf Empfehlung der sowjetischen Botschaft in Bulgarien die Privatunterbringung von Touristen ab, weil sie zu einer „Absenkung des Niveaus [...] der Versorgung im Vergleich zu den Hotels" führen und „die Arbeit der Gruppenleiter bei der Gewährleistung der organisatorischen Durchführung des Aufenthalts [und] die Aufrechterhaltung von Disziplin und Ordnung in der Gruppe im Zusammenhang mit der Verstreuung von Touristen auf die Wohnungen, die zuweilen weit voneinander entfernt liegen", erschweren würde. „Darüber hinaus," so die Stellungnahme weiter, „kann die Unterbringung sowjetischer Touristen im privaten Sektor, wo die Wohnungsinhaber sich über lange Zeiträume in ständigem Kontakt und Verbindung mit Ausländern aus kapitalistischen Ländern befinden, unerwünschte und negative Folgen haben."[332] Angesichts der teilweise katastrophalen Zustände der bulgarischen Hotels erschien das Argument des Qualitätsverlusts bei Privatunterbringungen von Touristen kaum nachvollziehbar – jenes der fehlenden Kontrollmöglichkeiten aber umso mehr: Weil Intourist und Sputnik ihren Touristen misstrauten, zogen sie Alternativen zu der problematischen Unterbringungssituation ihrer Reisegruppen kaum ernsthaft in Erwägung.

Unterdessen verschlechterte sich auch die Situation in Polen. „Wie die Praxis zeigt", hieß es dazu in einem Bericht von Intourist aus demselben Jahr, „haben die touristischen Organisationen in Polen große Schwierigkeiten beim Empfang

---

329 GARF, f. 9520, op. 1, d. 1545, S. 35–37.
330 GARF, f. 9520, op. 1, d. 1656, S. 24.
331 Ebd.
332 Ebd., S. 25.

der ständig wachsenden Zahl sowjetischer Touristen. Viele Gruppen [...] wurden in der Saison 1970–71 in Posen in einem Wohnheim untergebracht, was nicht den Mindestrichtlinien für die Unterbringung in der touristischen Klasse entspricht."[333] Ähnlich wie in Bulgarien kam es in vielen polnischen Städten zu Engpässen bei der Bereitstellung von Hotelzimmern und zu Nichteinhaltungen von Qualitätsstandards.

Darüber hinaus hatte Intourist in den 1970er Jahren weiterhin mit hausgemachten Problemen zu kämpfen. Dem Glavinturist-Vorsitzenden Sergej Nikitin wurde so 1971 von seiten des Unternehmens-Präsidiums vorgeworfen, er habe die Frage der Versorgung sowjetischer Touristen während des Transits innerhalb der eigenen Grenzen nicht mit „aller Schärfe" gestellt, obwohl sie „eine schnellstmögliche Lösung" erfordere.[334] Stattdessen kamen Lösungsvorschläge aus den Reihen der „gewöhnlichen Mitarbeiter". Unter anderem regten diese an, den Moskauer Parteirat darum zu bitten, Plätze in üblicherweise für Ausländer reservierten Hotels für sowjetische Touristen freizugeben.[335] Umgesetzt wurde diese Idee allerdings nicht. Weil die Interessen der sowjetischen Auslandstouristen im Zweifelsfall wirtschaftlichen Erwägungen oder Sicherheitsbedenken geopfert wurden, verwarfen die Leitungen der sowjetischen Tourismusorganisationen ernst gemeinte Lösungsansätze in der Regel schon frühzeitig. So war es wenig verwunderlich, dass sich weder deren Behandlung innerhalb der eigenen Grenzen noch deren Versorgung im (sozialistischen) Ausland im Laufe der 1970er Jahre merklich verbesserte. Der Jahresbericht des Moskauer Gewerkschaftsrates von 1974 wies in beiden Bereichen wie gehabt seitenlange Beschwerden auf,[336] und auch aus Kasachstan meldeten die Gewerkschaften 1976, dass es „[w]eiterhin viele Beschwerden über die Verpflegung und Unterbringung der Touristen in den Moskauer Hotels" gebe.[337]

Symbolcharakter hatten in diesem Zusammenhang die Ereignisse rund um eine Gruppe aus Aserbaidschan, die im Oktober 1978 aus Polen zurückkehrte. Der Gruppenleiter hatte vor Antritt der Reise von Intourist die Information erhalten, dass die Rückfahrverbindung einen Zugumstieg in Brest enthielt. Sechs Tage vor der Abreise aus Polen korrigierte Intourist diese Information und teilte nun mit, die Gruppe würde per Direktverbindung aus Warschau nach Baku reisen. Als die Reisegruppe schließlich tatsächlich die Rückreise antrat, erwartete sie eine unangenehme Überraschung:

---

333 GARF, f. 9520, op. 1, d. 1656, S. 93.
334 Ebd.
335 Ebd.
336 GARF, f. 9520, op. 1, d. 1982, S. 55–60.
337 GARF, f. 9520, op. 1, d. 2314, S. 8.

„Bei der Ankunft der Gruppe in Brest auf der Rückfahrt zeigte sich, dass die polnische Seite auf den Tickets einen Umstieg in Brest eingetragen hatte, und die Eisenbahn-Autoritäten verlangten von den Touristen eine erneute Zahlung für die Strecke Brest-Kiew. Die Intourist-Abteilung in Brest zeigte keine Initiative, um die Gruppe rechtzeitig zu entsenden. Es wurde sogar die Polizei gerufen, die Touristen wurden zusammen mit ihren Sachen buchstäblich aus dem Waggon geworfen, wobei einigen körperliche Verletzungen und materieller Schaden zugefügt wurden [...]. Die Gruppe wurde erst am folgenden Tag entsandt. Die Gruppenmitglieder schrieben über diesen unerhörten Vorfall eine Beschwerde an das Brester Gebietskomitee der Partei. [Der aserbaidschanische Gewerkschaftsrat] stellte eine Anfrage an Glavinturist und erhielt die Antwort, dass an allem die polnische Seite Schuld sei.“[338]

Viele Touristen, die in derartige Situationen gerieten, mochten die chaotischen Zustände auf der Reise und die teilweise haarsträubenden Bedingungen ihrer Unterbringung im Ausland als das Ergebnis ärgerlicher Zwischenfälle, individueller Schluderei und zeitweiliger Missstände ansehen. Tatsächlich aber waren sie Teil eines Systems, dass in erster Linie an einer nach außen sichtbaren Steigerung seiner Kennzahlen sowie an öffentlichkeitswirksamen Freundschaftsinszenierungen interessiert war und wenig Rücksicht darauf nahm, unter welchen Bedingungen die eigenen Touristen reisten.

Das „Unglück" der aserbaidschaner Touristen war ein anschauliches Beispiel für das gebrochene Konsumversprechen von Intourist: Mochten die Mängel an den ersten sowjetischen Kreuzfahrtschiffen noch als Startschwierigkeiten eines neu entstehenden Industriezweiges durchgehen, konnte diese Entschuldigung für die gravierenden Missstände in allen Bereichen der Reiseorganisation mehr als zwei Jahrzehnte später nicht mehr ins Feld geführt werden. Aus Sicht der sowjetischen Touristen dürfte dabei der bescheidene Komfort ihrer Reisen nicht das größte Problem gewesen sein. Noch schwerer wog die herablassende und gleichgültige Haltung, die ihnen von den Intourist-Funktionären entgegengebracht wurde.

338 GARF, f. 9520, op. 1, d. 2334, S. 33.

3.7 Reiseablauf

3.7.1 Das Reiseprogramm in der Formierungsphase des Auslandstourismus (1955–1964)

Die sowjetischen Reiseagenturen boten ein breites Spektrum von klassischen Bildungsreisen bis hin zu sogenannten „Spezialreisen" an, bei denen die Inszenierung von Klassensolidarität mit der ausländischen Arbeiterschaft und die Besichtigung von Betrieben im Mittelpunkt standen. Was die Touristen geboten bekamen, hing davon ab, mit welcher Organisation sie verreisten, welcher Programmlinie sie zugeordnet wurden und wer im Ausland für ihren Empfang zuständig war. Intourist buchte seine Fahrten im Westen zum Teil bei kommerziellen ausländischen Reiseveranstaltern wie Thomas Cook, bta Travel und The Co-operative Travel in Großbritannien oder American Express in den USA.[339] Das Programm der sowjetischen Touristen unterschied sich hier kaum von dem ausländischer Reisegruppen, wobei Elemente der politischen oder kulturellen Bildung besonderen Raum erhielten. Die USA-Reise einer Leningrader Intourist-Gruppe im August 1961 enthielt so u. a. eine Besichtigung der Niagarafälle, des UNO-Hauptgebäudes in New York und den Besuch einer Senatssitzung in Washington.[340]

Auch Sputnik hatte derartige „konventionelle" touristische Programme im Angebot, da seine Vertragspartner im Ausland ebenfalls auf die Dienste der einheimischen Reisebüros zurückgriffen. Ein typisches Programm für die DDR im Sommer 1959 sah neben der Besichtigung des Zwingers in Dresden einen Besuch der Porzellanmanufaktur Meißen und des Karl-May-Museums in Radebeul vor. Es enthielt Elemente der Naturbesichtigung und des Wanderns in den Hohensteiner Bergen, dem Elbsandsteingebirge und dem Kurort Bad Schandau und endete mit einer Besichtigung der Festung Königsstein.[341]

Sputnik kooperierte allerdings darüber hinaus mit nicht-touristischen Organisationen im Ausland, die – durchaus auch auf Wunsch der sowjetischen Seite – neben den üblichen touristischen Sehenswürdigkeiten spezielle Elemente in die Programme integrierten. So organisierte der „Polnische Studentenverband" 1959 eine anspruchsvolle 15-tägige „landeskundliche Marschroute", die einerseits typische Sehenswürdigkeiten wie das Nationalmuseum in Warschau, die Salzminen in Wieliczka und das Konzentrationslager in Auschwitz enthielt, andererseits aber auch den Besuch eines Metallkombinats bei Krakau und eines Polytechnikums für Bergwerkskunde in Kattowitz vorsah.[342]

---

339 GARF, f. 9612, op. 1, d. 373, S. 2; 8 und 35 sowie GARF, f. 9612, op. 3, d. 50, S. 7–8.
340 GARF, f. 9612, op. 1, d. 478, S. 36–38.
341 RGASPI, f. M-5, op. 1, d. 2, S. 179.
342 Ebd., S. 183.

Solche Besichtigungen von Betrieben und Ausbildungsstätten und die Begegnung mit der dortigen Arbeiter- und Studentenschaft erleichterten es den sowjetischen Reiseagenturen, die Sinnhaftigkeit des Tourismus gegenüber den übergeordneten Instanzen zu belegen. Sie konnten ihn dann als spezifisch sowjetische Verknüpfung der bürgerlichen Bildungsreise mit sozialistischer Agitation, politischer Bildungsarbeit und der Inszenierung von Klassensolidarität rechtfertigen. Dabei zeigte das Jugendreisebüro des Komsomol nicht zufällig deutlich mehr Engagement als Intourist: In mancherlei Hinsicht rückte der neu aufkommende Auslandsreiseverkehr den Diskurs über „proletarischen Massentourismus" aus der Zeit des Hochstalinismus wieder auf die Tagesordnung (vgl. Kapitel 2.2.1). Ähnlich wie damals sah sich der Komsomol erneut an der Speerspitze eines touristischen Projekts, das exemplarisch für authentische sozialistische Werte stehen sollte.

Nach außen hin schloss sich auch Intourist der eifrigen Agitationsrhetorik von Sputnik an. Pflichtschuldig bemängelten die Leiter der mit hochkarätigen Wissenschaftlern, Funktionären und Künstlern besetzten Reisegruppen den Mangel an Kontakt mit der „einfachen Bevölkerung" und betonten die Sinnhaftigkeit von Treffen mit der Arbeiterschaft, wenn sie denn zustande kamen.[343] Aus einer Reihe von Berichten sprach hingegen auch eine gewisse Lustlosigkeit, der sozialistischen Agitationsrhetorik zu folgen. Die Klientel von Intourist gehörte schließlich zu derselben sowjetischen Oberschicht, die nach Diane Koenker an den innersowjetischen Urlaubsorten schon seit Ende der 1930er Jahre zunehmend einem auf Erholung und Unterhaltung bedachten Tourismus frönten.[344] So bezeichnete der Intourist-Gruppenleiter Ševčenko seinen Aufenthalt auf Rügen im Sommer 1961 als „Erholungsurlaub" (otdych), eine zu dieser Zeit für touristische Auslandsreisen selten benutzte Bezeichnung. Er schwärmte von den komfortablen und sauberen Zimmern und der guten Verpflegung, um dann offen einzuräumen: „Den meisten von uns kam es so vor, dass wir eher Erholungsreisenden (otdychajuščie) als Touristen ähnlich waren. Um ehrlich zu sein, hat das fast niemanden gestört."[345]

3.7.1.1 Reisen in das kapitalistische Ausland

Die Notwendigkeit, neben dem Sightseeing-Programm noch nützliche Zusatzaufgaben in das Programm aufzunehmen, machte bei vielen Intourist-Reisegruppen eher den Eindruck einer lästigen Pflichtübung. Das galt insbesondere bei Fahrten in das westliche Ausland. Zwar behauptete die Gewerkschaftsvertretung des Oblast' Gorki 1961 in ihren „kritischen Anmerkungen an die Adresse

---

343 Vgl. Tondera: Sowjetische, S. 52–53.
344 Koenker: Whose, S. 406.
345 GARF, f. 9520, op. 1, d. 426, S. 172f.

von Intourist", dass die Touristen mit der ausschließlichen Besichtigung von Museen, Schlössern und Kirchen in England, Frankreich und Italien nicht zufrieden seien.[346] In der Praxis zeigte sich jedoch, dass den sowjetischen Reisegruppen jenseits der offiziellen touristischen Pfade die Möglichkeiten zu wirksamer politischer Agitation ohnehin meist verschlossen blieben. Die von Intourist an die eigenen Touristen herangetragene Erwartung, wertvolle Informationen aus Europa und Nordamerika mitzubringen und Kontakte mit sympathisierenden Bevölkerungsteilen anzuknüpfen, erwies sich angesichts der in den frühen 1960er Jahren wieder abkühlenden Beziehungen zum Westen in den meisten Fällen als illusorisch. Die Rückmeldungen einer Reihe von Wissenschaftler- und Spezialistengruppen von ihren Reisen nach Großbritannien und in die USA im Jahr 1961 waren entsprechend ernüchternd: Anstatt wie erhofft detaillierte Einblicke in die wissenschaftliche Arbeitsweise an den Spitzenuniversitäten und den Stand westlicher Industrietechnik in Großbetrieben zu erhalten, wurden die Touristen immer wieder aus Gründen der Geheimhaltung an der Türschwelle zurückgewiesen.[347]

Der Großteil der Sowjetreisenden schien sowieso andere Prioritäten zu haben: Häufig berichteten Gruppenleiter von Diskussionen mit Touristen über eingeforderte Programmänderungen; dabei ging es meist nicht um den Wunsch nach weiteren Betriebsbesichtigungen, sondern unter anderem um mehr Zeit für Stadtbesichtigungen, die Ermöglichung von Einkaufstouren und individuelle Treffen mit Einheimischen.[348] Dabei übernahmen die Gruppenleiter keineswegs immer die ihnen qua Amt zugedachte Rolle des Spielverderbers und obersten Hüters des Reiseprogramms: Im Oktober 1964 etwa regte Tat'jana Savina aus Tscheljabinsk nach Auskunft des Gruppenältesten S. Adaev bei einem Zwischenstopp während der Überfahrt von Genua nach Florenz ein spontanes Bad an der Mittelmeerküste an.[349] Mehr noch: Savina habe ein „besonderes Interesse an Geschäften und Märkten" an den Tag gelegt und die Gruppe bei ihren „außerplanmäßigen Unternehmungen" hinter sich her geschleppt.[350] In Florenz selbst, so Adaev weiter, habe die Gruppenleiterin eigenmächtig den Besuch der Franziskanerkirche Santa Croce auf das Programm gesetzt und diese dann – ihre Touristen am Vormittag sich selbst überlassen – auf eigene Faust besucht.[351]

---

346 GARF, f. 9520, op. 1, d. 430, S. 11.
347 Siehe die entsprechenden Reiseberichten aus Großbritannien und den USA, GARF, f. 9612, op. 1, d. 478, S. 1–2; S. 10–12; S. 17–19; S. 21–23; S. 24–29; S. 30–31; S. 32–35; S. 36–38; S. 39–42 und S. 43–53.
348 Ebd.
349 GARF, op. 9520, d. 729, S. 23–26.
350 Ebd., S. 24.
351 Ebd., S. 25.

Dass die tatsächlich realisierten Reiseprogramme oft wenig mit den ehrgeizigen Zielen der sowjetischen Reisebüros zu tun hatten, lag dabei nicht nur an der Geheimniskrämerei der empfangenden Organisationen und den Eigeninteressen der sowjetischen Touristen. Vielmehr scheiterte die Konzeption der Programme häufig bereits während der Planungsphase an Missverständnissen und der zeitaufwendigen Korrespondenz mit den Vertragspartnern. So klagte Sputnik 1962 nach zweieinhalb Jahren Zusammenarbeit mit verschiedenen britischen Jugendorganisationen, dass „die Programme dem Büro in der Regel mit großer Verspätung zugestellt werden und einen unspezifischen Charakter tragen."[352] Einige Gruppen hätten deswegen ihre Abfahrt verzögern müssen oder seien ohne Programm nach Großbritannien aufgebrochen.[353]

Als nicht-kommerzielle Organisation war das Reisebüro des Komsomol darüber hinaus auf die Zusammenarbeit mit interessierten Partnerorganisationen im Ausland angewiesen, deren politische Haltung nur schwer einzuschätzen war. Die hieraus hervorgehenden Begegnungen mit politisch links eingeschätzten Gruppierungen im Westen entpuppten sich dabei nicht selten als zweischneidige und unberechenbare Angelegenheit. Einer der wichtigsten Ansprechpartner für das Jugendreisebüro war etwa in England ab 1959 die National Union of Students (NUS), eine 1922 von einem Kriegsveteran gegründete studentische Organisation, deren Ursprung in der internationalen Friedensbewegung lag.[354] Zwei Berichte aus dem Jahr 1960 verdeutlichen dabei Chancen und Risiken der Zusammenarbeit mit der NUS:

Die Reise einer Leningrader Studentengruppe durch London, Sheffield und Manchester im Mai verlief zunächst nach Plan:[355] Der Gruppenälteste Bachrameev zeigte sich nach Gesprächen mit Arbeitern und Akademikern zufrieden; „wir spürten uns gegenüber eine freundschaftliche Beziehung".[356] Es sei gelungen, die „kärglichen und falschen Vorstellungen von der Sowjetunion" bei ihren Gesprächspartnern zu korrigieren.[357] Allerdings sahen sich die Touristen gerade von Studenten auch mit einer Reihe unangenehmer Fragen konfrontiert, darunter zur Niederschlagung des Ungarischen Volksaufstandes 1956, zu dem Bruch mit Jugoslawien, dem Personenkult Stalins und dem Schicksal Boris Pasternaks.[358]

---

352 RGASPI, f. M-5, op. 1, d. 89, S. 39–42, hier S. 39.
353 Ebd.
354 Zur Geschichte der NUS siehe http://www.nus.org.uk/en/who-we-are/our-history/a-brief-history/, zuletzt eingesehen am 31.10.2018; zur Zusammenarbeit der NUS und Sputnik siehe RGASPI, f. M-5, op. 1, d. 89, S. 39–42.
355 RGASPI, f. M-5, op. 1, d. 56, S. 8–15.
356 Ebd., S. 9.
357 Ebd.
358 Ebd., S. 12.

Ähnlich zwiespältig fiel das Fazit des Gruppenleiters Blagodackij aus, der fünf Monate später ebenfalls mit einer Studentengruppe entlang derselben Route durch England reiste. Nach eigener Auskunft wurde seine Rede zur kubanischen Revolution an der dortigen Universität von einem großem Publikum mit „Applaus und zustimmende[n] Rufe[n]" begleitet.[359] Anders als der Vorgängergruppe gelang es den Touristen allerdings nicht, mit der einheimischen Bevölkerung ins Gespräch zu kommen. Stattdessen fühlte sich Blagodackij permanent belauscht, als „Hauptagenten" hatte er den englischen Busfahrer ausgemacht.[360] Die Kooperation mit der NUS war ein Beispiel dafür, dass sich Sputnik in den kapitalistischen Ländern mangels Alternativen auf aus ihrer Sicht zweischneidige Kooperationen einließ. In einer Bewertung der Zusammenarbeit mit dem englischen Studentenbund erklärte das Jugendreisebüro 1962 folgerichtig, es plane „ungeachtet der existierenden Schwierigkeiten [...] auch in Zukunft den Austausch fortzusetzen".[361] Man wisse derzeit von keiner anderen englischen Jugendorganisation, die mit einem devisenfreien Austausch einverstanden sei und zugleich über ähnlichen Einfluss bei der Regierung verfüge.[362]

Auch Intourist klagte oft über Probleme mit seinen Vertragspartnern; ironischerweise machten dabei insbesondere jene Reisebüros Probleme, die der Sowjetunion vermeintlich ideologisch nahestanden. Zu den kleineren bis mittleren touristischen Firmen, die von kommunistischen Organisationen betrieben wurden und teilweise finanzielle Unterstützung aus Moskau erhielten, zählten „Progressive Tours" in England,[363] „Italtourist" in Italien,[364] „Norsk Folke Ferien" in Norwegen[365] und „Lomamatkat" in Finnland.[366] Diese in der Regel mit der SSOD kooperierenden Reisebüros versuchten auf die spezifischen Bedürfnisse der sowjetischen Seite einzugehen. Auf einem der frühesten Besuche einer Intourist-Reisegruppe in England im Juli 1956 ermöglichte „Progressive Tours" den sowjetischen Touristen ein Treffen mit Beschäftigten des „Daily Yorker", dem offiziellen Organ der britischen Kommunistischen Partei, und mit der Feministin und Sozialistin Monica Felton.[367] Abgesehen davon hatte der Gruppenleiter allerdings wenig Positives über das britische Reisebüro zu berichten. Es habe nur eine Woche im Voraus von der Ankunft der Touristen erfahren und sei dement-

---

359 Ebd., S. 5.
360 Ebd., S. 7.
361 RGASPI, f. M-5, op. 1, d. 89, S. 42.
362 Ebd.
363 GARF, f. 9612, op. 1, d. 373, S. 26–30.
364 GARF, f. 9520, op. 1, d. 423, S. 75–76; zu der Verbindung der KPdSU mit „Italtourist" siehe Andrew Campbell: Moscow's Gold: Soviet Financing of Global Subversion, in: National Observer 3/1999, S. 19–38.
365 GARF, f. 9612, op. 3, d. 52, S. 32–34.
366 GARF, f. 9612, op. 3, d. 135, S. 4–7.
367 GARF, f. 9612, op. 1, d. 373, S. 26–30.

sprechend auf deren Versorgung nicht vorbereitet gewesen. In Ermangelung eines ausgearbeiteten Programms habe „Progressive Tours" in den ersten beiden Tagen Aktivitäten für die Touristen improvisiert. Dabei stießen die vom englischen Reisebüro bereitgestellten zwei Reiseführerinnen und die Übersetzerin bei dem Intourist-Gruppenleiter auf Ablehnung; sie hätten nur mäßiges Russisch gesprochen, ein schlechtes Benehmen gezeigt und die Touristen in Geschäfte „gezerrt".[368] In anderen Fällen schlug die erwünschte Instrumentalisierung von Treffen mit vermeintlich sympathisierenden Personengruppen zu Propagandazwecken fehl – so sahen sich Intourist-Reisende im Oktober 1961 bei einer von Italtourist veranstalteten Reise gegenüber italienischen Kommunisten dazu gezwungen, die zu dieser Zeit durchgeführten Atomwaffentests ihrer Regierung zu rechtfertigen.[369]

Dass sich Auslandsreisen in der Realität sowohl bei Intourist als auch bei Sputnik im kapitalistischen Ausland nur selten erfolgreich für propagandistische Zwecke einspannen ließen, lag dabei neben den Schwierigkeiten mit den ausländischen Partnern auch an dem Misstrauen, das die sowjetischen Reiseagenturen ihren eigenen Touristen entgegenbrachten. Der Anspruch, propagandistische Wirkung bei der besuchten Bevölkerung zu erzielen, stand häufig in Kontrast zu dem Bedürfnis, alle Elemente des Reisegeschehens vollständig unter Kontrolle zu behalten. Anstatt die Reisegruppen zu ermutigen, mit der besuchten Bevölkerung in Kontakt zu treten, bemühten sich viele Gruppenleiter vielmehr darum, ihre Touristen möglichst von jeglicher Art spontaner und damit potenziell bedrohlicher Begegnungen fernzuhalten. Die Beschreibung einer Intourist-Kreuzfahrt aus dem Mai 1961 war in dieser Hinsicht charakteristisch. Den Großteil der Reise verbrachten die Touristen auf der „Estonija" in einer Art schwimmendem Ferienlager: „Auf dem Schiff fand eine umfangreiche massenkulturelle (*kultmassovyj*) Arbeit statt," heißt es dazu im Bericht des Gruppenleiters.[370] „Täglich, mit Ausnahme der Tage, an denen Landgänge stattfanden, gab es Vorführungen künstlerischer und dokumentarischer Filme, Lektionen, Gespräche über die zu besuchenden Orte, im Radio ertönten die neuesten Nachrichten, es fanden Bälle, Karneval, Talent- und Tanzabende, Schach- und Tischtennisturniere statt."[371] Die Beschreibung des Aufenthalts an Land stand hingegen in scharfem Kontrast zu dem behüteten sowjetischen Freizeit-Mikrokosmos an Bord; in Italien „verloren" gleich drei Touristen ihr Geld auf den Hotelzimmern; in Frankreich drängten sich der Reisegruppe „antisowjetische Elemente" auf, die

368 Ebd., S. 29.
369 GARF, f. 9520, op. 1, d. 423, S. 86–88.
370 RGASPI, f. M-5, op. 1, d. 426, S. 78.
371 Ebd.

versuchten, die Touristen „in politischen Streit zu verwickeln und Broschüren tendenziösen Inhalts auszuhändigen".[372] Das westliche Ausland erschien in diesem Bericht nicht als Raum, in dem sowjetische Touristen propagandistisch agieren konnten, sondern als ein Gefahrenort, an dem gezielte Einflussnahme auf die eigenen Reisegruppen zu befürchten war. Der Leiter einer Kreuzfahrt mit der „Maria Uljanova" rund um Europa im März und April 1961 hielt so nach dem Aufenthalt in England fest, dass „der Besuch der Wohnviertel in London und die Bekanntmachung mit den Lebensbedingungen unserer Meinung nach den Touristen nicht die Möglichkeit gibt, eine richtige Vorstellung von dem Leben der Werktätigen in England zu bekommen, denn aus den Besuchen kann man die Schlussfolgerung ziehen, dass alle neun Touristengruppen in speziell vorbereitete Bereiche der Viertel geführt wurden."[373] In einem Bericht von Intourist aus Italien hieß es im Oktober desselben Jahres, ein Mitarbeiter des Reiseveranstalters hätte den Dolmetscher daran gehindert, die Rede eines Arbeiters zu übersetzen und generell versucht, die Kommunikation mit der italienischen Bevölkerung zu unterbinden.[374]

In derartigen Schilderungen war schon zu Beginn der 1960er Jahre im westlichen Ausland eine Entwicklung abzusehen, die besonders die zweite Hälfte der Brežnev-Ära prägen sollte: Der Auslandstourismus verlor hier endgültig seine ursprünglich antizipierte Bedeutung als Aushängeschild einer modernen und weltoffenen Sowjetunion und erhielt vornehmlich den Charakter eines Rückzugsgefechts: Anstatt selbstbewusst für die Überlegenheit des eigenen Gesellschaftssystems einzutreten, versetzten die Reiseagenturen ihre Funktionäre und Touristen in eine permanente Habachtstellung – sie sollten das Verhalten und die Aussagen ihrer ausländischen Kontakte auf mögliche Provokationen oder Manipulationsversuche durchleuchten. Auf den ersten Blick erscheint die Strategie, eigene Bürger ins Ausland zu entsenden, um sie dann maximal abzuschirmen und auf Schritt und Tritt vor potenziellen Gefahren zu bewahren, widersprüchlich. Warum verzichteten die sowjetischen Autoritäten vor dem Hintergrund einer empfundenen allgegenwärtigen ideologischen Bedrohungslage nicht darauf, Reisegruppen in westliche Länder zu verschicken? Eine Erklärung dafür bietet die erhoffte identitätsstiftende Wirkung, die die Vorstellung einer bedrohlichen Außenwelt auf die Gruppen ausüben sollte. Der Auslandstourismus führte den Touristen dieser Logik gemäß exemplarisch vor, wie leicht die schützende sowjetische Ordnung durch das Ausscheren Einzelner aus dem Kollektiv auseinanderbrechen konnte.

---

372 Ebd., S. 74f.
373 Ebd., S. 91.
374 GARF, f. 9520, op. 1, d. 423, S. 88.

3.7.1.2 Reisen in das sozialistische Ausland

Reisen zu den „Bruderländern" hatten programmatisch einen gänzlich anderen Charakter als jene in den kapitalistischen Westen. Sowohl Intourist als auch Sputnik legten ihre Reisen hier als Freundschaftsinszenierung unter sowjetischen Vorzeichen an. Das Sightseeing wurde ergänzt durch Betriebsbesichtigungen und sogenannte „Freundschaftsabende"; in beiden Fällen bestimmte dabei die sowjetische Seite das Zeremoniell.

Der Radiobeitrag „Notizen eines Touristen" (*Zametki turista*)[375] vom 22. November 1956 über eine Intourist-Reise in die DDR vermittelte das offizielle Leitnarrativ aller Fahrten in den sozialistischen Staatenraum: „Am 28. August", so der in nüchternem Stil gehaltene Beitrag, „sind 26 sowjetische Touristen – Arbeiter und Angestellte [...] – aus Moskau zu einer Vergnügungsreise in die Deutsche Demokratische Republik aufgebrochen. Die sowjetischen Touristen waren im besten Hotel der Stadt untergebracht."[376] Weiterhin beschrieb der Bericht den Besuch von Stalinstadt und eines dortigen Metallkombinats, das „aus dem Nichts unter aktiver Mithilfe sowjetischer Spezialisten" entstanden sei.[377]

> „Hier finden Sie keine finsteren Schlösser, keine engen Gassen. In der Stadt gibt es viel grün, breite Straßen mit schönen Geschäften. Da, wo es früher lediglich Sand und Kiefern gab, leben heute fast 50.000 Menschen. Es wurden moderne Schulen, Kindertagesstätten und -gärten, Krankenhäuser und Stadions gebaut."[378]

Nach sowjetischer Lesart bewegten sich die Touristen auf ihren Reisen durch Städte, die ihre moderne Gestalt in erster Linie dem internationalen Engagement und der weisen Planung der KPdSU verdankten. Entsprechend hatten Intourist und Sputnik ein Interesse daran, dass ihren Reisenden die Erfolgsgeschichte einer Entwicklungshilfe sowjetischer Machart nahegebracht wurde.[379] Eine Musterfahrt in dieser Beziehung war der Besuch einer Leningrader Intourist-Gruppe in Polen im Mai/Juni 1961, auf der sich Gruppenleiter Vasilij Petuchov während der gesamten Reise über die „warmen Begegnungen und den herzlichen Empfang von Seiten der besten Menschen des polnischen Volkes" freute:[380]

> „Besonderen Eindruck hinterließ bei der Gruppe die historische Entwicklung beim Aufbau des Sozialismus des polnischen Volkes, die Kultur, die Kunst. Wir alle waren tief berührt über die ständige Sorge unserer polni-

---

375 Auf welchem Radiokanal der Beitrag gesendet wurde geht aus der Quelle nicht hervor.

376 GARF, f. 9520, op. 1, d. 316, S. 139–141, hier S. 139.

377 Ebd.

378 Ebd.

379 Siehe dazu auch das Unterkapitel „In Search of the Familiar" in Applebaum: Friendship, S. 200–203.

380 GARF, f. 9520, op. 1, d. 426, S. 31f.

schen Freunde über die Erhaltung und Pflege der Denkmäler, die zur Ehre der russischen (sic!) Soldaten, die bei der Befreiung der polnischen Erde gefallen sind, errichtet wurden",

so Petuchov weiter.[381]
Um die Besuche der sowjetischen Touristen möglichst angenehm zu gestalten, bemühten sich viele Betriebe im sozialistischen Ausland darum, festliche Rahmenbedingungen zu gewährleisten. In einem Schreiben des Kreisverbandes Wernigerode der Gesellschaft für Deutsch-Sowjetische Freundschaft (DSF) vom November 1959 hieß es dazu, dass manche Betriebe den „Freunden" zunächst Tee und Gebäck und im Anschluss Weißwein gereicht hätten:

> „Besonders eindrucksvoll hat die Stadt-Konsumgenossenschaft Wernigerode die Tafel dekoriert, indem sie einige Fruchtschalen mit verschiedenartigemn (sic!) Obst sehr nett aufgebaut hatten. [...] Um durch die Treffen eine Tiefenwirkung zu erreichen wurden sie überwiegend in die Ortschaften und Betriebe verlegt und dort durchgeführt. So gestaltete sich das Treffen zwischen karelischen Freunden und den Mitgliedern der LPG ‚Karl Marx' in Abbenrode zu einem wahren Volksfest. Ähnlich war es in Stapelburg, wo die Freunde aus Anlass des 10. Jahrestages der DDR den ganzen Tag verweilten. Die Stapelburger Familien hatten sich 1 bis 2 Freunde zum Mittagessen, Kaffeetrinken und Abendbrot eingeladen. Am Abend besuchten die Freunde das Kulturprogramm des Ortes."[382]

Abgesehen von der Anknüpfung von Freundschaften sollten die Betriebsbesichtigungen den sowjetischen Touristen vertiefte Einblicke in die Produktionsabläufe ausländischer Betriebe erlauben. Von einem Musterfall einer solchen Betriebsbesichtigung berichtete das Kreissekretariat Bautzen der DSF am 7. November 1959: Wenige Tage zuvor seien 26 sowjetische Touristen, Spezialisten des Apparate- und Gerätebaus, im RFT-Fernmeldewerk[383] in Bautzen eingetroffen: „Am Eingang des Betriebes war ein Transparent angebracht, auf dem in russischer Sprache die Gäste herzlichst begrüßt wurden. Daneben wehten die sowjetische und deutsche Staatsflagge."[384]
Nach der obligatorischen Begrüßung durch den Vorsitzenden der Betriebsgruppe der DSF führte der erste Gang die Touristen in das Parteizimmer des Betriebes. Hier empfing sie ein Vertreter der betrieblichen Parteileitung und übergab alsbald das Wort dem Betriebsleiter, der ausführte, dass die Kapazität des RFT-

---

381 Ebd., S. 32.
382 BArch DY 32/6242, fol. 1815.
383 Die Abkürzung „RFT" steht für den DDR-Herstellerverbund „Rundfunk- und Fernmelde-Technik", der Unternehmen der Nachrichtentechnik unter seinem Dach vereinte.
384 BArch DY 32/6242, fol. 1710.

Fernmeldewerks laut Siebenjahresplan um 540 Prozent erhöht werden würde. Die sowjetischen Gäste wurden gebeten, „ihre Eindrücke und Vorschläge zur Verbesserung der Arbeit im Betrieb nach der Besichtigung vorzubringen."[385] Aufgeteilt in drei Gruppen und jeweils begleitet von einem Ingenieur des Betriebes und einem Dolmetscher, machten sich die kenntnisreichen Touristen auch sogleich an die Arbeit. Ihr Engagement führte dazu, dass die Besichtigung mit drei Stunden eine Stunde länger ausfiel als geplant,

> „weil die sowjetischen Gäste sehr eingehend jeden Arbeitsgang beobachteten und schon dabei den Ingenieuren und Abteilungsleitern wertvolle Hinweise geben konnten. [...] Zum Teil setzten sich die sowjetischen Freunde mit an den Arbeitsplatz, um bestimmte Arbeiten [...] selbst auszuführen. Dabei lernten sie entweder etwas selbst oder konnten den deutschen Menschen wertvolle Hinweise zur Verbesserung der Arbeit geben."[386]

Am Ende zeigten sich die sowjetischen Touristen zwar angetan von der „guten fachmännischen Arbeit" ihrer Kollegen, betonten aber gleichzeitig, dass die Arbeitsvorgänge stärker zu automatisieren und mechanisieren seien, um die Ziele des Siebenjahresplanes zu erreichen. Zu diesem Zweck empfahlen sie die Einrichtung eines Erfahrungsaustausches mit gleichartigen sowjetischen Betrieben, die in dieser Hinsicht schon weiter seien.[387]

Der Besuch der Touristengruppe war insgesamt in einem feierlichen Rahmen gehalten: Die Arbeitsplätze waren mit Blumen geschmückt, am Mittag wurde den Touristen im Parteizimmer des Betriebs „Kaffee und Torte" gereicht und man tauschte Geschenke aus. Zu guter Letzt verzögerte sich die Abfahrt der Touristen um eine halbe Stunde, weil zu diesem Zeitpunkt die Mittagspause begann und „fast alle Betriebsangehörigen (rund 800) die sowjetische Delegation auf dem Hofe im RFT umringten, um nochmals mit den Freunden herzlichste Abschiedsworte zu tauschen."[388]

Dass Betriebsbesichtigungen im sozialistischen Ausland derart idealtypisch abliefen und neben dem Austausch von Freundschaftsgesten einen ernsthaften Einblick in Arbeitsabläufe ermöglichten, war allerdings in der auslandstouristischen Frühphase bis Mitte der 1960er Jahre nicht der Regelfall. Denn ähnlich wie bei den Westreisen machte sich hier die zumeist schlechte Abstimmung der ausländischen Partner mit den sowjetischen Reisebüros bemerkbar. In vielen Fällen erfuhren die Betriebe sehr kurzfristig von der Ankunft sowjetischer Reisegruppen, was die Organisation von Führungen erheblich erschwerte. Immer wieder standen die Touristen dann vor verschlossenen Türen. Eine 49-köpfige

---

385 Ebd.
386 Ebd., fol. 1711.
387 Ebd.
388 Ebd.

Intourist-Gruppe wartete so im August 1960 über eine Stunde vor den Werkstoren eines Metallkombinats im ungarischen Sztálinváros, weil dort niemand über ihre geplante Ankunft informiert worden war.[389] Die spontan auf die Beine gestellte Werksbesichtigung verlief für die Touristen enttäuschend, denn sie erhielten keinerlei Auskünfte zu dem Gezeigten.[390] Auch die Gewerkschaftsvertretung des Betriebes bekam die Gruppe anders als erhofft nicht zu Gesicht, da diese sich bei der Ankunft der Touristen bereits in die Mittagspause zurückgezogen hatte. Immerhin übermittelte sie den Gästen als Andenken ein Buch über das Kombinat; die Touristen ihrerseits hinterließen als Gastgeschenk ein Modell des Sputnik-Satelliten.[391] Das distanzierte Verhalten der ungarischen Gewerkschaftsvertretung war dabei keineswegs eine Ausnahme: Die oft sehr kurzfristig angekündigten Besuche sowjetischer Reisegruppen brachten die Arbeitsroutine der betroffenen Betriebe durcheinander und waren daher alles andere als beliebt. In dem weiter oben erwähnten Bericht des Bezirksvorstands Halle der DSF war in diesem Zusammenhang von „Verärgerungen" bei den örtlichen Chemiebetrieben und einer Landesproduktionsgenossenschaft die Rede.[392] Viele Betriebe verweigerten sowjetischen Touristen auch schlicht den Besuch.[393]

Betriebsbesichtigungen waren in den meisten Fällen verbunden mit daran anschließenden „Freundschaftsabenden"; einem weiteren elementaren Bestandteil des Programms sowjetischer Touristengruppen in den „Bruderländern". Die Freundschaftsabende wurden in der Regel in dem örtlichen Clubhaus mit Funktionären und Mitarbeitern des besuchten Betriebes durchgeführt, wobei in vielen Fällen die dortige DSF-Zelle an der Organisation beteiligt war. Die Ausgestaltung dieser Begegnungen unterschied sich zwar je nach Land und Region, folgte insgesamt aber einem vergleichbaren Ablauf. Eine detaillierte Beschreibung eines typischen Freundschaftsabends lieferte der DSF-Sekretär des Kreisverbandes Wernigerode im Dezember 1958:

> „Im Saal des Klubhauses wird eine hufeisenförmige Tafel mit Blumenschmuck festlich gedeckt. Die deutschen Teilnehmer erwarten die sowjetischen Freunde im Vorraum bzw. ein Teil empfängt die Freunde zur Tafel. Beim Betreten des Saales spielt die Musik eine flotte Weise. Die sowjetischen Freunde werden dann von einem Mitglied des Kreisvorstan-

---

389   GARF, f. 9520, op. 1, d. 426, S. 181–184.
390   Ebd., S. 183.
391   Ebd.
392   BArch DY 32/6242, fol. 1759.
393   Siehe dazu u. a. etwa folgende Berichte aus Polen (Sputnik, Mai 1961), RGASPI, f. M-5, op. 1, d. 57, S. 11 und 71; aus Ungarn (Intourist, Oktober 1960–Januar 1961), GARF, f. 9520, op. 1, d. 425, S. 208–214 sowie (Intourist, August 1963), GARF, f. 9612, op. 1, d. 619, S. 29–33.

des herzlich begrüßt und ihnen auch eröffnet, dass sie heute Gäste der Betriebsgruppe …. sind. Es spricht dann ein Vertreter der Betriebsgruppe. Die Ansprachen werden kurz gehalten, denn die sowjetischen Freunde sollen fühlen, dass sie unsere Gäste sind und nicht zur Schulung gekommen sind. Die Gespräche, sei es (sic!) politisch, ökonomisch, kulturell oder aber auch persönlicher Art, entwickeln sich in zwangloser Weise am Tisch. Allen Gästen wird Tee gereicht, Gebäckschalen mit Teegebäck und Tabakwaren sind auf dem Tisch verteilt. Eine kleine Kapelle sorgt für entsprechende Unterhaltung."[394]

Für „helle Begeisterungsstürme" hätten bei den sowjetischen Touristen die Auftritte der Harzer Jodler gesorgt, die als Botschafter der regionalen Kultur an den Freundschaftsabenden teilnahmen.[395] Der kulturelle Teil ende dann in der Regel nach anderthalb Stunden, wonach Wein gereicht und die Tanzfläche freigegeben werde.

Die Aufmerksamkeit, die den sowjetischen Gästen bei derartigen Veranstaltungen entgegengebracht wurde, hinterließ bei diesen durchaus Eindruck, wie sich vielen Berichten der Gruppenleiter entnehmen lässt. Der ukrainische Parteisekretär der bei Kiew gelegenen Region Tetievskij zeigte sich gerührt von den Bemühungen, die seiner Touristengruppe in der südlich von Prag gelegenen Siedlung Krhanice entgegengebracht wurden.[396] Dort traten im lokalen Klubhaus einheimische Schüler und Veteranen mit sowjetischen Liedern auf, die von den Touristen mit ukrainischen (nicht sowjetischen!) Volksliedern erwidert wurden. „Wir verließen dieses gastfreundliche Land [und] in unser aller Herzen verblieb Liebe für dieses fleißige und talentierte Volk."[397]

Ähnlich wie im vorherigen Beispiel erschienen die Gastgeber gelegentlich geradezu „sowjetischer" als ihre Gäste. Am Abend des 1. November 1960 luden bulgarische Kommunisten eine Touristengruppe aus der Lettischen SSR in der Stadt Plewen aus Anlass des „43-jährigen Jubiläums der Oktoberrevolution" in ein Restaurant ein.[398] Etwas beschämt musste die Gruppenleiterin Vlasova einräumen, dass ihre Touristen häufig die Melodien, nicht aber die Wörter der angestimmten Lieder kannten und daher lediglich einstimmen konnten, „während die Ausländer unsere sowjetischen Lieder singen".[399]

Der durch derart makellose Inszenierungen erzeugte Eindruck einer Ausweitung des sowjetischen Kulturraums auf das Gebiet der „Bruderländer"

---

394 BArch DY 32/6242, fol. 1821.
395 Ebd.
396 GARF, f. 9520, op. 1, d. 426, S. 157–160.
397 Ebd., S. 160.
398 Ebd., S. 185f.
399 Ebd., S. 186.

beruhte auf einem enormer organisatorischer Arbeitsaufwand sowohl von Seiten der Freundschaftsgesellschaften als auch von den beteiligten Betrieben in den jeweiligen sozialistischen Ländern. Schon früh machten sich dabei Ermüdungserscheinungen und Widerstände bemerkbar. So berichtete Fritz Kersten, Mitarbeiter der DSF, bereits 1956 von Misstönen bei einem Freundschaftsabend, der am 4. Mai in der Werkzeugmaschinenfabrik „VEB Union" in Karl-Marx-Stadt mit Leningrader Touristen veranstaltet wurde.[400] Da der Betrieb nur kurzfristig im Voraus über die eintreffenden Gäste informiert worden sei, seien die Einladungen zu der entsprechenden Veranstaltung „nicht so stark in die Masse" gegangen. „Dadurch", so Kersten weiter, „konnte es geschehen, dass im Betrieb die Meinung auftrat, der Empfang wäre ja nur für die Funktionäre. Ebenso versuchten unserer Bewegung noch abseitsstehende Menschen Stimmung zu machen dafür, dass so etwas ja nur für die ‚Bonzen' usw. veranstaltet würde."[401]

Sowjetischen Reisegruppen blieb es nicht verborgen, wenn es den Freundschaftsgesellschaften nicht gelang, die Betriebsbelegschaften für Begegnungen zu mobilisieren. Am 8. Mai 1956 bemerkte die Leiterin einer Touristengruppe von Bergleuten aus dem Kusnezbecken im Clubhaus der „Handelsorganisation"[402] in Quedlinburg angesichts einer nur spärlichen Zahl einheimischer Vertreter, sie wolle mit Menschen sprechen und nicht „mit Tischen und Stühlen".[403] Offensichtlich handelte es sich bei diesem Vorfall keineswegs um eine Ausnahme, denn ein Mitarbeiter der DSF forderte im Mai 1959 in einem Schreiben an das Bezirkssekretariat von Karl-Marx-Stadt, dass Zusammenkünfte, bei denen nur einzelne, oft leitende Funktionäre des Betriebes anwesend seien, vermieden werden sollten.[404]

Das größte Manko geplanter Freundschaftsinszenierungen blieb allerdings die schlechte Abstimmung zwischen den verschiedenen am Auslandstourismus beteiligten Organisationen. Weil einerseits die genauen Ankunftszeiten und das Reiseprogramm der sowjetischen Touristen oft erst im letzten Moment festgelegt wurden und andererseits sich auch die empfangenden Institutionen schlecht miteinander abstimmten, bereiteten sich die Belegschaften von Betrieben in vielen Fällen vergeblich mit großem Aufwand auf sich verspätende oder gar nicht eintreffende Touristen vor. Der Erfurt Kreissekretär der DSF Protze berichtete im September 1961 alleine für das laufende Jahr von acht Fällen, in denen Betriebsangehörige vergeblich auf die Besucher warteten, weil Informationen über

400 BArch DY 32/11321.
401 Ebd.
402 Die „Handelsorganisation" war ein staatlich geführtes Einzelhandelsunternehmen in der DDR.
403 BArch DY 32/11321.
404 BArch DY 32/6242, fol. 1958.

die eintreffenden Touristengruppen von Berlin aus nicht an die Bezirks- und Kreisverbände der DSF weitergeleitet wurden.[405] Seine „Freunde" von der DSF hätten sich gegenüber ihren Betriebsleitungen lächerlich gemacht und an Ansehen eingebüßt.[406]

Ungeachtet derartiger Mängel bei der Organisation von Freundschaftsabenden, war diese Form der touristischen Begegnung sicher eines der effektiveren kulturdiplomatischen Elemente des sowjetischen Auslandstourismus. Sie war im streng durchgetakteten Programm der sowjetischen Touristen häufig die einzige Möglichkeit, in persönlichen Kontakte mit der einheimischen Bevölkerung zu kommen und diese durch den Austausch von Adressen und die Anbahnung von Brieffreundschaften zumindest potenziell auch zu vertiefen. Allerdings nahm nicht jeder sowjetische Tourist an diesem Zeremoniell teil. In der DDR beispielsweise kamen nach Auskunft der DSF 1963 3.765 Touristen auf Freundschaftsabenden in Kontakt mit 19.270 einheimischen „Werktätigen".[407] Bei einer geschätzten Gesamtzahl von mindestens rund 7.500 touristischen sowjetischen Besuchern in der DDR in diesem Jahr bedeutete dies, dass höchstens jeder zweite Tourist an solchen Veranstaltungen teilnahm.[408]

Angesichts der oft fehlenden Vorbereitungszeit und des organisatorischen Aufwandes verzichteten die ausländischen Partner von Intourist und Sputnik in vielen Fällen auf die gewünschten Betriebsbesichtigungen und Freundschaftsabende. Stattdessen boten sie ein „klassisches" touristisches Programm an oder überließen die Touristen über weite Zeiträume schlicht sich selbst. Klagen über die fehlende Teilhabe am alltäglichen Leben in den besuchten Ländern und mangelnden Kontakt mit der „einfachen" Bevölkerung durchziehen daher viele Reiseberichte dieser Zeit. Nach einem Besuch der DDR im Oktober 1960 klang das Fazit des Intourist-Gruppenleiters wie ein direkter Widerspruch zu dem weiter oben zitierten Radiobericht aus dem Jahr 1956:

> „Sowohl das [von den dortigen Reiseführern] Gezeigte als auch das Erzählte verherrlicht die Geschichte; im besten Falle die Gegenwart, aber es wird nichts von dem Neuen, Sozialistischen, gezeigt; es wird nicht von den Perspektiven der Entwicklung und des Aufbaus des Sozialismus in der DDR berichtet."[409]

---

405 BArch DY 32/6244, fol. 1723–1725.
406 Ebd.
407 BArch DY 32/6244, fol. 893.
408 Laut sowjetischen Gewerkschaften reisten von Januar bis November 1963 5.349 Touristen in die DDR (Zahlen für den Dezember dieses Jahres liegen dem Autor nicht vor); hinzu kommen 2.000 Touristen, die in diesem Jahr mit Sputnik in die DDR reisten, vgl. GARF, f. 9520, op. 1, d. 619, S. 9f.
409 GARF, f. 9520, op. 1, d. 425, S. 21.

Viele Reiseveranstalter im sozialistischen Ausland waren offenbar weder dazu bereit, sich den sowjetischen Gästen gegenüber in dem geforderten Maße zu öffnen noch den Touristen eine Sonderbehandlung bei der Besichtigung von Industrie und Landwirtschaft einzuräumen. Die Rückmeldungen über die Fahrt eines Intourist-Spezialzuges, der an der Jahreswende 1960/61 465 Sowjettouristen nach Ungarn brachte, klangen entsprechend ernüchtert:

> „Aus dem abgesprochenen Programm wurden Besuche von Industrie- und Landwirtschaftsbetrieben ausgeschlossen. Exkursionen zu diesen Objekten wurden ersetzt durch andere Veranstaltungen [wie] Exkursionen ins Parlament, zu einer Kindereisenbahn u. a. Dabei beriefen sich die Vertreter von Ibus [dem ungarischen Reiseveranstalter] auf eine aktuelle Entscheidung ihrer Vorgesetzten, die es gewöhnlichen Touristengruppen [...] verbiete, Industrieanlagen zu besuchen und auf eine Quarantäne, aufgrund derer es angeblich unmöglich gewesen sei, einen Besuch von Landwirtschaftsbetrieben zu organisieren."[410]

P. Sineokij, Leiter einer Intourist-Gruppe aus Lwow, beklagte sich im Dezember 1960 wortreich über die Programmgestaltung der tschechoslowakischen und ungarischen Reisebüros „Čedok" und „Ibus".[411] In Prag seien den Touristen „drei oder vier Gebetshäuser" gezeigt worden, in Budapest drei und in der Kleinstadt Eger „immerhin nur zwei der insgesamt 13".[412] „Sind das nicht ein bisschen viel Kirchen für eine zweiwöchige Reise?", fragte Sineokij rhetorisch.[413]

Die Unzufriedenheit sowjetischer Tourismusfunktionäre mit der Programmgestaltung bezog sich dabei nicht nur darauf, was man ihnen im Ausland zeigte, sondern auch darauf, wie es von den Reiseführern kontextualisiert wurde. Ein Sputnik-Gruppenleiter, der im Oktober 1960 mit einer Gruppe aus Rostow Polen besuchte, zeigte sich über die Äußerungen der dortigen Reiseführer empört:

> „[Unser] Aufenthalt in Warschau zeigte, dass unsere Dolmetscher nicht nur die russische Sprache schlecht beherrschen, sondern auch kaum über ihre Heimat, ihr Warschau, Bescheid wissen. Als wir etwa einmal während einer Stadtbesichtigung durch eine Straße fuhren, die den Namen eines kommunistischen Generals trug, sagten uns die Dolmetscherinnen, dass dieser General Partisanen getötet habe. Als wir dem widersprachen, korrigierten sie sich schnell und erklärten, [sie hätten statt Partisanen] Banderovcy [sagen wollen]. [...] Als es um den Warschauer Aufstand von

---

410 GARF, f. 9520, op. 1, d. 426, S. 210.
411 Ebd., S. 218–222.
412 Ebd., S. 219.
413 Ebd.

1944 ging, ‚erklärten' unsere Reiseführer uns, dass daran, dass während des Aufstandes Warschau zerstört wurde, die Kommunisten schuld gewesen seien. Man hatte nicht das Gefühl, dass diese Personen im neuen Polen leben, ihnen ist die sozialistische Ideologie fremd."[414]

Die hier zu Tage tretende Unbotmäßigkeit der „befreundeten" Reiseführer in den sozialistischen Ländern und die Schwierigkeit, die eigenen Programmwünsche durchzusetzen, blieben im Laufe der 1960er Jahre Themen, die den sowjetischen Reiseorganisationen fortlaufend Kopfschmerzen bereiteten. Sputnik bemängelte in seinem Jahresbericht von 1963, es sei unverständlich, warum man das Reiseprogramm sowjetischer Touristen in Polen „mit Besuchen von Kirchen und der Vermittlung der ‚Geschichte des Kapitalismus'" gestalte: „Die Leiter sowjetischer Touristengruppen erheben ernste Vorwürfe gegenüber ‚Juventur' in Bezug auf eine derartige Begegnung mit der Volksrepublik Polen".[415]
Allerdings änderte sich an der „rückschrittlichen" Programmgestaltung von „Juventur" aus Sicht der sowjetischen Funktionäre auch in den Folgejahren wenig. Nach einer Spezialreise einer Moskauer Sputnik-Gruppe durch Polen im Mai 1964 merkte der Leiter Rakovskij an: „Insgesamt bekommt man den Eindruck, dass die polnischen Genossen von ‚Juventur' keinen genauen Plan für die Exkursion durch Warschau haben [und] nicht dazu in der Lage sind, ihre Hauptstadt in angemessener Weise zu präsentieren."[416] Welche Darstellung als „angemessen" empfunden wurde, führte der Intourist-Gruppenleiter Andreev aus, der im selben Jahr Polen bereiste:

> „Während man – z. B. in Krakau – mit der polnischen Geschichte vertraut gemacht wird, sollten die polnischen Genossen unbedingt auch das neue Krakau zeigen – die Betriebe, Fabriken, Neubauten usw. – andernfalls bekommt man den Eindruck, dass wir immer noch im Mittelalter leben. Es wäre wünschenswert, dass in Warschau und in anderen Städten während der Exkursionen unbedingt Vergleiche angestellt werden, was war und was neu entstanden ist. Was haben die Werktätigen der Polnischen Republik geschaffen? Derzeit verliert sich ob der Vielzahl an historischen Plätzen, Schlössern, Burgen usw. das neue Polen, seine heutigen Errungenschaften und Umgestaltungen sind nicht zu sehen."[417]

In derartigen Berichten spiegelte sich das Bemühen sowjetischer Gruppenleiter wider, eine sowjetische Form des Sightseeing zu etablieren, die als „modernes Ritual" nach Dean MacCannell eine spezifische Wahrnehmung auf die Geschich-

---

414 RGASPI, f. M-5, op. 1, d. 57, S. 116–117.
415 RGASPI, f. M-5, op. 2, d. 14, S. 14.
416 RGASPI, f. M-5, op. 1, d. 203, S. 29.
417 GARF, f. 9520, op. 1, d. 702, S. 102.

te und Gegenwart der besuchten Gesellschaften hervorrufen sollte.[418] Der Erfolg dieses Vorhabens setzte nicht nur die Mitwirkung der ausländischen Reiseführer und Dolmetscher voraus, sondern auch eine entsprechende Vorbereitung der eigenen Touristen. Die oben erwähnte Moskauer Spezialistengruppe durchlief so vor ihrer Abfahrt nach Polen ein detailliertes Vorbereitungsseminar, das unter anderem Informationen über Politik, Gesellschaft, Kultur, Bevölkerung und Sehenswürdigkeiten Polens vermittelte und für die Touristen die verbindliche Sichtweise auf die bevorstehende Reise vorgab.[419] Es gelang den sowjetischen Reiseagenturen allerdings nur ansatzweise, die Deutungs- und Gestaltungshoheit über den gesamten Prozess der Auslandsreise tatsächlich durchzusetzen. Weder die eigenen Touristen noch die ausländischen Partnerorganisationen ließen sich nach Belieben instrumentalisieren. Der Übereifer sowjetischer Reisefunktionäre bei dem Versuch, alle Beteiligten in eine Inszenierung von Völkerfreundschaft und Klassensolidarität einzuspannen, wirkte sich stattdessen häufig kontraproduktiv aus: Der organisatorische Aufwand, der eingefordert wurde, um die Begegnung zwischen Touristen und der Bevölkerung „standesgemäß" erscheinen zu lassen, verhinderte eine ungezwungene Kontaktaufnahme und sorgte für Frustration unter den empfangenden Einrichtungen. Von „ungezwungenen Begegnungen" konnte eben kaum die Rede sein, wenn die daran Beteiligten in ein enges Korsett an Vorgaben und Ritualen geschnürt wurden.

3.7.2 Die Entwicklung der Reiseprogramme unter Brežnev (1964–1982)

Vier Tendenzen lassen sich für den Wandel des Tourismus unter Brežnev nachzeichnen: Erstens wuchs die Bedeutung von Erholungs- und Unterhaltungselementen auf den Auslandsreisen. Damit vollzog der Auslandstourismus eine Entwicklung nach, die im innersowjetischen Tourismus bereits im Spätstalinismus eingesetzt hatte.[420] Zweitens differenzierten sich die Reiseprogramme aus; der an bestimmte Berufs- und Fachgruppen gerichtete „Spezialtourismus" nahm ab Mitte der 1960er Jahre einen immer breiteren Raum ein. Drittens mussten sich die Reiseagenturen verstärkt mit Konsumfragen auseinandersetzen – der Anstieg von Devisenschmuggel und illegalem Handel deutete an, dass Auslandsreisen zunehmend als wertvolle Gelegenheit wahrgenommen wurden, durch Kauf oder Tausch an begehrte Waren zu gelangen. Viertens gewann im Laufe der 1970er Jahre die agitatorische Arbeit der Touristen angesichts wachsender diplomatischer Spannungen im Verhältnis zu sozialistischen Staaten wie der ČSSR und Polen einerseits und dem Ende der Entspannungspolitik im Verhältnis zum

---

418 Vgl. die entsprechenden Ausführungen in dem Kapitel „Sightseeing as Modern Ritual" in: MacCannell: Tourist, S. 42–48.
419 GARF, f. 9520, op. 1, d. 702, S. 102.
420 Vgl. Koenker: Whose, S. 404.

Westen andererseits an Bedeutung.[421] Diese Politisierungstendenz stand durchaus in einem Spannungsverhältnis zu dem wachsenden Bedürfnis der Touristen, sich auf den Reisen zu amüsieren und zu konsumieren. Ob und wie sich dieser Interessenkonflikt konstruktiv lösen ließ, war die Schlüsselfrage, mit der sich der sowjetische Tourismusapparat ab den späten 1960er Jahren verstärkt auseinandersetzen musste.

3.7.2.1 Sport und Unterhaltung

Von angenehmen Dingen wie dem Besuch eines Cafés, einem Sonnenbad am Strand oder dem Schauen eines Kinofilms war in den Berichten der Gruppenleiter unter Chruščev fast nie die Rede. Die führenden Funktionäre der sowjetischen Reiseagenturen betonten den instrumentellen Charakter des Auslandstourismus und richteten die Programme dementsprechend aus; die Gruppenleiter wiederum konzentrierten sich in ihren Berichten weitgehend auf die Pflichtanteile der Reise, während die Freizeit – falls diese überhaupt vorgesehen war – in der Regel ausgespart wurde.

Dies änderte sich im Laufe der 1960er Jahre langsam, aber merklich. Das touristische Leitungspersonal begann in dieser Zeit, die genussvollen Momente der Reiseerfahrung als akzeptablen und berichtenswerten Teil der Auslandserfahrung wahzunehmen und zu schildern. Dies lässt sich exemplarisch an der Beschreibung sportlicher Aktivitäten nachvollziehen, die ab Mitte der 1960er Jahre immer häufiger in den Berichten auftauchten. Der Sport ließ sich dabei auch deshalb als legitimer Bestandteil in die Reiseerzählung integrieren, weil er ein modernes, aktives Freizeitverhalten mit ritualisierten Formen freundschaftlicher Konkurrenz verband:

> „Während unseres Aufenthaltes in Wisła", berichtete so der Leiter einer gewerkschaftlichen Reisegruppe aus der Kirgisischen SSR im Juli 1965, „unternahmen wir eine Exkursion nach Szczecin und Bielsko-Biała, [bestiegen] das Ślęża-Gebirge, unternahmen einige touristische Wanderungen, besuchten das Kino, badeten im Schwimmbad, zu dem man uns spezielle Eintrittskarten aushändigte. Unsere männliche Volleyballmannschaft – bestehend aus unseren Touristen – trat gegen eine Mannschaft befreundeter polnischer Urlauber in einem anderen Ferienhaus an, unsere

---

421 Politisierungstendenzen lassen sich für die 1970er Jahre nicht nur für den sowjetischen Auslandstourismus, sondern generell für den globalen Tourismussektor festhalten. Auch Staaten wie die USA, Ägypten und Isreal nutzten Tourismus gezielt, um in dieser Zeit für eigene politische Anliegen zu werben, vgl. Linda K. Richter: Power, Politics, and Political Science: The Politicization of Tourism, in: Tazim Jamal u. Mike Robinson (Hg.), The SAGE handbook of tourism studies, Los Angeles, London 2009, S. 188–202.

Genossen siegten, besonders gut spielten unsere Genossen Džumabaev und Achmatov."[422]

Wie diese Ausführungen zeigen, waren die Schilderungen sportlicher Aktivitäten stark an einen Leistungsgedanken gekoppelt. Nicht zufällig überlieferten fast alle Gruppenleiter die Resultate „freundschaftlicher" Sportwettkämpfe, die wie alle anderen Elemente der Reise eben auch Rückmeldung über das Machtverhältnis zwischen den sowjetischen Touristen und Reisenden anderer Länder bzw. der einheimischen Bevölkerung gaben. Die Hervorhebung einzelner Namen unterstrich, dass man dabei nicht nur das Kollektiv im Blick hatte, sondern gerade auch indvduelle Höchstleistungen goutierte. In späteren Jahren hielten die Gewerkschaften bei der Auswahl von Reisekandidaten zunehmend systematisch Ausschau nach derartigen „Spitzenperformern", um bei sportlichen und kulturellen Veranstaltungen im Ausland ein gutes Bild abzugeben.

Wie sehr ein überlegener Auftritt auf der internationalen Bühne als Norm empfunden wurde, verdeutlichen die Ausführungen eines Gruppenleiters, der sich ebenfalls im Juli 1965 in Polen aufhielt und es offensichtlich für notwendig hielt, das nicht siegreiche Abschneiden seiner Touristen bei einem spontan ausgerichteten Volleyballturnier in einem Ferienhaus in Jurata zu rechtfertigen:

> „Es fand ein internationaler Volleyball-Wettbewerb unter den Urlauberteams statt: unsere – sowjetische – Mannschaft, eine polnische und eine tschechoslowakische. Leider belegte unsere Mannschaft nur den zweiten Platz, auf dem ersten waren die Polen. Sie holten allerdings auch einen lokalen ,Volleyballchampion' in ihre Mannschaft."[423]

Die Erweiterung des touristischen Programms um sportliche Elemente bedeutete mithin zunächst keine Entlassung der Touristen aus Kontroll- und Leistungszwängen. Noch im scheinbar zwanglosen Spiel hatte der sowjetische Urlauber die Ehre seines Landes zu verteidigen und stand unter Beobachtung der Reiseleitung. Anderseits beförderte die Betonung des Wettbewerbscharakters sportlicher Betätigung die Akzeptanz dieses Elements innerhalb des Reiseprogramms: Das Ergebnis eines Matches ließ sich in Zahlen und damit als produktiver Bestandteil des Auslandsaufenthalts ausdrücken.

Im Laufe der 1960er Jahre nahm dabei die Selbstverständlichkeit, mit der sportliche Aktivitäten geschildert wurden, zu. Ein Sputnik-Bericht über eine Reise in die ČSSR im Februar 1969 erwähnte das Ergebnis eines Fußballspiels mit Touristen aus der DDR nur beiläufig in Klammern „(mit dem Ergebnis von 4:2 für uns)"[424], während der Intourist-Gruppenleiter Mel'nikov im März 1971

---

422 GARF, f. 9520, op. 1, d. 874, S. 30.
423 Ebd., S. 76.
424 RGASPI, f. M-5, op. 2, d. 129, S. 42.

die Freizeitaktivitäten seiner Reisegruppe in Rumänien ganz selbstverständlich ohne Einbettung in einen kompetitiven Kontext schilderte und dabei auch den bis dahin von Gruppenleitern sehr selten verwendeten Begriff *dosug* benutzte, der ähnlich dem englischen Ausdruck *leisure* ein durch Erholung und Unterhaltung geprägtes Freizeitverständnis kennzeichnet:

> „Ihre Freizeit am Abend verbrachten die Gruppenmitglieder auf unterschiedliche Art und Weise. Einige fuhren auf Skiern auf einer beleuchteten Trasse, einige gingen einfach durch den Wald spazieren. Die einen schauten Fernsehen oder sangen touristische Lieder zur Gitarrenbegleitung, andere gingen ins Kino, Theater oder in die Bar.“[425]

Es entsprach dabei dem Selbstverständnis von Intourist, im Vergleich zu Sputnik und den Gewerkschaften, unverkrampfter mit „unproduktivem“ Freizeitverhalten der eigenen Touristen umzugehen. Wie weiter oben geschildert, hatten sich Intourist-Gruppenleiter ja bereits auf den frühen Auslandsreisen schwer damit getan, den politisch-agitatorischen Charakter ihrer Reise herauszuarbeiten und gelegentlich ganz offen mit einer hedonistischen Freizeithaltung kokettiert. Dieser Trend verstärkte sich unter Brežnev, übertrug sich aber eben auch auf das traditionell „politischere“ Reisebüros des Komsomol. So ähnelte der Tonfall im Bericht eines Sputnik-Gruppenleiters über den Aufenthalt in Polen im Juli 1972 bereits auffällig jenem des oben zitierten Mel'nikov:

> „[Am] 6. und 7. Juli badeten und sonnten sich die Touristen am Strand und unternahmen eine Floßfahrt über den See. Abends spielten die Touristen am Strand Volleyball mit Urlaubern […].“[426]

Ein wenige Wochen später verfasster Bericht des Sputnik-Gruppenleiters Toršin aus dem Urlaubsort Międzyzdroje erwähnte zwar das Ergebnis eines Fußballspiels mit polnischen Touristen, nutzte dies aber eher als Einleitung zur Schilderung weiterer Freizeitaktivitäten, denn als Beleg eines produktiven Zeitvertreibs:

> „Leider verloren wir mit 3:4, aber das Spiel verlief unter freundschaftlichen Umständen, nach dem Spiel tranken wir gemeinsam Kaffee. Wir unternahmen eine Exkursion durch Świnoujście, wo wir die Stadt besichtigten, auf einer Fähre auf das Meer hinausfuhren […]. An den Abenden wurde im Klub getanzt, Kaffee getrunken, mit der Jugend diskutiert.“[427]

An dem Aufenthalt in Sopot kritisierte Toršin, dass „die Führung von ‚Juventur‘ die Freizeit der Jugend am Abend nicht besser plant“: „Der Club war an einem Tag bis 9 Uhr geöffnet und an den anderen bis 7, niemand sagte uns, dass es

---

425 GARF, f. 9612, op. 3, d. 519, S. 5.
426 RGASPI, f. M-5, op. 2, d. 517, S. 45.
427 Ebd., S. 105.

dort einen Fernsehsaal, einen Billardtisch usw. gibt."[428] Der Gruppenleiter hielt es also für legitim, abendliche Unterhaltungsangebote als Teil des Reiseprogramms einzufordern. Er wertete damit jenen Tagesabschnitt auf, für den häufig kein offizielles Programm existierte und der in Berichten früherer Jahre in der Regel schlicht übergangen wurde. Neben anderen Aktivitäten war es der Sport, der diese „Freizeit" sinnvoll auszufüllen vermochte und damit allmählich einen Platz innerhalb des Kanons akzeptierter sowjetischer Verhaltensformen im Ausland erhielt.

3.7.3 Der Spezialtourismus

Der „Spezialtourismus" knüpfte an ritualisierte Formen des Expertendiskurses innerhalb des sozialistischen Raumes an, die bereits in der frühen Nachkriegszeit erprobt wurden. So führten sowjetische „Stachanov-Arbeiter" beispielsweise im Laufe des Jahres 1950 mit den Belegschaften von DDR-Betrieben öffentlichkeitswirksame Debatten über mögliche Leistungssteigerungen in der Produktion durch die Übernahme sowjetischer Arbeitsmethoden.[429] Innerhalb des Auslandstourismus entwickelten sich im Laufe der Jahre verschiedene Formate derartiger Wissenstransfers, wobei sich die konkreten Ausformungen der Reisen teilweise stark voneinander unterschieden. Bei den sogenannten „Spezialzügen" (specpoezda) stand etwa eindeutig die propagandistische Inszenierung der Klassensolidarität von Werktätigen im Mittelpunkt. So wurden die 465 Touristen eines der ersten Spezialzüge im Dezember 1960 am Bahnhof in Budapest von örtlichen Würdenträgern mit einem Blasorchester empfangen.[430]

Anders als es die Bezeichnung „Spezialzug" andeutete, waren nicht alle Touristen auf diesen Fahrten Spezialisten, stattdessen befanden sich neben Fachleuten aus Industriebetrieben auch „gewöhnliche" Touristen unter den Reisenden. Dies führte dazu, dass sich der ungarische Reiseveranstalter „Ikarus" weigerte, im Programm vorgesehene Führungen durch Industriebetriebe durchzuführen und diese erst auf Drängen von Intourist einem Teil der Reisenden anbot.[431] Tatsächlich fiel der Unterschied zwischen den ähnlich auf Außenwirkung abzielenden Fahrten der „Freundschaftszüge" und jenen der „Spezialzüge" eher marginal aus – die im letzteren Fall angestrebten fachlichen Kontakte blieben angesichts der Größe und Heterogenität der Reisegruppen eine Wunschvorstellung. Anders sah es bei Spezialreisen aus, die tatsächlich mit der primären Intention eines professionellen Erfahrungsaustausches organisiert wurden. Sie stellten zwar in den frühen Jahren des Auslandstourismus noch eine Ausnahme dar, nahmen aber im

---

428 Ebd., S. 106.
429 Vgl. Jan C. Behrends: Besuch aus der Zukunft. Sowjetische Stachanov-Arbeiter in der DDR, in: Jahrbücher für Geschichte Osteuropas 2/2002, S. 195–204.
430 GARF, f. 9520, op. 1, d. 426, S. 209.
431 Ebd., S. 210.

Abb. 2: „Spezialtouristen" aus der estnischen SSR bei der Besichtigung einer Sulfitfabrik im finnischen Lielahti im Mai 1963 (Quelle: GARF, f. 9520, op. 1, d. 729, S. 42).

Laufe der 1960er Jahre an Bedeutung zu. In ihrer extremsten Ausprägung hatten derartige Fahrten kaum noch etwas mit einem Tourismus im alltagssprachlichen Verständnis zu tun, denn sie beinhalteten weder Besichtigungstouren noch Unterhaltungselemente, sondern waren gänzlich auf den Erwerb möglichst umfangreicher Erkenntnisse von Produktionsverfahren und -abläufen ausgerichtet. Entsprechend unterschieden sich Berichte über diese Reisen auch deutlich von den üblichen Rückmeldungen der Gruppenleiter.

So verwandte der Leiter einer Gruppe von Spezialisten der Papierindustrie aus der Estnischen SSR 28 Seiten für seine detaillierte Schilderung von Betriebsbesuchen in Finnland im Mai 1963 (s. Abb. 2).[432] Der Bericht war gefüllt mit Angaben zu wirtschaftlichen Kennzahlen, Arbeitsmaterialien und -techniken sowie Produktionsabläufen. Die 28 Fachleute hatten auf der zehntägigen Reise ein strammes Programm zu bewältigen, denn es standen täglich Betriebsbesichtigungen in insgesamt acht verschiedenen Städten an. Wie ernst die Erkenntnisse der Touristen genommen wurden, war daran zu erkennen, dass ein Jahr nach der Reise ein Bericht über die Umsetzung einiger konkreter Verbesserungsvorschläge in den beteiligten Betrieben veröffentlicht wurde. Die Maßnahmen, so schloss der Bericht, hätten in den genannten Betrieben 656.000 Rubel eingespart.[433]

---

432 GARF, f. 9520, op. 1, d. 729, S. 31–58.
433 Ebd. S. 59–61.

An der Organisation dieser ergebnisorientierten Auslandsreise waren neben den Gewerkschaften und Intourist auch das sowjetische Forschungsministerium und die Abteilung für Forst-, Holzverarbeitungs- und Papierindustrie des estnischen Sovnarchoz[434] beteiligt; was die nahezu vollständige Vereinnahmung des „touristischen" Programms zur Gewinnung technischen Know-Hows unterstrich. Dass die Fahrt der Expertendelegation als „Spezialtourismus" bezeichnet wurde, verdeutlichte die Dehnbarkeit des Begriffs „Tourismus" im sowjetischen Kontext – er konnte im Gegensatz zum westlichen Verständnis durchaus Formen des Reisens umfassen, die ganz oder weitgehend zu professionellen Zwecken durchgeführt wurden. Dabei haben Interviews mit ehemaligen sowjetischen „Spezialtouristen" gezeigt, dass diese sich selbst trotz der starken Zweckbindung ihrer Reisen durchaus als „Touristen" (und nicht etwa als Dienstreisende) empfanden.[435]

Während Betriebsbesichtigungen in nahezu allen Varianten sowjetischer Auslandsreisen vorgesehen waren, bestand die Besonderheit des Spezialtourismus darin, dass dessen Nutzen an konkreten Verbesserungen von Produktionsprozessen sichtbar gemacht werden konnte und sollte. So berichtete die Abteilung für Industrie und Landwirtschaft des Moskauer Gewerkschaftsrats in ihrem Jahresbericht von 1964 darüber, dass „nach der Rückkehr in die Heimat in den Betrieben Sitzungen der technischen Räte und Versammlungen von Spezialisten mit Vorträgen der Reiseteilnehmer ‚Über die Reiseergebnisse der Spezialgruppen' abgehalten" und „Pläne der Einrichtungen zur Anwendung von auf der Reise aufgegriffenen Neuerungen" verfasst worden seien.[436]

Die Spezialgruppen waren nicht nur Ausdruck eines zweckorientierten Reiseverständnisses, sondern auch Indiz einer wachsenden Bedeutung von Großbetrieben und regionalen Gewerkschaften bei der Zusammenstellung von Touristengruppen. Der Glavinturst-Jahresbericht von 1970 begrüßte so, dass mit 60.000 Touristen bereits mehr als ein Drittel aller Reisenden dem Spezialtourismus zuzuordnen waren. Die Auswahl „nach fachlichem und territorialen Prinzip" habe die „Verantwortlichkeit der gewerkschaftlichen Gebietskomitees für eine fristgerechte und hochwertige Auswahl und Vorbereitung der Gruppen" und die Disziplin unter den Touristen erhöht:[437]

---

434 „Sovnarchoz" stand für „Sovet narodnogo chozjajstva" („Regionale Volkswirtschaftsräte"). Die Sovnarchozy waren das Resultat einer frühen Wirtschaftsreform unter Chruščev, die auf eine Dezentralisierung der ökonomischen Verwaltung abzielte und dafür spezielle Wirtschaftszonen einrichtete, die von den Sovnarchozy verwaltet wurden, vgl. Hanson: Rise, S. 58–59 sowie Jeremy Smith: Red Nations. The Nationalities Experience in and after the USSR, Cambridge u. New York 2013, S. 204–208.

435 Vgl. Kassymbekova: Leisure, S. 70.

436 GARF, f. 9520, op. 1, d. 688, S. 73.

437 GARF, f. 9520, op. 1, d. 1422, S. 13.

„Die Ergebnisse der Auslandsreisen solcher Gruppen sind effektiver geworden. Darüber hinaus gibt es für Gruppen mit einheitlicher beruflicher
Zusammensetzung mehr Möglichkeiten, im Ausland verwandte Betriebe
und Einrichtungen zu besuchen sowie [dort] Treffen und Gespräche mit
Vertretern der Werktätigen oder Kollektive [...] zu organisieren."[438]

Auch Sputnik erhöhte im Laufe der 1960er Jahre den Anteil an Spezialreisen.
1970 fielen nach Angaben des Jugendreisebüros bereits ein Drittel aller Fahrten
in diese Kategorie.[439] Bei der Organisation dieser Reisen arbeitete Sputnik ähnlich wie Intourist mit verschiedenen Ministerien, Forschungseinrichtungen und
Betrieben zusammen.[440] Gerade die Tatsache, dass bei den Spezialreisen neben
den üblichen Instanzen noch die Interessen der Einrichtungen zu berücksichtigen waren, aus denen die Spezialisten rekrutiert wurden, machte deren Koordination noch komplexer, als dies im Auslandstourismus ohnehin schon der
Fall war. Der stellvertretende Abteilungsleiter der Abteilung für internationale
Beziehungen bei den Gewerkschaften in der Ukrainischen SSR Šemets lobte so
auf der Moskauer Konferenz für Tourismusfunktionäre im Januar 1969 zwar
die steigende Bedeutung der Spezialreisen, verwies aber gleichzeitig auch auf
deutliche Mängel in deren Umsetzung:

„Besonders das ZK der Partei bei uns in der Ukraine ist in dieser Frage
sehr interessiert und drängt uns, dass wir für die Ministerien und Behörden Spezialgruppen organisieren, umso mehr, weil die Praxis den Nutzen dieser Sache gezeigt hat. Wenn ein gewöhnlicher Tourist fährt, eine
Hausfrau, dann ergibt sich daraus natürlich nur ein geringer Nutzen, aber
wenn ein Spezialist fährt, dann bringt er, wie die Praxis gezeigt hat, viel
Nützliches mit und der Staat erhält einen Gewinn durch die Anwendung
des Nützlichen. Aber was passiert bei uns[?] ‚Intourist' hat in letzter Zeit
damit aufgehört, anzugeben, ob Gruppen eine Spezialisierung erhalten
oder nicht. Wenn wir ihnen eine Anfrage stellen, teilt man uns mit, dass
‚Intourist' bei den Firmen angefragt habe und diese nicht wüssten, ob es
eine Spezialisierung der Gruppen geben werde oder nicht. Im Endeffekt
fahren die Personen ins Ausland und erhalten keinerlei Spezialisierung."[441]

Eine wirksame Zusammenstellung von Spezialgruppen und die Abstimmung
ihrer Reiseprogramme mit den ausländischen Partnern erzeugte einen organisatorischen Mehraufwand, den in vielen Fällen weder die sowjetischen Reiseagen-

---

438 Ebd.
439 RGASPI, f. M-5, op. 2, d. 160, S. 40. Nach anderen Angaben aus dem Jahr 1969 lag der
     Anteil der Spezialreisen sogar bei über 40 Prozent, s. RGASPI, f. M-5, op. 2, d. 71, S. 3.
440 RGASPI, f. M-5, op. 2, d. 71, S. 3.
441 GARF, f. 9520, op. 2, d. 32, S. 10–11.

turen noch die Gewerkschaften oder die übrigen beteiligten Institutionen tragen wollten. „Viele Gewerkschaftsräte verweisen auf das sehr aufwendige Verfahren bei der Organisation von Spezialreisen", vermerkte dazu Glavinturist 1971:[442] „Von den Gewerkschaftsräten werden Anträge auf Spezialreisen 60 Tage vor Abfahrt der Gruppen mit einer beigefügten Liste der Gruppe, die die Spezialisierung jedes Touristen ausweist, verlangt."[443] Angesichts der Tatsache, dass die Gewerkschaften sich schon schwer damit taten, Fristen von wenigen Wochen bei der Anmeldung von Reisegruppen einzuhalten, war es kaum verwunderlich, dass viele Spezialgruppen entweder nicht zustande kamen oder ihre konkrete Zusammensetzung Intourist zu spät vorlag, um sie für das Reiseprogramm entsprechend zu berücksichtigen.

Vor dem Hintergrund einer anhaltenden Überlastung des Auslandsreisesektors änderte sich an dieser Problematik auch im Laufe der 1970er Jahre wenig. In einem Bericht von 1976 beklagten die Gewerkschaften, dass Spezialgruppen „nicht immer einen professionellen und wirtschaftlichen Effekt" erzeugten, weil wissenschaftlich-technische Instituionen kein ernsthaftes Interesse an einer Zusammenarbeit zeigten, und die zuständigen regionalen Gewerkschaftsräte nicht rechtzeitig über die fachliche Ausrichtung der Gruppen Auskunft geben würden.[444] So erklärten sich auch Fälle wie jene aus den Jahren 1976, in denen spezialisierten Touristengruppen im Ausland Treffen mit fachfremden Experten angeboten wurden. Einer Delegation von Pädagogen schlug man etwa in der ČSSR ein Treffen mit Mitarbeitern der kommunalen Bauabteilung sowie mit Tiermedizinern vor; in Bratislava kam es zu einer Begegnung von sowjetischen Bauarbeitern mit Vertretern eines Betriebs, der Radiogeräte und Computer herstellte:[445]

> „Man muss feststellen, dass derartige Treffen zwar unter freundschaftlichen Umständen stattfinden, aber dem Profil der Gruppen eindeutig nicht entsprechen. Häufig fanden Treffen nur mit Vertretern gesellschaftlicher Organisationen und der Betriebsverwaltung statt, es gab keinen Kontakt zu Arbeitern",

hieß es in dem entsprechenden Bericht des Litauischen Gewerkschaftsrates.[446] Ein Funktionär von Intourist stellte 1978 nach einer Überprüfung der Arbeit der Gewerkschaften in der Tatarischen ASSR fest, man müsse die Organisation von Spezialreisen „realistischer und nüchterner" angehen und „Elemente des Formalismus" aus dieser Programmlinie entfernen.[447] Als Beispiel für die

---

442 GARF, f. 9520, op. 1, d. 1656, S. 97.
443 Ebd.
444 GARF, f. 9520, op. 1, d. 2314, S. 6.
445 Ebd., S. 143.
446 Ebd., S. 144.
447 GARF, f. 9520, op. 1, d. 2605, S. 18.

Missstände führte der Bericht auf, dass eine Delegation des Nutzfahrzeugher-stellers KAMAZ, „ein Betrieb mit Technologie auf Weltniveau", in Polen eine „veraltete Automontage-Fabrik" besichtigt hätte.[448]
Trotz derartiger Fehlschläge nahm der Spezialtourismus eine zentrale und mit den Jahren wachsende Rolle innerhalb des sowjetischen Auslandstourismus ein. Er ermöglichte Personengruppen Zugang zu Auslandsreisen, die über die regulären Auswahlverfahren kaum reale Chancen auf Reiseberechtigungsscheine hatten, darunter Arbeitern aus peripher gelegenen Betrieben. Gerade weil Spezialreisen sich an sachlichen Fragen orientierten und im Normalfall die Inszenierung von Freundschaft nicht im Mittelpunkt des Reiseprogramms stand, konnten Touristen und Gastgeber ein Verhältnis aufbauen, das nicht von überzogenen Ansprüchen an eine sich automatisch einstellende „Völkerfreundschaft" oder „Klassensolidarität" strapaziert wurde.

3.7.3.1 Politische Agitation

Sozialistisches Ausland
1965 kam es aufgrund der Unzufriedenheit von Intourist mit der Programmge-staltung seitens der DSF zu einem Eklat. „Die Führung der Freundschaftsgesell-schaft", so formulierte es der Vorsitzende von Intourist, Viktor Bojčenko, in ei-nem Telefongespräch mit einem Vertreter der Reiseagentur in Berlin, „erhielt sehr strenge Anweisungen von den Instanzen [gemeint war vermutlich das ZK der SED, Anm. d. V.], die unvollständige Organisation von Betriebsbesichtigungen für sowjetische Touristen einzustellen. In Verbindung damit droht der Abbruch des Programms für sowjetische Touristen."[449] Ähnlich verärgert zeigte sich im gleichen Jahr V. Pachomov, Referent in der Verwaltung von Sputnik, über die Situation des Jugendtourismus in Polen: „Im Programm vieler Gruppen sind keine Besichtigungen von Industriebetrieben vorgesehen, und wenn sie doch eingeplant waren, kamen sie aus irgendwelchen Gründen nicht zustande."[450]
Die seit Jahren angestaute Frustration über die empfundene Missachtung sow-jetischer Interessen bei der Programmgestaltung insbesondere im sozialistischen Raum hatte Mitte der 1960er Jahre ein Niveau erreicht, das den Geduldsfaden vieler Verantwortlicher reißen ließ. Dies betraf nicht nur den Bereich der Be-triebsbesuche, sondern auch die immer wieder angetroffene Weigerung, den Touristen eine Plattform zur Selbstdarstellung zu bieten oder ihnen bestimmte Sonderwünsche zu erfüllen. Je nach Status der politischen Beziehungen wurden entsprechende Ablehnungen dabei mehr oder weniger brüsk formuliert. Wäh-rend sich etwa die tschechoslowakischen Reiseveranstalter mit der Begründung

---

448 Ebd.
449 GARF, f. 9612, op. 3, d. 55, S. 5–6.
450 RGASPI, f. M-5, op. 1, d. 312, S. 279.

mangelnder Auftrittsflächen schon 1967 höflich, aber bestimmt gegen Gastauftritte von sowjetischen Künstlerkollektiven aussprachen, verweigerten sich nur ein Jahr später Reiseführer aus der ČSSR als Reaktion auf die Niederschlagung des Prager Frühlings ostentativ gegenüber Wünschen sowjetischer Reisegruppen. So schrieb der Intourist-Gruppenleiter N. Judin im Oktober 1968 über den Aufenthalt in Prag, dass den Touristen immer wieder Steine in den Weg gelegt worden seien:

> „Auf Bitte der Genossen bat ich den Reiseführer, uns statt eines Opernbesuchs einen Theaterabend zu organisieren. [...] Auch dieser Wunsch wurde abgelehnt, und als ich weiterhin darauf bestand, antwortete man mir zudem: ‚Wissen Sie, man mag Sie hier nicht, deswegen geben Sie sich zufrieden mit dem, was man Ihnen gibt.‘"[451]

Der Leiter einer Gruppe aus Irkutsk, die sich im November und Dezember desselben Jahres in Prag aufhielt, gab an, der Reiseführer „benahm sich, als ob ihn Vieles nichts angeht, de facto organisierte er nur das Frühstück, Mittag- und Abendessen. Das Programm wurde nicht vollständig absolviert, so gab es keinen Besuch des Prager Theaters und keinen Aufstieg auf den Hügel Petřín".[452]

Auch in den Jahren nach 1968 fiel es den sowjetischen Tourismusorganisationen schwer, die eigenen Interessen bei der Gestaltung des Reiseprogramms im sozialistischen Ausland durchzusetzen. Dabei richtete sich die Kritik keineswegs nur nach außen: So hielt die Parteigruppe von Sputnik Ende 1970 fest, dass das Programmkonzept der Reiseagentur zwar vorsehe, „die jungen Männer und Frauen unseres Landes mit der heldenhaften Geschichte der internationalen kommunistischen Arbeiterbewegung [und] dem Kampf der Werktätigen gegen den Imperialismus vertraut [zu] machen", diese Absicht aber aus hausgemachten Gründen häufig scheitere.[453] Als einer der Gründe hierfür wurde der mangelnde Anteil von Arbeitern und Bauern unter den Touristen genannt und damit die Einsicht angedeutet, dass eine wirksame Einforderung einer sozialistischen Programmgestaltung im Ausland leichter fallen könnte, wenn die eigenen Reisegruppen zumindest ansatzweise als „proletarisch" zu erkennen waren.

Glavinturist schrieb sich zur gleich Zeit ebenfalls eine stärkere „ideologische Ausrichtung"[454] des Auslandstourismus auf die Fahnen und setzte hierbei ähnlich wie Sputnik auf eine verstärkte Eigeninitiative. In einer Stellungnahme der Institution von 1970 hieß es dazu, den Mitarbeitern der Reiseagentur im Ausland sei aufgetragen worden, „Anschauungsobjekte und Aufenthaltsprogramme" auszuarbeiten und diese „in Hinblick auf das Erreichen eines maximalen ökono-

451 GARF, f. 9520, op. 1, d. 1234, S. 47–48.
452 Ebd., S. 42.
453 RGASPI, f. M-5, op. 2, d. 160, S. 40.
454 GARF, f. 9520, op. 1, d. 1543, S. 51.

mischen und politischen Effekts" zusammenzustellen.[455] Als nahezu unverzicht-
bares Element jeder Auslandsreise galt dabei insbesondere der Besuch von sogenannten „Lenin-Orten", wozu nicht nur Einrichtungen und Gegenden zählten,
in denen sich Lenin aufgehalten hatte, sondern auch die in sozialistischen
Städten verbreiteten „Lenin-Museen". Fünf von sechs sowjetischen Auslandstouristen hätten 1970 solche „Lenin-Orte" besuchte, stellt Glavinturist fest.[456]
Sowohl für die DDR als auch für Polen gab es spätestens seit 1970 eigene „Le-
nin-Marschrouten", also Reisen, die sich inhaltlich vollständig an den Erinne-
rungsorten des Revolutionärs orientierten.[457]

Trotz verstärkter Eigenbemühungen um eine ideologische Ausrichtung der Auslandsreisen blieben Intourist und Sputnik weiterhin auf die Kooperation der
ausländischen Reiseveranstalter angewiesen. Gerade in Polen, wo sich beide
sowjetische Reiseagenturen um Einfluss auf die Programmgestaltung bemühten,
fielen die Rückmeldungen dabei ernüchternd aus. In einer Bestandsaufnahme
der Zusammenarbeit mit den polnischen Reiseorganisationen hielt Intourist
1971 diesbezüglich fest:

> „Im Laufe der vergangenen fünf Jahre hat ‚Intourist' gegenüber den pol-
> nischen touristischen Organisationen mehrfach die Frage eines Überden-
> kens der Reiseprogramme der sowjetischen Touristen gestellt [und] auf
> den Inhalt der Exkursionen hingewiesen, die in ihrer Mehrzahl mit histo-
> rischen Fakten übersättigt sind und das zeitgenössische Leben in Polen
> nicht ausreichend beleuchten. […] In Zusammenhang damit, dass wir
> den Reisen sowjetischer Touristen in die sozialistischen Ländern, darun-
> ter auch nach Polen, eine große politische Bedeutung beimessen, weil
> diese Reisen der Festigung der freundschaftlichen Beziehungen zwischen
> unseren Völkern dienen, ist es unerlässlich, für die sowjetischen Touristen
> Programme auszuarbeiten, die die Erfolge Volkspolens beim Aufbau des
> Sozialismus und die Errungenschaften des polnischen Volkes auf sozialer,
> ökonomischer, wissenschaftlicher und kultureller Sphäre widerspiegeln.
> […] Die Reiseführer ändern häufig das abgesprochene Programm und
> organisieren nicht immer Besuche in den Lenin-Museen in Krakau und
> Warschau."[458]

Dass sich der Inhalt der touristischen Programme in den 1970er Jahren nicht
den Erwartungen der Funktionäre entsprechend darstellte, hing dabei auch mit

---

455 Ebd., S. 49.
456 Ebd., S. 51.
457 So berichtete der CSTE in seinem Jahresbericht für 1971 davon, dass die „Lenin-
  Marschrouten" nach DDR und Polen sehr gut angenommen worden seien, vgl. GARF,
  f. 9520, op. 1, d. 1545, S. 17.
458 Ebd., S. 93–94.

den generellen Entwicklungen innerhalb des sowjetischen Auslandstourismus und mit gesellschaftlichen Prozessen in den besuchten Ländern zusammen. Während sich in Polen die wachsende Bedeutung der Religion in der Alltagskultur auch in der Programmgestaltung der dortigen Reiseagenturen widerspiegelte, wirkten sich in der ČSSR die Folgen der diplomatischen Krise des Jahres 1968 bis weit in die 1970er Jahre hinein aus (siehe die Kapitel 5.2.2 und 5.3.1). Zwar existierten mit dem „Spezialtourismus" und den „Freundschaftszügen" Programmlinien, die im Prinzip ein klares sowjetisches Profil trugen. In der Praxis gelang es vor allem aufgrund des bürokratischen Schlendrians innerhalb des Organisationsbetriebs, der Korruption der beteiligten Funktionäre und den Eigenlogiken und -interessen der empfangenden Organisationen nicht, den Reiseprogrammen im sozialistischen Ausland einen eigenen Stempel aufzudrücken.

Kapitalistisches Ausland

Die Entwicklung der Reiseprogramme im kapitalistischen Ausland unter Brežnev knüpfte in Hinblick auf die Abstimmungsprobleme mit den westlichen Reisepartnern nahtlos an die vorherige Entwicklung an. Der von der „Norsk Folke Ferien" organisierte Besuch einer zwölfköpfigen Touristengruppe anlässlich des 20-jährigen Jubiläums der Gesellschaft für norwegisch-sowjetische Freundschaft war hierfür symptomatisch: Die Touristen erreichten Norwegen ohne Reiseprogramm, verbrachten einen Großteil ihres dortigen Aufenthaltes mit inländischen Zugreisen und fanden sich bei geplanten Museumsbesuchen vor verschlossenen Türen wieder, weil sie dort erst außerhalb der Öffnungszeiten ankamen.[459] Die ganze organisatorische Misere dieses Auslandsaufenthalts offenbarte sich, als der Gruppenleiter Evgenij Domatovskij nach der Ankunft in dem Küstendorf Sundvollen die Dolmetscherin darum bat, sie in Kontakt mit einem Vertreter von „Norsk Folke Ferien" zu setzen, um das Reiseprogramm zu besprechen:

> „Wir kamen um ca. drei Uhr nachmittags an und wurden von [...] der Tussi (sic!) empfangen, die für den Kontakt zu Intourist zuständig war. Der Anlass meiner Unterredung war, den Zug von Stavanger nach Oslo von einer Tagesfahrt am 20. [Oktober] auf eine Nachtfahrt vom 19. auf den 20. umzubuchen und auf diese Weise einen letzten Aufenthaltstag in Oslo zu gewinnen. Mir wurde erklärt, dass das Programm von Intourist so bestätigt worden sei. Ich bat um Nachweise, aber diese existierten in dem Betrieb nicht. Man zeigte mir ein Programm für zwölf Tage und für zehn, die sich aber vollständig von unserem unterschieden. Als ich ihr sagte, dass dies andere Programme sind, versteckte die Vertreterin des Betriebs diese

---

459   GARF, f. 9612, op. 3, d. 52, S. 32.

und sagte ironisch: ‚Sie sind mit der Gesellschaft für norwegisch-sowjetische Freundschaft angereist, im Interesse dieser Gesellschaft haben wir Ihnen das Programm erstellt.'"[460]

Letztlich scheiterte Domatovskij trotz Kontaktaufnahme mit der sowjetischen Außenhandelsvertretung in seinem Anliegen, das Programm zu ändern, was er auf den bösen Willen des norwegischen Reiseveranstalters zurückführte. Dabei war das Problem der schlechten Absprache mit den ausländischen Reiseveranstaltern – wie inzwischen mehrfach betont – ein strukturelles. Mehr noch als im sozialistischen Ausland funktionierte die Kommunikation hier außerordentlich schlecht, und es kam nicht selten vor, dass sowjetische Gruppen von Reisefirmen empfangen wurden, denen bestenfalls das Anreisedatum und die Anzahl der Touristen bekannt waren. In Extremfällen konnten sich derartige „Blind Dates" für ältere oder schwangere Reisende sogar gesundheitsgefährdend auswirken. Die Intourist-Gruppenleiterin Grjaznova bezeichnete es als „unverständlich", warum „so alten und kranken Personen" die Genehmigung für eine sehr kräftezehrende zwölftägige Reise durch die Benelux-Staaten im November 1966 erteilt wurde.[461] Konkret bezog sie sich auf den Touristen Prof. Markov, um dessen Gesundheit sie ständig besorgt war: „Er ist ein völlig kranker Mensch, hat schon zwei Infarkte erlitten und fühlte sich die gesamte Zeit über schlecht."[462]

Die chaotische Programmplanung hatte allerdings auch einen durchaus angenehmen Nebeneffekt für die sowjetischen Reisegruppen, den sie ab Mitte der 1960er Jahre auch immer häufiger für sich zu nutzen wussten. Das Nachverhandeln von schlecht abgestimmten oder fehlenden Programmpunkten war eben nicht nur eine Notwendigkeit, sondern eröffnete dem Gruppenleiter sowie den Touristen die Möglichkeit, im eigenen Interesse auf die Gestaltung ihres Aufenthalts mit einzuwirken. Im Zweifelsfall konnten sie sich dabei gegenüber Intourist bzw. Sputnik auf pragmatische Erfordernisse berufen. Auf der oben erwähnten Reise teilte Grjaznova in ihrem Bericht beispielsweise mit, die Gruppe habe in Amsterdam statt der geplanten Stadtbesichtigung eine zweistündige Bootstour entlang der Kanäle unternommen, was „wohl einen größeren Eindruck erzeugte als eine Busexkursion."[463] Außerdem unternahm die Gruppe eine auf eigene Kosten organisierte Exkursion in das Rijksmuseum und Grjaznova empfahl Intourist, diese ins Standardprogramm mit aufzunehmen. Ihre Gruppe erlaubte sich darüber hinaus noch weitere Freiheiten: In Bezug auf den geplanten Besuch eines klassischen Konzerts in Brüssel vermerkte die Gruppen-

460 Ebd., S. 32–33.
461 GARF, f. 9612, op. 3, d. 134, S. 60.
462 Ebd.
463 Ebd., S. 58.

leiterin: „Nicht alle Touristen äußerten den Wunsch, Mozart zu hören, und die Hälfte der Gruppe ging ins Kino in den französischen Film ‚Ein Mann und eine Frau', der auf dem Festival von Cannes prämiert wurde."[464] Dabei erstaunt nicht nur der liberale Umgang Grjaznovas mit den Sonderwünschen ihrer Touristen, sondern auch die Selbstverständlichkeit, mit der sie diesen in ihrem Bericht kommunizierte. Der sich vollziehende Mentalitätswandel innerhalb des sowjetischen Auslandstourismus, der sich an anderer Stelle in einem zunehmend affirmativen Umgang mit Unterhaltungs- und Sportelementen manifestierte, machte sich insofern auf den Reisen in das kapitalistische Ausland an einer selbstbewussteren und freieren Haltung der Touristen und der Reiseleitung gegenüber den traditionell sehr ergebnisorientierten Anforderungen an die Programmgestaltung bemerkbar. V. Kitajcev, Leiter einer Intourist-Reisegruppe von Architekten und Ingenieuren nach Finnland im Juli 1966, äußerte so in seinem Bericht den Wunsch, „wenigstens eine Theateraufführung oder einen Kinofilm" in zukünftige Besuchsprogramme einzubauen.[465] Hedonistische Tendenzen machten sich auch auf den Westreisen von Sputnik bemerkbar, obwohl das Jugendreisebüro in einem Bericht an das Außenministerium Ende 1967 noch einen alarmistischen Ton anschlug und warnte, dass „die Ausländer sich in diesem Jahr in politischer Hinsicht besonders gründlich vorbereitet [und] sich mit propagandistischer Literatur ausgerüstet haben. Dies alles hat es notwendig gemacht", so der Bericht weiter, „im Jahr 1967 den Inhalt der Austausche sowie die Formen und Methoden der informationellen-propagandistischen Arbeit zu verbessern, die sowjetische Jugend gründlicher auf [...] Auslandsreisen vorzubereiten."[466] In der Praxis gingen die Touristengruppen inklusive der Reiseleitung es hingegen wohl deutlich entspannter an, als es dieser Auszug nahelegte. So deutet der Bericht des Vorsitzenden des „Jugendaustauschwerkes" in Verl (JAW), Hugo Wöstemeyer, über den Besuch einer gemischt zusammengesetzten sowjetischen Gruppe im November 1968 darauf hin, dass die Gäste aus der UdSSR während ihres Aufenthalts in der Bundesrepublik erstaunliche Freiheiten genossen.[467] Die Touristen waren hier zu zweit bei Privatfamilien untergebracht und hatten an zwei Wochenenden sogenannte „Familientage". Hier verbrachten sie den Tag individuell mit ihren Gastfamilien und unternahmen mit diesen Exkursionen in Städte wie Münster, Gütersloh, Bielefeld oder Hamburg. In das reguläre Programm des JAW waren „Stadtbummel" integriert, wobei für die sowjetische Reisegruppe keinerlei Kollektivzwang bestanden zu haben schien,

---

464 Ebd., S. 60.
465 GARF, f. 9612, op. 3, d. 135, S. 21.
466 RGASPI, f. M-5, op. 1, d. 490, S. 12.
467 „Bericht über die erste deutsch-sowjetische Begegnung im Kreis Wiedenbrück vom 6.–20. November 1968", Kopie in Privatbesitz des Autors.

Abb. 3: „Familienabend" mit sowjetischen Touristen in Verl im November 1968 (Quelle: JAW).

da etwa während eines nachmittäglichen Flanierens durch die Geschäftsmeilen in Düsseldorf „jeder für sich, wie man wollte" agierte.[468] Während des Besuchs der Stadt Essen baten die sowjetischen Touristen laut Wöstemeyer sogar darum, anstelle des vorgesehenen Besuchs im Museum Folkwang „bummeln zu dürfen".[469] Zudem ließen sowohl die Schilderungen Wöstemeyers als auch das dazu existierende Bildmaterial den Rückschluss zu, dass während der geselligen Abendveranstaltungen ein reger Alkoholkonsum stattfand – eine Tatsache, die in sowjetischen Berichten in der Regel entweder ausgeklammert oder nur in Zusammenhang mit exzessivem Verhalten thematisiert wurde (s. Abb. 3).

Trotz derartiger Freiräume sahen sich manche Sputnik-Gruppen im kapitalistischen Ausland mit einem höheren Maß an politischen Diskussionen konfrontiert, als sie erwarteten und ihnen lieb war. Einer Reisegruppe, die auf Einladung der Mannheimer „Jungsozialisten" im Juni 1968 den hessischen und nordrhein-westfälischen Raum besichtigte, sei mitgeteilt worden, man habe eine „offizielle politische Delegation" erwartet und verstehe nicht, warum eine Touristengruppe gekommen sei:[470]

> „Gerade aufgrund [dieser Annahme] war das gesamte Aufenthaltsprogramm der Gruppe in der BRD zusammengestellt worden. Und ungeach-

---

468 Ebd.
469 Ebd.
470 RGASPI, f. M-5, op. 1, d. 575, S. 43.

tet unserer Bitte, das Programm ein wenig zu ändern, darin das Kennenlernen der Kultur des Landes und des Lebens der Jugend einzuschließen,
uns die Gelegenheit zu geben, sich mit gewöhnlichen jungen Sozialisten
zu treffen – Studenten, Arbeitern –, wurde es nicht geändert. Das Programm war politisch sehr aufgeladen und enthielt unzählige Treffen und
Diskussionen mit der Führung der Sozialdemokratischen Partei, Abge-
ordneten des Bundestages, der Landtage, Bürgermeistern und der Führung der Jungsozialisten. [...] Auf der Mehrzahl der Treffen fanden scharfe politische Diskussionen über die verschiedensten aktuellen Probleme
der Gegenwart statt. "[471]

Auf dem Höhepunkt der Reise nahm die Gruppe am 12. Juni 1968 in Stuttgart
an einer öffentlichen Debatte zur Frage „Die neue Ostpolitik Bonns – ein
Schritt vorwärts oder eine Illusion?" teil. Von deutscher Seite beteiligten sich
mit Erhard Eppler, Mitglied des Auswärtigen Ausschusses im Bundestag, und
dem Kultusminister Baden-Württembergs Wilhelm Hahn prominente Figuren
des deutschen politischen Lebens an der öffentlichen Diskussion, während die
sowjetischen Touristen aus der Lokalpresse entnahmen, als „politische Führer
der sowjetischen Jugend" wahrgenommen zu werden. Im Laufe der von „mehr
als 400" Zuschauern verfolgten Debatte nahmen sie nach eigenen Angaben eine
eher defensive Haltung ein und „unterstrichen, dass wir Touristen sind".[472]
Während die Reiseveranstalter im außersowjetischen sozialistischen Raum ab
Mitte der 1960er Jahre eine abnehmende Bereitschaft zeigten, sich in eine Instrumentalisierung des Tourismus für ideologisch-propagandistische Zwecke
einspannen zu lassen, nahm in vielen westlichen Ländern der Wille zu, Auslandsreisen als Plattform für politische Debatten zu nutzen. Eine Sputnik-
Reise nach Italien im September 1968 war durchsetzt mit Diskussionen über
die Bewertung der sowjetischen Intervention, wobei ein Großteil der scharf
geführten Auseinandersetzungen mit Vertretern kommunistischer und sozial-
demokratischer Parteien und Organisationen geführt wurde.[473] Bei einer von
der (west)deutsch-sowjetischen Freundschaftsgesellschaft koordinierten 13-tä-
gigen Spezialreise im November 1969 hatte sich die Aufregung um die Prager Ereignisse zwar wieder etwas gelegt, dennoch bestand in der bundesrepu-
blikanischen Öffentlichkeit offensichtlich ein großes Interesse daran, mit den
Gästen aus der UdSSR über gesellschaftliche und politische Themen zu deba-
tieren. Der Gruppenleiter V. Ilatov berichtete davon, dass seine in mehrere kleinere Expertendelegationen unterteilte Reisegruppe an über 50 „Frage und Ant-
wort-Abenden" teilgenommen und darüber hinaus zahlreiche Vorträge gehalten

---

471 Ebd.
472 Ebd., S. 44.
473 RGASPI, f. M-5, op. 1, d. 592, S. 20–26.

habe. Beliebteste Themen seien dabei das „Gesundheitssystem in der Georgischen SSR", die „Architektur neuer Städte in der UdSSR und die „UdSSR und das Problem europäischer Sicherheit" gewesen.[474]

In England schien der Diskussionsbedarf mit sowjetischen Besuchern im Vergleich zur Bundesrepublik Anfang der 1970er Jahre hingegen geringer ausgeprägt gewesen zu sein. Eine Reihe von Sputnik-Gruppenleitern monierte nach Aufenthaltein Großbritannien im Jahr 1972, die Gruppen hätten zu viel Freizeit oder sogar gar kein Programm gehabt; die einheimische Bevölkerung wurde mit wenigen Ausnahmen als unpolitisch oder an Gesprächen uninteressiert charakterisiert.[475] Dies bedeutete nicht, dass das Programm nicht auch hier – wenngleich subtiler – von politisch-ideologisch motivierten Vergleichen dominiert war. So räumte der Leiter einer Jugendreisegruppe nach dem Besuch einer Textilfabrik bei London ein, dass „uns das hohe Tempo der Produktion erstaunte"[476]; bei den Besuchen von Bibliotheken fiel auf, dass „es praktisch keine Bücher gibt, die etwas über die sowjetische Wirklichkeit und die Geschichte erzählen könnten." Dafür könne man in jedem Straßenladen (das in der Sowjetunion verbotene) „Einen Tag im Leben des Iwan Denissowitsch" erwerben.[477]

Tatsächlich beruhte die immer wieder von Gruppenleitern geäußerte Vermutung, dass westliche Reiseveranstalter ihre Programme mit politischen Hintergedanken konzipierten, nicht nur auf ideologisch begründeter Paranoia.[478] Wie Alexander Hazanov am Beispiel des US-amerikanischen Tourismus in die Sowjetunion der 1970er Jahre verdeutlicht, hatte die „sowjetische Obsession mit ausländischer Subversion im Poststalinismus eine solide Basis".[479] Die Beschreibung des Aufenthalts einer Gruppe aus Stavropol und Aserbaidschan in Verl im Mai 1975 durch den JAW-Vorsitzenden Hugo Wöstemeyer wirkt in dieser Hinsicht zwar eher harmlos, belegt aber, dass auch dieser durchaus daran interessiert war, Einfluss auf seine sowjetischen Gäste auszuüben. Dies geht etwa aus der Schilderung des Besuchs in einem Wiedenbrücker Krankenhaus hervor:

> „Die Begrüßung machte der Oberarzt, ein pechschwarzer Afrikaner in fließendem Russisch, zum großen Erstaunen der Gäste. Auf deren Frage, wo er die Sprache erlernt habe, sagte er: ‚Ich studierte 6 Jahre in Moskau.' Und auf die Frage, wie er nach hier käme, antwortete er: ‚Wir demonstrierten auf dem Roten Platz wegen der schlechten Behandlung der

474 GARF, f. 9612, op. 3, d. 374, S. 87–89, Zitate S. 87.
475 Siehe die Berichte in RGASPI, f. M-5, op. 2, d. 529, S. 5–7; 9–11 und 15–19.
476 Ebd., S. 16.
477 Ebd., S. 17.
478 Siehe zu deutscher Einflussnahme auf den deutsch-sowjetischen kulturellen Austausch auch Großmann: Dealing, S. 207ff.
479 Hazanov: Porous, S. 225.

Afrikaner seitens der Sowjets, da hat man uns rausgeworfen – und jetzt bin ich hier."[480]

Der Oberarzt bezog sich vermutlich auf den Protestmarsch über den Roten Platz von 500–700 afrikanischen Studenten am 18. Dezember 1963, bei dem es um den Tod des ghanischen Medizin-Studenten Edmund Asare-Addo ging, dessen Leiche zuvor an einer Landstraße am Rande Moskaus gefunden worden war. Während seine Kommilitonen einen rassistisch motivierten Mord vermuteten, ergab die Autopsie sowjetischer Mediziner Erfrieren in Folge von Trunkenheit als wahrscheinliche Todesursache. Der Fall erregte weltweite Aufmerksamkeit. In Folge der Demonstrationen setzte die Lumumba-Universität in Moskau die vermuteten „Anführer" der Proteste unter Druck, woraufhin viele die Sowjetunion verließen. Zwölf Studenten aus Sierra Leone reisten dabei in Richtung Westdeutschland.[481]

Mit Befriedigung erwähnte der Bericht, die sowjetischen Touristen hätten das „gute Einvernehmen zwischen dem deutschen Chefarzt und dem afrikanischen Oberarzt" erlebt und seien verwundert darüber gewesen, „dass sie in dem kleinen Verl Menschen so vieler verschiedener Nationen vorfanden, vom Mittelmeer nach Vorderasien bis nach Ostasien; und alle bewegten sich selbstsicher zwischen den Einheimischen, dass man merkte, sie gehörten dazu."[482]

Der ostwestfälische Raum wurde dabei nicht nur als Ort der gelungenen Völkerverständigung in Szene gesetzt, sondern auch als demokratische und wirtschaftlich-technische Vorzeigeregion. Beim Empfang der Gemeinde Verl erläuterte der Gemeindedirektor Hans-Georg Klose den Gästen so die kommunale Selbstverwaltung und das Prinzip der Gewaltenteilung; der Besuch des dortigen Schulzentrums sollte vermitteln, „welch moderne Sporteinrichtungen auch im Dorf zu finden sind."[483]

Wie diese Episode verdeutlicht, wurde die Politisierung der Auslandsreisen im westlichen Ausland nicht nur von den sowjetischen Touristen an die Gastgeber herangetragen, sondern diese unternahmen selbst deutliche Versuche der ideologischen Einflussnahme. Diese Tatsache stand durchaus in Konflikt mit dem weiter oben beobachteten Kulturwandel innerhalb des sowjetischen Auslandstourismus, der einen stärkeren Akzent auf den Unterhaltungs- und Erholungsaspekt des Reisens setzte.

---

480 „Bericht über die deutsch-sowjetische Jugendbegegnung in Verl vom 7.–17. Mai 1975", Kopie in Privatbesitz des Autors, S. 4.

481 Eine detaillierte Analyse der hier skizzierten Vorgänge findet sich bei Julie Hessler: Death of an African Student in Moscow. Race, politics, and the Cold War, in: Cahiers du monde russe, 1–2/2006, S. 33–63.

482 Ebd.

483 Bericht über die deutsch-sowjetische Jugendbegegnung 1975, S. 6.

So zeigte die von Sputnik durchgeführte Umfrage unter Touristen, die 1976 aus den USA zurückkehrten, dass diese offensichtlich ein weniger politisiertes Reiseprogramm deutlich befürworteten.[484] Die Teilnehmer kommentierten ihre Erfahrungen dahingehend, dass die Programme „sehr dicht" gewesen seien, sie gerne „einige Tage in der Natur oder am Wasser" verbracht hätten; dass „Zeit für Sport und Entspannung" einzuplanen sei und mehr Besuche von Museen, Theatern und Sportwettkämpfen sinnvoll wären".[485] Keiner der Befragten beklagte dagegen einen Mangel an politischen Diskussionen.

Während im sozialistischen Raum in den 1970er Jahren unter der dortigen Bevölkerung und den Reiseveranstaltern eine zunehmende Verweigerungshaltung auf dem Gebiet des von politischen Inhalten und Inszenierungen geprägten Auslandstourismus festzustellen waren, zeigten sich westliche Länder in dieser Zeit durchaus bereit, den Tourismus als Element der Kulturdiplomatie zu gestalten. Dabei spielten die veränderten Dynamiken in der Systemkonkurrenz seit der Tauwetter-Periode eine wichtige Rolle: Das NATO-Bündnis hatte sich vom „Sputnik-Schock" Ende der 1950er Jahre erholt und es zeichnete sich ab, dass die Sowjetunion sowohl auf wirtschaftlichem Gebiet als auch in Hinblick auf die Führungsrolle innerhalb des eigenen Bündnissystems nach 1968/69 zunehmend in Schwierigkeiten geriet.[486] Vor diesem Hintergrund wuchs in den westlichen Zielländern die Bereitschaft, sich auf politische Diskussionen mit sowjetischen Touristen einzulassen. Wie in Kapitel 5.2.3 gezeigt wird, wuchs im Umkehrschluss die Nervosität bei den sowjetischen Tourismusfunktionären: Da es sich nicht vermeiden ließ, politischen Diskussionen zu entgehen, entstand die Notwendigkeit, Touristen besser auf derartige Streitgespräche vorzubereiten und ihnen Gegenargumente an die Hand zu geben. Insofern lässt sich für die 1970er Jahre die durchaus überraschende These formulieren, dass die Politisierung westlicher Gesellschaften eine Anpassungsreaktion des sowjetischen Tourismus hervorriefen und diesen im Umkehrschluss ebenfalls politisierten. Leidtragende dieser Dynamik des gegenseitigen Hochschaukelns waren die sowjetischen Touristen selbst – diese wollten in der Regel in Ruhe gelassen werden, sowohl von politischen Gruppierungen im Ausland als auch von agitatorischen Verpflichtungen seitens der eigenen Gruppenleitung.

---

484 Siehe dazu auch Kozovoj: Eye.
485 RGASPI, f. f. 5, op. 2, d. 1074, S. 13; 22; 59.
486 Vgl. Kramer: Czecheslovak.

4 Der Wandel der Herrschaftslegitimation und -kultur im Bereich des Auslandstourismus

4.1 „Disziplin, Höflichkeit, Heiterkeit" – Primärtugenden des sowjetischen Auslandstourismus?

Nach der Rückkehr von einer Reise durch die DDR im Juni 1965 zeigte sich Gruppenleiterin Kondrašova außerordentlich zufrieden mit dem Erscheinungsbild ihrer Touristen: „Während unseres Aufenthaltes in Ferch sagte uns die Dolmetscherin mehrfach, dass die gute Disziplin, Höflichkeit und Heiterkeit unserer Gruppe überall Bewunderung hervorrufe."[1] Die Reihenfolge, in der Kondrašova die Attribute auflistete, entsprach dabei der Wertigkeit, die ihnen bei der Organisation sowjetischer Reisegruppen zukam: Disziplin war *die* Leittugend, an deren Durchsetzung die Leistung eines Gruppenleiters gemessen wurde; Höflichkeit und ein insgesamt „kultiviertes Verhalten" wurde von Touristen sowohl gegenüber Mitreisenden als auch der einheimischen Bevölkerung als Ausdruck einer hohen Zivilisiertheit des „sowjetischen Menschen" erwartet; Heiterkeit – oder überhaupt das Zurschaustellen eines entspannten, den angenehmen Seiten des Lebens zugewandten Habitus – zählte dagegen zu den Eigenschaften, die auf den frühen Auslandsreisen der 1950er Jahre als „bourgeois" abgelehnt wurden und erst im Laufe der 1960er Jahre allmählich Eingang in touristische Praktiken fanden (siehe Kapitel 3.7.2). Entlang der genannten drei Begriffe, ihres Verhältnisses zueinander und ihres Bedeutungswandels im Laufe der Jahre lässt sich die Entwicklung kollektiver Verhaltensnormen innerhalb des sowjetischen Auslandstourismus unter Chruščev und Brežnev nachvollziehen. Wie wenig aus Sicht der Gruppenleitung gerade jüngere Touristen in den Anfangsjahren allgemeingültige „Benimmregeln" verinnerlicht hatten, zeigt das angebliche Verhalten der beiden kasachischen Studentinnen Lidija Čulkova und Ljudmila Romancova, das während ihres Aufenthaltes in Polen im Juli/August 1959 hohe Wellen schlug. Nach ihrer Rückkehr unterzeichneten 36 Teilnehmer einer aus verschiedenen zentralasiatischen Sojwetrepubliken zusammengesetzten 45-köpfigen Reisegruppe einen kollektiven Brief an die für die Auswahl der Touristen zuständige Regionalabteilung des Komsomol, der das „amoralische Benehmen" der beiden jungen Damen aufs Schärfste verurteilte:

---

1   GARF, f. 9520, op. 1, d. 873, S. 54.

„Unsere beiden Studentinnen störten systematisch den Tagesablauf und kehrten um ein Uhr nachts oder später in das Wohnheim zurück, [bis dahin] verbrachten sie alleine Zeit mit polnischen Genossen. Wiederholt wurden Fälle beobachtet, in denen sich diese jungen Damen [mit Polen] umarmten, küssten und sich abends alleine mit Polen trafen und Umtrunke veranstalteten, ins Kabarett gingen und so weiter. Während der gesamten Aufenthaltsdauer in Polen isolierten sie sich von der ganzen Gruppe, wobei sie die polnischen Genossen – unsere Begleitung – in Beschlag nahmen. Dies hatte starken Einfluss auf die Durchführung aller Veranstaltungen für die ganze Gruppe, weil unser Reiseführer und der Dolmetscher uns häufig vergaßen, während sie sich mit den genannten zwei jungen Damen vergnügten. Das unwürdige Verhalten [...] wurde bei uns zwei Mal in einer geschlossenen Versammlung des Komsomol besprochen, aber die jungen Damen zogen keine Lehren aus diesen Versammlungen, sie verhielten sich bis zur Abfahrt aus Polen weiter unehrenhaft. [...] Wir wollen, dass von unseren Genossen im Ausland diejenigen gezeigt werden, wie sie bei uns im Land [in der Mehrheit sind], und nicht [die unehrenhaften], von denen noch einzelne in unserer Gesellschaft übrig geblieben sind."[2]

Der Gruppenälteste Kupcov äußerte sich in seinem Reisebericht ebenfalls ausführlich über Čulkova und Romancova und fügte einige Details hinzu. Die beiden Studentinnen hätten ihm versichert, dass zwischen ihnen und den polnischen Begleitern Janusz und Ryszard Fiałkowski keine intimen Beziehungen bestehen würden. Letztere hätten wiederum von den touristischen Versammlungen erfahren und sich erkundigt, ob man sich denn nicht mit sowjetischen Frauen anfreunden dürfe:

„Ihnen wurde erläutert, dass man sich mit sowjetischen Frauen anfreunden kann, aber diese Freundschaft in guten gegenseitigen kameradschaftlichen Beziehungen begründet sein sollte und es unzulässig sei, das Tagesregime der Touristen zu stören."[3]

Außerdem zeigte sich Kupcov mit dem kollektiven Beschwerdebrief der Touristen über die beiden jungen Damen einverstanden und merkte dazu noch kritisch an, dass Romancova es sich beim Abschied von Ryszard Fiałkowski „erlaubte, vor den Augen der Touristen zu weinen, was [bei diesen] gleichfalls Ärger hervorrief."[4]

---

2 RGASPI, f. M-5, op. 1, d. 27, S. 8f.
3 Ebd., S. 9.
4 Ebd.

Die Dokumentation dieser auf den ersten Blick banal erscheinenden Vorfälle auf der Polen-Reise einer Sputnik-Gruppe ist deswegen so erhellend, weil diese einerseits einen Überblick über den Umfang der eingeforderten Disziplin in der Frühphase der Auslandsreisen geben und darüber hinaus den Umgang aller an dieser Episode beteiligten Parteien mit den an sie herangetragenen Erwartungen widerspiegelt. Kontakte zwischen Touristen und Einheimischen sollten innerhalb eines vordefinierten, kontrollierten und möglichst affektfreien Rahmens stattfinden. Begegnungen waren weniger als zwischenmenschlicher denn als diplomatischer Austausch gedacht – höflich und freundschaftlich, aber eben auch steril und berechenbar. Die scharfe Verurteilung amuröser Beziehungen im obigen Beispiel offenbarte die Mechanismen, mit denen Abweichungen von dieser Norm sanktioniert wurden: Durch kollektive Beschämung und Androhung von Sanktionen bemühte sich die Gruppenleitung in Zusammenarbeit mit der Mehrheit der Touristen, „Abweichler" wieder auf Linie zu bringen. Zugleich übten sie durch Ihre Rückmeldung an den Komsomol dahingehend Druck aus, die Barrieren für zukünftige Reisende in Hinblick auf gruppenkomformes Verhalten zu erhöhen.

Allerdings stand die Aufforderung an die Touristen, ihre individuellen Bedürfnisse und Emotionen für die Dauer der Reise im Interesse des Kollektivs hintanzustellen, durchaus in einem Spannungsverhältnis zu der Logik des Auswahlprozesses, den diese zuvor durchlaufen hatten. Dieser selektierte ja gerade Kandidaten, die häufig bereits der gesellschaftlichen Elite angehörten und durch die Erlaubnis zu einer Auslandsreise einen zusätzlichen Distinktionszuwachs erfuhren. Gerade in der Frühphase des Auslandstourismus prallte regelmäßig eine noch spürbar stalinistisch geprägte autoritäre Mentalität der Gruppenleiter auf das Selbstbewusstsein derart handverlesener Touristen. Vor dem Hintergrund der gesellschaftspolitischen Aufbruchsstimmung des Tauwetters war ein Merkmal dieser Zeit daher der offen ausgetragene Konflikt innerhalb von Reisegruppen. Die Frontlinien verliefen dabei unterschiedlich; in der Mehrheit der Fälle handelte es sich um Auseinandersetzungen zwischen einzelnen oder mehreren Touristen und der Gruppenleitung, zuweilen aber auch um Streitigkeiten unter den Touristen selbst oder – wie in dem oben zitierten Beispiel der Studentinnen Čulkova und Romancova – um beides.

Die relativ häufige und ausführliche Beschreibung derartiger Konflikte zeugte dabei davon, dass in dieser Zeit bei vielen Touristen die Bereitschaft nur gering ausgeprägt war, ihre individuellen Interessen den Kollektivitätsanforderungen zu unterwerfen. Schon auf den ersten Reisen von Intourist sah sich die Gruppenleitung zuweilen entweder überfordert mit der Aufgabe, ihre Autorität durchzusetzen oder sie suchte nach Rückendeckung bei der diplomatischen Vertretung der Sowjetunion:[5] So ließ sich die Gruppenleiterin Timofeeva nach der Unterbindung von Kontakten ihrer Mitreisenden zu amerikanischen Touristen und Engländern von dem sowjetischen Konsul Kudnov in London „die Richtigkeit ihres Handelns" zusichern.[6]

Auch Sputnik stellte bereits 1959 nach einer Reihe von „Disziplinverletzungen" innerhalb seiner Gruppen Überlegungen dazu an, wie die Rolle des Gruppenleiters zu stärken wäre:

> „Es ist schlecht, dass der Gruppenleiter buchstäblich auf den letzten Drücker bestimmt wird und nichts über die [mitreisenden] Personen weiß, außer den Vor- und Nachnamen. Warum könnte man den Gruppenleiter nicht eine oder zwei Wochen lang mit diesen Personen und ihren Empfehlungsschreiben vertraut machen, damit sie die Möglichkeit hätten, falls ihnen das nötig erscheint, sich mit dem Kollektiv in Verbindung zu setzen, in dem der eine oder andere Genosse arbeitet? Das würde das Verantwortungsgefühl sowohl bei dem Kollektiv, das den Genossen empfiehlt, als auch bei dem Genossen, der sich auf die touristische Reise begibt, erhöhen."[7]

Dieser Vorschlag wurde – vermutlich aus organisatorischen Gründen – allerdings nie in die Tat umgesetzt – das chronisch unterbesetzte Moskauer Büro von Sputnik hatte bereits alle Hände damit zu tun, die ehrgeizigen Planvorgaben des Komsomol zur Steigerung der Touristenzahlen umzusetzen. Eine vorausschauende und ausführliche Vorbereitung der Gruppenleiter war unter diesen Bedingungen kaum zu realisieren. Stattdessen wurde versucht, die Autorität des Gruppenleiters mit einer Politik von Zuckerbrot und Peitsche zu erhöhen. Einerseits wurden einzelne Vertreter wie der Georgier Zurab Zinzadse im August 1960 nach einer von Skandalen überschatteten Polenreise von dem georgischen Zentralkomitee des Komsomol scharf dafür kritisiert, dass es ihm nicht gelungen sei, „Autorität unter den Teilnehmern seiner Delegation zu erkämpfen, die Disziplin herzustellen und einen normalen Aufenthalt der Touristen im Ausland zu gewährleisten" und er versucht hatte, „den ganzen Schlamassel" zu verbergen.[8] Der Fall wurde an das Allunions-Zentralkomitee des Komsomol weitergeleitet, das Zinzadse zu einer „strengen Aussprache mit Eintrag in die

---

5   Ein deutliches Beispiel für die Schwierigkeiten, Disziplin unter den Touristen durchzusetzen, war die England-Reise einer Intourist-Gruppe im August 1956, bei der der Gruppenleiter Braginskij ausführlich über unbotmäßige Touristen berichtete, die kaum auf seine Anweisungen gehört hätten; GARF, f. 9612, op. 1, d. 373, S. 12.

6   GARF, f. 9612, op. 1, d. 373, S. 1–7.

7   RGASPI, f. M-5, op. 1, d. 27, S. 13.

8   RGASPI, f. M-5, op. 1, d. 60, S. 115f.

Karteikarte" verurteilte und ihn von seinem Posten als Instrukteur des Tibiliser Stadtkomitees des Komsomols entfernte.[9]

Andererseits gaben die touristischen Organisationen Gruppenleitern Rückendeckung, die eine autoritäre Linie fuhren. So wies die TEU einen kollektiven Beschwerdebrief von 21 Moskauer Touristen ab, die sich nach der Rückkehr aus der Tschechoslowakei im Januar 1961 über ihre Gruppenleiterin E. Savkova beklagt hatten:

> „Ihr erstes Treffen mit der Gruppe begann damit, dass sie uns eröffnete: ‚Ich bin eine einflussreiche Arbeiterin der Moskauer Gewerkschaften und kann jedem die Leviten lesen und jeden aus dem Weg räumen. […] Uns ist nicht bekannt, in welcher Form Genossin Savkova instruiert wurde, auf welche Weise sie Kontrolle über die Gruppe ausüben sollte, aber uns ist das eine klar, dass sie uns, den Arbeitern und Angestellten, den Urlaub verdorben und in gewisser Hinsicht vergiftet hat. Wir fühlten uns dank der kranken Fantasie unserer Gruppenleiterin ständig wie irgendwelche gefährlichen Elemente, beinahe wie Verbrecher!"[10]

Um ihre Position zu untermauern, verwiesen die Touristen nicht nur auf das inkompetente Agieren Savkovas in verschiedenen Situationen, sondern beriefen sich auch auf Aussagen eines tschechoslowakischen Grenzbeamten, der diese als „großen Dummkopf" bezeichnet habe.[11] Trotz der „kleinlichen Intrigen", mit der Savkova die Touristen gegeneinander auszuspielen versucht habe, habe die Gruppe freundschaftlich zusammengehalten:

> „Das Kollektiv ließ sich keine amoralischen oder disziplinarischen Fehltritte zu Schulde kommen. Man würde sich wünschen, dass ‚Intourist' keine derartigen Gruppenleiter entsendet, um unseren Touristen den Urlaub nicht zu verderben."[12]

Der Moskauer Gewerkschaftsrat, der sich im März 1961 mit diesem Fall befasste, wies die Anschuldigungen gegenüber Savkova zurück. Stattdessen berief er sich auf die Aussagen sechs nicht am kollektiven Brief beteiligter Touristen, wonach die Anschuldigungen gegenüber Savkova nicht nur unbegründet gewesen seien, sondern unter den 21 Touristen einige systematisch die Disziplin verletzt und sich den Bemerkungen und Befehlen der Gruppenleiterin Savkova widersetzt hätten.[13] Unter anderem hätten vier Touristen bei der Heimreise in betrunkenem Zustand die Gruppenleiterin mit Begriffen wie „Idiotin" und

---

9 Ebd., S. 111.
10 GARF, f. 9520, op. 1, d. 430, S. 98f.
11 Ebd., S. 99.
12 Ebd.
13 Ebd., S. 96.

„Marktweib" beleidigt.[14] Als Konsequenz informierte der Moskauer Gewerkschaftsrat in sechs Fällen die Gewerkschaftsvertretungen der Betriebe, in denen die „undisziplinierten" Touristen tätig waren, mit der Aufforderung, dort weitere Maßnahmen zu ergreifen.[15]

Die Frage, welche Bestrafung Touristen in der Heimat erwartete, ist in der Forschung bislang kaum beleuchtet worden und kann aufgrund des für diese Arbeit zu Rate gezogenen Quellenmaterials ebenfalls nur gestreift werden. Prinzipiell geht aus den Rückmeldungen lokaler und regionaler Gewerkschafts- bzw. Komsomolkomitees hervor, dass Touristen für ihr Fehlverhalten in der Regel vor allem moralisch verurteilt werden sollten und sie vor ihrem Betriebskollektiv dafür Rechenschaft abzulegen hatten. Ein besonders prägnanter Fall wurde 1977 in dem sowjetischen Journal „Čelovek i zakon" unter dem Titel „Urok" (Lektion) beschrieben.[16] Es handelt sich dabei um eine von moralischen Verurteilungen durchzogene Reportage über den Touristen Gluškov, der angeblich als Teilnehmer einer Kreuzfahrt in Rom in die westdeutsche Botschaft flüchtete und Asyl in der Bundesrepublik beantragte. Nach fünf Monaten sei Gluškov aber reumütig in die Sowjetunion zurückgekehrt. Das Fehlverhalten des Touristen wurde vor dem Kollektiv seines Betriebs eingehend besprochen und kritisiert; nachdem Gluškov seine Reue glaubwürdig vermitteln konnte, wurde er laut Reportage jedoch wieder in die Gemeinschaft aufgenommen und auf die Verhängung von Sanktionen verzichtet.

Generell waren Fluchtversuche von Touristen allerdings extrem selten und entsprechend auch damit verbundene Sanktionen; Anne Gorsuch gab in ihrer Publikation „All this is your world" an, gar keine Nachweise in den Archiven gefunden zu haben; bei den Recherchen für dieses Buch fanden sich ebenfalls kaum entsprechende Belege. Einer stammt aus dem Jahr 1966, als nach Angaben von Sputnik zwei Touristen aus der Estnischen SSR und Sverdlovsk in Schweden bzw. Frankreich flüchteten.[17]

Bei anderen Vergehen, etwa der Verletzung der kollektiven Disziplin oder Devisenschmuggel, konnten zeitlich begrenzte oder lebenslange Verbote für weitere Auslandsreisen ausgesprochen werden.[18] Nur selten kam es dazu, dass Touristen für Verfehlungen im Ausland vorzeitig in die Heimat zurückgeschickt, aus der Partei ausgeschlossen wurden oder sogar ihre berufliche Stellung verloren.[19] Wie

---

14 Ebd.
15 Ebd.
16 Solov'ev: „Urok".
17 RGASPI, f. M-5, op. 1, d. 178, S. 4.
18 Vgl. Kassymbekova: Leisure, S. 81.
19 Für das vorzeitige Zurückschicken in die Heimat vgl. Raleigh: On, S. 387. Aus der Partei ausgeschlossen wurde z. B. ein Tourist namens Gromov, der 1965 in Polen Uhren verkauft und sich undiszipliniert verhalten haben soll, s. GARF, f. 9520, op. 1, d. 874, S. 44. Bzgl. des Verlustes des Arbeitsplatzes vgl. die Erläuterungen zur Erteilung von Strafen bei den

die Ausführungen über mehrfach verreisende Touristen (S. 216–17) zeigen und durch Interviews bestätigt wurde, waren sich die Sowjetreisenden zwar durchaus möglicher Konsequenzen von Fehlverhalten bewusst, ein Klima der Angst herrschte in den Reisegruppen aber keineswegs[20].

Auch aus diesem Grund gestaltete sich das „Formen eines Kollektives" aus einer Touristengruppe außerordentlich schwierig. Immer wieder weigerten sich einzelne Touristen, die eingeforderte Ordnung einzuhalten oder sie deuteten diese Ordnung eigensinnig um. Ein typisches Beispiel war das Verhalten von Galina Jurasova, die im September 1960 an einer devisenfreien Gewerkschaftsreise durch Polen teilnahm. Der Gruppenleiter Kazunin warf ihr dabei eine Reihe von Disziplinverletzungen vor, darunter den Verkauf sowjetischer Zigaretten, das Anknüpfen „intimer Beziehungen" mit dem polnischen Busfahrer und die Teilnahme an abendlichen Umtrunken mit Einheimischen. Dabei habe sich Jurasova von der Autorität des Gruppenleiters Kazunin unbeeindruckt gezeigt.[21] Selbst die kollektive Kritik an Jurasovas Verhalten durch ihre Mitreisenden während einer Gruppenversammlung, so Kazunin weiter, habe diese nicht beeindruckt. Sie habe ihm erwidert, sich rächen zu können und über einflussreiche Beziehungen nicht nur in Brjansk, sondern auch in Moskau zu verfügen („sogar bis hin zum Zentralkomitee").[22] Das Verhalten von Jurasova stand paradigmatisch für das Selbstbewusstsein der ersten Generation der sowjetischen Auslandstouristen, die sich in Bezug auf ihre gesellschaftliche Stellung (mindestens) auf einer Ebene mit den Gruppenleitern wähnten und das Recht auf die Artikulation einer eigenen Sichtweise für sich selbstbewusst in Anspruch nahmen.

Die Phase des Tauwetter-Auslandtourismus kam allerdings Anfang der 1960er Jahre langsam aber sicher an ihr Ende. Viele Gruppenleiter und -älteste artikulierten in dieser Zeit ähnlich wie Kazunin mit ansteigender Intensität ihre Unzufriedenheit damit, dass ihr Status als Autoritätsperson von den Mitreisenden nicht unhinterfragt akzeptiert wurde. „Es ist unverzichtbar," so der Vorsitzende der Lwower Öl- und Chemiegewerkschaften Sičkar, der im Frühjahr 1961 eine Reisegruppe durch Bulgarien führte, „dass sich jeder Tourist den Gedanken gut zu eigen macht, dass der Gruppenleiter eine Person ist, deren Anweisungen für den Touristen im Ausland als Gesetz gelten."[23]

Ein zentrales Mittel, um eigensinnige Touristen in Schach zu halten, waren Versammlungen, die bei Bedarf von Gruppenleitern einberufen wurden. Zwar gab es neben „Disziplinverletzungen" auch andere Anlässe für das Einberufen von

---

Gewerkschaftsräten der Republik Aserbaidschan, die von einem Glavinturst-Mitarbeiter nach einer Dienstreise übermittelt wurden, vgl. GARF, f. 9520, op. 1, d. 2734, S. 33.
20 Ebd.
21 GARF, f. 9520, op. 1, d. 425, S. 4f.
22 Ebd.
23 GARF, f. 9520, op. 1, d. 426, S. 47.

Versammlungen, etwa die Bekanntgabe von Verhaltensregeln, die oft noch vor der Abfahrt in Moskau oder kurz nach der Ankunft im Ausland stattfand, generell dienten sie aber in erster Linie der Verhandlung des Fehlverhaltens einzelner Touristen.[24] An den Versammlungen nahmen je nach Anlass und Zusammensetzung der Gruppe entweder alle Touristen oder nur Mitglieder des Komsomol bzw. der Partei teil. Sie verfolgten zwei sich ergänzende Ziele: Im Idealfall sollten sie eine Verhaltensänderung der besprochenen Personen bewirken, vor allem aber das touristische Kollektiv gegenüber den einzelnen „Delinquenten" in Stellung bringen. Selbst wenn – wie im eingangs des Kapitels besprochenen Beispiel der kasachischen Reisegruppe – die beschuldigten Touristen ihr Verhalten nicht änderten, erfüllten die Versammlungen dann ihren Zweck, wenn der Gruppenleiter die Mehrheit der Gruppe hinter sich versammeln konnte. Das Benehmen dieses Touristen konnte dann als Ausbrechen aus einer ansonsten intakten Gruppendisziplin dargestellt werden.

Zu diesem Zweck war das Kollektiv auf den Versammlungen dazu angehalten, ihre Verachtung gegenüber undiszipliniertem Verhalten offen auszusprechen. So sah sich die Ingenieurin Primak am 1. November 1960 im bulgarischen Urlaubsort Pleven mit der Forderung einiger ihrer Mitreisenden konfrontiert, vorzeitig nach Hause geschickt zu werden.[25] Sie hatte am Tag zuvor nach Angaben der Gruppenleitern Vlasova zu tief ins Weinglas geschaut und sich „zügellos verhalten": „Um nicht das ganze Kollektiv zu blamieren, waren wir gezwungen, Genossin Primak N. S. früher ins Hotel zu bringen als die anderen Touristen."[26] Erst nachdem sich Primak vor der Gruppe entschuldigte und versprach, sich zu bessern, wurde die Drohung des vorzeitigen Reiseendes fallengelassen. „Primak verhielt sich während der verbleibenden Zeit tadellos. Sie erhielt eine strenge Lektion und eine gerechte Verurteilung durch die gesamte Gruppe", lautete das triumphale Fazit Vlasovas.[27]

Versammlungen dieser Art verdeutlichten, dass die Partei (personifiziert durch die Gruppenleitung, aber auch durch das Parteikollektiv unter den Touristen) ab Mitte der 1960er Jahre auf Disziplinierungsmechanismen zurückgriff, die Erinnerungen an den Stalinismus weckten.[28] Obwohl touristische „Schauprozesse", die im kommenden Kapitel detailliert beschrieben werden, anders als vergleichbare Vorgänge in den 1930er Jahren kaum eine existenzielle Gefahr für die hier verhandelten Personen darstellten, dürfte die Reinszenierung stalinistischer Rituale ihre Wirkung auf die Beteiligten nicht verfehlt haben. Kaum ein Jahrzehnt nach dem Tod Stalins waren die meisten Touristen noch allzu

---

24 Siehe dazu u. a. GARF, f. 9520, op. 1, d. 873, S. 14; GARF, f. 9520, op. 1, d. 702, S. 119.
25 GARF, f. 9520, op. 1, d. 426, S. 185f.
26 Ebd., S. 185.
27 Ebd., S. 186.
28 Vgl. Rolf: Massenfest, S. 171.

vertraut mit den Konsequenzen, die Verurteilungen durch das Kollektiv in dieser Zeit haben konnten. Es war charakteristisch für die Herrschaftspraxis der KPdSU am Übergang von Chruščev zu Brežnev, dass diese den diskursiven Rahmen des Stalinismus nutzte, um kollektiven Gehorsam durch das bloße Heraufbeschwören von dessen Gewaltexzessen durchzusetzen. Schenkt man den Berichten der Gruppenleiter aus dieser Zeit Glauben, funktionierte diese Strategie im Bereich des Auslandstourismus zunächst recht effektiv. Die „Renitenz" der Touristen nahm ab Anfang der 1960er Jahre spürbar ab. Die Wirkung des Reenactments einer stalinistischen Drohkulisse hielt allerdings nicht auf Dauer. Denn erstens wuchs langsam eine neue Generation sowjetischer Bürger heran, für die der Große Terror und der Zweite Weltkrieg keine prägenden biographischen Erfahrungen mehr darstellten. Zweitens änderte die martialische Rhetorik der Apparatschiks unter Brežnev nichts an der grundlegenden Abkehr des sowjetischen Staates von dem mörderischen Terrorregime Stalins. Für die Touristen standen unter anderem der Beruf, die soziale Stellung und der Verlust der Reisefreiheit auf dem Spiel. Aber es ging nicht um ihr Leben. Und dieses Bewusstsein machte sich nach einer kurzen Phase der Unsicherheit angesichts des Führungswechsels in der Partei auch wieder unter den Touristen breit.

4.1.1 Die Jahre 1964/1965 als Umbruchphase

Anhaltende Disziplinverstöße und Auseinandersetzungen zwischen Touristen und der Reiseleitung bis Mitte der 1960er Jahre zeugten davon, dass die unumschränkte Autorität des Gruppenleiters bis dahin trotz der im vorherigen Kapitel beschriebenen Maßnahmen nach wie vor nicht flächendeckend etabliert war. Eine Schlüsselphase in dieser Hinsicht stellten die Jahre 1964/65 dar: Der restriktivere innenpolitische Kurs, der sich innerhalb der KPdSU breit machte und den Sturz Chrutschows vom Posten des Ersten Sekretärs einleitete, wirkte sich auch auf den auswärtigen Tourismus aus. Partei und Komsomol drängten in dieser Phase auf ein noch härteres Vorgehen gegenüber „Disziplinverstößen". Es müsse demgegenüber im gesamten touristischen Apparat ein „Klima der Ungeduld" geschaffen und Gruppenleiter nach diesem Gesichtspunkt hin ausgesucht werden, forderte etwa eine Untersuchungskommission für auswärtigen Jugendtourismus in Kasachstan in ihrem Bericht von 1964.[29]
Auf einer Intourist-Reise durch die DDR im Juli 1964 beschlossen nach Angaben des Gruppenleiters Tichonov (der selbst nur Kandidatenstatus in der Partei besaß) die Parteimitglieder unter den Mitreisenden die Einberufung einer geschlossenen Parteiversammlung, nachdem sich der Tourist Simakin bei einer Festveranstaltung im Ostseebad Heringsdorf „zum wiederholten Male betrun-

---

29 RGASPI, f. M-5, op. 1, d. 196, S. 34.

ken hatte".[30] Die Versammlung fand schließlich am 18. Juli 1964 unter dem Thema „Über das unehrenhafte Benehmen des Kommunisten Simakin" in dem Ferienhaus „Gerhard Opitz" statt, wobei nicht der Gruppenleiter Tichonov, sondern das Parteimitglied Sejsekenov den Vorsitz übernahm.[31] Tichonov stellte stattdessen einen Teil des „Arbeiterpräsidiums" und eröffnete die Sitzung: Er warf Simakin neben seinem übermäßigen Alkoholkonsum vor, sich zügellos benommen und bulgarischen Urlaubern aufgedrängt zu haben. Simakin habe weder aus seiner Kritik noch aus kritischen Bemerkungen während einer ersten allgemeinen Versammlung die nötigen Rückschlüsse gezogen:

> „Überredungsversuche und moralische Lektionen sind bereits vergeblich: es müssen unbedingt strenge Maßnahmen getroffen und die Genossen bestraft werden, die nicht verstehen, dass sie unsere Ehre und den guten Ruf eines Sowjetbürgers beschmutzen."[32]

Laut Protokoll gab Simakin zu, er hätte zu viel getrunken und dafür gebe es keine Entschuldigung. Genosse Pavljuts stimmte dem zu. Er legte Simakin zur Last, das gesamte Kollektiv durch sein Verhalten entehrt zu haben und votierte ebenfalls für eine strenge Bestrafung nach der Rückkehr von Simakin. Genosse Švarcmann pflichtete bei:

> „Man sollte doch meinen, dass die Touristen vor Ort sorgfältig ausgewählt werden, die Leute sind doch erwachsen, manche haben schon erwachsene Kinder, aber sie benehmen sich unehrenhaft. Ich schäme mich für sie. Wie können diese Genossen nicht verstehen, dass sie nicht nur sich selbst blamieren, sondern uns alle, alle sowjetischen Menschen. In jedem von uns sehen die Ausländer nicht eine individuelle Person, sondern einen Vertreter der Sowjetunion, und es ist sehr bedauerlich, dass das einige unserer Urlauber hier nicht verstehen, oder es nicht verstehen wollen."[33]

Auch das Benehmen des Touristen Sucharev wurde angesprochen. Er war zu einem „offiziellen Abend" unanständig gekleidet erschienen, also nicht im Anzug, sondern nur im karierten Hemd und in „Schlappen". Zudem habe er sich ebenfalls stark betrunken. Anders als Simakin akzeptierte Sucharev die Vorwürfe nicht; er habe nichts Schlimmes getan und sei am besagten Abend nur dadurch erheitert gewesen, dass er eine wesentlich größere Dame zum Tanz aufgefordert habe.[34] Schließlich beschloss die Versammlung, die Parteigruppe an Simakins Arbeits-

---

30 GARF, f. 9520, op. 1, d. 691, S. 56.
31 Anders als bei Kassymbekova: Leisure, S. 71 beschrieben, fand die Parteiversammlung noch in der DDR statt und nicht erst nach der Heimkehr der Touristen nach Kasachstan.
32 Ebd. S. 57.
33 Ebd.
34 Ebd., S. 58.

platz in Celinograd zu informieren, damit diese ihn streng zur Verantwortung ziehen und nicht für weitere Auslandsreisen empfehlen möge. Ähnliche Strafen wurden für Sucharev und zwei weitere Touristen einstimmig beschlossen.[35]
Das Regime innerhalb der Reisegruppe verschärfte sich nochmals. Unbedeutende Anlässe genügten, um Touristen an den Pranger zu stellen, und den Gruppenleitern wurde von den Funktionären der Reiseagenturen Rückendeckung für ein hartes Durchgreifen gegeben. So gab der Referent im Moskauer Büro von Sputnik Boltaev nach einer im September 1964 konfliktreich verlaufenen England-Reise der Darstellung des Gruppenleiters Kalašnikov eindeutig recht. Der von Kalašnikov kritisierte Saratower Tourist Sarvilin habe sich „selbstverliebt" und „besserwisserisch" verhalten, sei dem Gruppenleiter ins Wort gefallen und habe sich mit seinen Englischkenntnissen ohne Not hervorgespielt, anstatt diese in den Dienst der Gruppe zu stellen.[36] Auch der Rostover Korrespondent der „Komsomol'skaja Pravda", Jakovlev, habe sich hochmütig und leichtfertig verhalten, indem er behauptete, es existiere „irgendeine Jagd auf Teilnehmer der Gruppe" und das Ziel der Reise sei von der Gruppe nicht erfüllt worden. Sowohl Sarvilin als auch Jakovlev attestierte Boltaev Taktlosigkeit und die Unfähigkeit, „unter schweren Umständen wichtige politische Arbeit zu leisten".[37] Einen Monat zuvor war auf einer Gewerkschaftsreise durch Polen eine Parteiversammlung einberufen worden, nachdem einige Touristen am 9. August 1964, als in der Volksrepublik Trauer aufgrund des Todes des Politikers Aleksander Zawadzki herrschte, sich auf ihrem Zimmer einen „lautstarken Zeitvertreib" zuschulden hatten kommen lassen.[38]
Das Anziehen der disziplinarischen Zügel und der zunehmend autoritäre Führungsstil wurden von den Touristen genau und mit Unmut registriert: „Es war notwendig, hier und da von der Demokratie zur individuellen Meinung abzuweichen, was einigen Gruppenteilnehmern nicht gefallen hat", stellte etwa der Gruppenälteste Rusin nach seiner Reise durch die Tschechoslowakei im Oktober 1964 fest.[39] Bei einem Touristen habe er „einen harten Ton" (krupno govorit) anschlagen müssen, nachdem dieser auf die Ankündigung einer wiederholten Gruppenversammlung „mit Verachtung" (s prenibreženiem) von einer „erneuten Morallektion" gesprochen habe.[40] In dieser Phase des Umbruchs nahm die KPdSU – oder genauer, deren Mitglieder unter den Touristen – die Zügel in die Hand. Die Gruppenleiter sahen sich bei der Durchsetzung einer strengen Disziplin von den Parteigenossen nicht nur unterstützt, sondern in manchen Fäl-

---

35 Ebd.
36 RGASPI, f. M-5, op. 1, d. 192, S. 27.
37 Ebd., S. 28.
38 GARF, f. 9520, op. 1, d. 702, S. 63.
39 RGASPI, f. M-5, op. 1, d. 207, S. 12.
40 Ebd.

len sogar unter Druck gesetzt. Dies traf etwa auf die bereits in Kapitel 3.7.1.1 vorgestellte Intourist-Gruppenleiterin Tat'jana Savina zu, die sich auf einer Italienreise im Oktober 1964 unter anderem mit dem Gruppenältesten Adaev überworfen hatte und sich laut diesem einen egoistischen und undisziplinierten Führungsstil vorzuwerfen hatte.[41] In Rom entschloss sich Adaev dazu, „mit einigen Gruppenteilnehmern eine Parteiversammlung einzuberufen, auf der Savina eingeladen wurde, sich zu erklären."[42] Beide Seiten hätte die Aussprache zufriedengestellt, und Savina sei danach „nicht wiederzuerkennen" gewesen, so Adaev.[43] Die Etablierung eines strengeren Regimes innerhalb der Gruppen führte langsam, aber merklich zu einem Rückgang offen ausgetragener Konflikte, insbesondere bei Intourist und dem devisenfreien Tourismus der Gewerkschaften. Im Laufe des Jahres 1965 mehrten sich die Rückmeldungen von Gruppenleitern, die sich zufrieden mit dem Verhalten ihrer Mitreisenden äußerten: „Über die gesamte Reisedauer hinweg verhielt sich die Gruppe sehr organisiert, freundschaftlich", hielt etwa Aginija Gorbačeva fest, nachdem sie eine Gewerkschaftsgruppe im Juli 1965 aus Krasnojarsk nach Polen geleitet hatte.[44] In ihrem passenderweise auf rosafarbenem Papier verfassten Bericht lobte Gorbačeva das gute Verhältnis der Touristen untereinander. Niemand habe die eingeforderte Ordnung verletzt, stattdessen habe sie von vielen Touristen Unterstützung erhalten – insgesamt 14 von ihnen erfuhren sogar eine namentliche Nennung in dem Bericht:[45]

> „Sie alle verstanden hervorragend, wie sie sich zu verhalten hatten und erfüllten anstandslos alle Anordnungen der Gruppenleiterin. Ein bisschen unruhig verhielt sich lediglich Michail Alekseevič Pjatkov, der keinen gemeinsamen Nenner mit seiner Frau fand, gerne trank [und] auf den deswegen durch das gesamte Kollektiv eingewirkt werden musste."[46]

Die Nennung positiv aufgefallener Touristen seitens der Reiseleitung war ein eher seltener Vorgang, der sich im ersten Jahr nach dem Sturz Chruščevs auffallend häufte. Als wollten sie in Zeiten des Umbruchs Geschlossenheit und Stabilität demonstrieren, berichteten ungewöhnlich viele Gruppenleiter nach Reisen durch die DDR, Polen und Finnland von dem guten Zusammenhalt ihrer Mitreisenden. Die sowjetischen Touristengruppen wurden rhetorisch als Gemeinschaft konstruiert, in der das Kollektiv die (Reise-)Führung vorbehaltlos unterstützte und abweichendes Verhalten das harmonische Bild kaum trüben konnte:

---

41 GARF, f. 9520, op. 1, d. 729, S. 21–26.
42 Ebd., S. 25.
43 Ebd.
44 GARF, f. 9520, op. 1, d. 874, S. 1–4, hier S. 3.
45 Ebd., S. 3.
46 Ebd.

„Zum Abschluss meines Berichtes möchte ich festhalten", hieß es beispielsweise in dem Bericht eines gewerkschaftlichen Gruppenleiters aus dem
Primorsker Krai über dessen Polenreise im Juni 1965, „dass die Gruppe
insgesamt gut ausgewählt wurde; mit Ausnahme einiger, die die gesamte
Reise über mit Allem unzufrieden waren und die ganze Zeit Verwirrung
stifteten, war sie insgesamt zurückhaltend und vertrauenswürdig sowohl
in moralischer als auch in politischer Hinsicht. Man konnte sich jederzeit
mit ihnen austauschen und moralische Unterstützung bei [neun namentlich genannten Touristen] und vielen weiteren Genossen erhalten."[47]

Ein Intourist-Gruppenleiter lobte nach einer Finnland-Reise im April 1965 den
freundschaftlichen Zusammenhalt der Touristen aus Moskau und Saratow,
von denen man nicht gespürt habe, dass sie aus zwei unterschiedlichen Städten
stammten.[48] Auch das eingangs des Kapitels erwähnte Zitat von Kondrašova über
das ausgezeichnete Bild, das ihre Gruppe im Juni 1965 in dem DDR-Urlaubsort
Ferch abgab, stammte aus dieser auslandstouristischen „Harmoniephase".
Die in Berichten in auffälliger Weise zunehmende Darstellung der Reisegruppen
als affirmative Konsensgemeinschaften lag dabei auch in dem Bedürfnis der Reiseleitung begründet, ihre eigene Stellung abzusichern. Gelang es ihr nicht, die
Gruppe unter Kontrolle zu bekommen oder brachte man Disziplinverletzungen
mit fehlerhaftem Führungsverhalten in Verbindung, mussten auch hochrangige
Gruppenleiter mit ernsthaften Konsequenzen rechnen. Der Leiter der Abteilung
für „Arbeit und Lohn" des Moskauer Gewerkschaftsrates Tajzin verlor nach einer Bulgarienreise im Juli 1964 diesen Posten, weil ihm als Gruppenleiter ein
„Fall von Hooliganismus" unter seinen Touristen zur Last gelegt wurde.[49] Die
Strategie vieler Gruppenleiter, bei der Kontrolle der Gruppe möglichst viele
„Verbündete" zu suchen und ihre Handlungen durch kollektive Entscheidungen
abzusichern, kann insofern auch als Absicherung gegenüber möglichen Sanktionen für mangelhaftes Führungsverhalten verstanden werden.
An dieser Stelle offenbarte sich auch die Fragilität des um den Auslandstourismus
errichteten Kontroll- und Überwachungsapparates im Allgemeinen und seines
Charakters unter Brežnevs im Besonderen. Wer wen kontrollierte und Autorität
in der Gruppe besaß, war weitaus weniger offensichtlich, als es die Denomina-
tionen von „Gruppenleitern" und „Ältesten" nahelegte. Christian Noack hat den
(innersowjetischen) Tourismus als „middle ground" beschrieben, also als Ort,
an dem Ideologen und Funktionäre einerseits sowie Funktionäre und Touristen
andererseits zusammenfanden, um ihre Interessen auszuhandeln und damit auch
als Ort, an dem die dichotomische Unterscheidung zwischen Politischem und

---

47 Ebd., S. 9.
48 GARF, f. 9612, op. 3, d. 52, S. 56–57.
49 GARF, f. 9520, op. 1, d. 688, S. 76f.

Privatem für die Beschreibung der Realität wenig Sinn macht.[50] Diese Feststellung lässt sich auch auf den Auslandstourismus übertragen: Die touristischen Funktionäre befanden sich in einer Mittlerposition zwischen den Interessen der Reisegruppen und jenen der ihnen übergeordneten staatlichen Strukturen. Um ihre eigene Position zu sichern, entwickelten sie Strategien, die Kompromisse zwischen den „von oben" diktierten ideologischen Zielsetzungen des Auslandstourismus und den individuellen Interessen der Touristen ermöglichten.

Die seltener werdenden Schilderungen von Streitfällen innerhalb der Reisegruppen im Laufe der 1960er Jahre markierten in dieser Hinsicht einen Strategiewechsel der Gruppenleiter: In ihren Berichten stellten sie nun ein repressiveres Vorgehen gegenüber „Abweichlern" von der kollektiven Disziplin in den Mittelpunkt und vermittelten damit die Botschaft, dass die nahezu ein Jahrzehnt lang währende Orientierungsphase in Bezug auf den Führungsstil innerhalb der auslandstouristischen Gruppen beendet sei. Der Machtwechsel im Kreml im Oktober 1964 motivierte sie dazu, auch eine Konsolidierung der Machtverhältnisse innerhalb der Reisegruppen anzustreben: Die Gruppenleiter und Ältesten festigten ihre Autoritätsposition, indem sie über gezielte Strategien des Einbezugs und der Ausgrenzung sowie durch Belohnung und Strafe eine homogene „Reisegesellschaft" formten, in der die Sanktion abweichenden Verhaltens nicht als individuelle Entscheidung, sondern als kollektiver Akt erschien. „Die touristische Versammlung", hieß es in einer typischen Formulierung dieser Zeit in einem Reisebericht aus der DDR, „kam zu der einmütigen Entscheidung, das Gebietskomitee der Gewerkschaften darum zu bitten, den Arbeitgeber der Touristin R. Volegovaja über deren unwürdiges Verhalten zu informieren und sie in Zukunft nicht mehr auf Auslandsreisen zu schicken."[51] Volegovaja, so der Vorwurf, habe sich ihren Genossen gegenüber grob und dreist verhalten und „nicht mit der Gruppenmeinung übereingestimmt".[52]

Mit der kollektiven Beschämung abweichenden Verhaltens heimkehrender Touristen an deren Arbeitsplatz fand ein erweitertes Kontrollregime seine Vollendung, das Reisekandidaten – wie etwa im Moskauer Gewerkschaftskomitee – bereits vor der Abreise präventiv frühere Beispiele touristischen Fehlverhaltens „als illustrierendes Material" vorführte.[53] Intourist gelang es auf diese Weise, in Zusammenarbeit mit den Gewerkschaften den gesamten Ablauf der Auslandsreise zumindest oberflächlich zu harmonisieren. Von der Reisevorbereitung über den Auslandsaufenthalt bis hin zur Nachbereitung waren die Rollen für alle Beteiligten klar verteilt. Der Spielraum für Interpretationen möglicher Verhaltensweisen seitens der Touristen war nach und nach verkleinert worden und ver-

---

50 Noack: Brezhnev's, S. 59.
51 GARF, f. 9520, op. 1, d. 873, S. 68.
52 Ebd., S. 67.
53 GARF, f. 9520, op. 1, d. 688, S. 77.

schwand schließlich nahezu vollständig. Dies bedeutete jedoch keineswegs, dass sich deren Verhandlungsposition substanziell verschlechtert hätte: ihre Handlungsspielräume verlagerten sich schlicht in andere Bereiche: Das Bedürfnis der Gruppenleitung, sich als Garant von Disziplin und Ordnung darzustellen, machte diese zugleich verletzlicher: Disziplinverstöße oder illegale Handlungen von Touristen konnten kaum noch offen kommuniziert werden, da sie den Eindruck fehlender Autorität erweckt hätten. Letztere konnten ihr kollektives Wohlverhalten als subtiles Druckmittel nutzen, um eigene Interessen durchzusetzen, denn im Zweifelsfall brachte ein offen ausgetragener Konflikt für die Gruppenleitung Ärger mit den zuständigen Gewerkschafts- und Parteigremien in der Heimat.

Dieser Mechanismus der Konfliktvermeidung setzte im Jugendtourismus im Vergleich zu Intourist und den Gewerkschaften erst mit deutlicher Verzögerung ein. 1965 wurden alleine unter Moskauer Sputnik-Reisenden 27 „grobe Disziplinverletzungen" gezählt, was bei ca. 3.500 Auslandsreisen in jenem Jahr immerhin knapp ein Prozent aller Touristen aus der Hauptstadt betraf.[54] Das Jugendreisebüro führte in internen Berichten für die fortgesetzten Probleme in ihren Gruppen die üblichen Begründungen an, darunter die schlechte Arbeit in den zuständigen Auswahlgremien und die zu kurzfristige Berufung der Gruppenleiter.[55] Da Intourist und die Gewerkschaften allerdings trotz ähnlicher Probleme Fortschritte bei der Disziplinierung ihrer Touristen zu machen schienen, drängt sich die Vermutung auf, dass sich in der Beständigkeit unbotmäßiger Verhaltensweisen eine Kluft zwischen den Generationen offenbarte: Obwohl der Anteil der Parteimitglieder unter den Reisenden bei Sputnik ähnlich hoch lag wie bei den anderen Reisebüros, setzte die heranwachsende Elite den neuen autoritären Kurs der KPdSU im Ausland bei weitem nicht so konsequent um wie ihre älteren Parteigenossen bei Intourist. Die kollektive Beschwerde von kirgisischen Touristen über den Gruppenleiter Torčekov nach einer Fahrt durch die ČSSR im September 1965 verdeutlichte, dass sich die Reisegruppen bei Sputnik oftmals nicht durch die Reiseleitung auseinanderdividieren ließen und dabei auch vor harscher Kritik nicht zurückschreckten:

> „Die Auswahl des Gruppenleiters", so die Touristen, „ist nicht glücklich gelaufen, denn diese Person hat nicht die geringsten organisatorischen Fähigkeiten und versucht, dies mit Grobheiten zu überdecken. Er beleidigte wahllos jeden und besonders diejenigen, die versuchten, unsere Reise irgendwie besser zu organisieren. Auf alle unsere Fragen hatte er nur eine

---

54 Zu der Aufzählung der Disziplinverletzungen, siehe RGASPI, f. M-5, op. 2, d. 23, S. 41; zur Gesamtzahl der Moskauer Sputnik-Touristen siehe RGASPI, f. M-5, op. 2, d. 80, S. 64.
55 Siehe dazu etwa RGASPI, f. M-5, op. 1, d. 312, S. 14–15 sowie RGASPI, f. M-5, op. 2, d. 80, S. 64–71.

Antwort: ‚Spart euch eure Eigeninitiative, lasst diese Verhandlungen, ich weiß das auch ohne euch' usw.“[56]

Im auswärtigen Jugendtourismus war mithin etwas vom provisorischen und streitlustigen Charakter der Chruščev-Ära erhalten geblieben. Dies unterstreicht die im vorherigen Kapitel aufgestellte These, dass der vor allem rhetorisch vermittelte „Kurs der Strenge" bei der sowjetischen Jugend Mitte der 1960er Jahre deutlich weniger verfing als bei den älteren Jahrgängen: Die Tauwetter-Jahre hatten hier deutlich stärkere Spuren hinterlassen als die Kindheitserfahrungen im Spätstalinismus. Die eigentliche Bewährungsprobe stand dem sowjetischen Auslandstourismus allerdings zu diesem Zeitpunkt noch bevor – der Prager Frühling stellte diesen vor eine existenzielle Herausforderung und sorgte für eine inhaltliche und organisatorische Neuorientierung, die alle daran beteiligten Institutionen umfasste.

4.1.2 Die Auswirkung des Krisenjahres 1968 auf die Herrschaftskultur im sowjetischen Auslandstourismus

Im Januar 1969 zeigte sich der Vorsitzende von Glavinturist, Vladimir Ankudinov, auf der Konferenz zu Fragen des Auslandstourismus bei Moskau geradezu schockiert über den Eindruck, den seine Landsleute am Badestrand in Bulgarien auf ihn gemacht hatten:

> „Ich habe persönlich das Verhalten unserer Touristen beobachtet, die sich […] im Urlaub befinden. […] Alle Touristen – aus Jugoslawien, Österreich, Italien, Westdeutschland, Polen, der Tschechoslowakei, der DDR benehmen sich am Strand […] wie normale Menschen, spazieren paarweise, zu dritt, zu viert; aber unsere Touristen: in Gruppen, herdenartig. Ich hielt es nicht mehr aus, gehe zu einer Gruppe und frage: woher kommt ihr? Aus Sverdlovsk, Magnitogorsk, Kemerovo. Ich frage sie: Warum lauft ihr herum wie die Schafe? Wir wurden so instruiert, kommt als Antwort. Das ist doch eine Schande für unser Land und unsere Leute. Wovor haben wir Angst? Unsere Genossen sind sattelfest, sie wissen, wer Feind und wer Freund unseres Landes, unseres Staates ist. Warum haben wir Angst davor, am Strand zu baden, mit anderen Touristen Ball zu spielen?“[57]

Es war kein Zufall, dass sich der Glavinturst-Chef Anfang 1969 über den Habitus sowjetischer Touristen im Ausland äußerte. Die Niederschlagung des Prager Frühlings im Jahr zuvor und die damit verbundenen außenpolitischen Reibungen

---

56 RGASPI, f. M-5, op. 2, d. 24, S. 17.
57 GARF, f. 9520, op. 2, d. 32, S. 135.

hatten auch den erstarrten Auslandstourismus wachgerüttelt – ausgehend vom Epizentrum Prag erfassten die von der militärischen Intervention ausgelösten Erschütterungen sowjetische Reisegruppen nicht nur in der Tschechoslowakei, sondern auch im gesamten osteuropäischen Raum und darüber hinaus.[58] Die Nervosität, die Anspannung und die aufgeheizte Protestatmosphäre schienen sich unmittelbar auf die sowjetischen Touristen zu übertragen.

„Einige Genossen", beklagte sich etwa Intourist-Gruppenleiter Judin, der im Oktober 1968 Touristen durch Polen und die ČSSR begleitete, „verhielten sich ungeachtet aller Warnungen in Geschäften – besonders in der Tschechoslowakei – übertrieben emotional."[59] Ein Tourist erlaubte sich gegenüber Judin kritische Anmerkungen zum Programm („wozu müssen wir uns Burgen anschauen?"); ein anderer fauchte einen sich freundschaftlich verhaltenden Tschechoslowaken an („wir wissen, was ihr uns für Freunde seid").[60] Verunsichert über das Aufflammen von Renitenz unter den Touristen, appellierte Judin an die Gewerkschaften, bei den Empfehlungsschreiben genauer auf die Dinge zu schauen, die im Ausland von „elementarer Bedeutung" seien:

> „Es genügt nicht, zu schreiben, dass er oder sie moralisch standfest, ideologisch zurückhaltend ist, irgendwelche Verpflichtungen einhält usw.; es muss auch auf Streitsucht, das Trinkverhalten und Neigungen zur Habgier und darüber hinaus auch zu schönem Fummel und Nippsachen hingewiesen werden, denn die bewegen einige zum Verstoß gegen die Devisenbeschränkungen."[61]

Ähnlich äußerte sich auch die litauische Sputnik-Gruppenleiterin Drilinga, die im November 1968 die ČSSR bereiste. Vor Reisen in die Tschechoslowakei müsse nicht nur sehr streng auf die politische Vorbereitung und die moralischen Eigenschaften der Touristen geachtet werden, sondern auch „auf eine hohe Bildung und Kultur, weil auf den sowjetischen Menschen besonders geachtet wird und manchmal schon eine ungeschickte, unbedachte Frage an den Reiseführer oder jemand anderen eine negative Reaktion hervorrufen kann."[62] Verursacht wurde die Bemerkung Drilingas nicht durch das Verhalten ihrer eigenen Gruppe, sondern durch jenes einer sich um einen Tag versetzt entlang der gleichen Reiseroute bewegenden Sputnik-Touristengruppe. Diese habe am 51. Jahrestag der Oktober-

---

58 Für eine detaillierte Beschreibung der Folgen des Prager Frühlings auf die außenpolitische Haltung Brežnevs und dessen Furcht vor möglichen „Spillover"-Effekten s. Kramer: Czechoslovak; für die gesellschaftlichen Entwicklungen des Jahres 1968 weltweit siehe Carole Fink u. a. (Hg.), 1968. The World Transformed, Cambridge u. a. 1998.
59 GARF, f. 9520, op. 1, d. 1237, S. 52.
60 Ebd., S. 51.
61 Ebd., S. 53.
62 RGASPI, f. M-5, op. 2, d. 88, S. 122.

revolution gemeinsam mit ihren Touristen in der Kantine ihres Hotels ein kleines Bankett ausgerichtet, sich dabei aber deutlich zu viel Alkohol genehmigt. Die Männer „tranken unästhetisch aus vollen großen Bechern und waren sofort betrunken, einige sogar volltrunken, sie schrien die ganze Nacht hindurch im Hotel und riefen in der Morgendämmerung durch die Korridore, hinterließen ihre Zimmer in chaotischem Zustand, wofür der Hotelbesitzer mir Vorwürfe machte."[63] Die Tumulte in Folge eines Trinkgelages könnten auch als Folge der extrem gestiegenen Anforderungen an die Touristen angesichts der politischen Umstände interpretiert werden. Die auf sowjetischen Reisen stets prekäre Balance zwischen politischer Agitation und Freizeit- sowie Erholungselementen ging im Umfeld des Prager Frühlings verloren und rief Ermüdungserscheinungen hervor. Offensichtlich war bei vielen Touristen angesichts einer umfassenden Instrumentalisierung als diplomatische „Kehrmaschine" die Schmerzgrenze erreicht. „Einige Gruppenteilnehmer scheuten sich vor Treffen mit Tschechen, Slowaken, versetzten sich nicht ausreichend in das Wesen der Lage, zeigten ein überhöhtes Interesse an Geschäften.",[64] hieß es etwa aus einem Bericht einer Saratover Gruppe, die im Oktober/November 1968 die ČSSR bereiste.

> „Zweimal musste die Gruppe versammelt werden zur Erläuterung der Reiseziele und einer Analyse der Umstände, in denen sich die Gruppe befand. Einige waren der Ansicht, dass sie für ihr eigenes Geld in die ČSSR gereist waren und sich erholen sollten, anstatt zu arbeiten."[65]

Das vernehmbare Murren dieser Reisegruppe war umso bemerkenswerter, als deren Teilnehmer sich größtenteils aus Parteimitgliedern rekrutierten. Selbst unter der Nomenklatura, die wie im vorigen Kapitel beschrieben Mitte der 1960er Jahre eine konservative Wende im auslandstouristischen Habitus durchgesetzt hatte, machte sich Unzufriedenheit über die permanente Inanspruchnahme der Reisenden für agitatorische Zwecke breit. Und auch von außen wuchs der Druck: Über Jahre eingeschliffene Verhaltensweisen sowjetischer Reisegruppen wurden zunehmend von einheimischen Bevölkerungen und Touristen anderer Länder in Frage gestellt. Weite Teile der tschechoslowakischen Bevölkerung weigerten sich so, den ihnen zugedachten Part in der Freundschaftsinszenierung einzunehmen.
Dies bekam eine Sputnik-Gruppe aus der ukrainischen Sowjetrepublik unangenehm zu spüren, die im Oktober 1968 in einem Prager Lokal das 50-jährige Jubiläum des Komsomol feiern wollte. Das Vorhaben der Touristen kollidierte mit der gleichzeitig stattfindenden Festveranstaltung einer Prager Gesellschaft, die ebenfalls des Jahres 1918 gedachte. Ihr ging es dabei allerdings um die Gründung der ČSR, der unabhängigen Ersten Tschechoslowakischen Republik am

---

63 Ebd.
64 Ebd., S. 29.
65 Ebd.

16. Oktober 1918. Demonstrativ wurden die sowjetischen Touristen in einen mit einem Vorhang abgetrennten Saal von der restlichen Festgesellschaft isoliert. Sodann setzte aus der tschechoslowakischen Seite laute Blasmusik ein, die es den sowjetischen Touristen unmöglich machte, wie geplant einen Toast auf den Komsomol auszusprechen und Revolutionslieder anzustimmen. Die Bitte des sowjetischen Gruppenleiters, das Musizieren einzustellen, wurde im Lokal mit Gelächter beantwortet. Immerhin kehrte für einen Moment Ruhe ein und es gelang den Touristen, ein Lied ungestört zu singen. Allerdings setzte während des zweiten Liedes erneut laute Blasmusik von der anderen Seite des Saales ein. Die absurde Szene endete schließlich in einer Kakophonie von Blasmusik und Chorgesang, da niemand dazu bereit war, klein beizugeben.[66]

Auch westliche Touristen mischten sich im Kontext des Prager Frühlings in die Routinen sowjetischer Reisegruppen ein. Ein Niederländer unterbrach im Februar 1969 im Veranstaltungssaal eines Hotels im slowakischen Liptovský Mikuláš in deutscher Sprache ein Treffen von Moskauer Touristen mit Vertretern des lokalen Komitees der Kommunistischen Partei der ČSSR: „Hört auf mit diesem Gerede, wir müssen tanzen, Bier trinken und nicht diese Kommunisten hören!"[67] Niemand aus der Hotelverwaltung oder von den tschechoslowakischen Parteigenossen sei eingeschritten, klagte der Gruppenleiter Šeboldaev.[68]

Der Gegenwind, der den eigenen Landsleuten im Ausland in dieser Zeit entgegen blies, verunsicherte die touristischen Funktionäre zutiefst und führte zu einer stärkeren Hinterfragung des eigenen Auftretens. Die eingangs des Kapitels zitierte Unzufriedenheit des Glavinturist-Vorsitzenden war in diesem Zusammenhang symptomatisch und markierte eine Zäsur im Selbstverständnis der touristischen Kader. In ungewöhnlicher Offenheit artikulierte Ankudinov das Eingeständnis eines Unterlegenheitskomplexes gegenüber Touristen anderer Länder, der nicht ökonomisch, sondern kulturell bedingt war. Die Leitideale des frühen Auslandstourismus „Höflichkeit, Disziplin und Heiterkeit" waren offensichtlich weniger als je zuvor geeignet, im Ausland ein hohes Renommee der sowjetischen Touristen zu gewährleisten. Das Problem bestand darin, dass vorläufig kein Gegenmodell verfügbar war. Dementsprechend vage äußerte sich Ankudinov auf der Konferenz bei Moskau Anfang 1969 über eine Neuausrichtung der Auslandsfahrten:

> „Ich bitte Sie inständig, Genossen, die Instruktionen grundlegend zu ändern, die Sie [...] mit den Gruppen, die in Auslandsurlaub fahren, durchführen. [...] So geht es nicht. Das muss aufhören. Wir haben bereits 1966 vom Zentralkomitee der Partei und der Regierung die Erlaubnis für In-

---

66 Ebd., S. 42.
67 RGASPI, f. M-5, op. 2, d. 129, S. 51.
68 Ebd., S. 51–52.

dividualtourismus erhalten, warum instruieren wir also unsere Gruppen weiterhin so, dass sie sich aneinander festhalten? Das hinterlässt einen derart negativen Eindruck, dass selbst unsere bulgarischen Freunde, Kommunisten, uns sagen: ‚Genosse Ankudinov, warum habt ihr solche Angst?'"[69]

Zwischen den Zeilen offenbarte sich in den Worten Ankudinovs ein offenes Eingeständnis über die wahren Verhältnisse bei der Organisation des Auslandstourismus: Die Weitergabe zentraler Richtungsentscheidungen der Parteiführung an die touristischen Organisationen und von dort an die regionalen und lokalen touristischen Gremien funktionierte lediglich auf dem Papier; in der Praxis musste der Moskauer Spitzenfunktionär einsehen, dass seine Genossen in den sowjetischen Provinzen weitgehend autonom agierten. Die entscheidenden Weichen für das Auftreten sowjetischer Touristen wurden fernab des Herrschaftszentrums von regionalen Partei-, Gewerkschafts- und Komsomolfunktionären gestellt. Sie hatten entscheidenden Einfluss darauf, wer es auf die Kandidatenliste für eine Auslandsreise schaffte, sie kümmerten sich um die ideologische Vorbereitung der Reisegruppen und sie waren letztinstanzlich für die Bewertung und Bestrafung touristischen (Fehl-)Verhaltens zuständig.
Gleichzeitig markierte die Klage Ankudinovs über die „Angststarre" seiner Landsleute im Ausland einen seltenen Moment der Einsicht in die Diskrepanz zwischen ideologischem Wunschdenken und den Verhältnissen in der Realität: Der gesamte sowjetische auslandstouristische Apparat hatte seit seiner Etablierung darauf hingearbeitet, die Risiken bei der Instrumentalisierung des Reiseverkehrs für kulturdiplomatische Zwecke zu minimieren. Doch die schwerfällige obrigkeitsstaatliche Planungslogik erwies sich als zunehmend ungeeignet, der Dynamik des globalen Kulturphänomens „Tourismus" Herr zu werden. Die sowjetischen Kader operierten mit Methoden des Stalinismus – Überwachung, Kollektivismus und Bestrafung – auf einem Feld, das in der von der Globalisierung erfassten Welt der Nachkriegszeit zu einem Symbol für Freiheit, Individualität und Liberalität avanciert war.[70]
Die Forderung Ankudinovs, „Instruktionen grundlegend zu ändern", wirkte dabei etwas hilflos: Ein zeitgemäßer touristischer Habitus ließ sich nicht verordnen, sondern konnte nur entsprechenden gesamtgesellschaftlichen Entwicklungen, allen voran einer kulturellen Liberalisierung, entspringen; Entwicklungen, die unter Brežnev auf breiter Front gehemmt wurden.[71] Tatsächlich tat sich an dem „herdenartigen" Auftreten sowjetischer Reisegruppen auch in den Jahren nach der Rede Ankudinovs wenig. Dennoch besaßen die Äußerungen des In-

---

69　GARF, f. 9520, op. 2, d. 32, S. 135f.
70　Vgl. Orvar Löfgren: On holiday. A history of vacationing, Berkeley u. a. 2002, S. 5–9.
71　Vgl. das Kapitel „Kultur zwischen Anpassung und Dissens", in: Hildermeier: Geschichte, S. 931–990.

tourist-Vorsitzenden Symbolwert. Sie machten einerseits deutlich, in welchem Ausmaß das Selbstbewusstsein unter den führenden Kadern seit der Aufbruchsstimmung unter Chruščev gelitten hatte; andererseits zeigten sie deren Ratlosigkeit in Bezug auf Lösungsansätze auf. Der Auslandstourismus trat an der Wende zu den 1970er Jahren allmählich in eine „defensiv-pessimistische Phase" ein – anderthalb Jahrzehnte nach seiner Einführung durchlebte eines der Symbolprojekte des „Tauwetters" eine Krise, die vor allem psychologischer Natur war: Der Glaube, an der „weichen Front" des Kalten Krieges erfolgreich bestehen zu können, schwand bei allen Beteiligten rapide.[72] Selbst das vermeintlich befreundete sozialistische Ausland verwandelte sich so in einen potentiellen Gefahrenraum. Paradigmatisch hierfür waren die Ausführungen der Moskauer Intourist-Gruppenleiterin Posochova, die 1970 von der bulgarischen Reiseführerin Dimma Likova berichtete. Diese hätte Anekdoten über das Verhalten sowjetischer Touristen an den bulgarischen Schwarzmeerstränden gesammelt und „für alle Lebensbereiche" passende Erzählungen parat gehabt. Alles in allem, so Posochova, entstehe aus den Geschichten Likovas ein schreckliches Bild: „Wir hörten von ihr nie eine Erzählung über die Vorzüge sowjetischer Touristen."[73]

Angesichts einer zunehmend feindlich wahrgenommenen Umgebung gingen die touristischen Institutionen anders als von Ankudinov gefordert allerdings nicht dazu über, die Zügel zu lockern. Im Gegenteil: Die Anforderungen an die Touristen und deren agitatorische Inanspruchnahme wurde noch weiter verstärkt. Im April 1970 fand in Moskau eine Allunions-Konferenz für die gewerkschaftlichen Tourismus-Funktionäre statt, bei der es um eine Verbesserung des Auswahl- und Vorbereitungsverfahrens für Touristen ging.[74] Ein Fokus lag dabei auf der Intensivierung der vorbereitenden Arbeit mit Reisekandidaten. Die Instruktionen sollten in Zukunft von der regionalen Gewerkschaftsleitung in enger Kooperation mit sogenannten „Lektoren" der gewerkschaftlichen Gebietskomitees und Krajkoms sowie Mitgliedern der Gesellschaft „Znanie"[75] und erfahrenen Gruppenleitern durchgeführt werden:

---

72 Vgl. dazu Bushnell: New.
73 GARF, f. 9520, op. 1, d. 1419, S. 4.
74 GARF, f. 9520, op. 1, d. 1417, S. 8–10.
75 Die Gesellschaft „Znanie" war eine öffentliche Organisation in der UdSSR, die das Ziel hatte, politische und wissenschaftliche Erkenntnisse in der Bevölkerung zu verbreiten und zur Bildung der „werktätigen Massen" beizutragen. Sie wurde 1947 als „Allunionsgesellschaft für die Verbreitung politischer und wissenschaftlicher Erkenntnisse" gegründet und 1963 in „Allunionsgesellschaft Wissen (*Vsesojuznoe obščestvo Znanie*)" umbenannt. Die Gesellschaft hatte 1972 knapp zweieinhalb Millionen Mitglieder; darunter eine Vielzahl angesehener Akademiker, vgl. den entsprechenden Artikel von Ju. K. Fiševskij, in: The Free Dictionary by Farlex, online unter: http://encyclopedia2.thefreedictionary.com/znanie, zuletzt eingesehen am 31.10.2018.

„Den Touristen", so der Leiter der Abteilung für internationalen Tourismus der Gewerkschaften Trubicyn, „wird die politische Bedeutung der
Auslandsreise eines sowjetischen Bürgers erläutert […]. Sowjetische Touristen werden darüber hinaus mit den Errungenschaften des sowjetischen
Volkes bei der Entwicklung von Wirtschaft, Wissenschaft, Kultur, So-
zialsystemen sowie dem Anstieg des materiellen Wohlstands der Werktätigen anhand von konkreten Beispielen auf Ebene der Republik, des Krajs
und des Oblast' bekannt gemacht, und es wird auf die Notwendigkeit der
Durchführung entsprechender propagandistisch-aufklärerischer Arbeit
in Gesprächen mit der Bevölkerung im Ausland hingewiesen."[76]

Bei der Auswahl der Gruppenleiter wiederum legte man nun verstärkt Wert auf
„politische Bildung", „ausreichende Lebenserfahrung" sowie „propagandistische
Fertigkeiten"; auch bei ihnen wurde die vorbereitende Schulung verstärkt; in der
litauischen und lettischen Sowjetrepublik etwa übernahm das Zentralkomitee
der Partei bei der Auswahl und Instruktion der Gruppenleiter eine führende Rolle
und verpflichtete diese zur Teilnahme an Vorbereitungsseminaren.[77] Nachdem
sich die Fälle illegaler Devisenausfuhren in den Vorjahren gehäuft hatten (siehe
Kapitel 4.2.5), gerieten die Gruppenleiter zudem als „Mitwisser" oder zumindest
als Schwachstelle im Kontrollnetz verstärkt in den Fokus der Reiseinstitutionen.
Der Glavinturist-Jahresbericht von 1970 über die „Versorgung sowjetischer Touristen in der Volksrepublik Bulgarien" kritisierte ein unter den Gruppenleitern
verbreitetes „geringes Wissen um ihre Pflichten".[78] Bemerkenswert war dabei,
dass einem Gruppenleiter aus Odessa vorgeworfen wurde, den Verstoß von Touristen gegen Verhaltensnormen „verborgen" zu haben.[79]
Auch Sputnik äußerte sich im selben Jahr kritisch über die Arbeit der Gruppenleiter:

„Eine ernsthafte Verbesserung sowohl der Auswahlpraxis als auch der
Vorbereitung der Gruppenleiter […] ist unabdingbar. […] Die Lage der
Dinge verlangt, dass die Gruppenleiter sich auf eine Auslandsreise wie
auf eine ernste Dienstreise vorbereiten. […] Die Komitees des Komsomol
müssen die Leiter aus den am besten vorbereiteten Arbeitern des Komsomol auswählen, müssen ihnen bei der Fahrt ins Ausland konkrete verbindliche Vorschriften an die Hand geben, müssen ihre Berichte wie das
Ergebnis einer verantwortlichen Dienstreise prüfen."[80]

---

76 Ebd., S. 10.
77 Ebd., S. 11f.
78 GARF, f. 9520, op. 1, d. 1419, S. 30.
79 Ebd.
80 RGASPI, f. M-5, op. 2, d. 160, S. 24.

Die Umsetzung einer besseren Schulung und Kontrolle der Gruppenleiter ging dabei keineswegs reibungslos vonstatten. 1971 äußerte sich der sowjetische Gewerkschaftsbund diesbezüglich kritisch über die Arbeit vieler regionaler touristischer Komitees.[81] Diese nahmen diese Kritik durchaus auch an, wie etwa die kasachischen Gewerkschaften in ihrem Jahresbericht von 1971:

> „Die Instruktion der Gruppenleiter und ihre Vorbereitung auf die Reise sowie die Bekanntmachung mit den Vorschriften verläuft in vielen Fällen formal. Infolgedessen wissen einige touristische Gruppen, die in sozialistische Staaten ausreisen, nicht immer vollständig und exakt über ihre Rechte und Pflichten Bescheid."[82]

Kamenev, Leiter der Abteilung für Tourismus in die sozialistischen Länder beim CSTE, forderte nach einer Dienstreise zu der touristischen Abteilung der Saratower Gewerkschaften, dass dort Gruppenleiter nicht in erster Linie aus der Verwaltung, sondern aus „Arbeitern der ideologischen Front" rekrutiert werden sollten.[83]
Tatsächlich hatte die Erhöhung des Drucks auf die Gruppenleiter zur Folge, das sich in den Reiseberichten der frühen 1970er Jahre der seit Mitte der 1960er Jahre deutlich ruhiger gewordene Ton noch einmal verschärfte. Dies machten einige der von einem Gruppenleiter aus der Tschechoslowakei gemeldeten „Verstöße" aus dem Jahr 1970 deutlich:

> „Aleksandrov [...] verließ ohne Erlaubnis eine Exkursion durch die Stadt. Massanov [...] benahm sich in Berlin falsch, stellte dem Reiseführer Fragen wie: „Welches Berlin ist besser" usw. Die Eheleute Samsonov [...] nutzten die geringste Möglichkeit, um Streit, Misstrauen und Empörung unter den Touristen in der Gruppe hervorzurufen. Die Eheleute Knjaginičev [...] erschienen nicht zur Exkursion. In Marianskich Laznjach beleidigte [der Ehemann] Knjaginičev eine Kellnerin, in Prag verhielt er sich grob gegenüber der Zugbegleiterin, sie [das Ehepaar] hielten sich isoliert von der Gruppe. Korotkova [...] fuhr mit einem Tschechen im Auto aus der Stadt, ohne den Gruppenleiter vorzuwarnen. Gerasimov [...] ist grob, cholerisch, kapriziös, trinkt gerne. Die Touristinnen Kozenko [...] und Serebrjakova [...] benahmen sich zügellos, nahmen Kontakt mit Ausländern auf, besuchten einen Nachtclub, wo sie bis drei Uhr nachts blieben. Čupranovskaja [...] fragte den Reiseführer, wo man ein kirchliches Kreuz kaufen kann, interessierte sich für Kirchen, Gläubige."[84]

---

81 GARF, f. 9520, op. 1 d. 1545, S. 19.
82 GARF, f. 9520, op. 1, d. 1549, S. 15.
83 Ebd., S. 9.
84 Ebd.

Auffallend an dieser Auflistung (der noch einige Fälle von Devisenvergehen beigefügt wurden) war die Häufung wertender Adjektive wie „falsch", „grob", „cholerisch", „kapriziös", „zügellos", die oft nicht konkreten Handlungen zugeordnet waren, sondern den Charakter der Touristen als Ganzes beschrieben. „Die Gruppenleiter", so hieß es in einem Bericht der Gewerkschaften aus dem gleichen Jahr, „halten es für notwendig, die Auswahl der Touristen noch weiter zu verbessern und [...] besondere Aufmerksamkeit auf die Verhaltenskultur an öffentlichen Orten und auf das äußerliche Erscheinungsbild" der Touristen zu legen.[85] Die Krise im Umfeld des Prager Frühlings führte insofern nicht zu einer Rücknahme, sondern zu einer Erweiterung des touristischen Imperatives: Ausreisende Sowjetbürger sollten sich nicht nur angepasst verhalten, sondern noch viel deutlicher als in früheren Jahren durch ein besonders kultiviertes Verhalten die moralische Überlegenheit ihrer Gesellschaftsordnung repräsentieren. Damit kündigte sich gleichzeitig auch eine Rückbesinnung auf das „Eigene" an – in den späten 1970er Jahren rückte der Verweis auf „sowjetische Werte" in das Zentrum vergleichender Diskurse von Touristen mit Gesprächspartnern im Ausland und diente als Kompensation für die nicht länger zu leugnende volkswirtschaftliche Unterperformance gegenüber den westlichen Industriestaaten.

4.1.3 Tourismus als „Kampf" – Die verschärfte Rhetorik des Auslandstourismus zu Beginn der 1970er Jahre

Nachdem die Unruhen des Sommers 1968 die Verhältnisse in den Reisegruppen noch einmal aufgerüttelt hatten, etablierte sich durch die erneute Verschärfung des Kontroll- und Überwachungsregimes eine eigenartige Atmosphäre auf den Auslandsreisen. Die Berichte vieler Gruppenleiter schwankten zwischen dem Bedürfnis, noch den kleinsten Verdacht auf Fehlverhalten als Indiz für eine obstruktive Gesinnung zu bewerten und Hilflosigkeit angesichts der Tatsache, dass sich „Disziplinverstöße" verstärkt im Verborgenen vollzogen (vgl. Kapitel 4.2.5). Seit dem Prager Frühling waren Auslandsreisen mit zusätzlicher politischer Bedeutung aufgeladen und Verfehlungen einzelner Touristen wurden noch stärker als Angriff auf die Integrität der Sowjetunion insgesamt gewertet:

> „Eine Unterschätzung der Bedeutung von touristischen Reisen der sowjetischen Jugend darf nicht zugelassen werden, besonders im Jahr 1970 mit seinem riesigen politischen Ballast angesichts des 100-jährigen Jubiläums der Geburt V. Lenins und des 25-jährigen Jubiläums des Untergangs des faschistischen Deutschlands",[86]

---

85 Ebd., S. 51.
86 RGASPI, f. M-5, op. 2, d. 160, S. 25.

bekräftigte etwa Sputnik in einem Schreiben an den Komsomol vom 20. Januar 1970 seine Entschlossenheit, Auslandstourismus als Kanal für sozialistische Agitation ernst zu nehmen.

Die Gruppenleiter des Jugendreisebüros folgten der Linie der rhetorischen Aufrüstung. Nach einer Reise durch die Bundesrepublik im März 1970 beschuldigte A. Il'in in seinem Bericht an Sputnik die Touristen Pstygo und Denisova, mit dem Busfahrer „alle Eindrücke, bis hin zu inneren Angelegenheiten der Gruppe" geteilt zu haben.[87] Es sei nicht zu empfehlen, den beiden Touristen in der nächsten Zeit Reisen in das kapitalistische Ausland zu erlauben, so Il'in weiter. In einem weiteren Sputnik-Bericht aus Westdeutschland monierten Gruppenleiter V. Šul'ga und N. Detskij, beide Mitglieder im Zentralkomitee des Komsomol, dass ein Gruppenteilnehmer sich als „nicht ausreichend reif" erwiesen habe:

> „Den Angaben anderer Gruppenteilnehmer nach gab er in einem der Gespräche mit Deutschen eine falsche Bewertung der hohen Anzahl von Personenkraftfahrzeugen in privatem Gebrauch in der BRD ab, versuchte die Wohnungsprobleme in der UdSSR und der BRD auf falsche Weise zu erklären."[88]

Angesichts einer veränderten Gefahreneinschätzung galt das westliche Ausland mehr als je zuvor als Hochrisikoregion, die eine nochmals intensivierte Vorbereitung der Touristen verlangte. Der Intourist-Gruppenleiter Kožanov forderte nach einer Reise durch die Bundesrepublik im September 1970:

> „Das Reisebüro sollte der Gruppe keine allgemeinen Lektionen erteilen, sondern ein Seminar durchführen, bei dem die Bereitschaft aller Teilnehmer zu ernsthaften politischen Diskussionen überprüft wird. Schwach Vorbereitete sollten nicht für eine Reise zugelassen werden. Die Gruppe muss darauf hingewiesen werden, dass es in der Bundesrepublik unmöglich ist, nicht über Politik zu reden. Die gesamte Reise durch die Bundesrepublik ist eine einzige Diskussion. Es ist ein einziger politischer Kampf mit gut vorbereiteten Gegnern, und auf diesen Kampf muss man sich konzentriert vorbereiten, um nicht zu verlieren."[89]

Dabei beschränkte sich diese Art der „Mobilisierungsrhetorik" nicht auf den westlichen Tourismus. Auch Reisen in sozialistische Länder verlieh die verfestigte Krisenstimmung eine neue Dramatik. Nachdem die stellvertretende Vorsitzende der Abteilung für Tourismus in sozialistische Länder von Glavinturist, A. Timofeeva, in ihrem Jahresbericht über Bulgarienreisen von 1971 eine Handvoll eher harmloser Fälle von Disziplinverstößen aufgelistet hatte, kam sie zu

---

87 RGASPI, f. M-5, op. 2, d. 219, S. 97.
88 Ebd., S. 106.
89 Ebd., S. 29.

dem dramatischen Fazit, dass „in den Gewerkschaftsräten der nötige Kampf um die Verbesserung der Zusammensetzung der Reisegruppen nicht geführt wird und sich das Verantwortungsgefühl für die Ausstellung von Empfehlungsschreiben für Auslandsfahrten nicht erhöht."[90] Die wiederholte Verwendung des Begriffes „Kampf" *(bor'ba)* im Kontext des Tourismus stand synonym für eine Neuausrichtung der Auslandsreisen im Zeichen einer sich an der weichen Front des Kalten Krieges verschärfenden Situation. Ein führender Funktionär von Sputnik verkündete auf einer internen Konferenz in Jerewan im Frühjahr 1971:

> „Der Begriff ,Tourist' erweckt schon lange keine Assoziationen mit dem vornehmen Müßiggänger, dem vor lauter Langeweile nichts Besseres einfällt, als sich auf eine weitere Auslandsreise zu begeben. Er hat auch nichts mit einem Häuflein von Rucksack-Enthusiasten zu tun, die die neugierigen Blicke der Passanten auf sich ziehen. […] Tourismus ist vielmehr eine mächtige eigenständige Gegenwartserscheinung sozio-ökonomischer Art. Und wie die Erfahrung des internationalen touristischen Austausches zeigt, stehen seine Kanäle der bourgeoisen Ideologie zu Diensten."[91]

Der die zweite Hälfte des Kalten Krieges bestimmende „Kampf um die Herzen und Seelen" der Menschen hatte den sowjetischen Auslandstourismus voll erfasst, wobei sich die Funktionäre hier vor allem auf eine Abwehrschlacht einstellten.[92] So warnte der Sputnik-Vorsitzende Mošnjaga in seinem Rückblick auf das touristische Jahr 1971:

> „In der letzten Zeit wenden die Zentren der antikommunistischen Propaganda über die Kanäle des Tourismus Methoden der ,sanften Unterwanderung', der ,stillen Konterrevolution', der ,Aufweichung des Sozialismus', des ,flexiblen Reagierens und Manövrierens' unter Einsatz der Taktik einer langfristig angelegten ,Auflockerung des Erdbodens' an. Die Ideologie des Imperialismus setzt insofern darauf, eine bedeutende Zahl junger Menschen in den Ländern des Sozialismus zu Trägern ,westlicher Ideen und Werte' zu machen, bei ihnen eine Geisteshaltung und Gefühle der Unzufriedenheit mit der existierenden Ordnung hervorzubringen. […] Damit die sowjetischen Menschen das Wesen der ideologischen Zersetzung erkennen, ist es wichtig, dass alle Bürger einen festen Klassenstandpunkt zu den feindlichen Machenschaften entwickeln."[93]

90 GARF, f. 9520, d. 1545, op. 1, S. 42.
91 RGASPI, f. M-5, op. 2, d. 304, S. 62–63.
92 Nye: Soft.
93 RGASPI, f. M-5, op. 2, d. 774, S. 31–32.

Die empfundene Allgegenwärtigkeit eines latenten ideologischen Bedrohungs-potentials wirkte sich insbesondere auf den Tourismus in die „Bruderländer" aus. Die sowjetischen Reiseleitungen fühlten sich nun auch hier verstärkt dazu berufen, ihre Touristen vor schädlichen Einflüssen zu bewahren. So sprach der Gruppenleiter einer von Sputnik organisierten Reise junger sowjetischer Physiker zu einer internationalen Konferenz zu Elektronenhalbleitern in Warschau im Juli 1972 davon, dass mit einer Reihe von Touristen in Folge von „psychologi-schen Erschwernissen" Gespräche mit „erzieherischem Charakter" durchgeführt werden mussten.[94] Grund für die hohe Belastung war die Tatsache, dass sich die Nachwuchswissenschaftler permanent in Diskussionen um die neue Ostpolitik verwickelt sahen, die seit dem Ende der 1960er Jahre die Beziehungen zwischen der Bundesrepublik Deutschland und Polen prägten.[95] Die Ansichten des polni-schen Reiseführers zu dem Innenleben seines Landes seien „spezifisch und un-charakteristisch" gewesen, nichtsdestotrotz habe er mit allen Mitteln versucht, sie der sowjetischen Delegation nahezubringen: „Einige seiner Fragen können kaum als freundschaftlich bezeichnet werden – insbesondere in Bezug auf die Rechtfertigung von Privateigentum u. Ä."[96]

Die Erfahrung, dass sich Teile der Bevölkerungen innerhalb des sozialistischen Staatenraums ideologisch allmählich von sowjetischen Standpunkten entfern-ten, sorgte nicht nur bei den sowjetischen Touristen für Verunsicherung. In der sich komplizierter gestaltenden weltpolitischen Lage war der Unterschied zwischen Freund und Feind immer schwieriger auszumachen. Dies war eine widersprüchliche Entwicklungen der sogenannten „Entspannungsphase":[97] Die Funktionäre der sowjetischen Tourismusorganisationen reagierten auf die un-deutlicher und komplexer werdende außenpolitische Gemengelage mit einer verschärften Rhetorik. Auf der Suche nach einer angemessenen Ausdrucksweise für neue Herausforderungen, deren Gestalt kaum greifbar war, reaktivierten sie vertraute Freund-Feind-Schemata. Wie schwer sich auch die Gruppenleiter da-mit taten, eine Sprache für die neuen kulturellen Phänomene zu finden, mit de-nen sie sich in dieser Zeit konfrontiert sahen, ist Thema des folgenden Kapitels.

---

94 RGASPI, f. M-5, op. 2, d. 517, S. 62.
95 Vgl. Katarzyna Stokłosa: Polen und die deutsche Ostpolitik. 1945–1990, Göttingen 2011.
96 Ebd., S. 61.
97 Vgl. für einen aktuellen politikgeschichtlichen Überblick über die weltgeschichtliche Epo-che von 1969 bis 1979 Craig Daigle: „The Era of Détente", in: Andrew Humphrys u. a. (Hg.): The Routledge Handbook of the Cold War 2014, S. 195–208.

4.1.4 Der „Pornographie"-Diskurs als Indikator der Unsicherheit im Umgang mit gesellschaftskulturellen Entwicklungen im Westen

Der CSTE-Vorsitzende Abukov beobachtete bei einem touristischen Aufenthalt in München während der Sommerolympiade 1972 eine Demonstration der „kommunistisch-marxistisch-leninistischen ultralinken Jugend", die zwar einerseits gegen den Vietnam-Krieg, den amerikanischen Imperialismus und die Politik der Bundesrepublik protestierte, anderseits aber auch „antisowjetische Losungen" vorbrachte.[98] „Mit einzelnen Ausnahmen," so Abukov weiter, „verhielten sich die sowjetischen Touristen angemessen, orientierten sich korrekt in einer schwierigen Umgebung, besonders in der Periode, in der sich die tragischen Ereignisse in München [die Entführung israelischer Olympioniken durch palästinensische Terroristen, Anm. d. V.] abspielten."[99]

Eine der „einzelnen Ausnahmen", auf die Abukov verwies, war in diesem Zusammenhang durchaus bemerkenswert. Sie bezog sich auf den Tabubruch eines prominenten Touristen, der deswegen schwer ins Gewicht fiel, weil er die Sexualmoral betraf und damit einen Bereich, der aus Sicht führender Funktionäre der Reiseagenturen zu Beginn der 1970er Jahre für die Außenwirkung der sowjetischen Touristengruppen von zentraler Bedeutung war. Der stellvertretende Landwirtschaftsminister der Estnischen Sowjetrepublik, E. K. Kraaving, sorgte während seines Besuchs der Olympischen Spiele in München für einen handfesten Skandal, als er unter dem Vorwand, sich unwohl zu fühlen, am 6. September 1972 darum bat, seine Gruppe nicht begleiten zu müssen. Daraufhin, so Abukov,

> „betrank er sich stark, verlangte in der Hotellobby nach Frauen, ging in die Stadt und wurde von einer unbekannten Frau ins Hotel ‚Ost' gebracht, in der auch die Leitung von Intourist untergebracht war, benahm sich zügellos; am 7. September wurde er vorzeitig in die Sowjetunion zurückgeschickt."[100]

Diese etwas verdruckste Erwähnung eines Falles von Prostitution deutete auf ein Problemfeld im Auslandstourismus hin, das keineswegs nur in westlichen Ländern eine Rolle spielte, sondern insbesondere innerhalb des sozialistischen Staatenraumes zunehmend an Bedeutung gewann. Der polnische Geheimdienst stellte etwa nach einer längerfristigen Observation der Hotels des polnischen Reisebüros „Orbis" in Warschau im Herbst 1972 fest, dass in den dazugehörigen gastronomischen Einrichtungen täglich zwischen 60 und 80 sich prostituierende Frauen sowie „ein gutes Dutzend" Devisenspekulanten ausländische Touristen „belagerten und belästigten". Aus dem Bericht ging zudem hervor, dass Prostitution – gerade auch von minderjährigen Frauen – in den Warschauer Ho-

---

98 GARF, f. 9520, op. 1, d. 1656, S. 61.
99 Ebd.
100 Ebd.

tels ein bestimmtes Phänomen noch weit vor illegalen Devisen- oder Tauschgeschäften darstellte und im Wachstum begriffen war.[101]

Ungeachtet der Tatsache, dass auch sowjetische Touristen in Versuchung geraten sein dürften, von diesem „Angebot" Gebrauch zu machen, finden sich nur äußerst selten Berichte über Disziplinverstöße, wie sie Kraaving zur Last gelegt wurden. Ein Grund dafür mag die geringe Kaufkraft und die starke Überwachung der sowjetischen Touristen gewesen sein – für die polnischen Prostituierten dürften in erster Linie westliche Touristen zu den bevorzugten Kunden gezählt haben. Außerdem mag es sowjetischen Bürgern immer wieder gelungen sein, individuelle Begegnungen mit Ausländern vor den Augen des Gruppenleiters fernzuhalten, wie es etwa ein Zeitungsartikel der New York Times aus dem Jahr 1972 nahegelegte.[102] Darüber hinaus drängt sich als Erklärung für die Meidung des Themas „Prostitution" seitens der Gruppenleiter auf, dass es sich hierbei um ein Vergehen handelte, dass das von den Offiziellen propagierte Selbstbild des sowjetischen Auslandstourismus an seiner empfindlichsten Stelle traf: der moralischen Integrität seiner Protagonisten.

Es scheint daher kein Zufall zu sein, dass Berichte von Gruppenleitern über heimliche nächtliche Ausflüge von Touristen gegen Ende der 1960er Jahre kaum noch anzutreffen waren. In einer auf wirtschaftlichem und technischem Gebiet zunehmend hinter westliche Standards zurückfallenden Sowjetunion erhielt die Betonung einer intakten (Sexual-)Moral eine überragende Bedeutung. Dies verdeutlichte auch der sowjetische Kinohit „Der Brillantenarm" aus den Jahr 1969.[103] Die Reisebekanntschaft Geša (ein Diamantenschmuggler) des Hauptprotagonisten Semen Gorbunkov wird dort auf einer Kreuzfahrt während eines Zwischenhalts in Istanbul von einer Prostituierten umworben, lehnt die Offerte aber in internationalem Fantasiesprech mit dem Hinweis: „Russo turisto obliko morale! Verstehn?" ab.[104]

Allerdings blieben die Folgen der globalen kulturellen Entwicklungen der 1968er Jahre nicht ohne Auswirkungen auf die Berichte der Gruppenleiter. Indiz hierfür war das Aufkommen des Begriffes der „Pornographie". Ohne direkt auf eine körperliche Interaktion mit ausländischen Frauen zu verweisen, rückte er den

---

101 IPN, BU 0366/4, 081–0645, S. 51.
102 James Feron und Tom Little: Russische Touristen und warum sie die Länder des sozialistischen Lagers für den „verwesenden Westen" halten, The New York Times, 27.2.1972; der Artikel ist dem Blogeintrag einer russischsprachigen Webseite entnommen und wurde daher direkt ins Deutsche übersetzt, s. http://0gnev.livejournal.com/163712. html, zuletzt eingesehen am 31.10.2018.
103 Brillantovaja ruka, Regisseur: Leonid Gajdaj, UdSSR 1969.
104 Im russischsprachigen Raum gehört dieser Ausspruch zum kollektiven Erinnerungsschatz. Igor' Orlov und Aleksey Popov verwendeten daher auch einen Teil dieses Zitats für ihren weiter oben zitierten Buchtitel Skvoz' železnyj zanaves. Russo turisto: sovetskij vyezdnoj turizm, 1955–1991.

Mann als „verführbares" Objekt westlicher Einflüsse in den Blickpunkt. Zwar galt eine mangelnde Zurückhaltung gegenüber dem anderen Geschlecht im Auslandstourismus immer schon als Einfallstor für zersetzende Einflüsse; dabei standen bis dahin allerdings eher Frauen als das verführbare Geschlecht im Zentrum der Aufmerksamkeit.[105] Der Begriff der „Pornographie" stand in Zusammenhang mit mangelnder ideologischer Standfestigkeit männlicher Touristen und wurde nicht zufällig häufig in Verbindung mit Alkoholkonsum und illegalem Handel genannt: Wer die sowjetische Ordnung nicht respektierte, machte sich verdächtig, der Versuchung der westlichen Dekadenz anheimgefallen zu sein.

Die Zuschreibung „pornographisch" wurde dabei in einem sehr breiten Kontext angewendet und kennzeichnete neben einer (zumindest für sowjetische Standards) expliziten Darstellung von Sexualität einen Gegenstand bzw. eine Darstellung als fremd und moralisch fragwürdig. Eine der frühesten Erwähnungen dieses Adjektivs erfolgte nach der Englandreise einer georgischen Gruppe an der Jahreswende zwischen 1967 und 1968. Bei den Touristen Mamuladze und Beradze, die während ihres Aufenthaltes in London des Diebstahls verdächtigt worden waren, wurde nach ihrer Rückankunft in Moskau am Flughafen Šeremetevo „Literatur pornografischen Charakters" sowie zwei Bücher Svetlana Alliluevas gefunden.[106] Auch auf der weiter oben geschilderten Intourist-Reise zu den Olympischen Spielen in München 1972 wurde einzelnen Touristen der Versuch der Ausfuhr „pornographischer Druckerzeugnisse" (izdanija) bzw. „pornographischer Postkarten" zur Last gelegt[107]; ein Ehepaar soll auf einer Sputnik-Reise nach Polen im Jahr 1978 „pornografische Spielkarten" erworben haben.[108] Der Begriff des Pornographischen war dabei keineswegs an Druckerzeugnisse gekoppelt – in einem Bericht des Gebietskomitees der Moskauer Gewerkschaften von 1974 wurde über den Touristen Ol'nev berichtet, er hätte von einer Reise aus Jugoslawien einen „parnografischen (sic!) Fernseher" mitgebracht.[109] Die in der Phonetik des Wortes begründete fehlerhafte Schreibweise „parnografisch" (parnografičeskij) war dabei recht häufig anzutreffen – noch 1977 kam sie in zwei Berichten aus Frankreich vor, in denen von „parnografischen Filmen" (der Verfasser korrigierte in diesem Fall die fehlerhafte Schreibweise nachträglich per Hand) und einem Kino mit „parnografischem Repertoire" die Rede war.[110] Der unbeholfene Umgang mit dem der westlichen Kultur zugeschriebenen Adjektiv reflektierte dabei die Unsicherheit der Reisefunktionäre gegenüber Liberalisierungsprozessen im Ausland sowohl auf semantischer als auch auf or-

105   Gorsuch: All this, S. 65–66; 96.
106   RGASPI, f. M-5, op. 2, d. 71, S. 184.
107   GARF, f. 9520, op. 1, d. 1656, S. 61–62.
108   RGASPI, f. M-5, op. 3, d. 78, S. 75.
109   GARF, f. 9520, op. 1, d. 1982, S. 55.
110   RGASPI, f. M-5, op. 3, d. 4, S. 51–52.

thographischer Ebene. Man wusste weder genau, womit man es zu tun hatte, noch, wie es korrekt zu bezeichnen war.

Der „Pornographie"-Diskurs und die damit assoziierten Bedeutungsfelder fungierten als sprachliche Entsprechung für das Gefühl der kulturellen Distanz zwischen Sowjetreisenden und einer immer weiter in den sozialistischen Staatenraum ausgreifenden „westlichen" Kultur. Er eröffnete zudem ein diskursives Feld, in dem touristische Funktionäre die Sowjetunion als Behüter eines moralisch überlegenen Gesellschaftsmodells darstellen konnten. So zeigte sich der Leiter einer Sputnik-Reisegruppe aus Kostroma im August 1972 empört darüber, dass ihnen in Polen zweimal „das Recht auf die Auswahl des zu schauenden Kinofilms" vorenthalten worden sei:

> „Die Tickets hatte Juventur im Vorfeld erworben. Aus diesem Grund mussten wir Filme mit sexuellen Inhalten (s seksualnymi kartinkami) anschauen. Alle unsere Kostromer Touristen benahmen sich so, wie es sowjetischen Touristen angemessen ist: akkurat, würdevoll, diszipliniert."[111]

Die Verwendung der Attribute „akkurat, würdevoll, diszipliniert" erinnerte stark an die Trias „Disziplin, Höflichkeit und Heiterkeit", mit der sieben Jahre zuvor eine Intourist-Gruppenleiterin ihre Touristen charakterisiert hatte. Dabei war der Rekurs auf die „Würde" eine kleine, aber typische Akzentverschiebung. Seitdem sowjetische Touristen auch im sozialistischen Staatenraum immer öfter herablassend behandelt wurden, stieg das Bedürfnis der Reiseleitung, nach Anhaltspunkten zu suchen, die die Beschreibung der eigenen Touristen als „würdevoll" und der einheimischen Bevölkerung überlegen rechtfertigten. Der Moskauer Sputnik-Gruppenleiter A. Kiziljaev stellte in seinem Reisebericht aus der ČSSR im Juni 1972 fest, dass der sowjetischen Jugend im Gegensatz zur tschechoslowakischen Eigenschaften wie politische Reife und ideologische Überzeugung zu attestieren seien;[112] in einem anderen Bericht aus England aus dem September desselben Jahres hieß es, dass „die [dortige] Jugend sich fest einer apolitischen Haltung verschrieben hat und sich lediglich individuellen Interessen und Geschäften widmet."[113]

In ausführlicher und idealtypischer Form findet sich die narrative Überhöhung der eigenen Landsleute in den Ausführungen des Ersten Sekretärs des Leningrader Parteigebietskomitees A. Bubnov, der im Juli 1974 eine Sputnik-Gruppe nach Oslo begleitete. Seine Erlebnisse in dem Jugendklub „Sieben" in Oslo nutzte er als Aufhänger, um die positiven Charaktereigenschaften der sowjetischen Touristen besonders hervorzuheben:

---

111 RGASPI, f. M-5. op. 2, d. 517, S. 91.
112 RGASPI, f. M-5, op. 2, d. 520, S. 114.
113 RGASPI, f. M-5, op. 2, d. 529, S. 11.

„Uns Sowjettouristen erstaunte diese Ansammlung junger Leute in dem ‚Club Sieben‘. Die dortige Jugend im Alter von 16 bis 20 Jahren bot einen hässlichen, schlampigen Anblick, schmutzig, zerrissen, zum Teil halb-nackt. Sie kommen hierhin, um Bier oder Wein zu trinken, eine zufällige Begleiterin oder einen Begleiter zu finden, bis zur völligen Erschöpfung zu tanzen und sich danach ihrem Partner oder ihrer Partnerin zuzuwenden, um mit ihm oder ihr den Rest der Nacht zu verbringen. Alles in allem abscheulich und widerwärtig. Wir konnten uns keinen Reim darauf ma-chen, worin die Ziele dieses Klubs bestehen. Aber offensichtlich verfolgen die Begründer das Ziel, Propaganda für die „Freiheit der Persönlichkeit" in ihrem Verständnis zu betreiben, nämlich indem sie die Jugend von ge-sellschaftlichen Aktivitäten ablenken und dabei deren primitivste Gefühle ausnutzen, um kommerziellen Gewinn zu erzielen. Unsere Leute verblie-ben mit einem niederschmetternden Eindruck von dem Klub und da-von, wie tief ein junger Mensch unter den Bedingungen der bürgerlichen Gesellschaft sinken kann, obwohl wir dort keine Trinkgelage und keine Skandale sahen. Aber wir sahen die Kehrseite der bürgerlichen Moral, die die Jugend noch stärker ins Verderben zieht als Trinkgelage, die es leider [auch] bei uns gibt. Die allgegenwärtige Sittenlosigkeit, die Drogenabhän-gigkeit verdeckt in ihrer Erbärmlichkeit die Schwächen und Mängel im Verhalten eines Menschen. Aus diesem Gestank kehrten wir spätabends in unser Hotel zurück. Und wie aus Protest zu all dem Gesehenen fingen unsere Jungens und Mädels in der Metro ganz willkürlich damit an, un-sere Lieder zu singen, die sowjetischen, die des Komsomol, Lieder über die Heimat. Diesen Liedern hörten alle Ausländer an den Haltestellen der Metro mit großer Aufmerksamkeit und Interesse zu. Und als wir *pod-moskovnye večera* anstimmten, fingen einige von ihnen an, mitzusingen, während fast alle anderen im Takt der Melodie mitklatschten. Dies war wie ein fröhliches Erwachen nach schwerem Schlaf, ich würde sogar sa-gen, nach einem Albtraum. Unvermittelt kommt einem der Gedanke an die moralische Sauberkeit und den geistigen Reichtum unserer Jugend, ihre Standfestigkeit und Hingabe zu unseren Idealen, unserer Heimat. Es war charakteristisch, dass sich unsere Leute während des gesamten Aufenthalts in Norwegen das in diesem Club Gesehene nicht weiter ins Gedächtnis riefen. Mir scheint, sie schämten sich einfach für das, was sie gesehen hatten. Tatsächlich sagte ein Bursche aus Tscheljabinsk: ‚Als ein Mädchen während des Tanzes auf die Knie fiel und anfing, in Ekstase den Boden zu küssen, da habe ich ihr auf Englisch befohlen, sich zu erheben. Sie war baff vor Verwirrung und erhob sich gehorsam.‘ Ich denke, er hat richtig gehandelt – sie sollen ruhig von den Kenntnissen und der Würde unserer Jugend wissen, von ihrer Rechtschaffenheit."[114]

Zwar stach die Schilderung Bubnovs in ihrer Farbigkeit und Emotionalität aus der ansonsten eher nüchternen Berichtsprosa der Gruppenleiter heraus; in der Argumentationslogik passte sie aber genau in die zweite Herrschaftsphase Brežnevs. Angesichts vermeintlich verfallender Sitten in einer von kapitalistischem Nihilismus befallenen Welt konnte das eskapistische Heraufbeschwören einer heilen sowjetischen Weltordnung die weitgehend diskreditierte Ein- und Überholrhetorik der vergangenen zwei Jahrzehnte zwar nicht gleichwertig ersetzen, bot aber zumindest einen argumentativen Rettungsanker. In dem Maße, wie die wirtschaftliche Disparität zu den westlichen Volkswirtschaften den sowjetischen Touristen immer deutlicher vor Augen stand, verstärkte die touristische Funktionärskaste ihre argumentativen Bemühungen, die ideelle Leere und soziale Ungerechtigkeit der kapitalistischen Gesellschaftsordnung als Schattenseiten entgegenzusetzen.

4.1.5 Die Professionalisierung des touristischen Erscheinungsbildes in den 1970er Jahren

Voraussetzung dafür, dass die Behauptung der moralischen Überlegenheit sowohl in der Außen- als auch in der Eigenwahrnehmung eine gewisse Glaubwürdigkeit beanspruchen konnte, war eine noch stärkere Integration der Touristen in eine Art folkloristisch-traditionalistische Inszenierung einer heilen sowjetischen Welt. Der gesamte sowjetische auslandstouristische Apparat verstärkte zu Beginn der 1970er Jahre seine Bemühungen, das Erscheinungsbild und den Auftritt der Reisegruppen zu „professionalisieren". Dadurch wandelten sich auch die Ansprüche, die Auslandsreisenden entgegengebracht wurden: Galt in den 1950er und 60er Jahren das erfolgreiche Durchlaufen des touristischen Auswahlverfahrens als vorläufig hinreichender Ausweis der Linientreue, die erst bei Fehlverhalten in Frage gestellt wurde, setzte man nun verstärkt auf zusätzliche Absicherungsmaßnahmen: Reisekandidaten erhielten schon vor der Abreise umfangreichere und konkretere Schulungen in ihrer Heimatregion; darüber hinaus wurden Gruppen zum Teil mit „Propagandisten" und Künstlern durchsetzt, um eine wirksame Außendarstellung zu garantieren.

Der Tourismus in die Tschechoslowakei diente auch hier als Motor neuer Entwicklungen. Ein ganzes Maßnahmenpaket sollte dabei helfen, den Tourismus in diese neue Risikoregion zu „normalisieren" und ihn gleichzeitig für eine Art propagandistische Gegenoffensive zu instrumentalisieren. Im Januar 1969 trafen

---

114 RGASPI, f. M-5, op. 2, d. 1084, S. 39f.

sich Vertreter von Sputnik mit der Leitung des tschechoslowakischen Büros für Jugendtourismus und drängten darauf, dass sowjetische Touristen in Zukunft möglichst von Feindschaftsbekundungen verschont bleiben sollten, insbesondere auch von Seiten tschechoslowakischer Reiseführer und Dolmetscher.[115] 1970 organisierte Intourist in Zusammenarbeit mit den Gewerkschaften eine regelrechte touristische Offensive in der ČSSR: 30.000 Touristen, so viele wie nie zuvor (und fünf Prozent mehr als im Plan vorgesehen), bereisten das Bruderland, um „bei Treffen und in Gesprächen Überzeugungsarbeit zu leisten, Erfahrungen auszutauschen und die Freundschaft zwischen den Völkern der Sowjetunion und der Tschechoslowakei zu intensivieren."[116] In jeder touristischen Gruppe, so der Jahresbericht der Gewerkschaften weiter, seien zwei bis drei „erfahrene Propagandisten" mitgereist. Durch die Einschaltung professioneller Agitatoren trieben die Gewerkschaften das etablierte Prinzip eines „gelenkten Tourismus" auf die Spitze: Während die vorbereitende Schulung der Touristen über das erwünschte Verhalten im Ausland intensiviert wurde, schickte man gleichzeitig immer häufiger professionelle „Darsteller sowjetischer Identität" über die Grenzen.

Die performative Repräsentation eines sowjetischen Lebensstils rückte damit noch stärker als zuvor in den Vordergrund. Der für Außendarstellungszwecke ideale Tourist hatte aus Funktionärssicht drei Kriterien zu erfüllen: er war Arbeiter oder Kolchosnik, musisch begabt und hatte fundierte Kenntnisse über die Segnungen des sowjetischen Gesellschaftssystems. So wandte sich der stellvertretende Vorsitzende von Sputnik, A. Pronin, 1972 an das Zentralkomitee des Kasachischen Komsomol mit der Bitte, 30 Touristen für eine Reise nach Frankreich auf Einladung der dortigen Freundschaftsgesellschaft auszuwählen, von denen mindestens die Hälfte Arbeiter und Kolchosniki sein sollten. Mit Nachdruck verwies Pronin auf die Notwendigkeit, die Touristen umfassend auf ihre Auslandsreise vorzubereiten:

> „Die Touristen müssen die Rolle der Partei für die Führung des Staates sowie die Rolle des Komsomol und der Gewerkschaften in der sowjetischen Gesellschaft exakt darstellen. In Diskussionen und Gesprächen im Ausland muss jeder Tourist in der Lage sein, die Vorzüge des sowjetischen Staates auf dem Gebiet der sozialen und kulturellen Verfasstheit aufzuzeigen. [...] Zur Überprüfung der Eignung der Touristen für die Reise wird das ZK VLKSM Prüfungsgespräche durchführen. Touristen, die ungenügend vorbereitet sind, werden zu Auslandsreisen nicht zugelassen."[117]

---

115 RGASPI, f. M-5, op. 2, d. 101, S. 16.
116 GARF, f. 9520, op. 1, d. 1422, S. 16.
117 RGASPI, f. M-5, op. 2, d. 533, S. 1.

Angesichts dieser strengen Anforderungen ersparte sich der kasachische Komsomol ein mühsames Auswahlverfahren und setzte stattdessen auf das 1968 gegründete Vokal-Instrumental-Ensemble „Ajgul". Das aus Studentinnen des Staatlichen Pädagogischen Instituts für Frauen rekrutierte Volksmusikkollektiv war Preisträger eines Allunionsmusikwettbewerbs und hatte nach Aussagen des Sekretärs des ZK LKSM Kasachstan, G. Mitrofanenko, bereits im Rahmen der „agitatorischen Begleitung (agitperelet)" des XXIV. Parteitages der KPdSU 1971 sowie bei Gastspielen in allen großen Städten Kasachstans „mehr als fünf Millionen Werktätigen zu Diensten gestanden".[118]
Mit seiner Wahl entschied sich die Leitung des kasachischen Komsomol damit für eine bequeme und risikoarme Lösung (die aber eben nicht die Entsendung des angeforderten Anteils von Komsomolzen und Arbeitern beinhaltete) und lag damit im Trend: Gerade bei prestigeträchtigen und ideologisch bedeutsamen Westreisen lag für die regionalen Komitees der Jugendorganisation die Entsendung künstlerischer Kollektive nicht nur nahe, sondern entsprach auch dem Wunsch der Führung des Komsomol nach einer möglichst professionellen Außenwirkung der Touristen. Bereits im Januar 1970 hatte sich Sputnik in einem Bericht unzufrieden darüber geäußert, dass mehrere geplante Entsendungen von Musik-Ensembles unter anderem nach Finnland aus organisatorischen Gründen nicht oder nur unvollständig zustande kamen: „Immer wieder wurde die große Bedeutung der Auslandsreisen künstlerischer Kollektive betont. Allerdings ist das ZK VLKSM verärgert über die oberflächliche Herangehensweise vieler Komitees des Komsomol an diese Frage."[119]
Im Laufe der 1970er Jahre wurde die Entsendung künstlerischer Kollektive dann mehr und mehr Teil der neuen auslandstouristischen Normalität: „Es ist zu einer wunderbaren Tradition geworden," hieß es dazu in einem Bericht von Sputnik 1974, dass sich in jedem [touristischen Freundschafts-]Zug eine Gruppe mit Propagandisten des Komsomol sowie künstlerische und Sport-Kollektive befinden."[120]
In der zweiten Hälfte der 1970er Jahre setzte Sputnik Ensemble-Reisen gerade in westlichen Ländern immer häufiger gezielt als zentralen Bestandteil einer in die Breite zielenden Propaganda ein. Dazu hieß es in dem Bericht der Abteilung für kapitalistische und Entwicklungsländer von Sputnik für das Jahr 1977:

> „Das vergangene Jahr war charakterisiert durch eine intensive Vorbereitung auf den Übergang zu einer qualitativ neuen Stufe der propagandistischen Arbeit unter Jugendlichen, die ins Ausland reisen (Vorbereitung der Touristen durch inhaltlich-propagandistische Referate, Treffen

118 Ebd., S. 4.
119 RGASPI, f. M-5, op. 2, d. 160, S. 24.
120 RGASPI, f. M-5, op. 2, d. 774, S. 6.

an runden Tischen, Diskussionsimitationen, Treffen, Interviews, Fragen und Antworten, Verbreitung von informativer-propagandistischer Literatur etc.) [...] Aus ihren Gesprächen mit der ausländischen Jugend zogen die jungen sowjetischen Touristen die Erkenntnis, dass der derzeitigen Propagandakampagne des Westens durch noch aktivere Propaganda des Friedens und der breiten internationalen Zusammenarbeit effektiv entgegengewirkt werden kann.

Die Entsendung regionaler Volkstanzgruppen stellte die sichtbarste Ausprägung einer Spezialisierungs- und Regionalisierungstendenz dar, die sich in den 1970er Jahren in allen Bereichen des Auslandstourismus vollzog: Touristengruppen rekrutierten sich immer öfter komplett aus einzelnen Einrichtungen und reisten zu einem bestimmten Zweck. Die touristischen Organisationen hatten damit die Lehre aus der Vergangenheit gezogen, dass es in disparat zusammengesetzten Reisegruppen häufig zu Konflikten kam, die eine geschlossene Außendarstellung erschwerten. Die Kehrseite dieser Entwicklung war allerdings, dass sowjetische Touristengruppen sowohl in der Fremd- als auch in der Selbstwahrnehmung immer stärker als Vertreter ihrer Herkunftsregion und immer weniger als „Sowjetbürger" wahrgenommen wurden. Schon das Repertoire des oben erwähnten kasachischen Vokal- und Instrumentalensembles „Ajgul" enthielt 1972 größtenteils keine sowjetischen „Klassiker", sondern kasachische Volkstänze und -lieder.[121]

Gerade für die peripher gelegenen Sowjetrepubliken, deren Touristen in gemischten Reisegruppen von der Reiseleitung häufig als Fremdkörper identifiziert wurden, war die Selbstdarstellung über Volkstanzensembles eine Möglichkeit, das vermeintliche Manko einer nichtrussischen Ethnizität in ein Alleinstellungsmerkmal zu verwandeln und damit positiv zu wenden. So stellte der Gruppenleiter eines georgischen Jugendensembles, Ž. G. Golotvin, nach einer Reise durch Österreich im Mai 1978 fest, dass

> „das Interesse an Volkstänzen und -liedern unseres Landes in der [österreichischen] Bevölkerung außerordentlich groß ist. Mit der musikalischen Kunst des russischen Volkes", so Golotvin weiter, „ist der österreichische Zuschauer ausreichend vertraut. Aber er weiß nur sehr wenig von der Kunst anderer Völker der Sowjetunion: des Baltikums, des Nordens und Nordostens, Zentralasiens. Daher ist es offensichtlich sinnvoll, in erster Linie junge Ensembles aus den genannten Regionen des Landes zu verschicken. Die Auftritte dieser Kollektive erlauben es nicht nur, die Bevölkerung Österreichs mit dem kulturellen Leben der Nationen, der Völkerschaften der

---

121 Von den 27 angeführten Titeln im Repertoire des Ensembles hatten 19 einen kasachischen Ursprung, vgl. RGASPI, f. M-5, op. 2, d. 533, S. 5–6.

UdSSR vertraut zu machen, sondern ermöglichen es ihr darüber hinaus, mehr über die Erfolge der leninistischen Nationalpolitik der KPdSU zu erfahren. Und wenn man bedenkt, dass (den Worten eines Botschaftsmitarbeiters nach) zu den Vorträgen führender Spezialisten und Wissenschaftler der UdSSR, die von der Gesellschaft für österreichisch-sowjetische Freundschaft organisiert werden, eine außerordentlich unbedeutende Zahl an Zuhörern erscheint, so wird deutlich, dass die Auftritte musikalischer Kollektive unter den Bedingungen in Österreich die effektivste Form der Propaganda für die Vorzüge der sowjetischen Lebensweise darstellen."[122]

Die Bevorzugung Golotvins einer eher auf Emotionen und Exotik abzielenden theatralen Außendarstellung gegenüber dem sonst üblichen intellektuellen und akademischen Auftreten verdeutlichte die sich allmählich vollziehende Neuausrichtung und Ausdifferenzierung der Außendarstellung sowjetischer Reisegruppen in den 1970er Jahren Mit dem Verweis auf die Popularität seiner Ensembles und dem Seitenhieb auf die fehlende Sichtbarkeit der gelehrten russischen Touristen artikulierte Golotvin ein neues Selbstbewusstsein der nichtrussischen Republiken, die ihre Nationalkultur offensiv in den Dienst einer sinnenfrohen Darstellung der sowjetischen Gesellschaft stellen, sich gleichzeitig aber auch als eigenständige Akteure im touristischen Geschehen profilieren wollten. Die Hervorhebung nationaler Besonderheiten passte dabei durchaus zu dem Bemühen von Intourist und Sputnik, im Ausland potenzielle Touristen für Reisen in die UdSSR zu gewinnen. Ab Mitte der 1960er Jahre setzten die Reiseorganisationen in diesem Zusammenhang auf Tourismusmessen und Werbeveranstaltungen im Ausland verstärkt auf die Hervorhebung regionaler kultureller Traditionen – mit Hilfe von Trachten- und Folkloregruppen präsentierte die Sowjetunion ein provinzialisiertes Bild ihrer selbst, um als Reiseziel attraktiver zu erscheinen.[123]

Die Hervorhebung regionaler Eigenheiten in der Selbstdarstellung der Reisegruppen hatte zur Folge, dass die Touristen im Ausland zuweilen nicht als Repräsentanten der UdSSR, sondern als Vertreter ihrer Herkunftsregion wahrgenommen wurden. So gab es im Mai 1980 auf einem Festival für Volksmusikensembles in Österreich einen vielsagenden Zwischenfall, als die armenische Gruppe im Gegensatz zu allen anderen Ensembles keine Flagge ihres Herkunftsstaates mit sich führte. Im letzten Moment half die Sekretärin der österreichisch-sowjetischen Freundschaftsgesellschaft, Margaret Dobringer, mit einer Flagge der Kommunistischen Partei Steyrs aus, die jener der KPdSU sehr

---

122 RGASPI, f. M-5, op. 3, d. 90, S. 12–13.
123 Vgl. vor allem für das Beispiel der Ukrainischen Sowjetrepublik Sergei I. Žuk: Popular National Culture and Advertising in the Soviet Travel Agencies, 1964–1984, in: Memoria y civilización. 2011, S. 53–77.

ähnlich sah. Obwohl in dem Bericht nicht näher ausgeführt wurde, ob das ursprüngliche Fehlen der sowjetischen Flagge einer bewussten Entscheidung der Gruppe entsprochen hatte, legte die abschließende Empfehlung des (russischen) Gruppenleiters diesen Schluss nahe. Es sei zielführender, schrieb dieser, bei der Zusammensetzung der Gruppe „eine in Hinblick auf die Nationalitäten und die Anzahl der Personen, die russisch sprechen, breitere Auswahl vorzunehmen."[124] Noch im selben Jahr wurden nach Angaben des Gruppenleiters V. Daktaraitite während eines Besuches des Volkstanzensembles der Staatsuniversität Vilnius in Salzburg von Vertretern der katholischen Männerbewegung Handzettel verteilt, die zum „Kampf für die Ausweitung der Rechte und Freiheiten der katholischen Bewegung in Litauen" kämpften.[125]

Derartige Vorkommnisse verdeutlichten die Paradoxien des sowjetischen Auslandstourismus': Eine idealtypische Inszenierung sowjetischer Identität im Ausland scheiterte in vielen Fällen an der ethnischen, kulturellen und sprachlichen Heterogenität des Vielvölkerimperiums, die angesichts eines wachsenden Selbstbewusstseins der nichtrussischen Sowjetrepubliken noch stärker vor Augen trat. Dass die Versendung von Volksmusikensembles dennoch ein beliebtes kulturdiplomatisches Instrument blieb, hing damit zusammen, dass es im besten Fall sowohl den entsendenden Regionalkomitees von Partei, Gewerkschaften und dem Komsomol als auch den Reisebüros handfeste und quantifizierbare Erfolgsmeldungen sowohl im In- als auch im Ausland versprach. So stellte der Gruppenleiter des Ensembles „Frühlingssonnenaufgänge" (Vesennye zori) der Technischen Berufsschule in Woronesch die Reise durch die Bundesrepublik als regelrechten Triumphzug dar:

> „Während ihres Aufenthaltes in der BRD trat das Kollektiv mit einem kompletten Konzertprogramm an vier Orten auf: im Kultur- und Freizeithaus Linden (400–450 Zuschauer), Laatzen (250), Bottrop (450–500) [und im] Grugapark Essen (4000). Die Auftritte des Kollektives wurden überall gut aufgenommen, überall entstand eine gute Atmosphäre. An dem Abend, der von einem Vertreter der DKP in Bottrop organisiert wurde, skandierten die Zuschauer nach dem Auftritt des Ensembles: ,Internationalismus! Solidarität! Friede! Freundschaft!'. Und vor dem viertausendköpfigen Publikum im Grugapark in Essen beendete das Ensemble seinen Auftritt […] mit dem Absingen der Internationale, was von den im Saal Anwesenden freundschaftlich begrüßt wurde."[126]

Das sorgfältig choreographierte Gastspiel des Ensembles aus Woronesch wurde nach dessen Rückkehr zum Anlass für eine umfassende propagandistische

---

124 RGASPI, f. M-5, op. 3, d. 198, S. 9.
125 Ebd., S. 16.
126 RGASPI, f. M-5, op. 3, d. 307, S. 70.

Nachbearbeitung genommen. Die Touristen berichteten an ihren Ausbildungs-
und Arbeitsplätzen vor einer großen Zuhörerschaft über ihre Erfahrungen; zudem wurde die Deutschlandreise der „Frühlingssonnenaufgänge" für die regionale Presse und das Fernsehen aufgearbeitet.[127]
Handelte es sich bei derartigen Reisen überhaupt noch um Tourismus? In einem
westlichen Verständnis würde man die Gastspiele der Ensembles vermutlich eher
als professionelle Auslandstourneen bezeichnen. Die Tatsache, dass Sputnik die
Tänzer und Musiker ganz selbstverständlich als „Touristen" adressierte, verweist
jedoch ähnlich wie im Fall des Spezialtourismus auf die breite Anwendung dieses Begriffs im sowjetischen Kontext: Ob Auslandsreisende durch die Pariser In-
nenstadt flanierten, in der polnischen Provinz einen Chemiebetrieb inspizierten
oder auf westdeutschen Bühnen Tänze aus der Heimat vorführten, machte aus
Sicht der sowjetischen Reisebüros keinen Unterschied: Wer mit einer putevka
von Intourist, Sputnik oder den Gewerkschaften die heimatlichen Grenzen hinter sich ließ, hatte sich prinzipiell und uneingeschränkt einer kollektiven Re-
präsentationsmission zu unterwerfen. Das seit den späten 1960er Jahren üblich
gewordene Entsenden von Volkstanzensembles durch Sputnik ist insofern nicht
als Ausnahmeerscheinung, sondern als extreme Ausformung einer Entwicklung
anzusehen, die schon in den frühesten Auslandsreisen angelegt war: Konnten
diese noch als ‚Schauspieler sowjetischer Identität' im übertragenen Sinne bezeichnet werden, traten seit Mitte der 1960er Jahre immer häufiger Schauspieler
im wörtlichen Sinne als Auslandstouristen in Erscheinung.

4.1.6 Die Brežnev-Jahre: Zeit der sich verengenden touristischen Handlungsspielräume?

Betrachtet man die Entwicklung des Kontrollregimes in den Auslandsreisegrup-
pen von der Tauwetterphase bis zum Ende der Ära Brežnev, ergibt sich ein wi-
dersprüchliches Bild. Einerseits liegt es nahe, von einer stetig fortschreitenden
Verengung der Handlungsspielräume der Touristen zu sprechen. Sowjetische
Reisegruppen sahen sich spätestens seit der verstärkten Anwendung von Diszi-
plinierungsmaßnahmen Mitte der 1960er Jahre mit immer klarer formulierten
und durchgesetzten Verhaltensregeln konfrontiert; außerdem hatte der Trend
zur Spezifizierung der Reisen (als Spezial-, Freundschafts-, Ensemblereisen usw.)
zur Folge, dass Touristen zunehmend mit klar definierten und eng umgrenzten
Aufträgen ausgestattet wurden, die den Bereich dessen, wen und was sie zu sehen bekamen, einschränkten.
Andererseits führte die quantitative Ausweitung des Tourismus insbesondere in
die sozialistische Staatengemeinschaft dazu, dass die Chancen für sowjetische

---

127 Ebd., S. 71.

Bürger, die nicht Teil der Nomenklatura waren, überhaupt eine *putevka* zu erlangen, Jahr für Jahr besser wurden. Ungeachtet aller beschriebenen Missstände bei der Reiseorganisation und der Behandlung der Touristen, erhielt unter Brežnev die bisher stark vernachlässigte Arbeiterschaft eine – wenngleich auf kleinem Niveau – wachsende Beteiligungschance am Auslandstourismus. Das Nachlassen der in den ersten Jahren auffallend häufigen Konflikte zwischen der Reiseleitung und einzelnen Touristen ist daher nicht nur auf verstärkte Kontroll- und Überwachungsmaßnahmen zurückzuführen, sondern auch auf die Bereitschaft vieler Bürger, im Tausch für die Reisegenehmigung zumindest an der Oberfläche die von ihnen erwartete Rolle einzunehmen. Anders als die fast ausschließlich aus der sozialen Oberschicht rekrutierten Intourist-Reisenden der Tauwetterperiode betrachteten die demographisch tendenziell repräsentativeren Touristengruppen der späten 1960er und 1970er Jahre die Auslandsreise oft nicht als selbstverständliches Privileg, sondern akzeptierten weitgehend die Verpflichtungen, die ihnen für die Gewährung dieser „Dienstleistung" abverlangt wurden.

Die wenigen Ausnahmen dieses „Schweigekonsenses'" machten aber deutlich, dass es unter der Oberfläche der zur Schau getragenen Loyalität gärte. So widmete der Sputnik-Gruppenleiter Pleškov nach seiner Reise durch Westdeutschland im September 1980 dem Verhalten der Moskauer Doktorandin Fadeeva einen großen Absatz. Fadeeva war Dozentin an der „Hochschule des Komsomol" (Vysšaja Komsomol'skaja Škola), einer Kaderschmiede der Jugendorganisation,[128] und begleitete als Dolmetscherin eine Reisegruppe aus Kurgan nach Deutschland.

> „Genossin Fadeeva", so beklagte sich Pleškov, „äußerte sich ständig begeistert über den Westen [...], wirkte entsprechend auf die anderen Gruppenmitglieder ein und tat die Maßnahmen des Gruppenleiters als übertriebene Vorsicht ab. Dadurch ermöglichte sie eine aktive ideologische Bearbeitung der Gruppenteilnehmer durch [die Reiseführer] Udo und Juri. Auf meine Bitte hin wurde Fadeeva vorgeschlagen, [uns] angesichts der schwierigen politischen Lage in Polen über diese zu informieren. Sie erklärte, was in der ‚Pravda' und der ‚Ivestija' stehe, sei uns bekannt, und dass die Position unserer Partei und Regierung zu diesen Vorgängen allen vertraut sei, das Journal ‚Stern' gebe dagegen objektive Informationen zu diesen Ereignissen; sie vermittelte detailliert den Inhalt der Artikel aus dem westdeutschen Journal ‚Stern', zeigte Fotoaufnahmen von den Orten des Geschehens, die die Vorgänge aus einer antisozialistischen Position

---

128 Zur Geschichte der „Hochschule des Komsomol" s. Boris Ručkin: K 65-letiju Moskovskogo gumanitarnogo universiteta: iz chroniki naučnoj žizni VKŠ pri ZK VLKSM, in: Znanie. Ponimanie. Umenie 4/2009, S. 257–261.

beleuchteten. Ich war gezwungen, im Anschluss an ihren Vortrag eine Er-
widerung als Gegengewicht zu ihren Informationen zu geben."[129]

Pleškov beendete seinen Bericht mit der Feststellung, es sei merkwürdig, dass
Fadeeva seit längerer Zeit wissenschaftliche Beraterin für Reisegruppen in die
Bundesrepublik sei. Tatsächlich war der geschilderte Fall ein bemerkenswerter
Hinweis darauf, dass es in der allseits betonten ideologischen Geschlossenheit
der touristischen Funktionärskaste Risse gab. Diese machten sich zwar gegen
Ende der Amtszeit Brežnevs nur selten so deutlich bemerkbar wie in diesem Fall,
zeigten aber, dass es für die sowjetischen Kader schwierig war, ein zuverlässiges
Bild über die Stimmung innerhalb der Reisegruppen und unter den Funktionären zu erhalten. Offensichtlich hatte Fadeeva über einen längeren Zeitraum
Einfluss auf ausreisende Touristengruppen ausgeübt, ohne dass dies Nieder-
schlag in einem Bericht gefunden oder sich negativ auf ihre berufliche Lauf-
bahn ausgewirkt hätte. Die kritischen Haltungen innerhalb der touristischen
Gruppen, die in der Tauwetter-Periode typischerweise von progressiv denken-
den Vertretern der Nomenklatura stammten, waren insofern auch zu Anfang
der 1980er Jahre nicht verschwunden, auch wenn sie innerhalb der aufwendig
harmonisierten Reisegemeinschaften in den internen Dokumenten der Reiseorganisationen kaum zur Äußerung kamen.

4.2 Die neue Rolle der Konsumkultur

Als Luxusgut innerhalb der Planwirtschaft steuerte der sowjetische Staat die
Nachfrage nach Auslandsreisen nicht über den Preis, sondern über die Mechanismen der Zuteilung von Reiseberechtigungen und des Auswahlverfahrens für
Reisekandidaten. Nichtsdestotrotz kennzeichnete auch der Preis die Auslandsreise als Luxusgut – er war für sowjetische Verhältnisse hoch und dementsprechend spielte die Kaufkraft der Reiseinteressenten für den Auswahlprozess zumindest bis Mitte der 1960er Jahre durchaus eine Rolle (siehe Kapitel 3.5.2.1).
Außerdem zeugten die je nach Reisebüro und Reiseziel stark variierenden Preise
davon, dass das Luxusgut Auslandsreise in hohem Maße ausdifferenziert war.[130]
Die Besonderheit und das Neue an der Auslandsreise als Luxusgut bestand allerdings darin, dass sich die sowjetische Führung hier ganz bewusst auf einen
internationalen Vergleich einließ. Als Teil einer verschwindend geringen Minderheit durften sich sowjetische Auslandstouristen gegenüber der Mehrheit

129 RGASPI, f. M-5, op. 3, d. 198, S. 219–220.
130 Vgl. Orlov/Popov: Russo, S. 158–168.

ihrer Landsleute privilegiert fühlen, aber zugleich eröffnete ihnen der Aufenthalt jenseits der heimatlichen Grenzen neue Vergleichshorizonte: Sie teilten sich die Hotels, Cafés, Museen, Clubs, Theater und Badestrände des globalisierten Tourismus mit Reisenden aus aller Welt; eine Erfahrung, die es ihnen ausnahmsweise ermöglichte, die eigene Kaufkraft in ein Verhältnis mit Reisenden aus der sozialistischen Staatengemeinschaft einerseits und jenen aus der westlichen Welt andererseits zu setzen. Darüber hinaus erhielten sie Einblicke in den Lebensstandard der besuchten Gesellschaften; eben diese Tatsache war einer der Hauptgründe, warum unter Stalin kein regulärer Auslandstourismus existiert hatte.[131] Mit der Entstalinisierung traf die Kommunistische Partei unter Führung von Chruščev die bewusste Entscheidung, sich diesem Vergleich in begrenztem Maßstab und möglichst kontrolliert zu öffnen. Vor dem Hintergrund der Systemkonkurrenz des Kalten Krieges lag das Hauptaugenmerk der sowjetischen Tourismusorganisationen darauf, die Wahrnehmung und die Interpretation der Reiseeindrücke weitestmöglich den eigenen Absichten entsprechend zu steuern. Eine Analyse der Bedeutung des Auslandstourismus für die Konsumkultur des Poststalinismus muss insofern sowohl dessen Status als Luxusgut im innersowjetischen Diskurs berücksichtigen, als auch dessen prägenden Einfluss auf die Selbstwahrnehmung im Vergleich zum Konsumstandard ausländischer Touristen und Gesellschaften.

4.2.1 Angebot und Nachfrage

Die Verfügbarkeit von Auslandsreisen hing von vielen Faktoren ab, die außerhalb der Kontrolle der sowjetischen Wirtschaftsplanung lagen, darunter von der Kooperationsbereitschaft ausländischer Reisebüros und den diplomatischen Beziehungen zu den bereisten Ländern. Intourist stellte so beispielsweise im Nachklang der Kuba-Krise den Reiseverkehr in kapitalistische Länder 1963 fast vollständig ein; auch der touristische Austausch zwischen der Sowjetunion und Polen nahm im Zuge des dortigen Aufkommens der „Solidarność"-Bewegung und des Kriegszustandes zwischen 1981 und 1983 deutlich ab.[132] Hinzu kamen Beschränkungen des Reiseangebots, die mit der wirtschaftlichen Logik der Reisebüros zusammenhingen:

---

131 Selbst für die gesellschaftliche sowjetische Elite wurde es ab Mitte der 1920er Jahre aufgrund zunehmender ideologischer Bedenken seitens der Parteiführung zunehmend schwieriger, Reiseerlaubnisse zu erhalten, vgl. das Kapitel „Going West: Soviet Cultural Operations Abroad, in: David-Fox: Showcasing, S. 61–97.

132 Vgl. den Bericht des polnischen „Hauptkomitees für Tourismus": „Zustand des Tourismus in der VRP in den Jahren 1980–1982 und dessen Entwicklungsperspektiven im Jahr 1983", AAN, f. 1648, op. 1, d. 164, S. 48–65.

Eine der Kernaufgaben von Intourist seit der Gründung 1929 war das Erwirtschaften eines Devisenüberschusses.[133] Der ausgehende Tourismus sorgte dabei für eine Minderung der Einnahmen. Gerade Reisen in begehrte westliche Ländern wie die USA, die Bundesrepublik oder Frankreich waren für Intourist sehr teuer; pro ausreisenden Touristen musste die Reiseagentur teilweise deutlich mehr Geld investierten, als es aus dem Besuch einreisender Touristen aus denselben Ländern an Einnahmen generierte. So gab Intourist 1964 für jeden touristischen USA-Besuch eines Sowjetbürgers rund 234 Rubel und 1965 sogar 345 Rubel aus, während es pro einreisendem US-Amerikaner umgerechnet lediglich 136 (1964) bzw. 153 Rubel (1965) einnahm.[134] Ein Überschuss konnte entsprechend nur realisiert werden, wenn die Zahl der einreisenden Touristen aus diesen Gegenden jene der ausreisenden deutlich überstieg.

Entsprechend stellte sich das touristische Austauschverhältnis mit den kapitalistischen Ländern dar: 1964 standen hier laut internen Statistiken bei den zehn größten Partnern 86.772 empfangenen Gästen lediglich 9.546 Ausreisen gegenüber; entsprechend überstiegen die Einnahmen aus dem touristischen Austausch mit diesen Ländern die Ausgaben nahezu um das Zehnfache.[135] Ausgeglichener stellte sich der Reiseverkehr innerhalb des sozialistischen Staatenraumes dar (in dem monetäre Erwägungen für den touristischen Austausch eine deutlich geringere Rolle spielten), mit Ausnahme von Bulgarien, in das Intourist fast dreimal mehr Touristen entsandte als es aus diesem Land empfing.[136]

Bei Sputnik und dem gewerkschaftlichen Reisebüro war das Angebot an Reiseplätzen dagegen aufgrund des Prinzips des währungsfreien Austausches weitgehend unabhängig von bilanztechnischen Erwägungen; begrenzende Faktoren für eine Steigerung des ausgehenden Tourismus stellten hier vielmehr ein Mangel an Koopertionspartnern, eine unzureichende personelle Ausstattung in der Verwaltung und zu geringe Kapazitäten zur Unterbringung und Versorgung der im Austausch aus dem Ausland einreisenden Touristen dar.

Obwohl das insgesamt verfügbare Kontingent an touristischen Auslandsreisen im Verhältnis zur sowjetischen Gesamtbevölkerung bis in die 1980er Jahre im internationalen Vergleich sehr gering blieb,[137] überstieg die Nachfrage nach Rei-

---

133 Vgl. Salmon: Land, S. 31–33.
134 Die folgenden Angaben sind dem 1966 veröffentlichten „Bericht über die quantitativen Indikatoren des sowjetischen Auslandstourismus", vgl. GARF, f. 9612, op. 3, d. 142, S. 1.
135 Zu den zehn größten touristischen Einreiseländern aus westlichen Industrienationen in diesen Jahren zählten England, Österreich, Belgien, Italien, die USA, die Bundesrepublik Deutschland, Finnland, Frankreich, Schweden und Japan. Die gerundeten kumulativen Einnahmen aus diesen Ländern betrugen 1964 6.176.700 Rubel, die Ausgaben für entsandte Touristen in diese Länder beliefen sich in diesen Jahren auf 655.200 Rubel.
136 Ebd.
137 Noch 1977 lag die Sowjetunion laut Statistik der UN bei dem prozentualen Anteil der Touristen auf die Gesamtbevölkerung gerechnet unter allen Industrienationen mit

seberechtigungsscheinen keineswegs zu allen Zeiten und für alle Zielländer das Angebot. Wie ein Moskauer Vertreter der CST 1969 mitteilte, sei 1968 in Moskau hauptsächlich für Reisen nach Bulgarien, in die DDR und die Tschechoslowakei Reklame geschaltet worden.[138] Während Reisen in westliche Länder wie „Frankreich, Italien usw." keiner Werbung bedürften, wisse man, dass der Tourismus nach Polen, Rumänien und in die Tschechoslowakei „ziemlich schlecht liefe" und daher stärker beworben werden müsse.[139] Tatsächlich fanden sich in der populären, monatlich erscheinenden gewerkschaftlichen Zeitschrift „Turist", die sich bis dahin nahezu ausschließlich mit innersowjetischem Tourismus befasst hatte, ab Anfang der 1970er Jahre vereinzelt Anzeigen für Tourismus ins sozialistische Ausland.[140]

Abgesehen davon blieben Werbung für und Berichterstattung über Auslandstourismus insbesondere in den überregionalen sowjetischen Medien die Ausnahme. Die Informationsweitergabe über das Angebot an verfügbaren Reiseplätzen lag in den Händen der Bezirkskomitees der Gewerkschaften und des Komsomol. Da diese kaum Einfluss auf die Höhe der verfügbaren Reisekontingente hatten, versuchten sie stattdessen, die Nachfrageseite dem Angebot anzupassen. Wie sehr die zuständigen Funktionäre eine unkontrollierbare Verbreitung von Informationen über das touristische Angebot fürchteten, zeigt die Tatsache, dass es im Oblast' Kaluž noch 1979 verboten war, Plakate, Flugblätter und andere Informationsmaterialien über Auslandsreisen außerhalb von Betrieben zu verbreiten.[141]

Die mangelhafte Popularisierung des Auslandstourismus war dabei nur eine Ursache dafür, dass trotz des eingeschränkten Angebots gerade an der Peripherie der Sowjetunion Planzahlen für Reisen in das sozialistische Ausland zuweilen deutlich unterschritten wurden. Auch die Korruption der lokalen Funktionäre, ein hohes Preisniveau und Misswirtschaft trugen dazu bei, dass Kontingente für Auslandsfahrten nicht abgerufen wurden. Generell jedoch galt die Faustregel: je populärer das Reiseziel, desto informeller gestaltete sich die Informationsweitergabe über die Verfügbarkeit von Reiseplätzen und desto eingeschränkter war entsprechend der eingeweihte Personenkreis.

0,9 Prozent weit abgeschlagen auf dem letzten Platz, Statistisches Jahrbuch der UN von 1977, zitiert nach Andreeva, Evolucija, S. 83–84.

138 GARF, f. 9520, op. 2, d. 32, S. 56.

139 Ebd., S. 57.

140 1970 erschien in der achten Ausgabe von „Turist" beispielsweise ein Beitrag über Campingurlaub in der DDR, vgl. Turist, 8/1970, Seitenzahl unbekannt.

141 GARF, f. 9520, op. 1, d. 2605, S. 14.

4.4.4 „Bulgarien ist kein Ausland" – Unterschiedliche Reiseziele und das damit verbundene Prestige

In Leningrad bezeichneten die Einwohner den näher am Zentrum liegenden und besser ausgestatteten südlichen Teil des Bezirks Graždanka als „FRG" (*„Fešenebel'nyj Rajon Graždanki"* – „Modischer Bezirk Graždanka") und den nördlicher gelegenen als „GDR" (*„Govennyj Demokratičeskij Rajon"* – „Beschissener Demokratischer Bezirk"). „FRG" und „GDR" entsprechen im Russischen den Abkürzungen BRD und DDR – im Leningrader Volksmund assoziierte man also die „besseren" Viertel insofern mit dem westlichen, die „schlechteren" mit dem sozialistischen Ausland.[142] Auf einen ähnlichen Sachverhalt verweist auch die oft zitierte und bis heute im postsowjetischen Raum weit verbreitete Redensart: „Ein Huhn ist kein Vogel, Bulgarien ist kein Ausland!" (*Kurica ne ptitca, Bol'garija – ne zagranica!*): Sowjetische Bürger verbanden unterschiedliche Reiseziele mit einem mehr oder weniger hohen Maß an Exotik, Exklusivität und authentischer Fremdheit.[143] Die wichtigste Unterteilung stellte offensichtlich diejenige zwischen kapitalistischem und sozialistischem Ausland dar. Der Sonderstatus der kapitalistischen Länder wurde von den Reisebüros schon dadurch kenntlich gemacht, dass ein Reisekandidat sich im Regelfall bereits im sozialistischen Ausland bewährt haben sollte, um für eine Westreise berücksichtigt werden zu können. Auch die höheren Anforderungen an die Kandidaten sowie eine intensivere Vorbereitung ihrer Reise markierte den herausgehobenen Status einer Reise in das kapitalistische Ausland.[144]

Ein Tourist, der an einer Reise ins westliche Ausland teilnahm, durfte sich somit in doppelter Weise privilegiert fühlen: Die Bewilligung seiner Kandidatur bestätigte ihm einerseits einen hervorgehobenen Status innerhalb der sowjetischen Gesellschaft; der Besuch eines kapitalistischen Landes ermöglichte ihm darüber hinaus Erfahrungen und Konsumgelegenheiten, die er nach seiner Rückkehr in symbolisches Kapital umwandeln konnte. Die Kinoerfolge „Der Brillantenarm" (1969) und „Liebe im Büro" (1977) persiflierten die Ehrfurcht, mit der touristische Erfahrungsberichte über das Leben im Westen von sowjetischen Bürgern rezipiert wurden und den geradezu libidinösen Status, der

---

142 Vgl. Naum Sindalovskij: Slovar' peterburžca, St. Petersburg 2002, hier die entsprechenden Einträge für „GDR" bzw. „FRG". Für den Hinweis auf die Bezeichnung der Stadtviertel danke ich Jan Plamper.

143 Der Ausspruch wird u. a. zitiert bei Gorsuch: All this, S. 8; Popov: Narodnaja, S. 8.

144 Siehe dazu die entsprechenden Anordnungen des Komsomol für die Arbeit von Sputnik, RGASPI, f. M-5, op. 1, d. 27, S. 20–23 und RGASPI, op. 1, d. 89, S. 93 und jene der Gewerkschaften für die Auswahl der Touristen aus den Jahren 1961, PermGANI, f. 8209, op. 1, d. 274, S. 34 (dazu auch Ševyrin: Proniknovenie) sowie für 1971 GARF, f. 9520, op. 1, d. 1810, S. 3.

westlichen Konsumprodukten zukam.[145] Aleksej Popov und Aleksej Golubev bestätigten in ihren Forschungsprojekten diese Beobachtung: nach Interview-Aussagen ehemaliger Touristen bot diesen der Konsum westlicher Produkte einen Distinktionsgewinn gegenüber den Daheimgebliebenen – neu erworbene, exklusive Kleidung, Elektronikprodukte und Souvenirs wurden nach der Rückkehr aus dem Ausland demonstrativ zur Schau gestellt.[146]

Auch Reisen innerhalb des sozialistischen Staatenraums unterschieden sich hinsichtlich ihres Prestigegehalts.[147] Wie das eingangs des Kapitels angeführte Zitat verdeutlicht, erfüllte in der Wahrnehmung der sowjetischen Bevölkerung Bulgarien kaum das Kriterium des „echten" Auslands. Dabei waren es nicht nur die geographische Nähe, das den am Schwarzmeer gelegenen innersowjetischen Urlaubsorten ähnliche Klima und die kyrillische Schrift, die das südosteuropäische „Bruderland" so vertraut erscheinen ließen. Auch der massive Ausbau der Reisekontingente für Bulgarien ab den späten 1960er Jahren trug dazu bei, dass das Land auf der mentalen Landkarte vieler Sowjetbürger als dem eigenen Kulturkreis verwandt wahrgenommen wurde – nirgendwo sonst im Ausland war die Wahrscheinlichkeit höher, am Strand auf Landsleute zu treffen.[148]

Obwohl weniger prominent, besaß auch Rumänien einen ähnlichen Status wie Bulgarien – der relativ niedrige Lebensstandard und der auch im Vergleich zu anderen sozialistischen Staaten geringe Level an touristischem Komfort machten das Land zu einem „Ladenhüter": Bereits 1964 empfahl der Gewerkschaftsrat für Landwirtschaft und Industrie des Moskauer Oblast' verschiedene Maßnahmen zur Attraktivitätssteigerung des Reiseprogramms von kombinierten Touren nach Bulgarien und Rumänien, da diese „sehr schwierig zu besetzen" seien.[149]

Die an der Grenze zu Westdeutschland und Österreich gelegenen Staaten Ungarn, Tschechoslowakei, Polen und insbesondere die DDR galten hingegen als legitimes Ausland – ihr Besuch bedeutete nicht nur geographisch, sondern auch in Hinblick auf Architektur, Geschichte und den dort vorgefundenen Lebensstandard eine Annäherung an den Westen. Darüber hinaus eröffnete der Besuch

145　Služebnyi roman [Liebe im Büro]. Regisseur: Eldar Ryazanov. UdSSR, 1977. Zu den entsprechenden Angaben für den Film „Der Billantenarm" s. die entsprechende Fußnote auf S. 189.

146　Vgl. Popov: Po tu storonu und Golubev: Bringing.

147　Donald Raleigh destillierte aus seinem Interviewprojekt mit „Soviet Baby Boomers" eine entsprechende Hierarchie des sozialistischen Auslands, s. ders.: Soviet, S. 213f bzw. ders.: Other, S. 383f.

148　Vgl. Popov: Narodnaja. s. auch den Artikel von Valerij Burt: „Kak sovetskie moskviči ezdili za granicu" auf der Webseite http://moslenta.ru/article/2015/11/29/zagranitsa/, zuletzt aufgerufen am 31.10.2018.

149　GARF, f. 9520, op. 1, d. 688, S. 79.

dieser Länder den sowjetischen Touristen Zugang zu den zwischen diesen Ländern florierenden halblegalen bis illegalen touristischen Handelsströmen.[150]

4.2.3 „Das russische Schwein kann selbst gehen" – Die Selbstwahrnehmung sowjetischer Touristen im Vergleich zu Reisenden anderer Länder

4.2.3.1 „Wie arme Verwandte"? – Sowjetische Touristen im sozialistischen Ausland

Aus ihrem Urlaub in Polen und der Tschechoslowakei im April 1964 brachte eine Touristengruppe der Primorsker Industriegewerkschaften einige unschöne Erinnerungen mit in die Heimat. In ihrem Warschauer Hotel hatte das Dienstpersonal die Reisenden wie Kunden zweiter Klasse behandelt:

> „Die Liftboys bedienten unsere Genossen äußerst ungern und waren bei unserem Erscheinen immer irgendwie ‚zufällig' verhindert, so dass sie uns nicht zu unseren [Zimmern] begleiten konnten. Während die Liftboys und Portiers den anderen Hotelgästen die Koffer jederzeit ein- und ausluden, taten sie dies für uns – selbst für die Frauen – nicht. Natürlich erklärt sich dies mit der Gewohnheit, „Trinkgeld" zu erhalten, unsere sowjetischen Menschen konnten das nicht geben."[151]

Eine ähnlich herablassende Behandlung beklagte die Gruppe auch in einem Warschauer Restaurant:

> „Unsere Gruppe saß am Tisch und ihr wurde das Essen serviert. In diesem Moment kam eine andere Touristengruppe herein (Deutsche), und fast alle Kellner, die uns bedienten, ‚warfen' sich an ihren Tisch und ließen uns alleine."[152]

Demütigend empfand der Gruppenleiter einer gewerkschaftlichen Touristengruppe den Ablauf einer Festveranstaltung im Ferienhaus „Lido" im polnischen Badeort Jurata am 13. August 1965.[153] Als er sich auf Einladung des Hausdirektors gemeinsam mit dem Gruppenältesten und dem polnischen Dolmetscher am Abend im Saal des Hauses einfand, um gemeinsam mit Gästen aus Ungarn und Schweden eine abreisende Gruppe aus der Tschechoslowakei zu verabschieden, stellte er erstaunt fest, dass es sich keineswegs um ein kleines Delegationstreffen handelte – alle Touristengruppen außer der sowjetischen waren in voller Besetzung eingeladen worden. Auf Nachfrage wurde dem Gruppenleiter erläutert, dass für seine Gruppe keine Mittel für derartige Zwecke eingeplant

---

150 Jerzy Kochanowski u. Pierre-Frédéric Weber (Hg.): Jenseits der Planwirtschaft. Der Schwarzmarkt in Polen 1944–1989, Göttingen 2013.
151 GARF, f. 9520, op. 1, d. 731, S. 179.
152 Ebd.
153 GARF, f. 9520, op. 1, d. 874, S. 34.

seien.[154] Dabei sei es lediglich um eine „kleine Menge Wein" gegangen, die den Gästen zusätzlich zum üblichen Abendessen ausgeschenkt wurde. Als sich die sowjetischen Touristen schließlich später am Abend zu ihrem regulären Abendessen vor dem Saal versammelten, mussten sie „wie arme Verwandte an der Türschwelle abwarten, bis die Festveranstaltung endete".[155] Die Erfahrung, im Ausland buchstäblich mit leeren Händen dazustehen und deswegen als Kunden zweiter Klasse behandelt zu werden, gehörte zu der Grunderfahrung vieler Sowjetreisenden, wenngleich zwischen den einzelnen Reisebüros große Unterschiede bestanden: Während Intourist-Reisenden das Mitführen von bis zu 100 Rubel für eigene Ausgaben gestattet war, berechnete sich das Taschengeld des devisenfreien Austausches der Gewerkschaften aus einem Tagessatz von drei Rubel, was bei den in der Regel zwölf- bis achtzehntägigen Reisen eine Gesamtsumme von 36–54 Rubel ergab.[156] Am wenigsten Geld erhielten Sputnik-Touristen; bis zur Währungsreform von 1961 betrug der Tagessatz lediglich zehn Rubel (entsprechend dem Wert von einem Rubel nach der Währungsreform), die außerdem erst im Ausland von der empfangenden Reiseagentur ausgezahlt wurden. Bereits 1960 bemühte sich das Jugendreisebüro bei der Führung des Komsomol unter anderem mit Verweis auf die höheren Tagessätze in den anderen sowjetischen Reisebüros um eine Erhöhung des genehmigten Taschengeldes und eine Änderung der Auszahlungsmodalitäten, damit die Touristen während der gesamten Reise über Bargeld verfügten.[157] Es sollte allerdings noch bis 1964 dauern, bis eine entsprechende Regel für alle sowjetischen Touristen eingeführt wurde: Seit dem 1. Januar 1964 konnten diese legal 30 Rubel Bargeld im Ausland mit sich führen; zehn Rubel davon durften in Fremdwährung umgetauscht werden, während mindestens 20 Rubel in die Sowjetunion zurückgeführt werden mussten.[158] Außerdem wurde ihnen spätestens ab diesem Jahr zusätzlich ein Taschengeld von 30 Rubel für Reisen in das sozialistische Ausland ausgezahlt.[159]

Auch die Gewerkschaften sahen die Benachteiligung ihrer Touristen innerhalb des devisenfreien Tourismus gegenüber jenen von Intourist kritisch. In einem Schreiben von 1972 zitierte der CSTE die Klage einer Touristengruppe von Arbeitern aus einer Kurganer Fabrik, auf der sich jeder Tourist während der Reise durch die DDR mit insgesamt 45 Rubel begnügen musste, während ihre kurz

---

154 Ebd.
155 Ebd., S. 34f.
156 GARF, f. 9520, op. 1, d. 1656, S. 56–58.
157 RGASPI, f. M-5, op. 1, d. 53, S. 7.
158 PermGANI, f. 8209, op. 1, d. 274, S. 119.
159 Die Bereitstellung eines Taschengeldes in Höhe von 30 Rubel findet sich in dem Bericht einer kasachischen Tourismuskommission aus dem Jahre 1964, siehe RGASPI, f. M-5, op. 1, d. 196, S. 29–41, hier S. 40. Über den genauen Zeitpunkt der Einführung eines erhöhten Taschengeldes liegen dem Autor keine Quellen vor.

davor mit Intourist zu dem gleichen Reiseziel aufgebrochenen Kollegen über jeweils 100 Rubel für ihre persönlichen Ausgaben verfügten.[160] Aber auch hier dauerte es noch Jahre, bis eine durchgreifende Reform die Verhältnisse zwischen den verschiedenen Reiseagenturen anglich: Erst am 11. April 1977 erließ der sowjetische Ministerrat einen Beschluss, der allen sowjetischen Touristen das Mitführen von bis zu 300 Rubel gestattete.[161]

Die ursprünglichen und lange aufrecht erhaltenen Beschränkungen des Taschengeldes hatten unter anderem das Ziel, eine „Devisenflucht" über den Auslandstourismus zu verhindern und die Touristen gleichzeitig von übermäßigem Konsum abzuhalten. Sie hatten aber vor allem auch den Effekt, dass Sowjetreisende bei den Bediensteten ausländischer Hotels und Restaurants einen schlechten Ruf genossen, weil sie deren Dienstleistungen nicht mit Trinkgeldern entlohnen konnten und für außerplanmäßige Ausgaben keine Mittel bereitstanden. Für die Außenwirkung war dies verheerend – amerikanische Leser durften so im Februar 1972 über die Unbeliebtheit sowjetischer Touristen in Ägypten Folgendes lesen: „Im Hotel angekommen, tragen die sowjetischen Touristengruppen ihr Gepäck selbst, und auch wenn es der Portier schafft, sich [das Gepäck] vorher zu schnappen, wartet er vergeblich auf das Trinkgeld."[162]

Dass es sich bei solchen Berichten nicht um böswillige Propaganda handelte, davon zeugten nicht nur die eingangs des Kapitels zitierten Reiseberichte. Gerade im sozialistischen Ausland erzeugte der permanente Verstoß gegen die touristische Etikette Animositäten, die sich zuweilen auch mit generellen Ressentiments vermischten. Im Juni 1964 entließ laut dem Intourist-Gruppenleiter Novočat'ko der Liftboy des Warschauer *Bristol*-Hotels die Touristin Korotkova eine Etage höher als gewünscht und weigerte sich, sie wieder hinunter zu befördern. Als sich zwei zufällig dabeistehende Gäste nach den Motiven des Liftboys erkundigten, habe dieser schlicht geantwortet: „Das russische Schwein kann selbst gehen."[163]

In derartigen Situationen erwies sich das unausgesprochene Kalkül der sowjetischen Reisebüros als trügerisch, dass insbesondere innerhalb des sozialistischen Staatenraumes die engen politischen Beziehungen und die „Völkerfreundschaft" ausreichten, um ihren Touristen auch ohne nennenswerte finanzielle Mittel ein ansprechendes Reiseerlebnis zu gewährleisten. Dabei engagierten sich die Freundschaftsgesellschaften, Betriebe und politischen Vertreter der „Bruderländer" gerade in den Anfangsjahren durchaus, um den mittellosen Genossen aus dem Machtzentrum des Sozialismus einen standesgemäßen Urlaub zu ermöglichen. Im Mai 1956 spendierte die DSF Quedlinburg für einen Freundschaftsabend „4 Kisten Bier, 4 Flaschen Weinbrand, 1 Flasche Likör und je 1 Bockwurst"

---

160 GARF, f. 9520, op. 1, d. 1656, S. 57.
161 RGASPI, f. M-5, op. 3, d. 407, S. 22.
162 Feron/Little: Russische.
163 GARF, f. 9520, op. 1, d. 731, S. 182.

für Gäste aus Leningrad.[164] Darüber hinaus, so der Bericht der Quedlinburger Freundschaftsgesellschaft weiter, steuerten die deutschen Teilnehmer „Rauchwaren zur allgemeinen Benutzung" zu dem Freundschaftsabend bei, „[d]a die sowjetischen Freunde kein Geld mehr hatten".[165]

Allerdings entsprangen diese Gesten der Solidarität oft eben keineswegs zwischenmenschlicher Sympathie, sondern den koordinierten Bemühungen der für die „Freundschaftsbeziehungen" zuständigen Organisationen. Wo immer sich sowjetische Touristen in nicht spezifisch für sie harmonisierten Räumen bewegten, bekam die Vorstellung der sozialistischen Völkerfreundschaft dementsprechend schnell Risse. Der Bericht des Lwower Tourismus-Instrukteurs Sineokij vom August 1960 listete eine ganze Reihe von Fällen abschätziger Behandlung seiner Genossen in Ungarn, Bulgarien und der Tschechoslowakei auf. Als eine Touristengruppe aus dem Oblast' Lwow am Ende ihres Aufenthaltes dem bulgarischen Reiseführer höflich einige Verbesserungsvorschläge gemacht hätte, habe dieser „giftig" geantwortet: „Nun, wissen Sie, wenn unsere Genossen nach Moskau kommen, werden sie auch nicht besser versorgt."[166] In den „Anmerkungen zu den Reisen nach Polen" beklagte Sputnik 1961 eine „Vernachlässigung der Interessen unserer Gruppen" bei der Verpflegung seitens des Polnischen Studentenverbands.[167] Eine Leningrader Gruppe sei im Januar und Februar des Jahres oft erst nach allen anderen Gästen bedient worden:

> „Es gab Fälle in denen Touristen aus kapitalistischen Ländern auf Plätze gesetzt wurden, die zu dieser Zeit eigentlich für unsere Touristen reserviert waren. Ein empörender Vorfall spielte sich bei einer Moskauer Gruppe ab, [...] als in der Kantine Fähnchen aller Länder aufgestellt waren außer unserer."[168]

Die magere finanzielle Ausstattung der sowjetischen Touristen stand in einem auffälligen Kontrast zu der Autorität, die diese als Vertreter des politischen Machtzentrums verkörpern sollten. Sie waren durch die erzwungene Sparsamkeit nicht nur unbeliebt beim touristischen Personal im Ausland, sie gerieten auch immer wieder zwangsläufig in peinliche Situationen. Eine Reihe von Sputnik-Reisegruppen konnte sich so während ihres Aufenthalts in Polen 1965 nicht duschen, weil das nötige Kleingeld für die Waschanlagen auf der Ferienanlage in Sopot fehlte. Verschwitzt und ungewaschen konnten die jungen Touristen kaum als überzeugende Werbebotschaft für ihr Heimatland auftreten.

---

164 BArch DY 32/11322.
165 Ebd.
166 GARF, f. 9520, op. 1, d. 426, S. 218–222, hier S. 220f.
167 RGASPI, f. M-5, op. 1, d. 158, S. 112f.
168 Ebd., S. 113.

4.2.3.2 Nachlassendes Verständnis? – Entgegenkommen und herablassendes Verhalten gegenüber sowjetischen Touristen im kapitalistischen Ausland

Anders als in den „Bruderländern" erzeugte das schmale Budget der sowjetischen Gäste zumindest bis Mitte der 1960er Jahre im kapitalistischen Ausland zunächst mit wenigen Ausnahmen nur selten Animositäten bei dem touristischen Dienstpersonal:[169] Offenbar antizipierte man hier vielerorts deren „Armut";[170] darüber hinaus genossen die selten gesehenen Sowjetreisenden im Nachklang der Sputnik-Euphorie einen gewissen Exotenstatus.[171] Radio Free Europe berichtete im Oktober 1956 am Beispiel Griechenlands in spöttisch-mitleidigem Ton über das „extrem niedrige Taschengeld" der sowjetischen Touristen, das entgegen den Aussagen des dortigen Botschafters der UdSSR nicht geeignet gewesen sei, der kriselnden griechischen Reiseindustrie auf die Beine zu helfen.[172] Nichtsdestoweniger brachte der Mangel an finanziellen Mitteln die Touristen auch im Westen immer wieder in Verlegenheit, wie die in den Memoiren der sowjetischen Linguistikprofessorin Zinaida Turaevas geschilderten Erinnerungen über ihren Besuch eines englischen Schuhgeschäftes im Jahr 1965 belegen:

> „Einmal besuchten meine Kollegin […] und ich aus Versehen einen kleinen Schuhladen. ‚Aus Versehen', weil das wenige Geld, das wir hatten, uns weitgehend auf Einkäufe in großen Kaufhäusern einschränkte. Bevor wir unseren Fehler bemerkten, wurde meiner Kollegin ein bequemer Sessel angeboten und eine Verkäuferin kniete sich vor ihr hin und fing an, ihr sehr elegante Schuhe anzuziehen. Die Schuhe waren sehr schön und passten gut, aber sie waren schrecklich teuer (für uns zumindest). Wir konnten kaum darauf warten, zu fliehen, und als wir es endlich taten, schickte man uns zu unserer Überraschung Worte des Dankes für den Besuch des Geschäfts hinterher."[173]

Vielfach argwöhnten die Gruppenleiter, dass die ihren Touristen wie im obigen Fall entgegengebrachte Gastfreundschaft und Großzügigkeit lediglich die

---

169 Zu den Ausnahmen zählte die Feststellung der Gruppenleiterin Ačkasova auf einer der frühesten Intourist-Reisen nach England im Juli/August 1956, die Bedienung im Hotel verhalte sich grob, „vermutlich wegen eines Mangels an Trinkgeld", GARF, f. 9612, op. 1, d. 373, S. 21.

170 Der Sputnik-Gruppenleiter Všivkov berichtete im Oktober 1960 nach einer Österreichreise davon, dass westdeutsche Touristen versucht hätten, sowjetische Touristen wegen ihrer „Armut" bloßzustellen, vgl. RGASPI, f. M-5, op. 1, d. 55, S. 10.

171 Siehe dazu Gorsuch: Vystuplenie.

172 HU OSA RFE/RL 300–1–2–7799, S. 1–2., S. 1–2.

173 Das Zitat ist den bislang unveröffentlichen Lebenserinnerungen der emeritierten Linguistikprofessorin Zinaida Turaeva entnommen, dass dem Autor freundlicherweise von deren Enkelin Polina Berezovskaja zur Verfügung gestellt wurde. Es wird im Folgenden als „Zinaida Turaeva: Memoirs" zitiert, hier S. 97f.

Überlegenheit des kapitalistischen Gesellschaftsmodells unterstreichen sollte. So ließ es sich auch erklären, dass im Juli 1961 die Einladung eines amerikanischen Reiseführers mit jugoslawischen Wurzeln, seine Wohnung zu besuchen, als „demonstrativ" kritisiert wurde – im Kontext des Kalten Krieges war Höflichkeit eine verdächtige Geste.[174]
Mitte der 1960er Jahre verblasste angesichts ausbleibender Sensationserfolge auf wissenschaftlich-technischem Gebiet die Faszination an der Sowjetunion in den westlichen Gesellschaften und entsprechend wandelte sich auch der Umgang mit den von dort einreisenden Touristen.[175] Die Erfahrungen, die eine Intourist-Gruppe im Oktober 1965 mit „Norsk Folke Ferien" in Norwegen sammelte, erinnerte stark an die Behandlung, die ihre Landsleute im sozialistischen Ausland bereits seit Jahren kannten:

> „Niemand aus der Firma interessierte sich für die Verpflegung der Gruppe. […] Am 19. Oktober, vor der Abfahrt zum Bahnhof, erklärte der Dolmetscher für alle im Restaurant [des Stavanger Hotels] deutlich hörbar: ‚Da die Mittel für Ihre Reise bereits überzogen wurden, bat mich die Firma, Ihnen mitzuteilen, dass Sie zum Abendessen nur einen Gang erhalten.' Am 20. Oktober in Oslo erfuhr die Gruppe nach ihrer Ankunft zum Abendessen im Restaurant von einem Kellner, dass die Firma angerufen und mitgeteilt hätte, dass das Abendessen am 20. und das Frühstück am 21. Oktober vor der Abfahrt der Gruppe nicht zur Verfügung gestellt werden."[176]

Erst nach Vorzeigen eines entsprechenden Beleges erreichte der Gruppenleiter Evgenij Domatovskij, dass die Touristen ihre Mahlzeiten erhielten. Bei der Ankunft am Osloer Hauptbahnhof am Abreisetag erinnerte die Vertreterin von „Norsk Folke Ferien" daran, dass die Touristen ihre Koffer selbst zum Bus bringen müssten, da keine Mittel für das Anmieten von Gepäckwagen vorhanden seien.[177] Im Juni 1968 musste die Intourist-Gruppenleiterin Dašilovskaja, die eine neunköpfige Komponistengruppe durch die Niederlande und Belgien begleitete, in den Hotels nach eigener Auskunft regelrecht um einzelne Tassen Tee oder das Nachreichen von Brot betteln, da die dortige Belegschaft sich außerordentlich knauserig zeigte.[178] Zudem erhielt sie von der Reiseführerin des zuständigen niederländischen Reisebüros die Auskunft, ein Komponist habe auf dem Blumenmarkt versucht, Wodka gegen Blumenzwiebeln zu tauschen, während ein anderer sie gebeten habe, seine mitgebrachte klassische Schallplatte gegen eine

---

174   RGASPI, f. M-5, op. 1, d. 592, S. 42.
175   Vgl. Elidor Mëhili: Technology and the Cold War, in: Humphrys: Routledge, S. 292–304.
176   GARF, f. 9612, op. 3, d. 52, S. 32–34, hier S. 33f.
177   Ebd., S. 34.
178   GARF, f. 9612, op. 3, d. 298, S. 63.

mit Jazzmusik umzutauschen.[179] „Das alles kommt daher, dass Sie Ihren Touristen zu wenig Taschengeld geben […]", so die Reiseführerin.[180]
Die geschilderten Fälle waren ein deutlicher Hinweis darauf, dass inzwischen selbst auf den privilegierten Westreisen von Intourist, wo Touristen über ein vergleichsweise großzügiges Taschengeld verfügten und deutlich mehr Mittel in Verpflegung, Unterbringung und das Reiseprogramm investiert wurden, Geldmangel zu einem bestimmenden Thema avancierte. Dabei verwiesen die heimlichen Tauschgeschäfte von Touristen darauf, dass es längst nicht mehr nur um die Verfügbarkeit von Trinkgeld für die Bezahlung kleinerer touristischer Dienstleistungen ging, sondern um die Teilhabe an einem Konsumerlebnis, mit dem Tourismus auch in der sowjetischen Gesellschaft mehr und mehr identifiziert wurde.[181]
Erste Versuche, das Taschengeld durch illegale Tauschgeschäfte aufzubessern, hatte es bereits in der Frühphase der Auslandsreisen gegeben. Im Oktober 1960 vermerkte eine Intourist-Gruppenleiterin, dass zwei georgische Touristen in England versucht hätten, durch den Verkauf eines Fotoapparates und heimlichen Geldumtausch an englische Pfund zu gelangen.[182] Sie hätten sich damit gerechtfertigt, dass Intourist ihnen zu wenig Taschengeld aushändige und „sogar zum Trinken nichts übrig bliebe".[183]
Dennoch handelte es sich bei solchen Vorkommnissen in der Regel um Einzelfälle, bei denen relativ überschaubare Geldmengen im Spiel waren. In einer von den Gewerkschaften für das Jahr 1960 erstellten „Auflistung von Fakten unwürdigen Benehmens sowjetischer Touristen im Ausland" stellten Tauschgeschäfte, Spekulation und illegale Devisenausfuhren mit insgesamt 15 Fällen weniger als zehn Prozent der insgesamt 176 registrierten „Vergehen" dar.[184] Dies deutet darauf hin, dass unter Chruščev Auslandsreisen für sich genommen noch einen Status als begehrte Ware genossen. Dass sie Möglichkeiten zu weiteren Konsumaktivitäten eröffneten, spielte zwar eine Rolle, aber nicht in dem Maße, wie dies später der Fall sein sollte. Die erzwungene Geldknappheit sorgte zwar auch zu dieser Zeit schon regelmäßig für Frustration bei sowjetischen Touristen, aber weniger aufgrund der dadurch erzwungenen Einschränkung des privaten Konsums als durch den kollektiven Imageverlust und die herablassende Behandlung, die sie hierdurch im Ausland erlitten. Offenbar bot die Auslandsreise als Zeichen der Anerkennung und als Prestigeobjekt für sowjetische Bürger bis weit in die 1960er Jahre hinein noch ausreichend Attraktivität, um die finanziellen

---

179 Ebd. S. 66.
180 Ebd.
181 Siehe dazu die Ausführungen in Diane Koenker: Pleasure Travel in the Passport State, in: Randolph/Avrutin (Hg.), Russia, S. 235–252, hier insbes. S. 247–248.
182 GARF, f. 9520, op. 1, d. 425, S. 216.
183 Ebd. Siehe auch Gorsuch: All this, S. 155–159.
184 GARF, f. 9520, op. 1, d. 430, S. 105f.

Einschränkungen und sonstigen Benachteiligungen gegenüber Touristen anderer Länder zu kompensieren. Der Schritt in die Illegalität, um die auferlegte Konsumbeschränkung zu überwinden, war vor allem ein Phänomen der Brežnev-Ära, in der die touristische Euphorie der Tauwetter Jahre endgültig aufgezehrt war.

4.2.4 „Wie eine Betrunkene…" – Konsum auf Reisen zwischen Legalität und Illegalität

Sowjetischen Touristen war es nicht verboten, im Ausland zu konsumieren. Allerdings setzten das spärliche Taschengeld und das meist dichte Programm ihrer potenziellen Kauflust enge Grenzen. Hinzu kam, dass Konsum im sowjetischen Verständnis als Verhalten galt, das bourgeoisen Tourismus kennzeichnete und daher moralisch zu verurteilen war. Insbesondere auf den frühen Westreisen war die Gruppenleitung darauf bedacht, vermeintliche Konsumexzesse ihrer Touristen zu registrieren und zu unterbinden. Auf einer Intourist-Reise durch Großbritannien warf der Gruppenleiter Grigoryev den beiden Studentinnen Zajmenceva und Černavica aus Stalingrad vor, sie seien „mehr am Kauf von Kleidung als am Besuch des britischen Museums interessiert".[185] Der drei Monate später auf der gleichen Route reisenden Touristin Antonovskaja wurde vorgehalten, sie sei übermäßig mit Einkaufen beschäftigt gewesen und habe dies mit „besonderer Leidenschaft" getan.[186]

Das Interesse an Konsum galt als Charakterschwäche und wurde in Reiseberichten fast immer im Kontext von Disziplinverstößen und einem Hang zu Individualismus genannt. Insbesondere Frauen wurde eine besondere Anfälligkeit für die materiellen Verführungen der ausländischen Warenwelt unterstellt.[187] Der Kiewer Gewerkschaftsrat berichtete 1961 von dem Touristen Mašurin, der es nach eigenen Angaben bereute, seine Frau mit in die USA genommen zu haben: „Die amerikanischen Geschäfte verdrehten seiner Frau den Kopf und sie [lief] wie eine Betrunkene durch die Gegend."[188]

Dass Mašurin das Bild der Betrunkenheit wählte, war durchaus bezeichnend. Es kennzeichnete den Konsum als einen Akt des Kontrollverlustes, der den sowjetischen Bürger gerade im westlichen Ausland auf sein in der Heimat nicht zu stillendes Bedürfnis nach Luxusgütern reduzierte. Es konnte als Eingeständnis in die Unterlegenheit des sowjetischen Konsumgütersektors gewertet werden, wie es etwa der am Medizinischen Institut in Lwow angestellte Tourist Markov 1961 gegenüber seinem Schweizer Reiseführer tatsächlich verbalisierte. Er berichtete diesem von einem Mangel an Waren in der Sowjetunion und von

---

185 GARF, f. 9612, op. 1, d. 373, S. 43.
186 Ebd., S. 5.
187 Siehe zu dieser These auch Gorsuch: All this, S. 96.
188 GARF, f. 9520, op. 1, d. 430, S. 123.

Kommissionsgeschäften, in denen von Verwandten aus den USA eingesandte hochwertige Produkte ausgegeben würden.[189]

Die Kauflust der Reisenden bereitete den sowjetischen Reiseagenturen im Laufe der 1960er Jahre zunehmend Kopfschmerzen. In dem Maße, in dem der wachsende Konsumbedarf der Privathaushalte innerhalb der Sowjetunion nicht befriedigt werden konnte, stieg das Bedürfnis der Touristen, im Ausland nach entsprechender Kompensation Ausschau zu halten.[190] Dabei gelang es Intourist und Sputnik nicht, sich von der dogmatischen Stigmatisierung des Konsums zu lösen. Nur in seltenen Ausnahmefällen schimmerte in den Ausführungen der Reiseführer die Vorstellung von einem rationalen, mit sowjetischen Werten zu vereinbarendem Kaufverhalten durch, wenn etwa die Leningrader Intourist-Gruppenleiterin nach einer Reise durch die DDR 1961 lobte, „dass die meisten von ihnen bei den Besuchen von Geschäften Einkäufe für Kinder tätigten; Strümpfe, Unterwäsche, Strampler, Spielzeuge […].“[191]

Dass sich innerhalb des sowjetischen Auslandstourismus kein Kompromiss herausbildete, der das offensichtlich vorhandene Konsumbedürfnis mit den hohen moralischen und agitatorischen Anforderungen des Auslandstourismus versöhnte, lag dabei nicht nur an der Borniertheit der Gruppenleiter und der touristischen Funktionäre. Vielmehr spiegelten sich in der organisatorischen Dreiteilung des Auslandstourismus (Intourist, Sputnik und die Gewerkschaften) die gesellschaftlichen Verhältnisse der Sowjetunion wider: Die privilegierte Stellung von Intourist war nicht nur dadurch gekennzeichnet, dass es seinen Touristen ein höheres Taschengeld gewährte. Besonders prominenten Kunden räumte das Reisebüro darüber hinaus Sondergenehmigungen ein, wie etwa dem Schriftsteller Aleksandr Bek, dem 1966 für seine Reise durch Westdeutschland die Mitnahme von umgerechnet 1.200 Deutschen Mark gestattet wurde – ein für sowjetische Verhältnisse atemberaubender Betrag.[192] Eine derartige bevorzugte Behandlung individueller Touristen machte Konsum zu einem Privileg innerhalb des Privilegs Auslandstourismus: Einzelne Reisende wurden von der faktischen und moralischen Pflicht des Konsumverzichts enthoben, während der

---

189 Ebd., S. 124. Bei Kommissionsgeschäften (*kommisionki*) handelte es sich um Second-Hand-Läden, in denen gebrauchte Kleidung wiederverkauft wurde, wobei 7 Prozent des Preises an den sowjetischen Fiskus gingen. Der Verkauf importierter Ware aus dem Ausland war offiziell verboten, fand aber statt und war Teil der Schattenwirtschaft, vgl. Černyšova: Soviet, S. 98–99, s. außerdem „Der Spiegel“ vom 15/1974: „Sowjetunion. Die Jeans kommen“, S. 135–137.

190 Zu dem Problem der wachsenden Binnennachfrage nach Luxusgütern und Strategien im Umgang damit seitens der KPdSU siehe auch Merl: Konsum sowie Lewis Siegelbaum: Cars, Cars and More Cars. The Faustian Bargain of the Brezhnev Era, in: Ders. (Hg.), Borders, S. 83–103.

191 GARF, f. 9520, op. 1, d. 426, S. 41.

192 GARF, f. 9612, op. 3, d. 134, S. 75.

auch im devisenfreien Tourismus wachsende Konsumbedarf die sowjetischen Bürger zunehmend in die Kriminalität drängte.

4.2.5 Das wachsende Problem mit Schmuggel, illegalem Handel und Devisenausfuhr unter Brežnev

> „Wir hatten den Eindruck, dass das Programm nach dem Grundsatz zusammengestellt wurde, möglichst wenig Geld für die Gruppen aufzuwenden. So zeigte man uns zum Beispiel sogar bei dem Besuch von Museen nur diejenigen Bereiche, in denen der Eintritt kostenlos war."[193]

Die Unzufriedenheit des Sputnik-Gruppenleiters nach seiner Reise durch England im Juli 1972 stand synonym für ein gewachsenes materielles Anspruchsdenken unter sowjetischen Auslandsreisenden, das sich bereits seit der zweiten Hälfte der 1960er Jahre bemerkbar machte. Die Bereitschaft, sich an die auferlegten finanziellen Einschränken zu halten, war merklich gesunken. Nach über einem Jahrzehnt starker Zunahme der Auslandsreisen hatte sich insbesondere im sozialistischen Staatenraum eine beachtliche Zahl an „touristischen Veteranen" herausgebildet: Während es 1965 über 500.000 Sowjetbürger gegeben hatte, die auf eine touristische Auslandsfahrt zurückblicken konnten, erhöhte sich diese Zahl innerhalb des nächsten Fünfjahreszeitraumes um mehr als das Doppelte auf über eine Million.[194] Und immerhin knapp ein Viertel aller Auslandsreisenden im Jahr 1970 verließen bereits zum wiederholten Male als Touristen die Grenzen der Sowjetunion.[195] Das sich immer weiter verbreitende Wissen um die Abläufe während einer Auslandsreise stellte insbesondere für die Gruppenleiter eine Herausforderung dar:

> „Die, die schon im Ausland waren, haben einen negativen Einfluss auf die Gespräche, wie man sich im Ausland verhalten soll; auf die, die zum ersten Mal fahren, sie sagen, alle Warnungen seien ‚für alle Fälle', da sei nichts Besonderes dran, verhaltet euch, wie ihr wollt usw. Sogar in der Frage der Ausfuhr sowjetischen Geldes von maximal 30 Rubel bei Rückführung von 20 Rubel über die sowjetische Grenze verletzten diejenigen, die nicht zum ersten Mal fahren, nicht nur selbst gelegentlich [diese Regel], sondern ihrem Beispiel folgen jene, die zum ersten Mal fahren. Wer schon im Ausland war, weiß, dass a) Zollkontrollen an der Grenze bei

---

193   RGASPI, f. M-5, op. 2, d. 529, S. 7.
194   Bei diesen Angaben handelt es sich um eine Schätzung. Zugrunde gelegt wurde die Gesamtzahl aller Auslandsreisen im genannten Zeitraum und davon rund ein Viertel abgezogen, da dies in etwa der Anteil der „Mehrfachreisenden" war. Siehe Tabelle 1–3, S. 70–72.
195   GARF, f. 9520, op. 1, d. 1422, S. 10.

Touristen in der Regel nicht durchgeführt werden; b) in Ländern wie der DDR, Bulgarien, Rumänien [und] Polen jeder Tourist – am Gruppenleiter vorbei – ausgeführtes sowjetisches Geld nicht nur in Banken [und] an Hotelkassen, sondern auch auf dem Markt, im Restaurant usw. problemlos wechseln kann."[196]

Der Gruppenleiter Judin, der seine Erkenntnisse über den schlechten Einfluss „erfahrener" Touristen auf Neulinge nach einer ereignisreichen Fahrt durch Polen und die Tschechoslowakei im Oktober 1968 festhielt, brachte eine Entwicklung auf den Punkt, die bereits mit den ersten Auslandsreisen Mitte der 1950er Jahre begonnen hatte und zu den größten Sorgen sowjetischer Tourismusfunktionäre zählte: Das Informationsmonopol über die Welt außerhalb der sowjetischen Grenzen und die Interpretationshoheit darüber, welches Verhalten im Ausland angemessen war, hatte sich ein Stück weit weg von der Reiseleitung hin zu den Touristen verschoben. Wie eine Bestätigung der Warnungen des Gruppenleiters Judin wirkte in diesem Zusammenhang der Bericht über eine armenische Gruppe, die ebenfalls im Oktober 1968 mit Intourist zu einer Fahrt durch Polen und die ČSSR aufbrach. Obwohl die Touristen sowohl von dem Gruppenleiter als auch von den Zollbeamten an der Grenzstation in Brest auf die Devisenbestimmungen hingewiesen worden seien, hätten sich bei einer Kontrolle bei 15 der 33 Touristen verstecktes Geld in Höhe von bis zu 380 Rubel gefunden; elf von ihnen mussten daraufhin direkt den Heimweg antreten.[197]
Als an der Wende von den 1950er zu den 1960er Jahren sowohl Intourist als auch Sputnik die ersten Fälle von illegalem Handel dokumentierten, erschienen diese noch als Randerscheinungen angesichts einer weitgehend intakten touristischen Moral. So hieß es in dem Jahresbericht der TEU von 1960: „Im Allgemeinen verhielten sich unsere Touristen im Ausland gut, mit Ausnahme einzelner Fälle des Verkaufes von Strumpfhosen und anderer Dinge, über die nach der [Rückkehr der Touristen] die Basisgruppen am Arbeitsplatz zwecks Ergreifung entsprechender Maßnahmen informiert wurden."[198] Auch Sputnik wusste 1959 lediglich von zwei Touristen aus Aserbaidschan zu berichten, die „einige Flaschen Cognak verkauften und für das erhaltene Geld Autoscheinwerfer erwarben."[199]
Im Jahr darauf überreichte das zuständige Wojewodschafts-Gebietskomitee der Polnischen Vereinigten Arbeiterpartei dem sowjetischen Generalkonsulat in Danzig ein Schreiben, in dem zwei Gruppen des Jugendreisebüros aus der georgischen und der armenischen Sowjetrepublik vorgeworfen wurde, sich unter allen ausländischen Reisegruppen in der Touristenbasis von Danzig am schlechtesten ver-

---

196 GARF, f. 9520, op. 1, d. 1234, S. 52.
197 Ebd., S. 8f.
198 GARF, f. 9520, op. 1, d. 372, S. 70.
199 RGASPI, f. M-5, op. 1, d. 27, S. 3.

halten zu haben.[200] Unter anderem hätten sie Kontakt zu Polen aufgenommen, die illegalen Handel mit ausländischen Waren betrieben: „Sie verkauften alle ihre Fotoapparate, Uhren und sogar einen Teil ihrer Garderobe. Das erhaltene Geld war für Ausgaben in Nachtclubs bestimmt."[201] Aber auch dieser Vorfall wurde von den sowjetischen Verantwortlichen nicht als Indiz eines strukturellen Problems wahrgenommen, sondern als individuell auftretende Nebeneffekte mangelnder Kultiviertheit und Disziplin, die insbesondere Touristen aus der Provinz zugeschrieben wurde.

Typisch war hierfür die Charakterisierung des Touristen Igor' Lappo aus Wologda, der 1961 mit zwei weiteren Genossen aus seinem Oblast' eine 24-köpfige Gruppe aus Leningrad in die DDR begleitete.[202] Lappo habe sich während der gesamten Reise „frech und ungezügelt" benommen, so die Leningrader Gruppenleiterin Merzljakova:[203]

> „Gierig und geizig, versuchte er die ganze Zeit, Zigaretten und Streichhölzer zu ergattern. Er interessierte sich nur für Geschäfte. […] Er versuchte sowjetisches Geld zu wechseln; mit sowjetischen Münzen statt mit Deutschen Mark zu bezahlen. Die Gruppe musste ihn ständig zurückhalten und seinetwegen vor Scham erröten. […] Er wurde durch die Parteigruppe verwarnt, aber seine Entschuldigungen waren geheuchelt und er machte im gleichen Stil weiter. […] Beim Besuch einer Keramikfabrik in Torgau, bei der allen [Touristen] Geschenke ausgehändigt wurden – ein kleines Essgeschirr – erbettelte er sich zusätzlich zwei weitere, für seine Frau und eine weitere junge Frau, die nicht mit nach Torgau gereist waren. Dies wurde ihm untersagt, aber seine Gier obsiegte. […] LAPPO I. muss unbedingt dafür bestraft werden, dass er die Ehre des sowjetischen Menschen mit Füßen tritt, und ihm müssen Auslandsreisen verboten werden."[204]

Bei aller Empörung, die aus dem Bericht von Merzljakova sprach, handelte es sich bei den „Vergehen" von Lappo um wenig gravierende Disziplinverstöße, die für die Frühphase des Auslandstourismus typisch waren – kleinere Versuche, die Handlungsautonomie mit Wissen und gegen den Willen des Gruppenleiters auszuweiten; ein Verhalten, das eher durch Naivität und Trotz als durch Betrugsabsichten oder kriminelle Energie gesteuert wurde. Eine andere Qualität hatte dagegen der laut Sputnik erste offiziell registrierte Fall von Schmuggel im März 1962, über den das Jugendreisebüro 1963 in einem internen Fünfjahresbericht zum Auslandstourismus informierte: Bei der georgischen Touristin Mzija

---

200 RGASPI, f. M-5, op. 1, d. 60, S. 113f.
201 Ebd.
202 Das genaue Datum der Reise ist unbekannt.
203 RGASPI, f. M-5, op. 1, d. 90, S. 31.
204 Ebd.

Kajšaura seien bei einer Grenzkontrolle (über den Ort wird in dem Bericht keine Auskunft gegeben) 90 Strumpfhosen gefunden worden, die diese in einer Tasche mit doppeltem Boden in die Sowjetunion einführen wollte.[205] Diese Konterbande konnte nicht mehr als harmloser Versuch gewertet werden, das magere Taschengeld aufzubessern. Vielmehr zielte Kajšaura auf einen veritablen materiellen Profit nach der Rückkehr in die Heimat ab. Ihre Handlungsweise verwies nicht nur auf einen Autoritätsverlust der touristischen Kader, sondern auch auf einen allmählichen Wandel in der Prioritätensetzung von ins Ausland reisenden Sowjetbürgern: Der Konsum von Waren rückte langsam, aber stetig in den Mittelpunkt der touristischen Agenda. Dabei ging es nicht mehr nur um den Erwerb von Souvenirs oder einzelner Kleidungsgegenstände, sondern um eine bestmögliche Ausnutzung der Konsummöglichkeiten, die der Aufenthalt außerhalb der eigenen Grenzen ermöglichte. Die gestiegene Bedeutung des Luxuskonsums, der innerhalb der Sowjetunion nicht befriedigt werden konnte, belastete damit zunehmend den Auslandstourismus und verleitete mehr und mehr Touristen zu illegalen Handlungen.[206]

Mitte der 1960er Jahre, als sich die Fälle von Devisenschmuggel und Tauschhandel im Ausland häuften, begannen sich auch die sowjetischen Reiseorganisationen Gedanken über die strukturellen Ursachen dieses Phänomens zu machen. 1964 veröffentlichte Sputnik einen „Bericht über ernsthafte Mängel in der Arbeit einzelner Organisationen des Komsomol bei der Auswahl und Vorbereitung junger Auslandstouristen", in dem unter anderem von den Verfehlungen der aserbaidschanischen Gruppenleiterin Stepanjan die Rede war. Ihr Verhalten habe „einen Schatten auf die Mitarbeiter des Komsomol geworfen".[207] Stepanjan habe nicht nur selbst heimlich sowjetische Devisen nach Ungarn ausgeführt und zwei Uhren verkauft, sondern auch zugelassen, dass zwei Touristen aus ihrer Gruppe Devisenspekulation betrieben. Der Bericht setzte das Handeln Stepanjans in Verbindung mit grundlegenden Mängeln in der Arbeit der regionalen Komitees des Komsomol bei der Auswahl und Vorbereitung von Touristen und rückte es damit als ernstzunehmendes Problem auf die Agenda.[208]

Insbesondere den Kaukasus und Zentralasien machte Sputnik dabei als Problemregionen aus. Der Jahresbericht des Jugendreisebüros aus dem Jahr 1965 enthielt zwei Vorfälle von illegaler Devisenausfuhr und Schmuggel größeren Maßstabs, der Touristen aus Aserbaidschan und Tscheljabinsk zur Last gelegt

---

205 RGASPI, f. M-5, op. 1, d. 158, S. 122; zu diesem Fall auch Gorsuch: All this, S. 95.
206 Vgl. dazu auch Natalya Černyšova: Consumer as Citizens: Revisiting the Question of Public Disengagement in the Brezhnev Era, in: Fainberg/Kalinovskij: Reconsidering, S. 3–20.
207 RGASPI, f. M-5, op. 1, d. 196, S. 3.
208 Ebd., S. 2f.

wurde.[209] In letzterem Fall hätte der „massenhafte Verkauf von Uhren" durch die Touristin Mazina derartige Dimensionen angenommen, dass sogar die sowjetische Botschaft in Bulgarien intervenieren musste.[210] Im Januar 1968 nahmen englische Polizisten die georgischen Touristen Mamladze und Beradze in Gewahrsam, denen der Diebstahl von Damenblusen und Herrenpullovern in der Oxforder Filiale von Marks & Spencer im Wert von sieben Pfund vorgeworfen wurde.[211] Im Zuge der Ermittlungen stellte sich heraus, dass Beradze mehr als 700 Rubel an Bargeld bei sich hatte; Geld, dass er angeblich für seine fünf mitreisenden georgischen Genossen aufbewahrte, das aber von diesen bei der Ausreise nicht deklariert worden war.[212]

Auch auf den devisenfreien Reisen der Gewerkschaften gerieten die Konsumverlockungen als ein Hauptproblem für die touristische Disziplin verstärkt in den Fokus der Gruppenleiter. Der Parteisekretär eines Kunstfaserkombinats in Kalinin, Marachovskij, der als Gruppenleiter einer Gewerkschaftsreise im August 1965 Polen besuchte, berichtete, dass seinen Mitreisenden in Warschau sowohl auf der Straße als auch im Ferienhaus Uhren, Foto- und Rasierapparate angeboten worden seien.[213] „Nach meiner Kenntnis," so Marachovskij, „ließ sich keiner der Touristen auf die vorgeschlagenen Geschäfte ein."[214] Anders verhielt es sich im Juni desselben Jahres bei der Polen-Reise einer Gruppe aus dem Oblast' Gor'kij. Das Parteimitglied Gromov wurde von seinem Mitreisenden Aleksandrov für den Verkauf von Uhren bei dem Gruppenleiter Trubnikov angeschwärzt, woraufhin ersterer nach seiner Rückkehr aus der Partei ausgeschlossen wurde.[215]

Es war kein Zufall, dass ein Großteil der illegalen Devisenausfuhren bei Sputnik- und Gewerkschaftsreisen festgestellt wurden, war hier doch das den Touristen gestattete Taschengeld am niedrigsten und das Reiseerlebnis als solches oftmals von geringem Komfort gekennzeichnet. Aber auch auf Intourist-Reisen kamen sowjetische Bürger zunehmend in Versuchung, auf Angebote wie jene des bulgarischen Hoteldirektors Kerčev einzugehen, gegen entsprechende Zahlung exklusive Ware aus „Spezialgeschäften" zu erhalten.[216] In der wichtigsten außersowjetischen Urlaubsdestination hatte sich die Devisenspekulation nach Auskunft von Intourist in den Jahren 1966 und 1967 zu einem der größten Probleme entwickelt.[217]

209 RGASPI, f. M-5, op. 2, d. 23, S. 6.
210 Ebd.
211 RGASPI, f. M-5, op. 1, d. 71, S. 183.
212 Ebd., S. 183f.
213 GARF, f. 9520, op. 1, d. 874, S. 24f.
214 Ebd., S. 25.
215 Ebd., S. 43f.
216 GARF, f. 9520, op. 2, d. 28, S. 22.
217 Ebd., S. 23.

Dieser Trend setzte sich fort. Auf der bereits mehrfach erwähnten Konferenz für Tourismus-Funktionäre im Januar 1969 bei Moskau erläuterte Mordvincev, Leiter der Intourist-Abteilung im moldawischen Ungheni an der Grenze zu Rumänien, dass sich die Zahl der aufgedeckten Versuche illegaler Devisenausfuhren alleine von 1967 bis 1968 von 104 auf 187 Fälle erhöht und sich die Summe der dabei ausgeführten Geldmenge überproportional gesteigert habe (von im Schnitt rund 74 auf 79 Rubel pro aufgedeckten Fall).[218] „Der Wachstum der Konterbande", so Mordvintsev, „verläuft schneller als die Steigerung der Ausreisen sowjetischer Touristen über unsere Station."[219] In Ungheni seien im Dezember 1968 bei drei Touristinnen aus Odessa zwischen hundert und zweihundert versteckte Rubel gefunden worden, zwei Stunden, nach dem sie ihm versichert hätten, dass alles in Ordnung sei.[220]
Über eine ähnliche Problematik berichtete auf derselben Konferenz der führende ukrainische Gewerkschaftsfunktionär Šemets:

> „Ein Mangel besteht darin, dass sich bei uns in diesem Jahr (1968) die Auswahlqualität etwas verschlechtert hat. Das zeigt sich daran, dass es bei uns Fälle von Verstößen gegen Regeln und Verhaltensnormen von Touristen im Ausland gab. Welche Verstöße sind am häufigsten zu beobachten? Wir hatten einige Fälle, in denen unseren Touristen an der Grenze große Summen Geld abgenommen wurden. Es gab außerdem Fälle, in denen große Mengen alkoholischer Getränke mitgeführt wurden, besonders bei Fahrten nach Finnland. Und, an der Grenze angekommen, wurde mit diesem Wodka gehandelt. Auch mit Transistoren."[221]

Man müsse, so Šemets, bei der Auswahl und Schulung der Gruppenleiter genauer hinschauen, „was denn da für Leute fahren".[222] Regelverstöße müssten streng geahndet werden, damit die Leute verstünden, dass „derartige Dinge nicht unbestraft bleiben".[223]
Mitten in einer der schwersten außenpolitischen Krisen der Nachkriegszeit sah sich auch der sowjetische Auslandstourismus mit existenziellen Fragen konfrontiert: Zwar hatte das umfangreiche Kontroll- und Disziplinierungsinstrumentarium zu einer scheinbaren „Harmonisierung" der Reisegruppen geführt; allerdings erwies es sich auf einem anderen Feld als unwirksam: Devisenschmuggel und illegale Tauschgeschäfte, die lange Jahre als individuelle Ausreißer interpre-

---

218 GARF, f. 9520, op. 2, d. 32, S. 80; der Durchschnittswert wurde vom Autor selbst errechnet.
219 Ebd.
220 Ebd.
221 GARF, f. 9520, op. 2, d. 32, S. 6f.
222 GARF, f. 9520, op. 1, d. 32, S. 7.
223 Ebd.

tiert und immer wieder auch Verführungen durch die ausländische Bevölkerung zugeschrieben wurden, waren zu einem weit verbreiteten Phänomen geworden und avancierten zu *der* bestimmenden Problematik des Auslandstourismus schlechthin. Illegaler Handel ließ sich auch nicht mehr als eine weitgehend auf die unkultivierte Peripherie der Sowjetunion und den minderprivilegierten devisenfreien Reiseverkehr begrenzte Randerscheinung abtun – Touristen aus Moskau hielten sich ebenso wenig an die auferlegten Devisenbeschränkungen wie jene aus Baku; und was aus Sicht der sowjetischen Reisebüros noch schlimmer war: anstatt sie daran zu hindern, betätigten sich Gruppenleiter immer öfter selbst als Schmuggler und Mitwisser.

Im Jugendtourismus gerieten so immer stärker die touristischen Funktionäre als Wurzel der grassierenden Schmuggelaktivitäten in den Blick. Nachdem im Laufe des Jahres 1970 in den Gebietskomitees des Komsomol in verschiedenen Sowjetrepubliken „Fälle grober Verletzungen der ‚Zollkontrollregeln‘" festgestellt wurden, verschickte das Zentralkomitee der Nachwuchsorganisation am 9. Juli 1970 an die untergeordneten Instanzen sowie an Sputnik die sperrig formulierte Anordnung „Über die Erhöhung der Verantwortlichkeit [...] für die Verbesserung der Organisation des sowjetischen Jugendauslandstourismus".[224] Abgesandte von Sputnik machten sich auf nach Tatarstan, Kirow und Orlow, um dort die Arbeit der zuständigen Dienststellen zu überprüfen. Zusätzlich verschickte das Jugendreisebüro Schreiben an Komitees des Komsomol in Nowosibirsk, Archangelsk und weitere Oblasts mit der Aufforderung zur Rechtfertigung der Häufung von Zollverstößen. Es ging dabei nicht nur um Devisenschmuggel und illegale Tauschgeschäfte im Ausland, sondern auch um die Einfuhr verbotener Literatur aus Westdeutschland. Eine Reihe von Funktionären wurde verwarnt; andere, wie die Instrukteurin des Kasaner Stadtkomitees Sibriovaja aufgrund „politischer Unreife [sowie] fehlender Achtsamkeit und Prinzipientreue" der von ihr auf den Auslandsaufenthalt vorbereiteten Touristen aus ihrem Amt entlassen.[225] Die durch die sich verbreitenden Betrugsfälle erzeugte Vertrauenskrise erreichte mit der Funktionärsebene den Personenkreis, der eigentlich das Fundament der auslandstouristischen Organisationspyramide bilden sollte. Der Komsomol musste sich eingestehen, dass nicht nur an vereinzelten Dienststellen schlampig oder opportunistisch gearbeitet, sondern verbreitet und in größerem Maßstab Anweisungen aus Moskau systematisch ignoriert und hintergangen wurden. Der Ausdruck „devisenfreier Tourismus" bekam in diesem Zusammenhang einen ironischen Beiklang – in vielen Fällen waren die Koffer der Touristen alles andere als devisenfrei; und sie konnten sich dabei vielerorts auf die Kooperation oder das Wegschauen der zuständigen Funktionäre verlassen. Der Konsum, den der Kom-

---

224 RGASPI, f. M-5, op. 2, d. 160, S. 37f.
225 Ebd., S. 21.

somol schon in der organisatorischen Anlage seines Jugendreisebüros zu marginalisieren versucht hatte, ließ sich nicht länger als Randphänomen ignorieren.
Bei Intourist zeichnete sich ebenfalls ab, das selbst attraktivste Reiseangebote Touristen nicht mehr von Versuchen abhielten, mit Nebengeschäften ihren finanziellen Spielraum zu erweitern. So organisierte das staatliche Reisebüro im März 1970 für 168 sowjetische Bürger, darunter Journalisten und Sporttrainer, eine Fahrt zur Eishockeyweltmeisterschaft in Schweden. Der exklusive Status dieser Reise ließ sich schon daran erkennen, dass 85 Prozent der Touristen Parteimitglieder waren.[226] Ein Teil von ihnen schien sich dabei nur bedingt für die sportlichen Wettkämpfe zu interessieren. So verkauften nach übereinstimmenden Aussagen mehrerer Gruppenleiter einige Touristen ihre Eintrittskarten oder auch Wodka, um an „Souvenirs in Form von Geld" zu gelangen.[227]
Alarmiert von derartigen Vorfällen hatte zu diesem Zeitpunkt auch die politische Führung in Moskau Handlungsbedarf erkannt. Zeitgleich zur Eishockey-Weltmeisterschaft verhandelte das Stadtkomitee der Partei in Moskau am 25. März 1970 über die Umsetzung einer zwei Monate zuvor veröffentlichten Anordnung des Zentralkomitees der KPdSU „Über Maßnahmen zur Verbesserung des sowjetischen Auslandstourismus".[228] Als Beschluss wurde unter anderem festgehalten, die Unterzeichner touristischer Empfehlungsschreiben für die „Vollständigkeit und Objektivität" dieser Dokumente persönlich zur Verantwortung zu ziehen; außerdem sollte darauf geachtet werden, dass in erster Linie Kandidaten für Auslandsfahrten in Betracht gezogen würden, die sich bislang noch nie außerhalb der sowjetischen Grenzen aufgehalten hatten.[229]
Das sowohl die Spitze der Partei als auch des Komsomol sich in dieser Zeit mit Verordnungen zu Wort meldeten, zeigte, wie aufmerksam die jüngsten Entwicklungen im Auslandstourismus in Moskau registriert wurden. Das Problem war dabei nicht primär die Quantität der aufgedeckten Betrugsfälle. 1970 registrierten die Gewerkschaften nur bei sechs von insgesamt 285 Intourist-Fahrten durch Polen und die ČSSR Fälle von Devisenschmuggel,[230] im ersten Quartal 1971 lag die Zahl solcher Vorfälle unter allen rund 25.000 von den Gewerkschaften vermittelten Auslandstouristen lediglich bei 56 und damit etwa bei einer halben Promille.[231] Allerdings sorgte das verbreitete Wissen darum, dass die wenigen aufgedeckten Fälle von Devisenvergehen und illegalem Handel nur die Spitze des Eisberges darstellten, für ein Klima des Misstrauens innerhalb des

226 GARF, f. 9612, op. 3, d. 432, S. 58–65.
227 Ebd., S. 60.
228 CAODM, f. P-4, op. 169, d. 15, S. 6–8.
229 Ebd., S. 8.
230 GARF, f. 9520, op. 1, d. 1419, S. 20.
231 GARF, f. 9520, op. 1, d. 1543, S. 66f.

touristischen Organisationsapparates und einen Imageverlust des Auslandstourismus in der Sowjetunion insgesamt.

Ein deutliches Indiz dafür, dass Auslandsreisen zu diesem Zeitpunkt auch in der breiten Öffentlichkeit mit Konterbande in Verbindung gebracht wurden, ist der bereits erwähnte sowjetische Kinofilm „Der Brillantenarm" von 1969. Darin gerät die Schiffsrundfahrt des unbescholtenen Sowjetbürgers Semjon zu einer regelrechten Odyssee. Er kommt unterwegs in Kontakt mit dem Diamantenschmuggler Gena, dessen fragwürdiger Charakter unter anderem daran zu erkennen ist, dass ihn das sowjetische Liedgut langweilt und er stattdessen auf dem Passagierdeck in wilder Verzückung im Stile von Louis Armstrong tanzt und singt. Durch einen Zufall wird Semjon in die Schmugglergeschäfte seiner Bekanntschaft verwickelt, und der größte Teil des Filmes handelt davon, wie sich der etwas naive, aber grundanständige Bürger aus den kriminellen Machenschaften befreit, in die er ungewollt und ohne Schuld hineingeraten ist.

„Der Brillantenarm" kennzeichnet die Auslandsreise als Erfahrung, die das geordnete Leben eines Sowjetbürgers bis weit hinein in dessen Alltag gefährdet. In plumper Symbolik wird dies durch das Souvenir, das Semjon seiner Nachbarin mitbringt, angedeutet: Ein Teufel, der an Sprungfedern aus einer Schachtel schnellt – die Büchse der Pandora ist geöffnet. Bezeichnenderweise kommen das Ausland und Ausländer in dem Film kaum vor – das Fremde stellt in erster Linie eine Bedrohung dar, die durch seine schiere Verführungskraft auf die Moral der handelnden Personen wirkt. Ähnlich wie sich innerhalb des sowjetischen Auslandstourismus der Fokus zunehmend nach innen auf eine in Teilen korrupte Funktionärsschicht wandte, sah auch „Der Brillantenarm" den nicht ausreichend gefestigten Glauben an sowjetische Werte als Einfallstor für die zersetzende Kraft ausländischer Einflüsse.

Zunächst allerdings halfen weder eine stärkere Überwachung der Funktionskader noch schärfere Bestrafungen der Touristen gegen die Etablierung von Schmuggelei und illegalem Handel als neuer „Normalität" innerhalb des Auslandstourismus. Recht nüchtern listete der Vorsitzende des CSTE Abukov nach dem Besuch der Olympischen Sommerspiele in München im August 1972 durch 429 sowjetische Touristen unter anderem acht einschlägige Vergehen auf, was ihn nicht davon abhielt, den Reiseverlauf insgesamt als „organisiert" zu bewerten.[232] Wie ein Hintergrundrauschen begleiteten illegale Handelsaktivitäten die sowjetischen Reisegruppen im Ausland und beeinträchtigten die Außendarstellung als „disziplinierteste Touristen der Welt" erheblich.[233] Die Persistenz dieser Problematik hatte zur Folge, dass die Reiseleitung im Laufe der 1970er Jahre allmählich dazu überging, Devisenspekulation und ähnliche Vergehen als „nicht-

---

232 GARF, f. 9520, op. 1, d. 1656, S. 59–62.
233 Feron/Little: Russische.

sowjetisches" Verhalten zu brandmarken. Statt deren Vorkommen zu leugnen, versuchten sie es als deviante Erscheinung zu brandmarken, die Indiz einer nicht vollwertigen Zugehörigkeit zur sowjetischen Kollektividentität war.

Typisch hierfür war der Bericht eines Funktionärs der CSTE, der eine 215 Personen starke aserbaidschanische Gruppe auf einer Kreuzfahrt entlang der Ostsee im November 1974 begleitete. Bereits im Hafen von Tallin seien der Gruppe 50 Flaschen Wein sowie hunderte Zigarettenpackungen vom Zoll abgenommen worden; darüber hinaus hätten einzelne Personen Armringe und Transistoren verkauft und illegal eingeführte sowjetische Währung gewechselt.[234] Die aserbaidschanische Reiseleitung habe auf diese Vorfälle erst reagiert, nachdem der CSTE-Funktionär und ein Vertreter von Intourist sie darauf hingewiesen hätten. Überhaupt habe die Gruppe bei gemeinsamen Abendveranstaltungen fast nie getanzt oder sowjetische Lieder gesungen: „Während der Landgänge beteiligten sie sich nicht an den Kulturabenden, die mit der einheimischen Bevölkerung abgehalten wurden. Ihre Verschlossenheit begründeten viele, besonders Frauen, mit nationalen Vorurteilen."[235]

Interessanterweise ähnelte die kollektive Zuschreibung einer ethnischen Andersartigkeit der aserbaidschanischen Touristengruppe (unter denen viele Russen gewesen sein dürften) durch den sowjetischen Gewerkschafter den Beschreibungen der Eigenarten georgischer Touristen durch die amerikanischen Journalisten James Feron und Tom Little in ihrem Artikel für die New York Times vom Februar 1972. Diese bewerteten das Nicht-sowjetisch-sein der Georgier dabei allerdings als Vorzug:

> „Sie kleiden sich besser als ihre Landsleute, sehen selbstbewusster aus und ihre Vorstellung von angenehmen Zeitvertreib ist praktisch identisch mit der westlichen. Man trifft sie häufig auf den Schwarzmärkten von Warschau und anderen Städten des sozialistischen Lagers. Viele von ihnen führen verschiedenste Waren zum Verkauf mit sich, zum Beispiel Kaviar, Cognac und Fotoapparate; manchmal haben sie sogar kleine Mengen Gold für Einkäufe dabei."[236]

Die Diskriminierung von Touristen aus der Peripherie – egal ob in positiver Form durch westliche Beobachter oder in negativer durch Vertreter des sowjetischen Zentrums – kennzeichnete den sowjetischen Auslandstourismus seit den ersten Jahren (siehe Kapitel 5.1). Vor dem Hintergrund eines Diskurses, der den internationalen Tourismus immer stärker als ideologisches Schlachtfeld des Kalten Krieges definierte, galt die wahrgenommene Fremdheit nicht-russischer Touristen jedoch nicht mehr nur als Schönheitsfehler, sondern als Einfalls-

234 GARF, f. 9520, op. 1, d. 1978, S. 59f.
235 Ebd., S. 60.
236 Feron/Little: Russian.

tor für zersetzende Einflüsse des Westens. Der Sputnik-Vorsitzende Mošnjaga zitierte 1972 in einer Grundsatzrede den konservativen westdeutschen Osteuropaexperten Alard von Schack, der für den ideologischen Kampf mit dem sozialistischen Lager die Empfehlung gegeben habe, „nationale Unterschiede, religiöse Vorurteile, menschliche Schwächen [wie] die weibliche Eitelkeit, Neid, das Streben nach Vergnügungen" auszunutzen, um „Gleichgültigkeit gegenüber den Zielen der kommunistischen Führungen" zu erzeugen.[237]
In dem zunehmend ideologisch aufgeladenen Diskurs der 1970er Jahre galten schwere Disziplinverstöße, zu denen in vorderster Linie illegale Handelsaktivitäten zählten, als Indiz einer mangelnden sowjetischen Gesinnung und führten auch innerhalb von Touristengruppen zu scharfen Auseinandersetzungen. So berichteten die Gruppenleiter Aristov und Šaklein darüber, dass in einem im Februar 1976 von Sputnik organisierten „Freundschaftszug" durch Polen unter den Touristen ein Streit über den lettischen Mitreisenden Aleksej Gal'perin entbrannte.[238] Der Lehrer an einem Technikum habe sich durch „scharf ausgeprägten Individualismus" hervorgetan und versucht, seine Republiksgenossen gegen das Kollektiv aufzuwiegeln. Galperin habe gegenüber den Gruppenleitern geäußert, dass „das Bummeln durch Geschäfte besser sei als der Besuch von Universitäten".[239] Daraufhin, so Aristov und Šaklein, wurden innerhalb der Touristengruppe Stimmen laut, die Galperin als „keinen von uns" (ne naš čelovek) bezeichneten, „eindeutig in Hinblick darauf, wer eigentlich an so einer Reise teilnehmen sollte, also Aktivisten des Komsomol, Anführer."[240]
Auch das Ehepaar Sergej und Irina Nidčenko wurde wenige Monate später auf einer Sputnik-Reise durch Polen im Juni 1976 von der Gruppenleiterin Pereverzeva als Fremdkörper identifiziert. Sie hätten sich von der Gruppe abgesondert; Museumsbesuche und Exkursionen durch Laden- und Marktbesuche ersetzt. „Auf Bemerkungen des Reiseführers und des Gruppenleiters", so Pereverzeva, „reagierten sie nicht, sie waren der Ansicht, dass sie zum ‚Amüsieren' gekommen waren."[241] Besonderes Kennzeichen ihrer Unbotmäßigkeit war nach Ansicht der Gruppenleiterin die Tatsache, dass sich Irina Nidčenko während der Besichtigung einer Kathedrale vorgeblich für ihre Großmutter ein Kreuz erwarb, es dann aber „bis zur Rückkehr in die UdSSR nicht mehr abnahm."[242]
Die touristischen Funktionäre konstruierten Reisegruppen verstärkt als Wertegemeinschaften, in denen Verstöße gegen Handelsgesetze nicht nur als disziplinarische, sondern vor allem als moralische Angelegenheit behandelt wurden.

---

237 RGASPI, f. M-5, op. 2, d. 774, S. 29.
238 RGASPI, f. M-5, op. 2, d. 80, S. 54–56.
239 Ebd., S. 56.
240 Ebd.
241 RGASPI, f. M-5, op. 3, d. 78, S. 75.
242 Ebd.

Indem Reisende ihre „merkantilen Interessen" über jene des offiziell vorgeschriebenen Reiseprogramms stellten, verstießen sie in dieser Sichtweise nicht nur gegen Gesetze, sondern verließen gleichzeitig auch die kollektive sowjetische Wertegemeinschaft.[243] Dabei war es durchaus auch typisch für den paternalistischen Zug der Brežnev-Ära, dass der Staat sich bemühte, seinen Bürgern in dieser Hinsicht ein Stück weit entgegenzukommen. So wurde Touristen ab April 1977 gestattet, bei Reisen in sozialistische Länder ein Taschengeld in Höhe von 300 Rubel mitzuführen.[244] Es war aber eben auch genauso typisch für das Verhalten der Touristen, die ihnen gemachten Zugeständnisse als Einladung zur Ausweitung der eigenen Spielräume zu betrachten. So blieb trotz der deutlichen Ausweitung des legalen Rahmens kommerzieller Aktivitäten die Problematik von Schmuggel und Tauschgeschäften so präsent, dass sie vielerorts einen institutionalisierten Platz innerhalb der touristischen Organisationsapparate erhielt. In der aserbaidschanischen Abteilung des CSTE gab es so (spätestens) seit 1980 eine eigene Kartei mit den Namen von in dieser Hinsicht auffällig gewordenen Touristen; darüber hinaus gab es ein geregeltes Verfahren für den Umgang mit diesen Personen:

> „… [I]n allen Fällen verschickt die Abteilung Schreiben an die Betriebe (bei Parteimitgliedern auch an das zuständige lokale Parteikomitee), mit der Bitte um eine Auskunft zu den ergriffenen Maßnahmen innerhalb einer 10-Tages-Frist. Bis zum Eintreffen der Antwort werden die Schreiben zur Kontrolle aufbewahrt."[245]

Obwohl die Quantität der registrierten Fälle in den 1970er Jahren in etwa stabil blieb und sie nicht mehr die Wachstumsdynamik der späten 1960er Jahre aufwies, hatten – wie das obige Zitat nahelegt – illegale Handels- und Konsumpraktiken Anfang der 1980er Jahre einen festen Platz im Auslandstourismus und prägten sowohl dessen kulturelle Bedeutung als auch dessen institutionelle Strukturen.[246] Dabei offenbaren die sich seit Mitte der 1960er Jahre häufenden Fälle von Mitwisserschaft und Regelverstößen seitens Gruppenleitern und touristischen Funktionären, dass Schmuggel und Tauschgeschäfte keineswegs nur von einzelnen Touristen verdeckt praktiziert wurden, sondern derartige Praktiken tief in den institutionellen Strukturen des Auslandstourismus verankert waren. Als System des Interessensausgleichs zwischen Parteiideologen, Funktionären und Touristen funktionierte er somit zunächst auch in den 1970er Jahren

---

243 Der Begriff der „merkantile Interessen" stammt aus dem Bericht über die Sputnik-Reise einer Gruppe aus Dagestan im August 1981, vgl. RGASPI, f. M-5, op. 3, d. 307, S. 136.
244 RGASPI, f. M-5, op. 3, d. 407, S. 22.
245 GARF, f. 9520, op. 1, d. 2734, S. 33.
246 Vergl. Žuk: Closing, insbes. S. 11–24.

noch lange Zeit erstaunlich effizient, weil alle Seiten daraus entweder materiellen Profit oder legitimatorisches Kapital zogen. Dass die unbekümmerte Vorteilnahme durch staatliche Funktionäre und die ungezügelte Kauflaune vieler Touristen sich allerdings nicht gut mit der Inszenierung moralischer Überlegenheit im Ausland vertrugen, war ebenfalls allen Beteiligten klar. Und so mehrten sich gegen Ende der 1970er Jahren die Stimmen, die ein härteres Einschreiten gegen den buchstäblichen Ausverkauf sowjetischer Werte forderten. Der in der Forschung häufig beschriebene verbreitete Zynismus gegenüber der staatlichen Ideologie war nur die eine Seite der Medaille, auf der anderen Seite kämpften konservative Kräfte für eine „Rückbesinnung" auf „proletarische" Tugenden des Konsumverzichts und der politischen Agitation. Ähnlich wie in der Endphase der Ära Chruščev gewannen damit auch in den letzten Jahren der Herrschaft von Brežnev konservative Stimmen an Gewicht, die die staatlichen Zügel wieder gestrafft sehen wollten. Anfang der 1980er Jahre ging die Entwicklung daher nicht in Richtung einer weitgehenden Liberalisierung des auslandstouristischen Konsums, wie sie später unter Gorbačev realisiert werden sollte, stattdessen zeichnete sich wieder ein deutlich prohibitiveres Regime ab, das die Touristen stärker in die Pflicht nahm und flächendeckend juristische Konsequenzen für Verstöße gegen Zollbestimmungen vorsah. In der aserbaidschanischen Abteilung des CSTE existierte beispielsweise 1980 eine eigene Kartei mit den Namen von in dieser Hinsicht auffällig gewordenen Touristen; darüber hinaus gab es ein geregeltes Verfahren für den Umgang mit diesen Personen:

> „… [I]n allen Fällen verschickt die Abteilung Schreiben an die Betriebe (bei Parteimitgliedern auch an das zuständige lokale Parteikomitee), mit der Bitte um eine Auskunft zu den ergriffenen Maßnahmen innerhalb einer 10-Tages-Frist. Bis zum Eintreffen der Antwort werden die Schreiben zur Kontrolle aufbewahrt."[247]

Die These, dass der Staat beide Augen gegenüber den illegalen Praktiken seiner Touristen zudrückte, lässt sich also spätestens für diesen Zeitpunkt nicht aufrechterhalten. Vielmehr zeichnete sich ab, dass das „Aushandlungssystem" des Auslandstourismus, das immer neue Auswüchse an Korruption und Gesetzesverstößen hervorbrachte, nicht mehr zum ideologischen Kurs der Partei passte und daher an sein Ende gelangte. Für zukünftige Untersuchungen in diesem Bereich dürften daher insbesondere die Herrschaftsphasen von Jurij Andropov und Konstantin Černenko von Interesse sein, in denen der Tourismussektor eine neue Herangehensweise an die Frage des Konsums finden musste, bevor sie unter Gorbačev dann auf radikale Weise gelöst wurde.

---

247 GARF, f. 9520, op. 1, d. 2734, S. 33.

5 Die subjektive Dimension des Reisens / Reisen als kulturelle Praxis

5.1 „Das einem Sowjetbürger angemessene Benehmen…" – Diskurse über Verhaltensnormen und die äußere Erscheinung auf Auslandsreisen

Die touristischen Organisationen waren von Anfang an geradezu besessen davon, unter allen Umständen zu vermeiden, dass sowjetische Touristen jenseits der heimischen Grenzen durch ihre Kleidung oder ihr Verhalten auffielen. Das Erscheinungsbild, dass den touristischen Funktionären vorschwebte, orientierte sich an einer Vorstellung von Anständigkeit, die schon Mitte der 1950er Jahre aus der Zeit gefallen schien. Sie wandte sich gegen jedwede Form von Individualität und Erotik.[1] So wurde eine Gruppe junger Touristinnen kurz vor der Abreise nach Großbritannien im Sommer 1956 von einer Gewerkschaftsmitarbeiterin noch einmal durch Moskauer Kleidergeschäfte geschickt, weil die von ihnen mitgebrachten Stöckelschuhe und Strümpfe einen „anrüchigen Ton" gehabt hätten.[2] Der sowjetische Tourist war als ein kollektives Abstraktum gedacht, ein fleisch-, identitäts- und geschlechtsloses Wesen, dass mit geradezu religiösem Eifer die ewigen Ideale des „Neuen Menschen" vor dem Hintergrund einer sich stetig wandelnden, unsteten und orientierungslosen westlichen Welt zu verteidigen hatte. Dies bezog sich im übrigen nicht nur auf den Kleidungsstil, sondern auch auf die körperliche Konstitution der Touristen als solche: Der Gruppenleiter Kazunin forderte im September 1961 unter anderem, „physisch minderwertige Personen" von Auslandsreisen auszuschließen. „Die Mitnahme einer Liliputanerin […]", so Kazunin, „rief ein erhöhtes Interesse und ironische Bemerkungen ihr gegenüber hervor."[3]

Dabei war es gerade das allzu deutlich spürbare Bedürfnis, im europäischen Ausland als Vertreter einer zivilisierten und fortschrittlichen Gesellschaft wahrgenommen zu werden, das sowjetische Reisegruppen wie schlecht kostümier-

---

1 Vgl. zu dem Verhältnis zur Mode im offiziellen sowjetischen Diskurs der 1950er und 60er Jahre Larissa Zakharova: Soviet Fashion in the 1950s-1960s. Regimentation, Western Influences and Consumption Strategies, in: Gilburd/Kozlov, Thaw, S. 402–435.
2 GARF, f. 9612, op. 1, d. 373, S. 1.
3 GARF, f. 9520, op. 1, d. 425, S. 7.

te Marionetten erscheinen ließ: Die heimische Modeindustrie erlaubte es den Touristen nicht, die im westlichen Ausland herrschenden kulturellen Codes zu bedienen, und so wirkte deren „vornehme" Garderobe wie eine billige Kopie des Originals. Die zeitlose Eintönigkeit, mit der sich Sowjetbürger im Ausland kleideten, hatte dabei ironischerweise genau den Effekt, den die touristischen Organisationen eigentlich vermeiden wollten: Sie fielen überall auf der Welt als optisches Kuriosum auf: Ein Reporter von Radio Free Europe hielt über eine Intourist-Gruppe in Frankfurt am Main im Frühjahr 1956 fest, sie sähen „gepflegt" aus, ähnelten aber „nach deutschen Standards eher Arbeitern oder Angestellten in ihren Sonntagskleidern".[4] Noch bissiger äußerten sich 1972 die New York Times-Journalisten James Feron und Tom Little: „Man kann sie auf den ersten Blick an ihrer immergleichen schludrigen, schlecht verarbeiteten Kleidung europäischen Stils erkennen, die sie praktisch voneinander ununterscheidbar macht, als ob sie direkt vom Fließband kämen."[5]

Hinter der unauffällig-auffälligen Fassade der Korrektheit war dabei eine große Angst zu erkennen, dass die gerade erst auf der internationalen touristischen Bühne aufgetauchten Sowjetbürger mit den Stereotypen des unzivilisierten, rückständigen russischen Bauern konfrontiert werden könnten. Auf einer frühen Westreise einer Sputnik-Gruppe nach Wien witterte der Gruppenleiter A. Višnikov eine Provokation, als zwei westdeutsche Touristen beim Besuch einer Konzerthalle seinen Genossen „das Benehmen in der Gesellschaft" beizubringen versuchten.[6] Die Furcht, als „unzivilisiert" bloßgestellt zu werden, bezog sich dabei nicht nur auf das westliche Ausland, sondern auch auf den sozialistischen Staatenraum. Paradigmatisch hierfür war der Bericht von S. Gadžiev, Leiter einer Gruppe von Touristen aus Dagestan, die im Juni 1961 Polen und die ČSSR bereisten. In einem polnischen Hotel wurde den Touristen der Vorwurf gemacht, sich auf den Toiletten unreinlich zu verhalten. Wie sich herausstellte, waren die Wasserleitungen der Toilettenspülung auf der Etage, in der die Dagestaner Gruppe untergebracht war, verschlossen:

> „Die Touristen wussten das nicht, sammelten Wasser in Bechern und spülten den Schmutz so gut es ging herunter. Es war offensichtlich, dass jemand uns übel mitspielt, die Leitungen im Voraus und mit Absicht verschließt und uns danach als unkultiviert beschuldigt."[7]

Es war kein Zufall, dass der oben genannte Bericht von einer Gruppe aus der Kaukasusregion stammte, denn gerade Touristen aus den südlichen und östlichen Peripherien des Sowjetimperiums wurden im Kontext von Auslandsreisen

---

4   RFE, 6712/56, S. 2.
5   Feron; Little: Russian.
6   RGASPI, f. M-5, op. 1, d. 5, 1, 55, S. 9.
7   GARF, f. 9520, op. 1, d. 425, S. 32.

immer wieder unzivilisierte Verhaltensweisen unterstellt. Bereits ein Jahr vor dem eher harmlosen „Toilettenvorfall" hatte der Bericht des polnischen Reiseführers Weremejuk bei dem Zentralkomitee des georgischen Komsomol für Aufregung gesorgt. Weremejuk, der im August 1960 eine Gruppe georgischer Touristen durch Polen begleitete, schilderte diese als eine Ansammlung von wilden Rauf- und Trunkenbolden:

> „Eine undisziplinierte Gruppe. Schon vom ersten Tag ihres Aufenthalts in Polen interessierten sich die Touristen nicht für die Durchführung des vorgesehenen Programms. Nachts amüsierten sie sich in Restaurants, tagsüber schliefen sie meistens. […] Die Touristen hinterließen die Zimmer in schrecklicher Unordnung, liefen in Schuhen über die Betten, wobei sie mit Absicht die Bettwäsche verschmutzten, und danach forderten sie einen neuen Satz Bettwäsche. In einigen Fällen wurden die Polizeiorgane gerufen. In der Nacht vom 14. auf den 15. August brach einer der Touristen, Gunem Tengizovič Gavašeli mit einem Messer in der Hand in ein Zimmer von tschechischen Frauen ein und versuchte, eine von ihnen zu vergewaltigen. Nur dank der energischen Intervention der gesamten tschechischen Gruppe gelang es, ihn aus dem Zimmer zu werfen."[8]

Diese und ähnliche Schilderungen zeichneten sich durch ein erstaunliches Maß an Polemik und Einseitigkeit aus. Die Unterscheidung zwischen dem Eigenen und dem Fremden wurde hier zugunsten des Ausschlusses vermeintlich „nichtsowjetischer" Touristen ins Gegenteil verkehrt – Tschechoslowaken und Polen erschienen in dem Bericht von Weremejuk als die eigentlichen Verbündeten des Gruppenleiters, während die Touristen aus der Georgischen Sowjetrepublik sich vermeintlich nicht in die vorgegebene Ordnung fügen ließen.

Das Zentralkomitee des georgischen Komsomol reagierte im November desselben Jahres auf die Schilderungen Weremejuks und stellte fest, dass die besagte Reisegruppe „die Ehre der sowjetischen Jugend" herabgesetzt habe, hervorgerufen durch eine „Atmosphäre der Schlampigkeit und Verantwortungslosigkeit".[9] Neben dem Gruppenleiter Cingadze, der versucht habe, „den Schlamassel zu verheimlichen", machte das Zentralkomitee das georgische KMO für die nachlässige Auswahl der Touristen verantwortlich.

Allerdings verwies das Schreiben auch auf die Tatsache, dass das Reiseprogramm durch die polnische Seite nicht zufriedenstellend vorbereitet wurde und die Touristen über weite Strecken „sich selbst überlassen" waren.[10] Die Andeutung, dass die Vorkommnisse während der Polenreise möglicherweise nicht monokausal durch das niedrige kulturelle Niveau der Touristen zu erklären waren, sondern

8 RGASPI, f. M-5, op. 1, d. 57, S. 108.
9 Ebd., S. 115.
10 Ebd., S. 115–116.

auch externe Faktoren auf das Verhalten der Reisegruppe einwirkten, ließ eine – wenngleich sehr zögerliche – Form der Solidarisierung seitens der Komsomol-Führung Georgiens mit den touristischen Republiksgenossen erkennen. Dabei war es eher die Ausnahme, dass sowjetische Funktionäre sich vor ihre Reisegruppen stellten. Vielmehr erweckt die oft unhinterfragte Akzeptanz der an sie übermittelten „Disziplinverstöße" den Eindruck, dass viele von ihnen sich durch negative Rückmeldungen in ihrem Misstrauen bestätigt fühlten und so auch eine Rechtfertigung für das extensive Überwachungs- und Kontrollregime sahen.

Auch innerhalb der Reisegruppen selbst herrschte vielfach keinesfalls ein Klima der gegenseitigen Unterstützung und Wertschätzung. Insbesondere in regional und sozial gemischt zusammengesetzten Touristengruppen machte sich eine große kulturelle Heterogenität zwischen den unterschiedlichen Ethnien und sozialen Schichten des Vielvölkerreiches bemerkbar, die das Propagandabild einer solidarischen und egalitären Gesellschaft Lügen strafte. Mit spürbarer Enttäuschung berichtete etwa die Gruppenälteste Solocha einer sibirischen Touristengemeinschaft aus der Kohleregion Tschernogorsker über das Verhältnis zu den lettischen Mitreisenden auf einer Fahrt mit Sputnik durch Bulgarien im Sommer 1959:

> „Unsere Gruppe setzte sich zusammen aus gewöhnlichen Komsomolzen: Melkerinnen, Schweinehirtinnen, Mechanisatoren, einfachen Arbeitern; natürlich, unser Erscheinungsbild war nicht so, wie bei ihnen, wo es Künstler, Journalisten, Filmschaffende usw. gab. Auf der Fahrt und fast bist zum Ende der Reise haben sie uns einfach verachtet, schämten sich, neben uns zu gehen, und morgens grüßten uns nicht einmal alle, oder, wo Tschernogorsk und Letten beieinanderstanden, grüßten sie sich auf lettisch. In der ihrigen (*ichniej*) Gruppe gab es zwei russische Frauen, denen schlugen sie auch vor, auf lettisch zu sprechen, als unsere Mädchen und Jungs in den Wagon einstiegen. Selbst für Außenstehende war das sehr auffällig. Als wir auf einem Ball in der Dimotrov-Fabrik waren, fragten uns die bulgarischen Komsomolzen, warum die Letten sich uns gegenüber so hochnäsig benehmen, und das war uns natürlich sehr unangenehm. Wir haben versucht zu erklären, […] dass dies nicht stimmt, dass wir einfach verschiedene Berufe haben; bei uns sind die Mehrheit Kolchosniki und manchmal möchten wir eben eine bestimmte Sache anschauen oder erfahren, und sie eine andere, aber sie haben uns wohl kaum geglaubt."[11]

Die Schilderungen Solochas verdeutlichten neben der Weigerung seitens der lettischen Touristen, als Sowjetbürger identifiziert zu werden, auch eine für den

---

11 RGASPI, f. M-5, op. 1, d. 27, S. 11.

sowjetischen Auslandstourismus typische Scham der soziokulturellen Elite, sich
solidarisch mit der vermeintlichen gesellschaftlichen Trägerschicht der Arbeiter
und Bauern zu zeigen und deren „proletarische Werte" zu respektieren. In vielen
Fällen vermischten sich Vorwürfe der mangelnden Kultiviertheit stattdessen mit
kaum verhohlenem ethnozentristischen Ressentiments. So klagte die russische
Leiterin einer Reisegruppe aus der Litauischen SSR, T. Kušnareva, dass das „falsche Benehmen der Touristen aus der Aserbaidschanischen Sowjetrepublik" die
gemeinsame Fahrt nach Ungarn im August und September 1960 problematisch
gestaltet habe.[12] Direkt nach der Ankunft habe der aserbaidschanische Gruppenleiter Achundov verkündet, seine Gruppe esse kein Schwein; eine seiner
Touristinnen habe die gesamte Reise über fast gar nichts gegessen, „wodurch sie
den Angestellten des Ferienhauses und der Kantine viel Mühe bereitete":

> „In dieser Gruppe fehlte es vollkommen an Disziplin, und das kulturelle
> Niveau unter der Mehrheit der Touristen […] war außerordentlich nie-
> drig. Das zeigte sich schon im Zugwagon. Bei der Ankunft in Budapest
> hinterließen die Touristen den Wagon, in dem sie ankamen, in schmutzi-
> gem Zustand. Da waren sowohl Flaschen als auch Müll und sogar Wein-
> kisten. Genosse Achundov verbreitete die ganze Zeit Desorganisiertheit,
> verbat den Teilnehmern seiner Gruppe, sich mit unseren Genossen zu un-
> terhalten und sogar, sich miteinander zu photographieren; dabei schüch-
> terte er sie damit ein, dass er nach der Rückkehr in die Heimat mit ihnen
> wegen der Verletzung ‚kaukasischer Traditionen' abrechnen werde. Er er-
> laubte sich sogar, die Touristen aus Litauen mit dem Messer zu bedrohen,
> die während einer Exkursion neben Frauen aus Aserbaidschan saßen. Die
> Teilnehmer der aserbaidschanischen Gruppe verhielten sich sehr laut bei
> dem Besuch von Museen, Galerien und anderer öffentlichen Orte. Im
> Ferienhaus verschmutzten sie die Toiletten, bügelten in den Zimmern auf
> den Tischen, schlugen mit den Türen. […] Da unsere zwei Gruppen nun
> einmal eine Gruppe sowjetischer Touristen darstellten, die die UdSSR im
> Ausland repräsentierten, und das Verhalten der aserbaidschanischen Tou-
> risten uns gegenüber alles andere als freundschaftlich war und den Rah-
> men des Benehmens eines zivilisierten Menschen sprengte, bin ich der
> Meinung – und dabei handelt es sich um eine Forderung unserer gesam-
> ten Gruppe –, dass aus dieser Reise ernsthafte Konsequenzen in Bezug auf
> den aserbaidschanischen Gewerkschaftsrat, der die Gruppe zusammenge-
> stellt und dessen Leiter ausgewählt hat, gezogen werden müssen."[13]

12 GARF, f. 9520, op. 1, d. 426, S. 184.
13 Ebd.

In dieser Beschreibung griff Kušnareva auf bereits im 19. Jahrhundert im Russischen Reich weit verbreitete Stereotype über die „Wildheit" der Bevölkerung im Kaukasus und Zentralasien zurück, die unter anderem an deren mangelnder Impulskontrolle und Hygiene festgemacht wurde.[14] Indem Gruppenleiter anderer ethnischer Herkunft Touristen aus diesen Regionen als unzivilisiert beschrieben, machten sie diese zu Sündenböcken dafür, dass die Sowjetunion im Ausland vermeintlich weiterhin mit dem Bild des „wilden Russen" gleichgesetzt wurde.

Selbst wenn sich Reisegruppen im Ausland nicht mit Vorwürfen oder Kommentaren über unangemessenes Verhalten konfrontiert sahen, übten viele Gruppenleiter und -älteste häufig vorauseilend Kritik am Erscheinungsbild ihrer Touristen: In permanenter Selbstbespiegelung antizipierten sie mögliche Angriffspunkte in der Außenwahrnehmung. Die Angst vor der kollektiven Blamage begleitete so jeden Besuch im Museum, Theater oder Restaurant; jede vermeintlich dumme Bemerkung, jedes ungeschickte Verhalten rechtfertigte einen Vermerk im Bericht: Dem Touristen Čerkmarev wurde im Oktober 1960 ein „niedriges kulturelles Niveau" attestiert, weil er im Britischen Nationalmuseum danach fragte, wo die Köpfe und Hände der Marmorstatuen verblieben seien und ob in den „Lappen" echte Menschen eingewickelt seien (gemeint waren die Mumien).[15] Der Leningrader Tourist Bardamaev schaffte es 1961 in den Bericht der Gruppenleiterin Uspenskaja, weil er sich im Potsdamer Schloss Cecilienhof auf ein „wundervolles und weiches Sofa" setzte, um seine Schuhe zu wechseln, obwohl es sich um ein Ausstellungsobjekt handelte. Uspenskaja kritisierte außerdem den Gruppenältesten Gedorov, der permanent mit groben Flüchen die weiblichen Reisegenossinnen verscheucht habe, um sich und seinen Mitreisenden die besten Plätze im Zug oder den Erstzugriff auf die Duschen zu sichern.[16]

In derartigen Beschreibungen zeigte sich ein Grundproblem des sowjetischen Auslandstourismus: Die Reiseagenturen (besonders Sputnik und die Gewerkschaften) hatten den Anspruch, einen hohen Arbeiter- und Bauernanteil zu versenden und darüber hinaus möglichst vielen Bürgern eine erstmalige Auslandsreise zu ermöglichen, verlangten aber gleichzeitig von diesen ein hohes Maß an Kultiviertheit und (inter-)kultureller Kompetenz. Die aus dem Stalinismus bekannten Debatten darüber, was kul'turnost' ausmachte und wie diese Teil des Konzepts vom „Neuen Menschen" darstellte, tauchten damit Anfang der 1960er Jahre im Auslandstourismus wieder auf.[17] Sie wurde hier mit besonde-

---

14 Vgl. Alexander Morrison: Peasant Settlers and the 'Civilising Mission' in Russian Turkestan, 1865–1917, in: The Journal of Imperial and Commonwealth History 3/2014, S. 387–417.

15 GARF, f. 9520, op. 1, d. 426, S. 216.

16 GARF, f. 9520, op. 1, d. 426, S. 42.

17 Vgl. Olga Gurova: Ideology of Consumption in Soviet Union: From Asceticism to the Legitimating of Consumer Goods, in: Anthropology of East Europe Review 24. 2006, S. 91–98.

rer Intensität geführt, da die Reisegruppen als Repräsentanten der sowjetischen Gesellschaft im Ausland galten. Dabei ging es weniger um die Abgrenzung von schädlichen ausländischen Einflüssen als um das Verbergen derjenigen Teile der sowjetischen Gesellschaft, die das gewünschte kulturelle Entwicklungsstadium vermeintlich noch nicht erreicht hatten. Die touristischen Funktionäre waren dabei besonders darum besorgt, einem Ihrer Ansicht nach unzureichenden Erscheinungsbild der Gruppe aus eigener Initiative entgegenzuwirken und die Reiseagenturen dahingehend zu beeinflussen, in dieser Hinsicht „problematische" Touristen gar nicht erst ins Ausland zu verschicken.

Mitte der 1960er Jahre, in einer Zeit, als sich im Rahmen eines dynamisch wachsenden Auslandstourismus die soziale Zusammensetzung der Reisegruppen ausweitete, häuften sich daher in auffälliger Weise aus vielen Richtungen die Rufe nach einer stärkeren Berücksichtigung von Umgangsformen bei der Auswahl und der Vorbereitung der Touristen. Mit Widerwillen äußerste sich etwa G. Bul'gakov, Vorsitzender der „Abteilung für Tourismus in die volksdemokratischen Länder" bei Intourist über eine Touristengruppe aus Kirow, die im August 1964 ihren Urlaub im rumänischen Kurort Eforie verbrachte:

> „Die Hälfte der Gruppe setzt sich zusammen aus Arbeitern im landwirtschaftlichen Bereich. [Sie] war für eine Auslandsreise vollkommen unvorbereitet. Schlecht angezogen, die Kleidung zerknittert, schmutzig. Die Touristen haben keine Badeanzüge dabei, baden in Unterwäsche. Manche Frauen baden in Unterhemden […]. Ich sprach mit dem Gruppenleiter und verlangte, umgehend Badekleidung zu besorgen. Man muss erröten angesichts der Versäumnisse [nedorabotka] der Genossen an den Standorten bei der Vorbereitung der Gruppen für eine touristische Auslandsreise."[18]

Auch der Sputnik-Gruppenälteste Rusin aus Vladimirsk forderte nach einer Reise durch die ČSSR im Oktober 1964, bei der Instruktion der Touristen sollte deren Umgangsformen mehr Aufmerksamkeit geschenkt werden. Im Einzelnen seien dies „[d]ie Benutzung einer Toilette, das Benehmen in Restaurants, Museen; denn es gab Fälle, in denen der Aufenthalt in Restaurants nach dem Essen nach russischer Tradition in die Länge gezogen wurde [tjanulis' po-russki] und in Museen wurden Exponate mit Händen angefasst."[19]

Das Thema Umgangsformen avancierte in dieser Zeit zu einem Schlüsselthema auf der Agenda der Reiseorganisationen und stieg damit neben „Disziplin" und „politischer Reife" zu einer touristischen Kerntugend auf. Der Leningrader Gruppenleiter Petelin erlaubte sich in diesem Kontext nach seinem Aufenthalt in der DDR im Frühjahr 1965 in seinem Bericht einige „persönliche Anmerkungen":[20]

---

18 GARF, f. 9520, op. 1, d. 731, S. 74.
19 RGASPI, f. M-5, op. 1, d. 207, S. 12–13.
20 GARF, f. 9520, op. 1, d. 873, S. 99.

„In fremden Ländern, so Petelin, „repräsentiert unser Mensch das gesamte sowjetische Volk, deshalb muss man diejenigen, die man für eine Auslandsreise empfiehlt, besser kennen. Die Betriebe, die derartige Empfehlungen aussprechen, lassen sich offensichtlich nur von den Leistungsindikatoren des Empfohlenen leiten, ohne dabei auf dessen allgemeines Entwicklungs- und Kulturniveau Rücksicht zu nehmen. Ich halte einen derartigen Ansatz [...] für nicht ganz korrekt. So sind einige Genossen zum Beispiel nicht an eine allgemeine Reinlichkeit; an die Verhaltenskultur in der Öffentlichkeit, im Theater gewohnt, sie können nicht mit dem Essgeschirr umgehen. Es wäre vermutlich hilfreich für Personen, die ins Ausland geschickt werden, wenigstens eine elementare Vorbereitung in Bezug auf die allgemeine Kultur zu organisieren."[21]

Mit seiner Forderung lag Petelin im Trend. Auch andere Gruppenleiter hielten in dieser Zeit Ausschau nach Fällen fehlender Kultiviertheit. Der Gruppenleiter Smirnov etwa zeigte sich im September 1965 auf einer Gewerkschaftsreise durch die DDR zwar insgesamt mit seinen Genossen zufrieden, die Reiseleitung sei dennoch permanent damit beschäftigt gewesen, der Touristin Ljudmila Arkadevna auf die Finger zu schauen, die über die Maßen geschwätzig und deren Sprache durchsetzt mit verschiedensten vulgären Ausdrücken gewesen sei.[22]
Die Gruppenleiterin Bakova, die im Frühjahr Touristen aus Alma-Ata und Karaganda in die DDR begleitete, hatte nach eigener Auskunft ebenfalls damit zu kämpfen, dass ihre Gruppe „aus Personen mit unterschiedlichen Berufen und verschiedenen Wissensniveaus" zusammengesetzt war.[23] Noch vor der Abreise aus Moskau widmete sie eine touristische Versammlung den Verhaltensregeln für Touristen; während des Aufenthaltes in Ostberlin beraumte sie eine weitere „kleine Versammlung aus Anlass des Biertrinkens einzelner Touristen nach dem Abendessen und bezüglich der Disziplin" an. Letztendlich gelang es Bakova aber trotzdem nicht, alle Touristen ihren Vorstellungen entsprechend auf Linie zu bringen. Der Tourist Tamken Žiržisov etwa habe in Leipzig nicht in die Oper gehen wollen und sich im Museum gleichfalls gelangweilt und sei trotz mehrfacher Aufforderung im Trainingsanzug in der Kantine erschienen.[24] Bakova wandte sich in ihrem Bericht an das gewerkschaftliche Gebietskomitee der Gewerkschaften in Karaganda mit der Bitte, es möge Personen für eine Auslandsreise auswählen, „die sich selbst und die Kultur sowie die Traditionen anderer Länder respektieren".[25] Der neue Stellenwert dieses Themas ließ sich auch daran ablesen, dass Sputnik in

---

21 Ebd., S. 99f.
22 GARF, f. 9520, op. 1, d. 873, S. 11–12.
23 Ebd., S. 14.
24 Ebd.
25 Ebd., S. 15.

seinem Jahresbericht von 1965 beklagte, dass die von den Regionalkomitees des Komsomol ausgewählten Reiseteilnehmer nicht nur politisch unreif und unkultiviert seien, sondern auch nicht über elementare Benimmregeln verfügten.[26] Überraschenderweise verlor der kul'turnost'-Diskurs nach 1965 schnell an Momentum. In den Folgejahren finden sich nur noch selten kritische Anmerkungen bezüglich touristischer Umgangsformen wie jene des Gruppenleiters D. Antipkin, der im Dezember 1968 seinen Mitreisenden vorwarf, sich in den Geschäften zu hektisch und in den Hotels zu laut zu benehmen und der zwei Touristen in Bratislava dabei erwischte, in Hausschuhen das Hotelrestaurant zu betreten.[27] Eine mögliche Erklärung ist, dass im Zuge der institutionell und organisatorisch vorangetriebenen „Befriedung" der Touristengruppen an der Wende von Chruščev zu Brežnev (siehe Kapitel 4.1.1) auch die Problematik der Verhaltenskultur allmählich in den Hintergrund trat: Die zunehmende Spezialisierung und sowohl regionale als auch soziale Homogenisierung der Gruppen machten es unwahrscheinlicher, dass sich große kulturelle und habituelle Kluften zwischen Touristen öffneten: Wenn etwa sibirische Arbeiter eines bestimmten Betriebes aus der Holzindustrie auf einer „Spezialreise" einen verwandten Betrieb in Ungarn besuchten, bewegten sie sich dabei weitgehend in ihrem gewohnten sozialen Umfeld. „Unangemessene" Verhaltensweisen waren hier deutlich seltener zu erwarten als bei programmatisch offener ausgerichteten Reisen. Die Abwendung von der Fixierung auf mangelnde Umgangsformen der eigenen Touristen deutet darüber hinaus auf eine nachlassende Orientierung an „europäischen" Kulturstandards hin. In dem Maße, in dem sich der Auslandstourismus unter Brežnev von seinem ursprünglichen Gedanken entfernte, eine wirtschaftlich-kulturelle Annäherung an den Westen anzustreben, desto weniger spielte dessen Vorbildfunktion in Bezug auf Verhaltensformen und Kultiviertheit für die touristischen Funktionäre eine zentrale Rolle. Die Jahre 1964/65 können somit in Bezug auf die angestrebte Außendarstellung als „Sattelzeit" bezeichnet werden, in denen die ursprüngliche Westorientierung noch einmal deutlich zu Tage trat, bevor ab den späten 1960er Jahren immer mehr das Verteidigen der eigenen Werte als Hauptmotiv in den Vordergrund rückte.

5.1.1 „…wir konnten uns auch nicht anders verhalten." – Die Rückbesinnung auf „eigene Werte" unter Brežnev

Die Eishockey-Weltmeisterschaft in Stockholm im März 1970 wurde von einer großen Delegation sowjetischer Intourist-Reisender besucht. Das sportliche Kräftemessen in einer der sowjetischen Paradedisziplinen war eine propagan-

---

26 RGASPI, f. M-5, op. 2, d. 23, S. 6.
27 GARF, f. 9520, d. 1237, S. 4.

distische Steilvorlage: hier zelebrierte die sozialistische Großmacht seine Leistungsfähigkeit vor westlichem Publikum.[28] Tatsächlich eilte die Auswahl der UdSSR von Erfolg zu Erfolg und gewann am Ende wie erwartet das Turnier. Im touristischen Alltag mussten sich die sowjetischen Touristen allerdings gewahr werden, dass die sportlichen Triumphe ihrer Landsleute sich nicht positiv auf die Haltung der einheimischen Bevölkerung ihnen gegenüber auswirkte. Die schwedische Reiseführerin Maria Gustaffson sei stets darum bemüht gewesen, so der Autor eines Reiseberichts, die Kulturlosigkeit der sowjetischen Menschen hervorzuheben. Sie habe an einem Restaurant-Buffet lautstark auf die Benimmregeln hingewiesen. Begründet habe Gustaffson dies mit ihrer Erfahrung, dass selbst die Mitarbeiter der sowjetischen Botschaft in Stockholm nicht wüssten, wie man Löffel und Gabel zu benutzen habe.[29]

Ähnlich wie die im vorherigen Kapitel beschriebenen Touristen aus Dagestan in Polen 1961 fühlten sich knapp ein Jahrzehnt später auch die sowjetischen Besucher der Eishockey-WM herablassend behandelt; aber im Unterschied zu damals handelte es sich diesmal bei den Adressaten der empfundenen Beleidigung um privilegierte Vertreter der Nomenklatura – die begehrten *putevki* für die Schweden-Reise waren nahezu ausschließlich an hohe Parteikader vergeben worden. Mit ihren Kommentaren traf Gustaffson mithin eben jene Repräsentanten des Herrschaftszentrums, die üblicherweise für sich in Anspruch nahmen, ein kultiviertes Bild der Sowjetunion zu verkörpern.[30] Anders als früher war die Bereitschaft innerhalb der sowjetischen Funktionärsebene, Kritik von außen anzunehmen und die eigene Außenwirkung zu hinterfragen, deutlich gesunken. Der in dieser Zeit aufkommende Diskurs der moralischen Überlegenheit (siehe Kapitel 5.2.3) wirkte sich dabei auch auf die Haltung zum eigenen Erscheinungsbild aus: In einigen Berichten wendeten Gruppenleiter die Tatsache, dass sowjetische Touristen den auch innerhalb der verbündeten sozialistischen Staaten spürbaren Wandel von Umgangsformen und Kleidungskonventionen ignorierten, als Ausweis ihrer kulturellen Überlegenheit.[31] Ein Sput-

---

28 Zur Rolle des Sports in der sowjetischen Kulturdiplomatie s. Nikolaus Katzer: Sport als Bühne sowjetischer Weltgeltung? Globale und lokale Strukturen der Sportkultur in der späten Sowetunion, in: Martin Aust (Hg.): Globalisierung imperial und sozialistisch. Russland und die Sowjetunion in der Globalgeschichte 1851–1991, Frankfurt am Main [u. a.] 2013.

29 GARF, f. 9612, op. 3, d. 432, S. 67.

30 Vgl. zum Selbstbewusstsein der sowjetrussischen Elite als „eigentliche" Repräsentanten des sowjetischen Projekts im Ausland Dina Zisserman-Brodsky: Constructing Ethnopolitics in the Soviet Union: Samizdat, Deprivation and the Rise of Ethnic Nationalism, New York u. a. 2003, insbes. das Kapitel „Russian Nationalism", S. 170–175.

31 Siehe als Beispiel für den Einfluss der Globalisierung auf die gesellschaftlichen Werte und die Konsumkultur in der Volksrepublik Polen Mark Keck-Szajbel: Hitchhikers' Paradise. The Intersection of Mass Mobility, Consumer Demand, and Ideology in the People's Republic of Poland, in: Cathleen M. Guistino u. a. (Hg.), Socialist Escapes. Breaking Away

nik-Gruppenleiter hielt so nach einem Camping-Aufenthalt in Polen im Juli 1972 fest, dass sich die sowjetischen Touristen bei einem abendlichen Treffen im Gegensatz zu den ebenfalls anwesenden Polen und Tschechoslowaken im Badeort Międzyzdroje „von der besten Seite" gezeigt hätten:

> „Uns verwunderte das Benehmen der Tschechen und auch der Polen, die es für völlig normal halten, an öffentlichen Orten unangemessen gekleidet zu erscheinen. Das mag vielleicht bei Teilen der Jugend als angenehm gelten, aber unsere Leute lehnten dies ab."[32]

Auch im Bereich der Kultur fand sich in Reiseberichten nun öfter eine bewusst zur Schau getragene Ignoranz und Ablehnung zeitgenössischer „westlicher" Strömungen, die den kulturpolitischen Entwicklungen innerhalb der Sowjetunion entsprachen.[33] So äußerte sich der bereits im Kontext seiner farbigen Schilderungen über den Osloer Jugendclub „Sieben" bekannte Sputnik-Gruppenleiter Bubnov in abfälligen Worten über das „Museum für moderne Kunst" (Moderna Museet) in Stockholm:

> „Es ist schwer zu verstehen, ob es für normale Leute oder von normalen Leuten geschaffen wurde. […] Wir waren im tiefsten Herzen erschüttert, als wir eine abstrakte Darstellung des Portraits V. I. Lenins erblickten. An den Autor des Bildes kann ich mich im Moment nicht erinnern, aber wir bewerteten es als Frevel und das sagte ich dem Reiseführer auch offen. Unser Museumsbesuch fiel mit der Ausstellung […] des berühmten Bildes ‚Mona Lisa' von Leonardo da Vinci in Moskau zusammen. Wir sagten ihnen direkt, warum die Säle im Museum für Abstraktionismus, die sie für den Inbegriff der Kunst halten, leer sind, und zwar deswegen, weil Menschen tagelang in Schlangen stehen, um sich für einen kurzen Augenblick die ‚Mona Lisa' anzuschauen. Es folgte ein unbestimmtes Schulterzucken. Einer von ihnen antwortete schließlich, dass jede Epoche etwas Eigenes hervorbringe, aber die zahlreichen Fragen und Erwiderungen unserer Touristen brachten auch ihn zum Verstummen. Es mag sein, dass wir uns nicht ganz korrekt benommen haben, aber wir konnten uns auch nicht anders verhalten."[34]

Gerade die letzten Sätze des obigen Zitates verdeutlichen, dass der Kampf um die Deutungshoheit auf kulturellem Gebiet gerade in kapitalistischen Ländern

---

from Ideology and Everyday Routine in Eastern Europe, 1945–1989, New York u. a. 2013, S. 167–186.

32 RGASPI, f. M-5, op. 2, d. 517, S. 30.

33 Karen Laß: Vom Tauwetter zur Perestroika. Kulturpolitik in der Sowjetunion (1953–1991), Köln u. a. 2002, S. 196–202.

34 RGASPI, f. M-5, op. 2, d. 1084, S. 45–46.

ein Erfordernis der Zeit war, das die Bedeutung der Verhaltenskultivierung in den Hintergrund gedrängt hatte. Wurde in den 1960er Jahren von den Touristen in Museen in erster Linie Diskretion und Zurückhaltung eingefordert, hatte nun die Verteidigung „sowjetischer Werte" oberste Priorität. Dabei war vielen subtilen Formulierungen Bubnovs zu entnehmen, dass diese Neuordnung der Prioritäten sich für ihn zum Einen „nicht ganz korrekt" anfühlte, und dass ihn zum Anderen trotz seiner über weite Strecken triumphalen Rhetorik dieselben Zweifel an der Außenwirkung seiner Reisegenossen plagte wie seine Kollegen im vorangegangen Jahrzehnt. So beschloss Bubnov seine Ausführungen mit einer Forderung, die den Komsomol-Funktionären in der Heimat sehr bekannt vorgekommen sei dürfte:

> „Touristen, die ins Ausland reisen, müssen wenigstens ein wenig mit der international üblichen Etikette vertraut gemacht werden, und eigentlich auch mit den generellen Umgangsformen eines kultivierten Menschen. Es geht immer um dieselben Dinge: in welche Hand gehören Löffel und Gabel; Umgang mit Frauen sollte es für unsere Touristen überhaupt nicht geben. Alles muss einfach und klar sein. Das sind Kleinigkeiten, aber gelegentlich wirken sie sich nachteilig für uns aus."[35]

Kommentare wie diese waren selten geworden, aber sie deuteten darauf hin, dass die sowjetischen Tourismuskader ihren Minderwertigkeitskomplex in Bezug auf das kulturelle Niveau ihrer Mitbürger keineswegs abgelegt hatten. Im Gegenteil: In seinem Rückblick auf das touristische Jahr 1981 vergaß auch der Sputnik-Vorsitzende Rybinskij nicht, das Thema zu erwähnen:

> „Was auffällt, ist das häufig unordentliche Aussehen der sowjetischen Touristen, ihr Bemühen, verschiedene Arten von Kleidung, Jacken, T-Shirts mit Reklame aus westlichen Ländern zu tragen, die Unfähigkeit, sich an öffentlichen Orten und in Geschäften zu benehmen. All diese Fakten untergraben die Autorität der sowjetischen Jugend."[36]

Der wie beiläufig eingeschobene Halbsatz über die „Reklame aus westlichen Ländern" barg in diesen Zusammenhang große Sprengkraft: Er verwies darauf, dass der „schludrige" Kleidungsstil, über den sich die New York Times-Journalisten Feron und Little noch 1972 mokiert hatten, immer häufiger nicht aussah wie vom sowjetischen Fließband, sondern wie aus westlichen Second-Hand-Läden. Ließ sich selbst eine aufgrund ihrer langsamen Produktionszyklen und veralteten Technik im Ausland belächelte Kleidungsindustrie noch als Ausdruck eines alternativen Gesellschafts- und Wirtschaftsmodells rechtfertigen,[37] so

---

35 Ebd., S. 47.
36 RGASPI, f. M-5, op. 3, d. 407, S. 22.
37 Vgl. für dieses Argument Gronow: Caviar, S. 145ff.

kam das Tragen westlicher Kleidung durch sowjetische Touristen einer offen eingestandenen Niederlage gleich. Dass es diese Problematik bereits Anfang der 1980er Jahre auf die Agenda von Sputnik geschafft hatte, war ein weiteres Indiz dafür, dass die „Rückbesinnung auf die eigenen Werte" unter Brežnev in erster Linie ein Fantasiegebilde der Funktionärselite blieb. Der Versuch, der bunten Glitzerwelt und dem steten Wandel des Kapitalismus eine graue, aber dafür solide und stabile Vernunfts- und Bescheidenheitsethik entgegenzusetzen, wirkte schon auf dem Papier wenig überzeugend. In der Praxis sprach auch das Konsumverhalten der Touristen dafür, dass diese sich bei den Vorstellungen einer gelungenen Fernreise nicht an den Richtlinien der Gruppenleiter orientierten.

5.2 Eine andere Welt? – Einordnung und Bewertung ausländischer Gesellschaften

5.2.1 „Ein Schritt nach links oder ein Schritt nach rechts kann den Sturz bedeuten" – Die allmähliche Herausbildung einer ideologiekonformen Sprechweise über das Ausland in den 1960er Jahren

Die Frage, welche Eindrücke sowjetische Touristen von ihren Reisen mit nach Hause brachten, spielte für die gesamte Organisation des Auslandstourismus eine ebenso zentrale wie problematische Rolle: Der gigantische Aufwand des Auswahlprozesses, das umfassende Kontrollsystem sowie das aufwändige Berichtswesen waren nicht zuletzt in dem Wunsch begründet, die Wahrnehmung der Touristen soweit wie möglich zu antizipieren, zu erfassen und gegebenenfalls zu korrigieren. So illusorisch dieses Projekt der „Gedankenkontrolle" auch scheinen mochte, an der Oberfläche funktionierte es erstaunlich effektiv: Selbst ohne die permanente Todesdrohung, die kennzeichnend für den Stalinismus war, erzeugten auch unter Chruščev und Brežnev die Mechanismen von Drohung und Belohnung recht wirksam ein angepasstes Verhalten bei der Mehrheit der Bürger. Die in ihren Memoiren getroffene Feststellung Zinaida Turaevas, dass der Preis ihrer Auslandsreise darin bestand, sich den Regeln der Autoritäten vollständig zu unterwerfen, ist für diese Haltung typisch:

> „Sie durchdrangen mein Leben wie Gift, obwohl ich mich bemühte, sie an die Ränder meines Bewusstseins zu verdrängen. Das war meine instinktive Selbstverteidigung gegen sie. […] Meine Opposition zu dem Regime habe ich nicht offen zur Schau gestellt. Ich lebte innerhalb der Grenzen, die von den kommunistischen Offiziellen gesetzt wurden und hatte dabei immer im Hinterkopf: ‚Ein Schritt nach links oder ein Schritt nach rechts kann den Sturz bedeuten.' […] Vor Gorbačevs Versuchen, das Land um-

zustrukturieren, hätte ich es nicht gewagt, mich dem Regime entgegenzustellen. Die Angst um mein Schicksal, die Zukunft meiner Kinder [...]
und der Wunsch, ihnen eine gute Erziehung zu ermöglichen, wogen
schwerer als mein Bedürfnis, sich dem Regime entgegenzustellen."[38]

Die Haltung einer „inneren Emigration", die Turaeva mit diesem Zitat für sich
in Anspruch nimmt, ist eine durchaus typische autobiographische Selbstwahrnehmung von Vertretern ihrer Generation.[39] Die „Grenzen", die die KPdSU
ihren Bürgern nach 1953 setzten, waren dabei objektiv nicht annähernd mit
jenen vergleichbar, die unter Stalin gegolten hatten. Häufig zeigte sich, dass für
Touristen selbst zwei oder drei Schritte nach links oder rechts, um in Turaevas
Bild zu bleiben, noch längst nicht den Sturz bedeuteten.

Ein prägnantes Beispiel hierfür ist der Fall des populären Kinderbuchautors Lev
Kassil', der im Sommer 1959 als Teil einer Schriftstellerdelegation durch die
USA reiste. Offensichtlich ermutigt durch die kooperativen Signale, die Nikita
Chruščev im Vorfeld seiner ersten Amerikareise ausgesandt hatte,[40] hielt Kassil' es für unbedenklich, seiner Begeisterung vor laufender Kamera Ausdruck
zu verleihen.[41] So schwärmte der Autor am 11. September 1959 in der live
übertragenen Sendung „Begegnung in Amerika" im sowjetischen Fernsehen
über das „großartige Volk" der Amerikaner, das sich durch ein großes, offenes Herz und seine Unabhängigkeit auszeichne.[42] „Dieses demokratische
Verhalten", so Kassil' wörtlich, „imponierte uns. Man konnte dort nicht auf
Anhieb erkennen, wer Vorgesetzter oder Untergebener; Millionär oder Bettler
ist." Der Schriftsteller äußerte sich außerdem begeistert über den komfortablen
Reisebus und schwärmte von dem allgegenwärtigen Gesumme der „gesegneten

---

38 Turaeva: Memoirs, S. 102–103.
39 Die äußere Akzeptanz sowjetischer Normen durch die junge, gut gebildete, urbane sow-
    jetische Bevölkerung und der gleichzeitige Versuch, diese nach Möglichkeit zu unterwan-
    dern bzw. deren Grenzen permanent auszutesten, beschreibt Yurchak anhand von biogra-
    phischen Erinnerungen in ders.: Everything. Von ähnlichen Motiven durchdrungen ist
    auch Raleigh: Soviet.
40 Zu der Vorgeschichte des Besuchs von Chruščev in den USA aus sowjetischer Perspektive
    s. Charlamov/Vadeev, Licom, S. 15–41.
41 Kassil' war bereits im Juni 1956 Teil einer großen sowjetischen Touristendelegation, die
    durch Europa reiste. Einem Bericht von Radio Free Europe zufolge äußerte er sich dort
    vor dem Hintergrund des zu dieser Zeit in Posen stattfindenden Aufstands sehr offen über
    die Vorgänge innerhalb der sowjetischen Parteispitze. Einem Schweden gegenüber soll er
    in Hinblick auf Kritik an Menschenrechtsverletzungen im sozialistischen Raum geäußert
    haben, die Tragödie des Sozialismus sei es, von Nationen mit niedriger politischer Kultur
    entwickelt worden zu sein, vgl. HU OSA RFE/RL 300–1–2–6844, S. 2.
42 RGANI, f. 5, op. 33, d. 105, S. 52f.

Klimaanlagen", das von Komfort kündete.[43] Regelrecht ins Schwärmen geriet Kassil' über New York:

> „Die Stadt ist schön, ich weiß nicht, wie es anderen geht – viele Genossen werden mir vielleicht nicht zustimmen – die Wolkenkratzer haben einen gewaltigen Eindruck auf mich gemacht. Man kann schlicht nicht ungerührt bleiben, sich nicht eines Gefühls des Stolzes über die Mächtigkeit des menschlichen Verstandes und des menschlichen technischen Genies erwehren, wenn man an einem Gebäude steht und – sagen wir – das Glasgerippe berührt und sieht, wie das Glas unter den Handflächen in die Wolken entflieht."[44]

Mit seinen euphorischen Äußerungen wich Kassil' offensichtlich von dem vorher mit den Verantwortlichen der Sendung abgesprochenen Manuskript ab. Der stellvertretende Leiter der Abteilung für Propaganda und Agitation des Zentralkomitees, A. Romanov, äußerte sich verärgert über den „unverhohlen bourgeoisen Charakter" der Äußerungen des Autors und empfahl, ihm für die nähere Zukunft weitere öffentliche Auftritte zu verbieten.[45] Viel mehr passierte allerdings nicht – während unter Stalin schon der Verdacht des „Kosmopolitismus" und übertriebener Sympathie für das westliche Ausland genügten, um ein Todesurteil zu rechtfertigen,[46] blieb der Skandal für Kassil' ohne ernsthafte Konsequenzen. Offenherzige Sympathiebekundungen für westliche Länder waren innerhalb von Reisegruppen zwar eher die Ausnahme, aber viele Touristen und selbst Gruppenleiter ließen in vereinzelten Äußerungen oder bei freundschaftlichen Begegnungen durchaus Respekt, Anerkennung und eine differenzierte Haltung gegenüber den besuchten Bevölkerungen erkennen.[47] Dem Touristen Čerkmarev wurde nach einer England-Reise im Oktober 1960 von seiner Gruppenleiterin sogar unterstellt, er wäre derart von der dortigen Lebensweise angetan gewesen, dass er geäußert habe: „Wer mir sagt, dass die Engländer schlecht leben, den schieße ich über den Haufen.[48]
Ähnlich wie sich in der Sowjetunion während der Tauwetter-Phase allgemein akzeptierte poststalinistische Verhaltensnormen gesamtgesellschaftlich nur all-

---

43 Ebd., S. 54.
44 Ebd., S. 56.
45 Ebd., S. 50 und S. 58.
46 Ein gutes Beispiel dafür, welches Schicksal während des Stalinismus Personen ereilen konnte, die sich öffentlich über die Vor- und Nachteile des Lebens im westlichen Ausland äußerten, ist der Fall des Kulturdiplomaten Alexandr Arosev, der 1938 dem Großen Terror zum Opfer fiel, vgl. Michael David-Fox: Stalinist Westernizer? Aleksandr Arosev's Literary and Political Depictions of Europe, in: Slavic Review 62, Nr. 4, 2003, S. 733–759.
47 Vgl. dazu die Kapitel „Begegnungen mit der einheimischen Bevölkerung" und „Unerlaubte Begegnungen", in: Tondera: Sowjetische, S. 52–58.
48 GARF, f. 9520, op. 1, d. 426, S. 217.

mählich herausbildeten,[49] dauerte es auch im Diskursfeld des Auslandstourismus einige Jahre, bis sich bei allen Beteiligten ein unausgesprochener Konsens darüber herauskristallisierte, wie über fremde Gesellschaften zu sprechen war. Die Gruppenleiter konnten dabei nicht nur auf die Reiseliteratur-Narrative des Stalinismus und des Russischen Reichs zurückgreifen, sondern auch auf populäre zeitgenössische Film- und Schriftquellen über das Leben jenseits des „Eisernen Vorhangs".[50] Hervorzuheben ist dabei unter anderem die Monographie „Die ‚silberne Katze' oder Reise durch Amerika" des Redakteurs der „Komsomol'skaja Pravda", Aleksej Adžubej, der sich 1956 auf die Spuren von Il'f und Petrov begab und zusammen mit einer Delegation aus Journalisten Nordamerika bereiste.[51] Der Reisebericht Adžubejs stand ganz im Zeichen der neuen außenpolitischen Marschroute Chruščevs, pragmatisch-kooperative Handelsbeziehungen mit den USA anzustreben, ohne dabei ideologische Zugeständnisse zu machen. So ließ Adžubej einen amerikanischen Reisegenossen auf der Anreise wissen, er besuche gerne die USA, „weil sowjetische Menschen den Amerikanern gegenüber immer freundschaftliche Gefühle empfunden haben."[52] Insgesamt behielt der Journalist eine distanziert-kritische Haltung und aktualisierte über weite Strecken jahrzehntealte Stereotype des wohlhabenden und oberflächlich freundlichen, aber vor allem auch geldgierigen, individualistischen und ungebildeten Amerikaners. Es fanden sich hier nahezu alle Topoi, die später so oder ähnlich in einer Vielzahl von Intourist- und Sputnik-Reiseberichten aus westlichen Ländern wiederzufinden waren: hohe Lebenshaltungs- und Ausbildungskosten, ubiquitäre Reklame, Sensationsjournalismus, Geldgier, das „pornographische" Nachtleben, soziale Ungleichheit, mangelnde Allgemeinbildung sowie eine ignorante oder gar feindliche Haltung gegenüber der Sowjetunion in der Bevölkerung, die bis hin zur Bespitzelung von Touristen reichte. Adžubej beschrieb in diesem Kontext eine Demonstration vor seinem Hotel, die sich gegen ihn und seine sowjetischen Reisegenossen richtete und ihn an der Möglichkeit einer friedlichen Koexistenz zweifeln ließ: „Die Beziehungen zwischen Ländern lassen sich wohl kaum verbessern, wenn Gäste aus einem anderen Staat mit Flüchen und Pfiffen begrüßt werden."[53] Als mögliche Anknüpfungspunkte für eine zukünf-

---

49 Vgl. zu den mit dem Tauwetter verbundenen gesellschaftlichen Prozessen auch die Einleitung in Michel Abeßer, Thomas Bohn und Rayk Einax (Hg.): De-Stalinisation Reconsidered. Persistence and Change in the Soviet Union, Frankfurt, New York 2014.

50 Vgl. zu Filmen das Kapitel „Film Tourism: From Iron Curtain to Silver Screen", in: Gorsuch: All this, S. 168–185; zu Büchern Gilburd, Books; Marina Balina: A Prescribed Journey: Russian Travel Literature from the 1960s to the 1990s, Slavic and East European Journal 38, no. 2 (1994), S. 261–70 sowie Polly Jones: The Thaw Goes International. Soviet Literature in Translation and Transit in the 1960s, in: Koenker u. Gorsuch (Hg): Socialist, S. 121–147.

51 Aleksej Adžubej: „Serebrjanaja koška", ili putešestvie po Amerike, Moskau 1956.

52 Ebd., S. 8.

53 Ebd., S. 50.

tige Annäherung der Blockmächte nannte Adžubej immerhin die Solidarität mit der Arbeiterklasse und linken Intellektuellen; die Schilderungen der Begegnungen mit diesen Personengruppen unterschieden sich in ihrem emotionalen Stil markant von dem ansonsten eher nüchtern-sarkastischen Ton.

Die Nähe späterer Berichte von Gruppenleitern und auch der voluminösen propagandistischen Aufarbeitung der Amerikareise Nikita Chruščevs im September 1959[54] zu den Formulierungen und Argumentationsmustern aus Adžubejs Buch machen deutlich, wie stark diese sich an bewährten literarischen und journalistischen Konventionen orientierten – die in großem Maßstab publizierten und von der Zensur gebilligten Reisereportagen dienten den nur für den internen Gebrauch gedachten Berichten der sowjetischen Reiseleitungen als Schablonen einer systemkonformen Beschreibung ausländischer Gesellschaften.

> „Das Bildungssystem ist so ‚frei'", schrieb etwa der Sputnik-Gruppenälteste Bachrameev, der mit Touristen aus Leningrad im Mai 1960 England bereiste, „dass die Schüler sehr schwach Bescheid wissen über ihre englischen Autoren und die herausragenden Persönlichkeiten in Kunst und Kultur."[55] Es habe sich gezeigt, so Bachrameev weiter, dass „wir mehr über die englische Kultur wissen als sie selbst."

Der Besuch eines Frauencolleges führte ihn darüber hinaus zu der Erkenntnis, dass die Freizeit der englischen Mädchen mit Rock'n Roll, jungen Männern, Comics, Western- und Gangsterfilmen ausgefüllt sei.[56] Auch der im September 1960 mit Sputnik durch Österreich gereiste Všivkov äußerte sich spöttisch darüber, die „Herrlichkeiten der ‚freien Welt'" erlebt zu haben, darunter „umwerfende erotische Reklame, Inflation und das Bemühen, […] sich eines angeblichen Wohlstandes zu rühmen."[57]

Derart stereotype Darstellungen des westlichen Auslands zu Beginn der 1960er Jahre waren typisch für eine Phase, in der sich mit dem Scheitern der Pariser Gipfelkonferenz im Juni 1960 das Ende des diplomatischen Tauwetters abzeichnete. Die Gruppenleiter gingen dazu über, den Reiseagenturen vermehrt ein Bild der Beziehungen zu westlichen Staaten zu spiegeln, das an vertraute Klischees anknüpfte. In dem sich zunehmend verfestigenden und homogenisierenden touristischen Diskurs der zweiten Hälfte der Ära Chruščev fanden sich in den Berichten immer seltener vom offiziellen Leitdiskurs abweichende Ansichten. Die

---

54 Schon kurz nach der Reise Chruščevs erschienen dazu in Moskau zwei Publikationen in russischer und englischer Sprache, S. M. Charlamov/O. Vadeev (Hg.), Licom k licu c amerikoi. Rasskaz o poezdke N. S. Chruščeva v SŠA, Moskau 1959; bzw. dies.: Face to Face with America. Report of N. S. Krushchev's trip to the USA, Moskau 1959.
55 RGASPI, f. M-5, op. 1, d. 56, S. 10.
56 Ebd., S. 11.
57 RGASPI, f. M-5, op. 1, d. 55, S. 9.

Einseitigkeit der Berichts-Rhetorik erreichte schließlich in der Frühphase der Brežnev- Ära ihren Höhepunkt:. Beobachtungen und Begegnungen im Ausland dienten hier in erster Linie als Anlass, über die Vorzüge und Überlegenheit der sowjetischen Gesellschaftsordnung zu reflektieren. Beispielhaft hierfür war der Bericht von T. I. Černenko, Leiter einer Intourist-Reise im April 1965, über dessen Eindrücke vom finnischen Gesundheitssystem:

> „Die Touristen sagten mir, dass wir sowjetischen Leute daran gewöhnt sind, dass alle Formen der medizinischen Hilfe, Kuren etc. bei uns kostenlos sind und wir beginnen das erst dann richtig zu verstehen, wenn uns davon berichtet wird, wie schrecklich und schwierig es ist, im Ausland krank zu sein, in einem Land wie Finnland beispielsweise, dass es für eine Familie mit mittlerem Einkommen nicht nur in moralischer, sondern auch in materieller Hinsicht ein echtes Unglück bedeutet. Während des Finnland-Besuches standen jedem von uns die Überlegenheit der sozialistischen Gesellschaftsordnung klar vor Augen. Es war angenehm zu sehen, wie unsere Touristen etwa während der Freundschaftsabende mit den Finnen sprachen und mit Stolz von unseren Errungenschaften auf dem Gebiet der Gesundheitsvorsorge, des Bildungssystems berichteten (fast die Hälfte unserer Gruppe waren ja Mediziner). Ich bin der Meinung, dass abgesehen von der ästhetischen Befriedigung durch den Besuch Finnlands die Touristen alle Vorzüge unserer sozialistischen Gesellschaftsordnung noch leuchtender wahrgenommen haben."[58]

Auch Agnija Gorbačeva, die im Juli desselben Jahres über die gewerkschaftliche Linie Polen bereiste, schilderte ihre Eindrücke in ideologisch verbrämtem Stil (und passenderweise auf rosa Papier). Ihrer Gruppe seien am 19. Juli, dem 21. Jahrestag der Befreiung Polens, bei einem Freundschaftsspiel zwischen Fußballmannschaften aus Leningrad und Kattowitz die besten Plätze zugewiesen worden. Einen unvergesslichen Eindruck habe zudem der Aufenthalt in dem Ferienhaus „Almira" hinterlassen, wo die Hausherrin Jadwiga sich nicht nur vorzüglich um ihre sowjetischen Gäste gekümmert, sondern auch Tränen bei deren Abschied vergossen habe.[59]
Ähnlich selbstbewusst äußerte sich Gorbačevas Kollegin Kondrašova, die einen Monat zuvor ebenfalls über den devisenfreien Gewerkschaftstourismus eine Gruppe durch die DDR begleitet hatte. Sowohl in dem Berliner Ferienhaus als auch in jenem in Ferch bei Potsdam seien den sowjetischen Touristen mehr Aufmerksamkeit und Zuwendung geschenkt worden als den anderen Gästen. Für ein internationales Rockkonzert mit Musikern aus England, Polen, der ČSSR

---

58 GARF, f. 9612, op. 3, d. 52, S. 57.
59 GARF, f. 9520, op. 1, d. 874, S. 2.

und Dänemark, das sie am 24. Juni in Ostberlin besuchte, hatte Kondrašova dagegen nur Verachtung übrig:

> „Von dem Konzert waren alle ermüdet, denn die westliche Kultur nervte. Während des Auftritts des englischen Sängers drehte der Saal durch, es wurde gepfiffen und mitgesungen, gestampft und geklatscht […], und er verbog seinen Körper derartig, dass er am Ende der Vorstellung fast auf der Bühne lag, auf uns wirkte das unverständlich und wild.“[60]

Wie konsequent Gruppenleiter in dieser Zeit Eindrücke ausblendeten, die nicht der gewünschten Selbstvergewisserungslogik entsprachen, verdeutlichten die Aussagen von Konovalov, Leiter einer Gewerkschaftsreisegruppe aus dem Oblast' Tula in die DDR im Juni 1965. Die Reiseführerin und Dolmetscherin Alla Schellik habe insbesondere Frauen in Gespräche über Dinge des Alltagslebens verwickelt und dabei „versucht, zu beweisen, dass das Lebensniveau in der UdSSR deutlich niedriger sei als in der DDR und besonders in anderen westlichen Ländern.“[61]

> „Mit ihren Gesprächen“, so Konovalov weiter, „rief sie Unzufriedenheit bei vielen Gruppenmitgliedern hervor. Ich sprach ihr als Gruppenleiter eine ernsthafte Warnung aus, die allen Diskussionen ein Ende bereiteten. Und die kurz darauf folgende Abfahrt dieser Dolmetscherin – übrigens eine Bürgerin der UdSSR, die vor sechs Jahren einen DDR-Bürger heiratete – sorgte endgültig für die Herstellung einer fröhlichen und lustigen Stimmung in der Gruppe.“[62]

Bis in die späten 1960er Jahre erreichte das Reiseberichtswesen mit Schilderungen dieser Art ein Maximum an Konformität – die Rückmeldungen der Gruppenleiter bestätigten weitgehend die an die Auslandsreisen gestellten Erwartungen und waren damit in Hinblick auf den Erkenntnisgewinn über die besuchten Gesellschaften nahezu wertlos geworden. Stand der Tauwetter-Auslandstourismus für eine neue Offenheit der sowjetischen Gesellschaft gegenüber der Welt außerhalb der eigenen Grenzen und eine Bereitschaft, die eigenen Normen und Traditionen zumindest ansatzweise zu hinterfragen, ging diese Eigenschaft unter Brežnev nahezu vollständig verloren. Im Gegenteil: Auslandsreisen sollten hier dazu beitragen, ein Überlegenheitsdenken unter den Touristen zu festigen. Diese patriotische Funktion des Tourismus wurde in späteren Jahren noch wichtiger: Angesichts von Zerwürfnissen innerhalb der sozialistischen Staatengemeinschaft erschien den Funktionären eine nochmals intensivierte Rückbesinnung auf die „eigenen Werte“ hier als passende Antwort.

60 GARF, f. 9520, op. 1, d. 873, S. 53–55.
61 Ebd., S. 73–74.
62 Ebd., S. 74.

5.2.2 Falsche Feinde, falsche Freunde? – Die Jahre 1968/69 als Wendepunkt in der Beschreibung des Auslands

Ähnlich wie bei dem internen Diskurs über das Verhaltensregime innerhalb der Reisegruppen sorgte erst die Niederschlagung des Prager Frühlings dafür, dass eingefahrene Routinen bei der Beschreibung des Auslands hinterfragt wurden. In den Wochen, Monaten und Jahren nach dem Einmarsch der sowjetischen Truppen gewannen die Rückmeldungen der Touristengruppen für die KPdSU als wertvolle Informationsquelle über das Innenleben nicht nur der tschechoslowakischen, sondern der staatssozialistischen Gesellschaften überhaupt an Bedeutung. Als zivile Vertreter der UdSSR erhielten sie einen unvermittelten Eindruck von den dortigen Stimmungen gegenüber der Sowjetunion.[63]

Eine ukrainische Sputnik-Gruppe hielt so im Oktober und November 1968 ihre Eindrücke von den Veränderungen im Straßenbild der Hauptstadt der ČSSR fest:

> „Ganz Prag ist mit Portraits von Svoboda und Dubček behängt – es gibt in keinem Geschäft ein Schaufenster, wo sie nicht wären. Es gibt noch viele antisowjetische Losungen, die nicht entfernt wurden. Auf den Straßen Prags werden offen feindliche und gegenüber der sowjetischen Armee tendenziöse Postkarten verkauft. Jeden Tag halten an der Wenzelsstatue im Zentrum Prags junge langhaarige Burschen Wache – dieser Platz hat sich in eine [permanente] Demonstration antisowjetischer Ansichten verwandelt. […] In Karlsbad wurde die Allee der tschechischslowakisch-sowjetischen Freundschaft umbenannt in Masaryk-Allee […]."[64]

Das obige Zitat verdeutlichte, wie tiefgreifend sowjetische Gruppenleiter die Veränderung des öffentlichen Raums in der Tschechoslowakei empfanden: Die Vorgänge in Prag waren eben nicht nur ein politischer Protest, sondern eine radikale Abwendung von einer sowjetisch dominierten Welt der Zeichen und Symbole, in der von Straßennamen über Kleidung bis hin zu den Frisuren alle alltäglichen Erscheinungen umgestaltet wurden. Der tschechoslowakische Raum verwandelte sich vorübergehend von einem „halb-sowjetischen"[65] in einen fremden.

Dies steigerte das Bedürfnis der Gruppenleiter, ein differenziertes Bild der Gesellschaft zu erhalten, um ein Gefühl für das Ausmaß des verlorenen Einflusses zu bekommen. Viele Berichte aus der ČSSR enthielten in dieser Zeit dementspre-

---

63 Vgl. dazu auch die Ausführungen über die Auswirkungen von 1968 auf die touristischen Beziehungen zwischen der Sowjetunion und der Tschechoslowakei in Applebaum: Friendship, S. 221–234.

64 RGASPI, f. M-5, op. 2, d. 88, S. 42.

65 Anne Gorsuch prägte den Begriff „Demi-Sovietism" als Ausdruck der Vertrautheit des sozialistischen Auslands für sowjetische Touristen bei einer gleichzeitig fortbestehenden Differenzwahrnehmung in Bezug auf Sprache, Geschichte, Kultur usw., vgl. dies.: Time, S. 225.

chend Einschätzungen zu der gesellschaftspolitischen Stimmung innerhalb verschiedener Bevölkerungsgruppen. Der Sputnik-Gruppenleiter Dubinin urteilte etwa:

> „Die Mehrheit der Personen, die wir trafen, besonders die studentische Jugend, hatte stark ausgeprägte antisowjetische Ansichten und Einstellungen. Dies erklärt sich durch die nicht objektive Propaganda in allen tschechoslowakischen Informationsmitteln.“[66]

Noch detaillierter äußerte sich der Moskauer Intourist-Gruppenleiter N. Judin über die Stimmungslage. In seinem Bericht vom 31. Oktober 1968 unterteilte er die „Tschechen“ in drei Kategorien:

> „1. Offen und direkt uns gegenüber feindlich. Das ist in der Mehrheit die Jugend. 2. Jene, die die Ereignisse richtig verstehen – das sind in der Mehrheit Personen, die sich an die ‚Herrlichkeit‘ der faschistischen Okkupanten erinnern. 3. Erschrockene Leute, von denen es sehr viele gibt, die im Herzen auf unserer Seite sind, aber sich fürchten, dies offen auszusprechen.“[67]

Der Sputnik-Gruppenleiter Rudkevič versuchte sich an einer Interpretation der Zuschauerreaktionen einer Varieté-Veranstaltung in Prag am 31. Oktober, bei der es zwei Nummern gegeben habe, die „gegen uns gerichtet waren“:

> „Die tschechischen Zuschauer, die sich mit uns zusammen in der Vorstellung befanden – besonders die weibliche Hälfte – begrüßten die Ausfälle uns gegenüber mit künstlichem, eindeutig gegen uns gerichtetem Lachen, die männliche Hälfte saß mit gesenkten Köpfen da.“[68]

Wie aus diesen Zitaten hervorgeht, waren viele Berichte dieser Zeit von dem Bemühen geprägt, die Vorgänge in der ČSSR mit der geistigen Verirrung einer von der westlichen Kultur beeinflussten Jugend bzw. als irrationales, affektgesteuertes Verhalten bestimmter Bevölkerungsteile zu erklären. Trotz derartiger Relativierungen blieb es jedoch dabei, dass die Tschechoslowakei in der Wahrnehmung näher an das kapitalistische Ausland heranrückte und sich in der Interaktion entsprechende ideologische Konflikte manifestierten. So berichtete im Januar 1969 ein Sputnik-Gruppenleiter aus der ČSSR detailliert von „scharfen Diskussionen“ mit „antisozialistisch eingestellten studentischen Reiseführern“ über Fragen der Politik und der Geschichtsdeutung. Die jungen tschechoslowakischen Guides hätten offen allen zentralen Punkten der sowjetischen Weltanschauung widersprochen, indem sie sich weigerten, den Prager Frühling als

---

66 RGASPI, f. M-5, op. 2, d. 88, S. 50.
67 GARF, f. 9520, op. 1, d. 1234, S. 46.
68 RGASPI, f. M-5, op. 2, d. 88, S. 34.

„Konterrevolution" zu bezeichnen, den Einmarsch der Roten Armee als Aggression beschrieben und auch die Rolle der Sowjetunion als historischen Befreier der ČSSR leugneten.[69]

Die vermeintlich wohlgeordnete Welt, in die sowjetische Touristen noch wenige Jahre zuvor entlassen worden waren, gestaltete sich in den Jahren 1968/69 angesichts der außenpolitischen Entwicklungen deutlich komplexer. Während neben der Tschechoslowakei auch andere verbündete Staaten zumindest vorübergehend eine distanzierte Haltung zur UdSSR einnahmen,[70] bewegte sich unter der neuen Ostpolitik der sozialliberalen Regierung Willy Brandts ab 1969 mit der Bundesrepublik ein „Klassenfeind" auf das sozialistische Lager zu.[71] Während viele Berichte die politischen Entwicklungen in Westdeutschland als Versuch der ideologischen Unterwanderung brandmarkten, kamen einige Gruppenleiter doch nicht umhin, Gemeinsamkeiten in Bezug auf politische Ansichten festzustellen. In einer ausführlichen Schilderung der Erlebnisse einer 23-köpfigen Sputnik-Reisegruppe (20 davon waren Parteimitglieder) während ihres Aufenthaltes in der Bundesrepublik im März 1970 vermischte sich dabei der vertraute Vorwurf, den Touristen seien potjemkin'sche Fassaden gezeigt worden, mit Schilderungen von Begegnungen, die eine politische Nähe erkennen ließen:

> „Man muss feststellen, dass das gesamte Reiseprogramm nur auf ein Ziel hin ausgerichtet war – und zwar auf Propaganda für den westlichen Lebensstil. Alles, was der Gruppe gezeigt wurde, war das Beste aus der BRD. Die Autofabrik Opel – das reichste Unternehmen mit der neuesten Ausstattung –, ein Bauernhof in der Nähe von Kassel – ein Vorzeigebetrieb –, und auch eine Sektfabrik wurde den sowjetischen Bürgern als Schauobjekt vorgeführt. Die Familien, in die die Mitglieder der sowjetischen Gruppe eingeladen wurden, waren recht wohlhabend. Überall, wo sich die sowjetischen Touristen aufhielten, trafen sie auf Leute aus gut betuchten Familien. […] Eine bemerkenswerte Diskussion trug sich in Frankfurt am Main zu. […] In den Diskussionen mit den Jugendlichen, die unsere Gastgeber waren, spürte man, dass sie von der Aggression der USA in Vietnam, Israel […] empört waren. Sie waren mit uns in Bezug auf die Notwendigkeit einer möglichst schnellen Regelung der deutschen Frage einverstanden und sind der Meinung, dass die Brandt-Regierung die BRD endlich aus der diesbezüglichen Sackgasse herausführt. Sie wissen viel über den VLKSM, über seine Aktivitäten. Sie waren darum be-

---

69 RGASPI, f. M-5, op. 2, d. 129, S. 13–14.
70 Vgl. Laurien Crump: The Warsaw Pact Reconsidered. International Relations in Eastern Europe, 1955–1969, London [u. a.] 2015, insbes. Kapitel 6: The Limits of Emancipation, S. 215–257.
71 Gottfried Niedhart: The Role of the Federal Republic of Germany in the Process of Détente, in: Fink u. a. (Hg.): 1968, S. 173–192.

müht, uns zu versichern, dass die Jugend in der BRD sehr stark mit Mao Zedong sympathisiert."[72]

Der hohe Anteil an Parteimitgliedern auf dieser Deutschlandreise zeugte einerseits von der Attraktivität des Besuchs einer sich im Wandel befindlichen westlichen Gesellschaft für die Nomenklatura. Anderseits verdeutlichte er, für wie riskant der Komsomol die Konfrontation mit den vielfältigen und unübersichtlichen gesellschaftlichen Strömungen der Bundesrepublik erachtete. Bei dem Austarieren einer angemessenen Haltung zu den gesellschaftlichen Erscheinungen in Westdeutschland war ein großes Fingerspitzengefühl gefragt:

> „Sie [die Reise]", hielt der Bericht fest, „war im Unterschied zu Reisen in andere Länder, wo außer Sehenswürdigkeiten nichts gezeigt wird, sehr nützlich, weil sich hier jedes Gruppenmitglied wie ein bevollmächtigter Vertreter der Sowjetunion fühlte; sich an den Diskussionen beteiligend verstand jedes Reisemitglied, dass seinen Aussagen entsprechend über die sowjetische Jugend geurteilt wird. Und jedes Mal, wenn ein sowjetischer Tourist die richtige Antwort auf eine gestellte Frage fand, fühlte er eine große moralische Befriedigung."[73]

Die „richtigen Antworten" zu finden, gestaltete sich dabei immer schwieriger. Die „ideologische Verwirrung" unter der westdeutschen Jugend, die sowjetische Gruppenleiter zu bemerken glaubten, erforderte eine differenzierte Behandlung. Der Leningrader Sputnik-Gruppenleiter A. Bulach hielt so nach seiner Reise durch Norddeutschland fest, dass die dortige Jugend sich „mit Trotzkismus, Maoismus, Anarchismus und anderen Theorien" beschäftige:

> „Man kann daraus die Schlussfolgerung ziehen, dass die offizielle Propaganda der BRD die Jugend künstlich in viele politische Richtungen, in verschiedene Teilrichtungen [jačeiki] auseinanderdividiert und unter diesen Bedingungen ist es sehr schwierig, eine spürbare Einheit zu erreichen."[74]

Allerdings fiel es auch den sowjetischen Touristen keineswegs leicht, ihren ausländischen Gesprächspartnern gegenüber als Fels in der ideologischen Brandung zu erscheinen. Bei ihren Deutschlandbesuchen sahen sie sich konfrontiert mit Fragen und Kommentaren wie:

> „Woran liegt es, dass es bei euch keine Demokratie gibt? Bei einem Einparteiensystem kann nicht die Rede von Demokratie sein. Der Komsomol kann keine eigenständige selbsttätige Organisation sein, da er unter dem

---

72 RGASPI, f. M-5, op. 2, d. 219, S. 88–90.
73 Ebd., S. 92.
74 Ebd., S. 70.

Diktat der Partei steht. Warum könnt ihr eure Führung nicht in der Presse, im Radio oder im Fernsehen kritisieren? [...] Warum können wir Deutschen nicht eine beliebige sowjetische Person zu uns einladen?"[75]

Viele Touristen sahen sich mit der Beantwortung derartiger Suggestivfragen überfordert. Ein Sputnik-Gruppenleiter bezeichnete seine Gruppe im Oktober 1970 als „unzureichend vorbereitet": „Die Mehrheit der Gruppenteilnehmer verhielt sich während der Diskussionen schweigsam, einige antworteten auf Fragen primitiv und sogar falsch."[76]

Während sich das Verhältnis zum westlichen Ausland durch das dort ansteigende Interesse an zwischenmenschlichem Austausch und politischen Diskussionen mit sowjetischen Touristen verkomplizierte, erhielt auch das lang gepflegte Freundschaftsnarrativ [ohne Anführungszeichen] über die Beziehung zu den sozialistischen Staaten in Folge der Jahre 1968/69 mehr Schattierungen. Ein Beispiel hierfür war der Bericht einer vorwiegend aus Moskauer Schriftstellern zusammengesetzten Intourist-Reisegruppe, die im August und September 1971 Rumänien besuchte. Darin ergänzte der Gruppenleiter seinen Bericht um „Beobachtungen, die das Verhältnis verschiedener rumänischer Bürger zu der im Land herrschenden Ordnung und der rumänischen Führung betreffen."[77]

Zu diesen Beobachtungen zählte die Begegnung mit einem älteren Rumänen, der den Touristen eröffnete: „Ich liebe die Russen sehr, weil sie Stalin entfernt haben, wir sind dagegen Vieh."[78] Eine weitere Informationsquelle stellte der rumänische Reiseführer dar, dem man eine Übernachtung in dem Hotel der sowjetischen Gruppe angeboten hatte, nachdem er am Abend den Anschluss an die Fahrt mit der Straßenbahn in einen Randbezirk von Bukarest verpasst hatte:

> „Infolgedessen ließ er – ein eindeutig nicht wohlhabender Mensch – keine Gelegenheit aus, um diesbezüglich wieder und wieder Worte der Dankbarkeit auszusprechen. [...D]er Reiseführer war mit mir sehr offen und sagte einmal, ‚dass Peter I. alles tat, damit Rumänien schon heute besser lebe. Ceaușescu interessiert das nicht. Für ihn ist die Hauptsache, dass Rumänien im 21. Jahrhundert gut lebt.'"[79]

Der Bericht ergänzte diese Aussagen durch eigene Beobachtungen, die deutlich machen sollten, dass die Aussagen des rumänischen Reiseführers der Wahrheit entsprachen. Die so erzielte Darstellung Rumäniens als Staat, der noch in einem stalinistischen Stadium seiner wirtschaftlichen und gesellschaftlichen Ent-

---

75 Ebd., S. 72.
76 RGASPI, f. M-5, op. 2, d. 219, S. 29.
77 GARF, f. 9612, op. 3, d. 519, S. 24.
78 Ebd.
79 Ebd., S. 26.

wicklung steckte, war ein bemerkenswerter Kontrast zu der in den 1950er und 1960er Jahren üblichen Narration, die die Modernisierung sozialistischer Gesellschaften dank sowjetischer Entwicklungshilfe in den Vordergrund stellte. Der Reichtum Westdeutschlands und die Armut Rumäniens, die in den obigen Reiseberichten ausführlich geschildert wurden, stellten dabei die Kontrastpole einer neuen Art und Weise der Betrachtung des Auslands dar: Die zunehmende Distanz, auf die sowjetische Touristen in den „Bruderländern" trafen, führte dazu, dass auch die Bewertungen dieser Gesellschaften nüchterner wurden und ähnlich kritisch ausfielen wie jene westlicher Länder. Zwar operierten die Touristen immer noch unter der Annahme, in sozialistischen Staaten auf potenziell freundlich gesinnte Bevölkerungen zu treffen, allerdings unterzog man diese Prämisse einer Probe aufs Exempel. Darüber hinaus konzentrierte man sich auf Vergleiche ökonomischer Verhältnisse und gesellschaftspolitischer Ansichten – der Respekt und die Sympathie, die man zu geben bereit war, entkoppelte sich dabei ein Stück weit von dem Lagerdenken des Kalten Krieges und machte sich stattdessen eher fest an konkreten Erfahrungen von Ähnlichkeit und Differenz bzw. von Zuneigung und Ablehnung. Dies war ein durchaus widersprüchlicher Effekt des sich politisierenden und polarisierenden Auslandstourismus der 1970er Jahre: Die sozialistische Staatengemeinschaft stellte in Folge der außenpolitischen Verwerfungen der 1968er Jahre keineswegs einen sicheren Rückhalt dar; stattdessen hielten sich die sowjetischen Touristen sowohl zu den formal verbündeten als auch den westlichen Ländern in einer abwartend-misstrauischen Äquidistanz.

Die neue abwägende Haltung ist etwa in der Schilderung der Erlebnisse in Danzig und Warschau durch den Leiter einer Sputnik-Gruppe im Juli 1972 zu erkennen:

> „Jedes Haus ist mit irgendeiner architektonischen Figur verziert. Die Gassen sind sehr eng, es gibt keinen öffentlichen Nahverkehr, es ist still. Man vergisst, dass man sich in einer modernen Stadt befindet. Wir besuchten einen Dom, hörten ein Orgelkonzert, alle waren von der Schönheit des Klanges entzückt. Die Polen sind in der Mehrheit gläubig, und es ist merkwürdig zu sehen, wie die Jugend und die Alten beten. […] Am 28. Juli kamen wir in Warschau an und quartierten uns in das Hotel ‚Drug' ein. Am folgenden Tag besuchten wir eine Glasfabrik. Nach der Besichtigung fand ein freundschaftliches Treffen mit dem Aktiv des Betriebes statt. Das Treffen hat allen sehr gefallen, wir führten Gespräche über die Arbeit, das Leben. Man spürte großen Respekt gegenüber dem sowjetischen Menschen."[80]

---

80 RGASPI, f. M-5, op. 2, d. 517, S. 31.

Noch deutlich distanzierter gestaltete sich der Blick auf die Tschechoslowakei. Auch einige Jahre nach dem Einmarsch der sowjetischen Truppen hatte sich – entgegen den optimistischen Ankündigungen vieler Gruppenleiter kurz nach dem Prager Frühling – an dem zerrütteten Vertrauensverhältnis wenig geändert. Aus den Berichten der frühen 1970er Jahre war eine Befremdung zu erkennen, die die ČSSR weiterhin als eine Art semi-westliche Gesellschaft erscheinen ließ. „[Unser] Reiseführer versuchte ständig, unsere Kommunikation mit der Jugend maximal einzuschränken", klagte etwa A. Mol'čanov, Leiter einer Sputnik-Gruppe aus Nikolajewsk im Februar 1972:

> „Der Reiseführer hielt sich von der Gruppe fern, verhielt sich [ihr] gegenüber in allem verschlossen und übervorsichtig, man kann sagen, in einigen Fällen sogar geringschätzig."[81]

A. Kiziljaev, der im Mai desselben Jahres eine Moskauer Gruppe durch die Tschechoslowakei führte, beschrieb die dortigen hohen Lebenskosten für die breite Bevölkerung und bemühte damit einen Topos, der normalerweise benutzt wurde, um den Wohlstand westlicher Gesellschaften zu relativieren:

> „Während eine durchschnittliche sowjetische Familie zum Beispiel für eine Zweizimmerwohnung im Monat etwa fünf bis acht Prozent ihres monatlichen Budgets zahlt, zahlt eine vergleichbare tschechoslowakische Familie etwa 20 Prozent, d.h. 400 Kronen."[82]

Der tschechoslowakischen Jugend, der man begegnet sei, so Kiziljaev weiter, mangele es an politischer Reife, ideologischer Überzeugung sowie breiter Kenntnis politischer Fragen, auch dies war ein Vorwurf, der traditionell westlichen Gesellschaften vorbehalten war.[83]
Im Gegensatz dazu fiel die Beschreibung der italienischen Jugend durch einen sowjetischen Gruppenleiter im gleichen Jahr durchaus wohlwollend aus. Er kennzeichnete deren politische Haltung zwar als diffusen „linken Extremismus",[84] andererseits schmeichelte ihm das entgegengebrachte Interesse:

> „Die italienischen Kommunisten haben gegenüber der KPdSU und dem sowjetischen Volk großen Respekt. […] Ungeachtet vereinzelter Meinungsverschiedenheiten zwischen unseren Kommunistischen Parteien werden die riesigen Erfolge der UdSSR immer als Beispiel für die Kommunisten

---

81 RGASPI, f. M-5, op. 2, d. 520, S. 12.
82 Ebd., S. 112.
83 RGASPI, f. M-5, op. 2, d. 529, S. 11.
84 RGASPI, f. M-5, op. 2, d. 530, S. 52.

in Italien in ihrem Kampf gegen den Imperialismus, die Verbesserung der materiellen Verhältnisse der Werktätigen und den Frieden dienen."[85]

Die Beispiele verdeutlichen, dass Anfang der 1970er Jahre ein neuer Pragmatismus in die Reiseberichterstattung Einzug gehalten hatte. Angesichts der Tatsache, dass in dieser Zeit eine emotionale Distanz zu den Bevölkerungen in „Bruderländern" wie der Tschechoslowakei und Polen nicht zu leugnen war, mussten Gruppenleiter nach neuen Orientierungskriterien für die Bestimmung von „Eigenem" und „Fremdem" Ausschau halten. Obwohl die Kategorien von Kapitalismus und Sozialismus für die Gruppenleiter nach wie vor eine zentrale Rolle spielten, orientierten sie sich bei der Bewertung fremder Gesellschaften zu Beginn der 1970er Jahre in erster Linie an den dort vorgefundenen Haltungen in der Bevölkerung. Die mental map „befreundeter" und „verfeindeter" Länder gestaltete sich auf diese Weise deutlich komplexer, als es die dualistische Logik vom sozialistischen und kapitalistischen Lager nahelegte. Diese neue Komplexität erforderte eine erhöhte Wachsamkeit seitens der touristischen Funktionäre und erhöhte den Abstimmungsbedarf innerhalb der Reisegruppen darüber, wie die jeweiligen Gesprächspartner einzuordnen waren. Dabei machte sich im Laufe der Zeit unter den Touristen eine spürbare Ernüchterung bemerkbar angesichts der Erkenntnis, dass es der Sowjetunion im Ausland an einer soliden Basis an Verbündeten fehlte.

5.2.3 „100 Fragen und Antworten" – Der Auslandstourismus in der Spätphase Brežnevs als Rückzugsgefecht

Vergleicht man die Rhetorik der Gruppenleiter-Berichte aus den Tauwetterjahren mit jener der späten Brežnev-Ära, sticht ins Auge, dass diese dem westlichen Ausland gegenüber das Feld der wirtschaftlich-technischen Überlegenheit nahezu kampflos räumten. Mehr noch – darum wird es weiter unten in diesem Kapitel gehen – die touristischen Funktionäre übten sich nicht nur selbst in einer resignativen Haltung, sie legten diese auch ihren Touristen nahe. Sie deuteten damit eine neuartige Herrschaftslegitimation der KPdSU an: Diese ergab sich ihrer Argumentation zufolge nicht länger aus einem unhinterfragbaren technischen und materiellen Utopismus sowie einer kompetitiven Einstellung gegenüber dem Kapitalismus, sondern im Gegenteil aus dem Schutz, den die Partei ihren Bürgern vor den Zumutungen der Moderne gewährte. Chruščev hatte bei allem Respekt vor der industriellen Leistungsfähigkeit kapitalistischer Gesellschaften immer die Ambitionen aufrecht erhalten, auf diesem Gebiet Schritt halten zu können und letztlich nicht nur eine gerechtere, sondern

---

85 Ebd., S. 53–54.

potenziell auch eine volkswirtschaftlich potentere Ordnung zu repräsentieren. Von diesem Anspruch, in allen Bereichen auf Augenhöhe mit den westlichen Gesellschaften zu konkurrieren, verabschiedeten sich die touristischen Funktionäre im Laufe der 1970er Jahre immer deutlicher. Sie konzipierten das sowjetische Projekt im Gegensatz dazu als alternative Moderne und mithin als zivilisatorische Ordnung, die nach eigenen, vermeintlich vom Wachstums- und Beschleunigungsparadigma des Kapitalismus abgekoppelten Spielregeln funktionierte. Die Beschreibung Norwegens durch den Leningrader Parteisekretär Bubnov im Juli 1974 waren in dieser Hinsicht idealtypisch:

> „Wenn es um die Jugend Norwegens geht, die wir auf den Straßen und an öffentlichen Orten gesehen haben, fällt einem ihr ungepflegtes Äußeres auf, sie ist überwiegend in Jeans, Jacken und Plateausandalen gekleidet. Dabei ist diese Kleidung oft geflickt, zerknittert und schmutzig. All das erweckt den Eindruck von Eintönigkeit und Ungepflegtheit. Derartige Eigenheiten sind schwer zu erklären. Man kann sie nicht mit materiellen Mängeln erklären. Das Durchschnittsgehalt eines Arbeiters beträgt 2.400 Kronen im Monat. Das ist ein hohes Gehalt. Zugegeben, fast die Hälfte davon entfällt auf die Miete und die Gesundheitsvorsorge. In den Geschäften gibt es ebenfalls ausreichend Waren, auch wenn sie nicht gerade billig sind, abgesehen von synthetischen Produkten und Autos. Auf eine Bevölkerung von drei Millionen kommen in Norwegen etwa 1,7 Millionen PKWs. Aber dieser Segen, wenn man ihn denn so nennen kann, hat seinen Stempel auf das Leben in den skandinavischen Ländern, insbesondere Norwegen und Schweden, hinterlassen. Auf den Straßen der Städte, in denen wir waren, gab es fast keine Fußgänger, wir sahen in den Höfen keine spielenden Kinder oder Jugendliche; vor den Häusern unterhielten sich keine alten Menschen (wie es bei uns üblicherweise zu sehen ist). Die Städte sind buchstäblich ausgestorben. Die kapitalistische Ordnung hat den Menschen vereinzelt, und das Auto hat dieses Phänomen noch vertieft. Der einzige Ort, an denen wir Menschen noch zusammen gesehen haben, war die Fabrik, aber selbst dort haben Automat und Fließband den Menschen zu einem Sklaven der Maschine gemacht. In den Betrieben, die wir besucht haben, gibt es weder Kantinen noch rote Ecken [*krasniy ugolok*][86][…], weder Clubs noch Kulturhäuser."[87]

Die Besonderheit der Ausführungen Bubnovs bestand darin, dass er zwar einerseits ähnlich wie in den „klassischen" Reisebeschreibungen von Adžubei von

---

86 Bei „Roten Ecken" handelte es sich in der Sowjetunion um einen Versammlungsort in Gebäuden und Einrichtungen jeglicher Art, an denen sich Gruppen zu Zwecken politischer Agitation oder Bildung zusammenfinden konnten.
87 RGASPI, f. 5, op. 2, d. 1084, S. 40.

Mitte der 1950er Jahre den kapitalistischen Wohlstand anhand seiner gesellschaftlichen Nebenwirkungen zu relativieren suchte. Andererseits stellte er im Gegensatz zu früheren Reisebeschreibungen keine Versuche an, die Sowjetunion als ähnlich fortgeschrittenen und technisch auf Augenhöhe operierenden Staat zu kennzeichnen. Das idyllische Gegenbild einer genügsamen, menschlichen sozialistischen Gemeinschaft, das Bubnov in seinem Bericht zeichnete, war exakt das Gegenteil dessen, was Chruščev noch anderthalb Jahrzehnte zuvor bei seinem Amerikabesuch als Leitbild einer „ein- und überholenden" UdSSR propagiert hatte.

Diese Form der Gegenwartsnostalgie war dabei typisch für eine Gesellschaft, die sich in der Konfrontation mit prosperierenden Volkswirtschaften ökonomisch und kulturell zusehends abgehängt fühlte. Der Film „Der Brillantenarm" hatte bereits 1969 diesen Wandel von einer kompetitiven in eine selbstreferenzielle Geisteshaltung in einer satirisch überspitzten Szene auf den Punkt gebracht. Der gerade von seiner ersten Schiffsrundfahrt durch Europa zurückgekehrte Hauptprotagonist Semjon beobachtet hier bei der Ankunft an seinem Wohnblock, wie die Hausverwalterin einen Passanten zurechtweist, der verbotenerweise seinen Hund über die Grünanlagen der angrenzenden Straße spazieren führt. Sogleich springt Semjon, durch seine Auslandserfahrung nun ganz Mann von Welt, dem jungen Passanten zur Hilfe und verteidigt diesen:

„Also ich, Varvara Sergeevna, war in London, und dort spazieren die Hunde überall. Hunde sind dort die Freunde des Menschen." Einen kurzen Moment zögert die angesprochene Frau, als akzeptiere sie die Zurechtweisung. Dann aber besinnt sie sich und antwortet entschlossen:

> „Ich weiß nicht, wie es in London ist, dort war ich noch nie. Es kann sein, dass dort der Hund Freund des Menschen ist. Aber bei uns ist der Hausverwalter Freund des Menschen!"[88]

Während unter Chruščev das westliche Ausland noch als mögliche Inspirationsquelle und Fixpunkt für die Fortschrittsbemühungen der sowjetischen Gesellschaft akzeptiert wurde, verkündet die Hausmeisterin in dem Film eine Rückbesinnung auf die eigene Ordnung. Sie mochte besser oder schlechter sein als jene im Ausland, vor allem aber war sie stabil und vertraut. Der Abgesang Bubnovs auf den „skandinavischen" Lebensstil war daher auch etwas anderes als eine typische Variante der traditionellen sowjetischen Kapitalismuskritik, er war vielmehr Symptom eines neuen, geradezu trotzigen Abschieds von dem Anspruch, mit dem Westen auf dem Gebiet des Lebensstandards Schritt zu halten. Diese resignative Haltung hatte den Nebeneffekt, dass die Touristen sich in gewisser Hinsicht einen differenzierteren Blick auf die besuchten Gesellschaften

---

88 Brillantovaja ruka, Regisseur: Leonid Gajdaj, UdSSR 1969.

erlauben konnten. Wenn die USA, Westdeutschland, Norwegen und sogar die ČSSR nicht mehr primär als Messlatten des eigenen ökonomischen und entwicklungsgeschichtlichen (Miss-)Erfolges, sondern als genuin andere Gesellschaftsentwürfe aufgefasst wurden, verschob sich der Deutungshorizont, innerhalb dessen diese Gesellschaften und deren Bevölkerung interpretiert werden konnten.

Die Reiseberichte der 1970er Jahre befassten sich in der Tat immer seltener damit, die Errungenschaften westlicher Gesellschaften als Fassade zu demaskieren, sondern suchten nach Argumenten und Rechtfertigungen dafür, warum dem Leben in der Sowjetunion trotz bescheidenerer ökonomischer Verhältnisse der Vorzug zu geben war. Wie die Konfrontation mit dem Ausland und Ausländern wahrgenommen wurde, richtete sich dementsprechend nicht zuletzt danach, inwiefern die Konstruktion einer idealisierten und abgekapselten sowjetischen Gegenwart nicht in Frage gestellt werden musste.

So erklärte sich auch eine gewisse Unstetigkeit in dem Bericht von Bubnov: Während dieser einerseits Erscheinungen wie die „zügellose" norwegische Jugendkultur als Angriff auf den sowjetischen Gesellschaftsentwurf empfand und entsprechend scharf kritisierte, fand er an anderen Stellen durchaus bewundernde Worte über das hohe Produktionsniveau einer Osloer Eisfabrik und geriet geradezu ins Schwärmen über die Landschaften Norwegens:

> „Wir durchfuhren eine ungezählte Menge von Tunneln, sahen viele Seen; die eigenartige Schönheit der Natur ist erstaunlich, besonders die Wasserfälle und die Bergklippen. Aus den Wagenfenstern (die Nächte sind dort hell) sahen wir ordentliche Bauernhäuser, kleine Beete, die offensichtlich gut gepflegt waren. Bergen ist eine ziemlich schöne Stadt, auf Inseln und zwischen Fjorden gelegen. Wir verbrachten einen ganzen Tag im Haus von Grieg – dem berühmten skandinavischen Komponisten. Dort trafen wir auch amerikanische Touristen. Es handelte sich im Wesentlichen um ältere Leute, die unsere Touristen bemerkten und freundlich lächelten. Aber unsere Leute gingen keinen Kontakt mit ihnen ein."[89]

Ein Lächeln aus der Distanz, eine wohlwollende Begutachtung der idyllischen Natur, ein lobendes Wort über den Fleiß und die Sauberkeit der Norweger – solange das „kapitalistische Ausland" ein unaufdringliches Abstraktum blieb, eine Schneekugel, die hübsch in der Hand lag und bei Bedarf wieder abgestellt werden konnte, empfand es Bubnov durchaus nicht als verwerflich, diesem Ausland Anerkennung zu zollen. Die Einschätzung des Parteisekretärs über den Eindruck, den der Aufenthalt in Skandinavien auf seine Mitreisenden gemacht hatte, war in diesem Sinne aufschlussreich:

---

89 RGASPI, f 5, op. 2, d. 1084, S. 41–42.

„Insgesamt hinterließ dies alles keinen schlechten Eindruck, obwohl wir auch schon sehr müde waren und mich meine Leute täglich mit der Frage löcherten: ‚Wann fahren wir wieder nach Hause? […] Ich bin der Meinung, dass das Gesehene keinen tiefen Eindruck auf die Mehrheit der Touristen machte, und bei Einigen machte sich sogar Enttäuschung bemerkbar. Einzelne sagten ganz offen: ‚Die Reise ist teurer, dabei gibt es nichts Nützliches und Interessantes zu sehen.'"[90]

Bubnov stellte seine Mitreisenden dar wie die Hausmeisterin aus dem Film „Der Brillantenarm" – als fest in der Sowjetunion verankerte Genossen, die den höheren Lebensstandard im Ausland zwar zur Kenntnis nahmen, aber in kein Verhältnis zu ihrer eigenen Lebenswelt setzten. Ob der Parteisekretär die Stimmung seiner Landsleute damit treffend wiedergab, mag man angesichts anderslautender biografischer Aussagen ehemaliger sowjetischer Touristen anzweifeln,[91] aber dennoch war der Bericht Bubnovs Ausdruck einer verbreiteten Haltung unter den touristischen Funktionären dieser Zeit: Diese betonten zwar weiterhin die Überlegenheit des sowjetischen Gesellschaftsmodells, führten diese aber weniger auf dessen Dynamik und Konkurrenzfähigkeit zurück als auf dessen sozialen Zusammenhalt und Stabilität. Anders als noch zwei Jahrzehnte zuvor blieb der Verweis auf eine baldige Überwindung von Entwicklungsrückständen dabei aus. In den Reiseberichten war ab Mitte der 1970er Jahre eine risikoscheue Saturiertheit zu spüren: Woanders mochten Dinge besser funktionieren, aber dennoch gab es keinen Grund, die eigene, vertraute Ordnung in Frage zu stellen.
Ein Blick auf die Veränderungen auf dem Gebiet der Reisevorbereitung, die Auswahl der Touristen und die Programmgestaltung macht dabei allerdings deutlich, dass die zur Schau getragene Selbstzufriedenheit nicht auf einem selbstbewussten Vertrauen in die eigene Stärke fußte, sondern auf einer umfassenden kollektiven Selbstbeschwörung der sowjetischen Funktionärskaste. Der gesamte auslandstouristische Apparat verwendete in dieser Zeit einen Großteil seiner Bemühungen darauf, möglichen nachteiligen Vergleichen mit der eigenen Gesellschaft argumentativ den Wind aus den Segeln zu nehmen und die Verhaltensweisen der eigenen Touristen nicht nur – wie früher – während der Reise zu kontrollieren und begrenzen, sondern sie schon im Vorfeld einzuüben. Dabei verdichteten sich in den 1970er Jahren Entwicklungen, die bereits ab Mitte der 1960er Jahre vereinzelt zu beobachten waren:

---

90 Ebd., S. 45–46.
91 Gerade in den Studien zum Auslandstourismus, die oral history-Methoden anwenden, wird immer wieder der starke Eindruck betont, den die Konfrontation mit dem hohen Wohlstandsniveau im Ausland auf die Touristen machte, vgl. etwa Golubev: Neuvostoturismin, Raleigh: On und Kassymbekova: Leisure.

Dazu zählte ein Phänomen, dass man als „antizipierte Kommunikation" bezeichnen könnte: Spätestens ab 1966 hatte Sputnik damit begonnen, Dossiers mit typischen Fragen zusammenzustellen, die sowjetischen Touristen im Ausland gestellt wurden.[92] Diese Praxis gewann angesichts außenpolitischer Krisen an Bedeutung. Sowjetische Gruppenleiter machten 1968 nach der Niederschlagung des Prager Frühlings in der ČSSR sehr detaillierte Angaben über ihre Gespräche mit der dortigen Bevölkerung, die späteren Reisegruppen als Grundlage einer gründlichen Vorbereitung dienen sollten. Dies machte später auch im westlichen Ausland Schule: Ein Sputnik-Gruppenleiter brachte im Oktober 1970 von seinem Besuch in Westdeutschland die Erkenntnis mit, dass

> „die westliche Propaganda im Ausland Lärm um bestimmte Fragen macht, die gegen unser Land gerichtet sind. Es wäre wünschenswert, dass die Gruppen über diese Fragen informiert und auf ihre Erläuterung besser vorbereitet sind. So wurde während unseres Aufenthaltes viel Lärm um Pasternak und Solženicyn gemacht. Seit zwei Jahren wird der Film „Doktor Živago" gezeigt und die Verleihung des Nobelpreises an Solženicyn in Erwägung gezogen. Und der Gruppe fiel es natürlich schwer, über diese Fragen in eine Diskussion mit den Jugendlichen einzusteigen, die sowohl den Film gesehen als auch die Werke dieser Schriftsteller in den westlichen Editionen gelesen haben."[93]

Die Ausführungen des Gruppenleiters ließen sich als Forderung verstehen, den Auslandstourismus als diskursiven Sonderraum zu deklarieren, in dem sich sowjetische Bürger mit Fragen befassen durften, die in ihrem heimatlichen Alltag normalerweise tabu waren. Anstatt Touristen wie früher von problematischen Diskussionen fernzuhalten, sollten sie ganz bewusst auf diese vorbereitet werden. Auslandsreisende erhielten eine zeitlich und räumlich begrenzte Sondergenehmigung, im Namen der KPdSU Antworten auf Fragen zu geben, die ihnen in der Heimat niemand zu stellen wagen würde, darunter solche:

> „Warum gibt es in der UdSSR keine Redefreiheit, warum treten sowohl die Jugend als auch Arbeiter und Kolochozniki so selten als Kritiker der Bürokratie in der Regierung auf? Wie verhaltet [ihr] euch zu Solženicyn? Warum habt [ihr] Truppen in die Tschechoslowakei geschickt?"[94]

Es war der Jugendverband der italienischen Sozialisten, der eine Sputnik-Gruppe aus Smolensk im Mai 1972 derart zur Rede stellte. Die Tatsache, dass es oft

---

92 RGASPI, f. M-5, op. 1, d. 409, S. 128–129. Dies ist der erste Zeitpunkt, zu dem der Autor eine entsprechende Auflistung vorgefunden hat. Es ist nicht vollständig auszuschließen, dass in früheren Jahren ähnliche Dossiers angelegt wurden.
93 RGASPI, f. M-5, op. 2, d. 219, S. 30.
94 RGASPI, f. M-5, op. 2, d. 530, S. 25.

vermeintlich ideologisch nahestehende Gruppierungen waren, die sowjetische Touristen mit ihrem Gesprächsbedarf in Verlegenheit brachten, verdeutlichte, dass die Zeiten der sorgfältig choreographierten Freundschaftsabende längst vorbei waren. Das Verhältnis zu den „Botschaftern aus dem Mutterland des Sozialismus" hatte sich auch bei deren Verbündeten weltweit gewandelt.

Die sowjetischen Tourismusorganisationen nahmen diese Herausforderung auf ihre Weise an: In den 1970er Jahren wurde die Beschäftigung mit Reiseberichten und die Antizipation von „provokativen" Fragen Teil einer breit angelegten, systematischen Vorbereitung auf touristische Auslandsfahrten bis hin zu „Diskussionsimitationen".[95] So umfasste die Vorbereitung der Englandreise einer studentischen Baubrigade des Oblast' Iwanowo im Januar 1978 nicht nur von den Touristen vorbereitete Referate zu Themen wie „Die politischen Freiheiten eines sowjetischen Bürgers und deren Garantie durch die Verfassung", sondern eine spezifische Aufgabenstellung für alle Gruppenteilnehmer, die am Vortag der Abreise festgelegt wurde:

> „Außerdem wurde die Gruppe in funktionale Gruppen unterteilt: eine ideologische Gruppe (10 Pers.), eine Presse-Informations-[Gruppe] (5 Pers.), eine Gruppe für die Organisation künstlerischer Auftritte und eine Sportgruppe. Jede dieser Gruppen hatte konkrete Aufgaben während der Fahrt durch Großbritannien zu erfüllen."[96]

Ergänzend zu derartigen Vorbereitungsmaßnahmen konnten die sowjetischen Reiseagenturen ab 1978 auch auf die Broschüre „UdSSR. 100 Fragen und Antworten" (SSSR. Sto voprosov i otvetov) zurückgreifen.[97] Sie stellte den schriftlichen Beweis für das Bemühen um einee vorausschauende Sprachpolitik dar. Das von der Kommunistischen Partei verlegte Büchlein verdichtete die ausgangs der 1970er Jahre verbreitete Skepsis gegenüber der Sowjetunion im Ausland in Frageform und vereinheitlichte die für einen Sowjetbürger verbindlichen „richtigen" Antworten darauf in kurzen Repliken. Behandelt wurde ein breites Spektrum von Themen, darunter die soziale Gerechtigkeit, das Ein-Parteien-System, die Nationalitätenpolitik und die Gleichberechtigung von Mann und Frau sowie die Haltung der Sowjetunion zum Umweltschutz. Auch dem Konsum, der den Auslandstourismus in dieser Zeit immer stärker prägte, widmete sich „100 voprosov i otvetov". Dort hieß es in der dritten Auflage von 1980 zu der Frage, ob sich die Sowjetunion in eine „Konsumgesellschaft" verwandele, der „Waren-

---

95 Die Abteilung für Tourismus in kapitalistische Länder berichtete 1977 davon, dass u. a. „Diskussionsimitationen" im Vorfeld von Auslandsreisen Teil einer „neuen Stufe der propagandistischen Arbeit unter der Jugend" sei, vgl. RGASPI, f. M-5, op. 3, d. 4, S. 2.
96 RGASPI, f. M-5, op. 3, d. 90, S. 68.
97 L. Lebedeva u. V. Prošutinskij (Hg.): SSSR: 100 voprosov i otvetov, Moskau 1978. Das Buch erschien bis 1984 in mehreren überarbeiteten Auflagen.

kult" sei „unserer Gesellschaft fremd".[98] Zwar gebe es auch in der UdSSR „Warenjunkies" (veščemany), diese stellten aber eine gesellschaftliche Randerscheinung dar. Im nächsten Unterkapitel konkretisierten die Autoren diese Aussage:

> „Es ist unstreitbar, dass Waren im Leben eines Menschen wichtig sind, besonders gute Waren, darunter auch Autos. Und die Vereinigten Staaten sind uns in dieser Hinsicht voraus. Aber unserer Ansicht nach lässt sich das Lebensniveau eine Menschen längst nicht nur (sogar kaum) über materielle Dinge bestimmen. Für ein wirklich erfülltes Leben des Menschen sind dessen Vertrauen in die Zukunft und – noch bedeutender – Gesundheit, Bildung, geistiger Reichtum, ein garantierter Arbeitsplatz, ein garantiertes materielles Auskommen der Familie sowie die Sicherheit der Altersvorsorge deutlich wichtiger."[99]

Der Einsatz dieses Heftchens stellt ein Kuriosum der Tourismusgeschichte dar: Statt eines Reiseführers für das Land, in das sie fuhren, packten sowjetische Touristen einen Katechismus über den eigenen Staat mit in ihr Reisegepäck. Bestand ein zentraler Gedanke der ersten Auslandsreisen unter Chruščev darin, dass Touristen gewissermaßen als Zeitreisende Inspirationen für die Gestaltung des zukünftigen sowjetischen Lebens sammelten, hielten Sputnik und Intourist ihre Klienten in den 1970er und frühen 1980er Jahren dazu an, als Priester einer konservativen Ordnung zu agieren.

In diesem Zusammenhang wuchs das Interesse der touristischen Organisationen daran, neben den Berichten der Reiseleitung auch Rückmeldungen von den Touristen zu erhalten und nach Möglichkeit deren Kommunikation über das Erlebte in der unmittelbaren Phase nach der Rückkehr innerhalb eines stark formalisierten Rahmens zu steuern. Auch hier dienten die Ereignisse in Prag als Katalysator: Im Januar 1969 berichtete ein leitender Mitarbeiter der Gewerkschaften des Oblast' Moskau davon, dass die Touristen dazu angehalten würden, in der Lokalpresse über ihre Erlebnisse zu berichten. Darüber hinaus hätten 400 Touristen nach ihrer Rückkehr aus der ČSSR im Herbst 1968 von den Gewerkschaften einen Fragebogen zu ihren Eindrücken und Verbesserungswünschen erhalten. Auch die Gruppenleiter wurden dazu aufgefordert, zusätzlich zu ihren schriftlichen Eindrücken in Gesprächen mit Gewerkschaftsfunktionären über ihre Erfahrungen zu sprechen.[100]

Selbst wenn diese Form der Reiseevaluation unter Brežnev eher die Ausnahme blieb, finden sich doch Hinweise darauf, dass derartige Touristenbefragungen auch später gelegentlich durchgeführt wurden. Im Archivbestand des Komsomol findet sich etwa der Rücklauf einer Befragung von Sputnik-Touristen, die

---

98 Lebedeva u. V. Prošutinskij: SSSR (1980), S. 51.
99 Ebd., S. 52.
100 GARF, f. 9520, op. 2, d. 32. S. 114–115.

1976 von einer USA-Reise zurückkehrten.[101] Unter der Überschrift „Es gibt et-was zu erinnern" („Est' čto vspomnit'") wurden 15 Fragen zu vorherigen Reise-erfahrungen, zur Reisevorbereitung und -organisation, zum Programm und zu den Eindrücken über die amerikanische Gesellschaft gestellt. Frage 13 lautete: „Planst du, deine Reiseeindrücke in der Presse oder mündlich weiterzugeben?"[102] – ein Indikator dafür, wie sehr der Komsomol daran interessiert war, zu er-fahren, wie und ob Touristen ihre Erfahrungen weiter kommunizierten. Dabei schienen die Touristen zumindest auf dem Papier im Großen und Ganzen mit ihren Antworten auf der Linie der Gruppenleiter zu liegen – sie beschrieben die amerikanische Gesellschaft durchaus wohlwollend, aber gleichzeitig ohne über-mäßige Bewunderung.

„Die Amerikaner begegnen den sowjetischen Menschen wie einem lang erwarte-ten Gast – Mit Freude und Spannung", antwortete etwa ein 32-jähriger männli-cher Tourist auf die Frage Nr. 6:

> „Zeigten die Amerikaner ein Bemühen, mit den sowjetischen Touristen in Kontakt zu treten? Was kannst Du zur Gastfreundschaft, Freundlichkeit und dem Interesse der Amerikaner gegenüber der sowjetischen Gruppe, unserem Land und Dir persönlich sagen?"[103]

Ein Teil der Touristen orientierte sich darüber hinaus an dem klassischen Sche-ma der Beschreibung von Gegensätzen, so etwa eine 30-jährige Ingenieurin, die festhielt:

> „Ich dachte immer, dass die USA eine schöne, saubere und helle Stadt (sic!) sind und mich etwas Ungewöhnliches erwartet. Aber mit den eige-nen Augen betrachtet erschien mir Amerika in einem ganz anderen Licht. Neben den luxuriösen Häusern, der schönen Architektur und Reklame herrschen Schmutz […] und Müllberge. Amerika war für mich ein unge-mütliches und zutiefst fremdes Land."[104]

Angesichts weitgehend „linientreuer" Rückmeldungen mochte die Leitung von Sputnik die Schlussfolgerung gezogen haben, dass die Maßnahmen zur Vor-bereitung und Kontrolle der Touristen Wirkung zeigten. Diese schienen sich im Klaren darüber gewesen zu sein, wie sie über ihre Erfahrungen zu sprechen

---

101 Andrej Kozovoj publizierte zu diesen Dokumenten einen Aufsatz, siehe ders.: Eye. Kozovoj betont dabei den hohen Anpassungsdruck auf die jungen Sputnik-Touristen und das aussichtslose Bemühen der sowjetischen Machthaber, das Bild des Westens unter Kontrolle zu behalten.
102 RGASPI, f. M-5, op. 2, d. 1074, S. 4.
103 Ebd., S. 2.
104 Ebd., S. 97.

hatten.[105] Ob die Touristen wirklich dachten, was sie zu Papier brachten, war eine andere Frage. Jedenfalls dokumentierten die Fragebögen den Wunsch des Jugendreisebüros, mehr über die Wahrnehmung ihrer Touristen zu erfahren, und zwar nicht nur gefiltert über ihre Gruppenleiter.

Das große Interesse von Sputnik an einer möglichst authentischen Rückmeldung ihrer jungen Touristen dürfte auch daran gelegen haben, dass die Distanz zu den ausländischen Bevölkerungen im Jugendtourismus traditionell geringer war. Die kostengünstige Unterbringung in internationalen Zeltlagern machte es nahezu unmöglich, die eigenen Touristen rund um die Uhr im Auge zu behalten.[106] Sowohl in der Bundesrepublik als auch in Großbritannien brachten Partnerorganisationen von Sputnik die Touristen darüber hinaus in manchen Fällen in Familien unter und entzogen sie damit für längere Zeit der Aufsicht der Reiseleitung.[107] Eine derartige private Beherbergung wurde von den sowjetischen Verantwortlichen zwar offiziell abgelehnt, als Ausnahme aber zähneknirschend geduldet.

In einem Bericht des Jugendaustauschwerks Verl über den Empfang von Sputnik-Touristen aus Stavropol und Aserbaidschan im Mai 1975 hieß es, dass bei den seit 1968 mit Unterbrechung stattfindenden Besuchen jede sowjetische Gruppe aufgrund der obligatorischen Familienunterbringung „einen Hokuspokus veranstaltete, weil sie dann ja ihr Kollektiv verlassen muss."[108] Die Tatsache, dass die Einquartierung bei Privatleuten in Einzelfällen trotzdem akzeptiert wurde, zeugte aber gleichzeitig davon, dass der allumfassende Kontroll- und Überwachungsanspruch der sowjetischen Tourismusorganisationen auch unter Brežnev letztlich aus organisatorischen und finanziellen Gründen nur in Ansätzen verwirklicht werden konnte.

Das dadurch erzwungene „Aufbrechen" des Reisekollektivs und die damit einhergehenden Gefahren einer Beeinflussung einzelner Touristen wurden zu einem wiederkehrenden Motiv der Reiseberichte in den Folgejahren. „In der ersten Hälfte unseres Westberlin-Aufenthalts gab es keine offiziellen Treffen und Gespräche, dafür war eine klare Tendenz zu erkennen, unsere Leute in kleine Gruppen aufzuspalten und sie vereinzelt zu bearbeiten", hieß es etwa in einem

---

105 Ehemalige sowjetische Touristen geben in Interviews immer wieder an, sie seien sich sehr genau bewusst gewesen, wie über ihre Erfahrungen zu berichten sei, vgl. dazu sowohl Raleigh: On, S. 379 als auch Kassymbekova: Leisure, S. 69.

106 Vgl. Tondera: Sowjetische, S. 56–58.

107 Für Westdeutschland liegt dem Autor der früheste Beleg für eine Familienunterbringung aus dem Jahr 1968 vor, s. JAW: „Bericht über die erste deutsch-sowjetische Begegnung im Kreis Wiedenbrück vom 6.-20. November 1968", Kopie in Privatbesitz des Autors; für Großbritannien aus dem Februar/März 1978, s. RGASPI, f. M-5, op. 3, d. 90, S. 76–78.

108 JAW: „Bericht über die deutsch-sowjetische Jugendbegegnung in Verl vom 7.–17. Mai 1975".

Bericht über eine Sputnik-Reise, die im Juli 1970 durch beide deutsche Staaten führte.[109]

> „Unsere Leute erhielten oft Einladungen, Privatwohnungen zu besuchen – in der Regel abends und mit der Formulierung ‚es wäre interessant, sich zu unterhalten; ein Restaurant zu besuchen; zu tanzen; Musik, Volkslieder zu hören'. Das Gespräch konzentrierte sich in solchen Fällen auf Fragen der Außenpolitik der Sowjetunion [und] der führenden Rolle der KPdSU in der Jugendbildung [im Vergleich zum] demokratischen, antiautoritären deutschen Erziehungssystem […]."[110]

Noch deutlicher äußerte sich zu dieser Problematik ein Reisebericht aus dem Oktober desselben Jahres:

> „Besonders auffällig ist das Bemühen der Leute, die sowjetische Gruppen in der BRD empfangen, politischen Einfluss auf die Gruppen auszuüben. Der Gruppe wird ein erfahrener Dolmetscher zugeteilt, der die Sowjetunion kennt und in der Lage ist, subtil Vergleiche anzustellen, die für uns immer unvorteilhaft sind. Der nach außen hin wohlwollende Herr Zimmermann R. A. studiert jedes einzelne Gruppenmitglied sehr aufmerksam und versucht, die Schwächen jeder Person auszunutzen. Ihn interessieren besonders naive und geschwätzige Gruppenmitglieder, in deren Nähe er sich permanent aufhält; diejenigen, die schweigsamer sind, versucht er von der Gruppe zu entfernen und in eine Familie, ein Café [oder] eine Bar zu schleppen und sie dort ‚zum Reden zu bringen' [raskryt']. […] Herr Zimmermann wünscht keine Erstattungen für seine verschiedenen Aufmerksamkeiten gegenüber den Gruppenteilnehmern (die er bestimmt nicht aus seiner eigenen Tasche gezahlt hat), um seinen Respekt gegenüber den sowjetischen Menschen zu zeigen und ganz ‚sein eigener Herr' in der Gruppe zu sein."[111]

Während die Gruppenleiter in den offiziellen Berichten jede Form von Kontrollverlust und Einflussnahme seitens der Gastgeber als problematisch darstellten, legen die Berichte des Jugendaustauschwerkes Verl nahe, dass diese in manchen Fällen auch von sich aus bereit waren, den Touristen mehr Freiräume zu gewähren. Zu dem Besuch der Gruppe aus Stavropol und Aserbaidschan im Mai 1975 hieß es etwa:

> „Unsere Begleiter haben den Leiter mit Erfolg von der Nützlichkeit des Familienaufenthaltes überzeugen können. So hatte man bei der Ankunft

---

109 RGASPI, f. M-5, op. 2, d. 219, S. 120.
110 Ebd., S. 30–31.
111 Ebd., S. 31.

Abb. 4: Die Touristen Ljudmila und Sascha kurz vor der Abreise aus Verl im November 1968 (Quelle: JAW).

Abb. 5: Touristen aus der Kirigisischen SSR bei einem „Familienabend" in Verl im Januar 1977 (Quelle: JAW).

Abb. 6: Fehlender Ernst?
Sowjetischer Tourist auf einer Betriebs-
besichtigung bei Miele in Bielefeld im
Januar 1978 (Quelle: JAW).

Abb. 7: Die lettische Gruppenleiterin Nelli Janauc eröffnet im Januar 1981 in Verl eine Tanz-
veranstaltung (Quelle: JAW).

Abb. 8: Tanzveranstaltung mit lettischen Touristen im Januar 1981 in Verl (Quelle: JAW).

in Verl keine Diskussion mehr darüber. Außerdem musste der Leiter beim Empfang in der sowjetischen Botschaft in Bad Godesberg grünes Licht bekommen haben. Er gab der Gruppe in Köln abends nach dem Botschaftsbesuch auch Zeit zum Stadtbummel ohne Begleitung der Leiter. [...] Der Dolmetscher Aprasim, kurz Sascha genannt, war ab seiner Ankunft in Verl stets guter und fröhlicher Laune, viele Entscheidungen fällte er selbst, ohne noch den Leiter zu fragen. Nur wenn er etwas abzulehnen hatte, machte er das nach Rücksprache mit dem Leiter."[112]

Der sowjetische Auslandstourismus zeigte sich in solchen Situationen von einer ungewöhnlich offenen und flexiblen Seite; auf den Fotografien aus den Nachlässen des JAW Verl der Begegnungen von 1968 bis 1981 sind in vielen Fällen Posen und Verhaltensweisen der Touristen und auch der Gruppenleitung zu sehen, die keineswegs den Eindruck erwecken, dass es sich bei den sowjetischen Gruppen um humorlose und misstrauische „Kollektive" handelte (vgl. Abb. 4–8).

112 JAW: Bericht (1975), S. 3–4.

Die persönliche Nähe zu den Gastgebern und die individuellen Freiheiten, die Reisende bei Familienunterbringungen dieser Art erfuhren, waren für den Auslandstourismus dieser Zeit sehr ungewöhnlich und riefen daher bei vielen Verantwortlichen Verunsicherung hervor. Der Umgang mit den sich hieraus ergebenden Situationen war dabei sehr individuell: Was der eine als Bedrohung auffaßte, konnte die andere als harmlose oder gar begrüßenswerte Form zwischenmenschlicher Annäherung interpretieren. So erregte die lettische Gruppenleiterin Nelli Janauc bei dem Besuch in Verl im Januar 1978 die Aufmerksamkeit gleich mehrerer lokaler Zeitungen, als sie während einer Festveranstaltung den Taktstock des Dirigenten der örtlichen Musikkapelle an sich nahm und damit buchstäblich den Auftakt für eine ausgelassenen Tanzveranstaltung gab (s. Abb. 7 und 8).[113]

Ähnlich heterogen wie das Verhalten der Gruppenleiter in derartigen Situationen waren deren Einschätzungen des Nutzens der Privatunterbringung im westlichen Ausland. In manchen Berichten beschrieben sie diese als Möglichkeit, die „gelenkte" touristische Wahrnehmung zu durchbrechen. Ein weißrussischer Gruppenleiter bezeichnete diese Form der Einquartierung während des Aufenthaltes in England im März 1978 in diesem Sinne als „nützlich und interessant": „Wir konnten einige Erscheinungen des englischen Lebens beobachten, die die offiziellen Presseorgane des Landes lieber verschweigen."[114]

Exakt die gegenteilige Meinung vertraten dagegen die Sputnik-Gruppenleiterin N. A. Zolotova und Ju. A. Lontčakov, die nur einen Monat später, im April 1978, nach England reisten:

> „Es ist anzumerken, dass die Unterbringung in Familien – welche weitgehend wohlhabend waren – das Ziel hatte, die ‚Herrlichkeiten' des bourgeoisen Lebensstils zur Schau zu stellen. In den Familien frühstückten und aßen wir zu Abend und verbrachten dort die abendliche Freizeit. Die Gastgeber brachten uns mit ihren Autos ins Zentrum, versuchten aufdringlich, uns in Bars oder andere Unterhaltungsetablissements einzuladen, fragten die ganze Zeit, ob uns England gefällt. Zwei Touristen, Krylov und Fljantikov, wurde sogar angeboten, in England zu bleiben. Es gereichte unseren Touristen zur Ehre, dass sie sich würdig verhielten, während der Festabende nicht über die Maßen alkoholischen Getränken zusagten, sachliche Gespräche über die Überlegenheit der sowjetischen Lebensweise im Vergleich zur kapitalistischen führten [und] ihre Eindrücke über das Gesehene austauschten. Abgesehen davon ruft die Unterbringung in Familien, in denen fast niemand Russisch spricht, Schwierig-

---

113 „Die blonde Nelli sorgte für den richtigen Ton", in: „Die Glocke" vom 24.1.1978.
114 RGASPI, f. M-5, op. 3, d. 90, S. 76.

keiten hervor. […] Es wäre wohl doch zielführend, die Unterbringung in Familien aus dem Programm herauszunehmen."[115]

Die gemischten Rückmeldungen, die alleine im Jahr 1978 zur Familienunterbringung bei den Offiziellen von Sputnik in Moskau eintrafen, widersprachen in ihrer Ambivalenz der in dieser Zeit von touristischen Funktionären immer wieder betonten Notwendigkeit, eine klare Haltung gegenüber den kulturellen und politischen Entwicklungen „des Westens" einzunehmen. Der in zahlreichen öffentlichen Verlautbarungen rhetorisch zur Schau gestellten Entschlossenheit und Geschlossenheit stand eine gewisse Ratlosigkeit der Touristengruppen im Umgang mit den sich vollziehenden Entwicklungen im Ausland gegenüber. Das einigermaßen geordnete Weltbild, dass 1968 ins Wanken geriet, war auch ein Jahrzehnt später noch nicht geradegerückt.

Stattdessen ist die Verwirrung über den „Applaus von der falschen Seite" und die Zurückweisung vonseiten der „natürlichen Verbündeten" in vielen Berichten dieser Zeit deutlich zu erkennen. V. A. Korolčuk, Leiter einer belarussischen Sputnik-Gruppe, tat sich so schwer damit, eine angemessene Einschätzung der „Deutschen Schreberjugend" vorzunehmen,[116] die 1978 erstmals eine Reisegruppe des Komsomol in Westberlin empfing:

> „[E]s mag sein, dass diese Organisation progressiv ist (jedenfalls ist sie nicht reaktionär) und harmlose, irgendwo auch wohltätige Ziele im Bereich der Jugendbildung verfolgt, obwohl wir, so sehr wir es auch versuchten, außer den Funktionären, die uns auch am meisten irritierten, keinen Aktivisten dieses Bundes zu Gesicht bekamen. Es ist schwer, an die Selbstlosigkeit dieser Leute zu glauben (deren Aussehen an professionelle Spione erinnert), die auf einmal so mir nichts dir nichts vor Liebe zur Sowjetunion überschäumen und uns eine solche Gastfreundschaft erweisen. […] Die Gastgeber waren sehr gastfreundlich, ich würde sagen, sogar irgendwie übertrieben und über die Maßen, sie versuchten, die Gruppe für sich zu gewinnen und vielleicht auch zu besänftigen, ihre Achtsamkeit zu betäuben. Wenn ich jetzt, da die Eindrücke sich ein wenig geordnet haben, das uns vorgelegte Programm analysiere, kann ich festhalten: Man hat versucht, uns alles in geschöntem, vorteilhaftem Licht ohne irgendwelche Probleme darzustellen, […] uns von allem zu isolieren. Und man muss sagen, dass ihnen das gelungen ist. Wir waren wie hermetisch abgeriegelt,

115 RGASPI, f. M-5, op. 3, d. 90, S. 89–90.

116 Bei der „Deutschen Schreberjugend" handelt es sich um den 1951 gegründeten Dachverband in Deutschland verstreuter Kleingartenvereine und -gruppierungen, die sich auf den Reformpädagogen Daniel Gottlob Moritz Schreber (1808–1861) beriefen, s. http:// schreberjugend.berlin/de/ wir_ueber_uns/historie, zuletzt eingesehen am 31.10.2018.

und der Kreis der Leute, die mit uns sprachen, war beschränkt auf Personen, die seinerzeit die Sowjetunion besucht hatten und fast alle russisch sprachen. […] Ich sage nicht, dass sie uns nicht von ihren Problemen erzählt haben, aber das war darauf gerichtet, uns davon zu überzeugen, wie schwierig es sei, in einer eingeschlossenen Stadt zu leben, dass sie ohne die Hilfe und die Verbindung mit der BRD nicht auskämen."[117]

Die spürbaren argumentativen Schwierigkeiten des Gruppenleiters, das zur Schau getragene Wohlwollen der deutschen Schreberbündler als Ausdruck eines verdeckten Klassenkampfes zu interpretieren, war dabei ein gutes Beispiel dafür, dass selbst die linientreuesten touristischen Funktionäre sich zunehmend schwertaten, ihre Beobachtungen mit ihrem ideologischen Vorwissen in Einklang zu bringen. Die Komplexität der gesammelten Eindrücke vertrug sich schlecht mit pauschalen, schablonenhaften Urteilen und machte eine eindeutige Bewertung daher nahezu unmöglich.

Die Probleme verschärften sich zu Beginn der 1980er Jahre, als religiöse und nationale Bewegungen innerhalb der sozialistischen Staatengemeinschaft und insbesondere auch an der sowjetischen Peripherie an Bedeutung gewannen.[118] Touristengruppen sahen sich sowohl im kapitalistischen als auch im sozialistischen Ausland immer öfter nicht nur mit abstrakten weltanschaulichen Fragen, sondern mit ganz konkreten tagespolitischen Problemen konfrontiert, für die der „100 Fragen und 100 Antworten"- Katechismus keine Lösungen bereithielt. Auf den Auslandsreisen in der Spätphase der Ära Brežnev kam dabei selbst das scheinbar fest verankerte stillschweigende Einverständnis der Touristen ins Wanken, sich im Austausch für das Reiseprivileg und eine milde Behandlung des Gruppenleiters an die eingeforderten Sprechvorgaben und den Verhaltenskodex zu halten.

Diese Erfahrung machten beispielsweise B. Škol'nikov und G. Najko, die im Dezember 1980 eine Sputnik-Reisegruppe nach Österreich begleiteten. In dem formal neutralen Land, so Škol'nikov und Najko, seien der Antikommunismus und der Antisowjetismus weit verbreitet. Dies machten sie unter anderem daran fest, dass im Fernsehen kritisch von der Einmischung der Sowjetunion in die polnische Innenpolitik berichtet wurde. Darüber hinaus stießen sie sich an dem Verhalten des Reiseführers Heinz Bücher. Bücher antwortete auf die Frage danach, wie er vor dem Hintergrund des Besuches des ehemaligen Konzentrationslagers Mauthausen das Erscheinen neofaschistischer Gruppierungen in Österreich kommentiere, dass diese „wie die Dissidenten in der UdSSR im Untergrund agierten":[119]

---

117   RGASPI, f. M-5, op. 3, d. 90, S. 194.
118   Vgl. Smith: Red Nations, S. 242–244.
119   RGASPI, f. M-5, op. 3, d. 198, S. 21.

> „Ohne uns Zeit für eine Erwiderung zu geben, wechselte Heinz Bücher
> auf ein anderes antisowjetisches Thema, wobei es darum ging, dass die
> Österreicher – besonders Wiener Pensionäre – heutzutage ein schlechtes
> Verhältnis zu den sowjetischen Menschen hätten, weil Soldaten der Ro-
> ten Armee während ihres Aufenthalts in Österreich Vergewaltigungen
> verübt hätten und die Frauen gezwungen gewesen seien, ihre Kinder zu
> verstecken. Nicht alle Gruppenteilnehmer waren ausreichend darauf vor-
> bereitet, diese antifaschistischen (sic!; gemeint war vermutlich „faschisti-
> schen") Hirngespinste zurückzuweisen. Davon zeugen insbesondere die
> schriftlichen Reiseeindrücke, in denen einige unserer Touristen den Rei-
> seführer als ‚wundervollen' Menschen bezeichneten."[120]

Ähnlich verunsichert zeigte sich wenige Monate später, im Juni 1981, der Sekretär des Tjumener Gebietskomitees des Komsomol V. Pogrebnoj nach seiner Reise durch die Bundesrepublik:

> „Ich bin der Meinung, dass in so entwickelte Länder der kapitalistischen
> Welt wie die BRD, USA, Japan, Kanada usw. unbedingt Touristen ge-
> schickt werden sollten, die zuvor bereits sozialistische Länder besucht ha-
> ben, denn bei vielen Touristen, die bei ihrer ersten Auslandsreise in ein
> solches Land kommen, ist ein gewisser Mangel in der Analyse der wahr-
> genommenen Lebensweise zu spüren, eine mangelnde Fähigkeit, hinter
> der grellen Reklame das Wesen des kapitalistischen Gesellschaftsmodells
> zu erkennen."[121]

Die Herausforderungen und Unwägbarkeiten für sowjetische Touristen waren
im westlichen Ausland auch deswegen gestiegen, weil man dort inzwischen auf
einen gewissen Erfahrungsschatz im Umgang mit den sozialistischen Besuchern
zurückgreifen konnte. Nach zwei Jahrzehnten des touristischen Austauschs war
das Wissen um das Leben in der UdSSR und die Eigenheiten sowjetischer Reisegruppen detaillierter geworden.
Dies ging etwa aus dem Bericht von I. Dryga, einem Mitglied des Zentralkomitees des Komsomol, hervor. Dieser hielt nach seiner Rückkehr von einer Reise
durch die Bundesrepublik im Frühjahr 1980 fest, dass viele Leiter von Jugendorganisationen in Osnabrück die Ansicht vertreten hätten, in der Sowjetunion
gäbe es für junge Menschen nur sehr beschränkte Informationsangebote über
das Ausland.[122] Während Dryga diesen Vorwurf noch routiniert aus dem Repertoire der Standardantworten kontern konnte, fiel es deutlich schwieriger, einen

---

120 Ebd., S. 22.
121 RGASPI, f. M-5, op. 3, d. 307, S. 104–105.
122 RGASPI, f. M-5, op. 3, d. 198, S. 160.

angemessenen Umgang mit privaten Fotografien der Gastgeber von Reisen in die Sowjetunion zu finden:

> „Bei dem Besuch der Familie des Stadtratsmitgliedes Herrn Engel bekamen wir dessen Album mit Fotografien aus der Sowjetunion zu sehen. Es ist anzumerken, dass sich darin eine große Zahl an Aufnahmen aus der Stadt Kalinin befinden, auf denen schmutzige, enge Straßen, alte Häuser, heruntergekommene Straßen und niedergerissene Zäune zu sehen sind. Es würde sich sicher lohnen, das Programm des Gegenbesuches der Delegation aus der BRD im Oblast' Kalinin besser zu durchdenken."[123]

Die Ausführungen Drygas ließen erkennen, dass die Sowjetreisenden im Ausland inzwischen nicht nur auf gut informierte, sondern auch aus persönlicher Anschauung über das Leben in der UdSSR unterrichtete Ausländer trafen. Den Touristen fiel es unter diesen Umständen zusehends schwerer, die von ihnen erwartete „Performance" durchzuhalten. Die einheimischen Bevölkerungen, die aus sowjetischer Sicht eigentlich als Publikum fungieren sollten, drängten sich vermehrt in die sorgfältig eingeübte Inszenierung. Aus den interessierten Beobachtern der ersten Jahre waren Ende der 1960er Jahre kritische Fragesteller; aus kritischen Fragestellern im Laufe der 1970er Jahre schließlich gut informierte Gesprächspartner geworden. Und dies blieb nicht ohne Rückwirkung auf die sowjetischen Touristen. So wirkte sich nach Auskunft von V. Sadrutdinov, Leiter einer Sputnik-Reisegruppe aus Dagestan, die im August 1981 Westdeutschland besuchte, die Nähe seiner Touristen zur deutschen Bevölkerung ausgesprochen negativ aus:

> „Die Studentinnen […] Gusejchanova Aida und Alieva Inna verspäteten sich fast zu allen Programmpunkten und waren stets darum bemüht, sich mit Ausländern von der Gruppe zu isolieren; sie traten an der Gruppenleitung vorbei mit verschiedenen Vorschlägen und Bitten an die Vertreter der empfangenden Organisationen heran, beschwerten sich beim Reiseführer über Bemerkungen und disziplinarische Ermahnungen seitens der Gruppenleitung, was sie als Einschränkung der Demokratie und der Freiheit eines sowjetischen Bürgers bezeichneten. Beide Frauen benahmen sich auffallend und reagierten weder auf Bemerkungen seitens der Gruppenleiter noch auf Kritik der Delegationsmitglieder."[124]

Die Widersprüche zwischen den Informationen, die den sowjetischen Bürgern vor ihren Auslandsreisen mitgegeben wurden und den Dingen, die sie dort tatsächlich zu sehen bekamen, waren offenbar so gravierend, dass sie gerade die

---

123 Ebd., S. 161.
124 RGASPI, f. M-5, op. 3, d. 301, S. 136.

jüngeren Reisenden in vielen Fällen aus der Fassung brachten. Der Leiter einer Novosibirsker Sputnik-Gruppe empfahl entsprechend nach seiner Reise durch Westdeutschland im Mai 1981, keine jungen Leute ins westliche Ausland zu verschicken, da diese sonst „in Situationen und Umstände geraten, bei der die kritische Bewertung der tatsächlichen Lage der Dinge eine gewisse Lebenserfahrung erfordern."[125]

Mit dieser Forderung des Ausschlusses der sowjetischen Jugend von Reisen in den Westen war der Tiefpunkt einer zunehmend defensiven Ausrichtung des Auslandstourismus in der Spätphase der Ära Brežnev erreicht. Wenn selbst umfassende Vorbereitungs- und Kontrollmaßnahmen sowie die Ausstattung mit „Frage-Antwort"-Heftchen nicht ausreichten, um die eigenen Touristen vor zersetzenden Einflüssen zu schützen, stand die Sinnhaftigkeit des Verschickens eigener Reisegruppen in das kapitalistische Ausland insgesamt in Frage. Ähnlich wie in der Frage des illegalen Konsums spitzten sich die Entwicklungen hier zu Beginn der 1980er Jahre krisenhaft zu; und auch hier war zu diesem Zeitpunkt nicht abzusehen, dass das bis dahin unhinterfragte (langsame) Wachstum des Auslandstourismus in den Westen sich dauerhaft fortsetzen würde.

5.2.4 Eine Wiederholung des Traumas von Prag?
Die Wahrnehmung Polens durch sowjetische Gruppenleiter in den frühen 1980er Jahren

Während das Ende der Détente in den späten 1970er Jahren die touristischen Begegnungen im kapitalistischen Ausland zunehmend verkomplizierten, gaben auch die Entwicklungen in der Volksrepublik Polen Anlass zur Sorge. Mit der Gründung der Gewerkschaftsbewegung „Solidarność" im September 1980 zeichnete sich eine ernstzunehmende außenpolitische Krise innerhalb des sozialistischen Einflussbereiches ab.[126] Die ersten Anzeichen der sich verschlechternden Beziehungen waren dabei auf touristischer Ebene schon vor dem Entstehen von „Solidarność" zu spüren.

Es sei trotz großen Interesses von sowjetischer Seite nicht ein einziges offizielles Treffen mit der polnischen Jugend organisiert worden, beklagte sich so die Sputnik-Gruppenleitern N. Kvasova nach ihrer Reise durch Polen im Februar 1980.[127] Ein ähnliches Desinteresse der polnischen Jugend stellte auch V. Černonog fest, Leiter der Abteilung für den Empfang ausländischer Touristen bei dem Jugendreisebüro. Bei einem „Begegnungsabend" im Februar 1980 sei die Beteiligung

---

125 RGASPI, f. M-5, op. 3, d. 307, S. 90.
126 Vgl. zu den Auswirkungen der „Solidarność"-Bewegung auf die polnisch-sowjetischen Beziehungen Mark Kramer: The Soviet Union, the Warsaw Pact, and the Polish Crisis of 1980–1981, in: Trepanier (Hg.), Solidarity, S. 27–66.
127 RGASPI, f. M-5, op. 3, d. 187, S. 51.

der polnischen Genossen gering gewesen, was die Effektivität der Informations-
und Propagandaarbeit gemindert habe.[128] Und dort, wo die sowjetischen Touristen doch ins Gespräch kamen, sahen sie sich mit Widerspruch konfrontiert;
so habe die polnische Seite in einer „belebten Diskussion" versucht, die katholi-
sche Kirche und ihre Rolle als Hüter von Kultur und Sprache zu verteidigen.[129]
Ein gewerkschaftlicher Gruppenleiter warf der polnischen Reiseführerin Helena
Moczulska im gleichen Jahr vor, ein „amoralischer Mensch" zu sein. Sie führe
mit den Touristen antisowjetische Propaganda durch und behaupte, dass Berlin
nicht von Russen, sondern von Polen besetzt worden sei und niemand die Rote
Armee gebeten habe, Europa von den Deutschen zu befreien und eine eigene
Regierung zu installieren.[130]
Ein Jahr später verschärfte sich die Situation in der Volksrepublik spürbar. Obwohl die Rote Armee in diesem Fall nicht mit Panzern intervenierte, hinterließen die politischen Entwicklungen in Polen einen starken Eindruck auf die
sowjetischen Touristen. „Die Gruppe war Zeuge der sich in der letzten Zeit
in der Polnischen Volksrepublik abspielenden Ereignisse", hieß es etwa in dem
Bericht des Gruppenleiters Lukin, der im Februar 1981 eine studentische Sputnik-Gruppe aus Leningrad durch Polen begleitete.[131]

> „Auf den Straßen hängen Transparente, überall sind Plakate und Zettel
> mit Aufrufen und Informationen des Gewerkschaftsbundes ‚Solidarność'
> angeklebt. In Łódź waren wir Zeuge eines Studentenstreiks. Im Land ist
> ein starker Einfluss des Westens auf die Jugend zu spüren. Auf viele pol-
> nische Sachen werden ausländische Aufkleber geklebt. Während der Tref-
> fen und der Gespräche zeigte sich, dass viele Polen ausländische Radiosen-
> der hören. Die Informationen, die sie aus diesen Quellen erhalten, führen
> sie während Diskussionen als zuverlässig an."[132]

Ähnlich wie in der ČSSR dreizehn Jahre zuvor ging die Beobachtung der Re-
formbewegung in Polen mit einer Verschiebung des Landes in Richtung Westen
auf der *mental map* der Gruppenleiter einher. In einer schnellen Eskalationsspira-
le brachen Konflikte zwischen Touristen und Einheimischen hervor; gleichzeitig
wurde die polnische Gesellschaft als tendenziell religiös und nationalistisch und
damit ideell dem sozialistischen Staatenraum entfremdet gekennzeichnet. Paradigmatisch für diese narrative Ausgrenzung war der Bericht der Sputnik-Gruppenleiterin N. Šalamova vom Februar 1981:

---

128   RGASPI, f. M-5, op. 3, d. 187, S. 53.
129   Ebd.
130   GARF, f. 9520, op. 1, d. 2849, S. 93.
131   RGASPI, f. M-5, op. 3, d. 301, S. 19.
132   Ebd., S. 19–20.

„Die Umstände in der VRP erweckten den Eindruck einer gewissen Anarchie, eines Machtvakuums. In den Städten wurden unterschiedliche Arten von Flugblättern und Plakaten herausgebracht sowie Nationalflaggen gehisst; Menschenmengen sammelten sich um neu angebrachte Aufrufe und Ankündigungen. Die hohe Religiosität, die Wahl Papst Johannes Paul II., seine öffentlichen Auftritte in Polen, die die Regierung und einzelne Führer der [Kommunistischen Partei Polens] kompromittierten – all das erzeugte eine unheilvolle Atmosphäre im Land. Diese Stimmungen wurden von der nationalistischen Spitze des Landes aufgenommen; es erschien die neue Gewerkschaft ‚Solidarność', die eine Reihe von Forderungen stellten, unter denen sich auch der sozialistischen Gesellschaftsordnung gegenüber feindliche befanden."[133]

Noch plastischer schilderte der Leiter einer Donjetzker Jugendreisegruppe im März 1981 den Machtverlust der Kommunistischen Partei in Polen:

„In einer der Vitrinen [der in Polen besichtigten Kirchen] befanden sich Fotografien gesunder, lebensfroher Kinder aus gläubigen Familien und kranke, misshandelte Kinder aus ungläubigen Familien. Eine Vitrine zeigte Fotografien, die dem Besuch des Papstes gewidmet waren; ein Plakat die Abbildung eines Pioniers mit Krawatte, der auf Knien vor einem Kruzifix betet."[134]

Die symbolische Unterordnung der staatlichen Ordnung unter die religiöse führte den Touristen die Machtverhältnisse in Polen deutlich vor Augen. Bemerkenswerterweise unterschieden sich die Reaktionen der touristischen Organisationen auf das Aufkommen von Solidarność von jenen auf den Prager Frühling. Anders als in der Tschechoslowakei motivierten die Ereignisse in Polen die sowjetischen Tourismusfunktionäre nicht zu Durchhalteparolen und einem Insistieren auf die Zweckmäßigkeit der Aufrechterhaltung des Reiseverkehrs. Im Gegenteil: Im Februar 1981 empfahlen die Sputnik-Gruppenleiter S. Artamonov und A. Chačaturjan, „den allgemeinen touristischen Austausch vorläufig einzuschränken" und lediglich „spezialisierte Propagandagruppen" des Komsomol auf Auslandsfahrten zu schicken.[135] Tatsächlich hatten sich die Vorsitzenden der touristischen Organisationen bereits im Oktober 1980 mit dem Zentralkomitee der KPdSU darauf verständigt, die Zahl der Reisen nach Polen deutlich zu reduzieren.[136] Die resignative Haltung, die der sowjetische

---

133 RGASPI, f. M-5, op. 3, d. 301, S. 42.
134 Ebd., S. 54.
135 Ebd., S. 34.
136 "Directive from the CPSU Secretariat, 14 November 1980, Reducing Tourist Exchanges with Poland," November 14, 1980, History and Public Policy Program Digital Archive,

Auslandstourismus den Vorgängen in Polen entgegenbrachte, verdeutlichte dabei eine gewisse Ermüdung des auslandstouristischen Apparats insgesamt. Es war, als hätte die jahrelange Kraftanstrengung, die das Aufrechterhalten eines intakten, sowjetisch dominierten Weltbildes auf dem Feld des Tourismus erforderte, ihre Spuren hinterlassen. Möglicherweise zogen die Reiseagenturen damit auch Konsequenzen aus den eher ernüchternden Erfahrungen mit dem „durchgehaltenen" touristischen Austausch mit der ČSSR nach 1968 – trotz großer Anstrengungen war es hier nicht zu einer nachhaltigen Besserung der Beziehungen gekommen; während die unmittelbare Konfrontation der Touristen mit der erregten tschechoslowakischen Bevölkerung ein großes ideologisches Risiko dargestellt hatte. In der Praxis hatte sich der Auslandstourismus nicht als diplomatische Kehrmaschine bewährt.

5.3 Nähe und Distanz – Das Verhältnis zu den besuchten Bevölkerungen

5.3.1 Kameradschaftliche Beziehungen – Nähe und Distanz auf den Reisen ins sozialistische Ausland

„Die sowjetischen Freunde wurden in drei Gruppen durch den Betrieb geführt. Da mehrere Dolmetscher zugegen waren, kam auch eine gute Verständigung mit den Produktionsarbeitern am Arbeitsplatz zustande. […] Anschließend fand im Kulturraum ein geselliges Beisammensein statt. Sehr geschickt nahmen die Freunde so Platz, dass jeweils rechts und links ein Stuhl frei blieb, auf denen in bunter Reihe unsere Betriebsangehörigen Platz nehmen konnten. Es wurden zunächst Tee und Gebäck und später Obst und Bier herumgereicht. Die Dolmetscher hatten sich an den Tafeln verteilt, und es kam bald eine ungezwungene rege Unterhaltung zustande. Mit einigen Freunden konnte sogar Englisch gesprochen werden. Schließlich wurden von beiden Teilen zunächst getrennt und später zusammen Lieder gesungen. Besonders überrascht und erfreut waren alle, dass uns diese Menschen mit großer Aufgeschlossenheit und Höflichkeit entgegen gekommen sind. Es wurden Freundschaftsgeschenke ausgetauscht. Offiziell wurde nur eine kurze Begrüßung, Schlusswort und Dank ausgesprochen, die jeweils von einem Vertreter der Touristengruppe herzlich erwidert wurde."[137]

TsKhSD, F. 89, Op. 46, D. 67, first published in CWIHP Special Working Paper 1. http://digitalarchive.wilsoncenter.org/document/ 112724, zuletzt eingesehen am 31.10.2018.
137 BArch DY 32/6242, fol. 1748.

Das Zeremoniell der Freundschaftstreffen, hier geschildert von dem Vorsitzenden des Weimarer Kreisverbandes der DSF Knauer in einem Bericht vom 5. Dezember 1958, war in seinem Ablauf stark formalisiert. Der große Anteil an Reden und kulturellen Darbietungen ließ wenig Raum für persönliche Gespräche. Freundschaftstreffen, die bei den meisten Reisen ins sozialistische wie ins kapitalistische Ausland einen großen Raum einnahmen, erinnerten sowjetische Touristen daran, dass sie nicht als Privatpersonen, sondern als Teil einer größeren diplomatischen Mission das Ausland besuchten. Das feierliche „Begehen" der Freundschaft wurde sowohl von der empfangenden als auch von der empfangenen Seite häufig als lästige Pflicht empfunden; zumal die sowjetischen Gäste oft eine Vielzahl dieser Veranstaltungen zu absolvieren hatten. Knauer selbst erwähnte in seinem Bericht, dass die von ihm erwähnte Gruppe auf ihrer Reise durch die DDR mehrere Freundschaftstreffen „hinter sich" gebracht hatte:

> „So muss bei der Einladung von Touristengruppen also auch darauf geachtet werden, dass das Maß solcher Veranstaltungen nicht überschritten wird. Die Touristen wünschen außer den offiziellen Besichtigungen auch genügend Freizeit."[138]

Doch obwohl Klagen über ein übertriebenes Pensum an Freundschaftstreffen über den gesamten Betrachtungszeitraum sowohl von Touristengruppen als auch von den ausländischen Ausrichtern immer wieder geäußert wurden, galten sie als unverzichtbarer Beleg für gute Beziehungen zu den „Bruderländern" bzw. zu den kommunistischen Organisationen im Westen. Das Funktionieren oder Scheitern von Freundschaftstreffen war insofern ein aussagekräftiger Indikator für das Verhältnis der Bevölkerungen im Ausland zur Sowjetunion – wo es den Freundschaftsgesellschaften nur mit Mühe gelang, derartige Veranstaltungen mit ausreichender Beteiligung zu organisieren oder wo bestimmte Höflichkeitsgesten ausblieben, war dies ein Anzeichen dafür, dass es für die Inszenierung von Freundschaft keinen Rückhalt in der breiteren Bevölkerung gab.

Dabei war das Phänomen der Freundschaftstreffen selbst ja bereits ein Versuch, potenziell negativen Erfahrungen, die aus spontanen Begegnungen entstehen konnten, zu vermeiden. Denn immer da, wo es zu Kontakten zwischen Touristen und Einheimischen jenseits offizieller Veranstaltungen kam, bestand die Gefahr, dass das hehre Bild der sozialistischen Wertegemeinschaft Risse bekam. Ein Beispiel hierfür lieferte Gertrud,[139] eine Funktionärin der DSF, die im Frühjahr 1956 die nach ihren Angaben erste sowjetische Reisegruppe drei Tage durch die DDR begleitete. Gertrud empfahl in ihrem Bericht, die Touristen auf ihren ausgiebigen Busfahrten besser mit „Zwischenbeköstigung" auszustatten,

---

138 Ebd.
139 Der Nachname der Person geht aus dem Dokument nicht hervor.

u. a. auch deswegen, weil dies auch zur Vermeidung von „Zwischenfällen" beitragen könne, wie jenem, den sie ausführlich schilderte:

> „Auf Reise (sic!) von Stalinstadt nach Dresden war eine der sowjetischen Freundinnen sehr durstig. In der Gegend von Hoyesrwerder (sic!) kehrten wir an der Landstraße in einem Gasthaus ein. Dort war bereits etwas feuchtfröhliche Stimmung. Das ist ja an und für sich nicht schlimm. Es kam, im Gegenteil, sehr schnell zu einem Kontakt mit den Freunden. Unsere eigenen Menschen schienen auch nicht so angeheitert zu sein, dass man wieder hätte Kehrt machen müssen. Die Reiseleiterin der Touristengruppe sprach ein ausgezeichnetes Deutsch, auch einige andere sprachen etwas und so wurde fleißig geplaudert. Zu mir trat plötzlich ein ebenfalls angetrunkener Mann heran und sagte ‚Ach, Sie sprechen auch deutsch‘. Ich nickte nur, Da (sic!) trat er ganz dich (sic!) an mich heran und bemerkte ‚Was haben die SS gemacht?‘, wobei er die Bewegung des Halsabschneidens machte. Da er angetrunken war und die Freunde[,] die mit den anderen im Gespräch waren, wohl auch nichts gemerkt hatten, wollte ich ihn ablenken und antwortete ihm, dass man heute doch nicht mehr von solchen Dingen reden solle. […] Ich setzte mich dann ans Klavier und spielt[e] ein paar Lieder, alle sangen, dann spielten [zwei] sowjetische Freunde, und als wir dann nach kurzer Zeit wieder aufbrachen, kam er nochmals an mich heran und sagte in ziemlich überheblichem Ton[:] ‚Der deutsche Mann ist gut!‘ Es sei dahingestellt, was an dem Mann war oder nicht, peinlich wäre es geworden, wenn er an einen deutschsprechenden Sowjetmenschen mit seinen Bemerkungen gekommen wäre."[140]

Die Ausführungen von Gertrud machten deutlich, warum weder die Offiziellen auf sowjetischer, noch jene auf der Seite der empfangenden Organisationen besonders offen für spontane Begegnungen zwischen Touristen und Einheimischen waren. Die Angst vor „peinlichen" Situationen und daraus hervorgehenden Konflikten wog in ihren Augen deutlich schwerer als die Chancen, die sich aus derartigen ungeplanten Begegnungen ergeben konnten. Berichte der sowjetischen Reiseleitung aus den ersten Jahren der Auslandsreisen kritisierten immer wieder ein übertrieben distanzloses Verhalten gerade jüngerer Touristen und insbesondere von Touristinnen.

1960 hielt Krivošekov, Ältester einer Permer Sputnik-Gruppe fest, drei junge Genossinnen hätten sich auf ihrer Reise „übertrieben zügellos" gegenüber der (ost-)deutschen Jugend benommen und „kokettiert"; zudem hätten sie „unnötige Gespräche" mit der deutschen und ungarischen Jugend angeregt.[141] Das Leitbild

---

140 BArch Dy 32/11321.
141 RGASPI, f. M-5, op. 1, d. 27, S. 10.

der „gegenseitigen kameradschaftlichen Beziehungen", das der Sputnik-Grup-
penälteste Kupcov im gleichen Jahr in der Tschechoslowakei formulierte (siehe
Kapitel 4.1.1), konnte dabei nicht nur als Aufruf zum Verzicht auf allzu intime
Begegnungen zwischen Touristen und Einheimischen verstanden werden, es
evozierte darüber hinaus die Vorstellung einer höflich distanzierten, in erster
Linie auf gegenseitigen Interessen beruhenden Begegnung. Diese bürokratische
Herangehensweise stand in einem auffälligen Kontrast zu den emphatischen
Beschwörungen brüderlicher Freundschaft in den offiziellen Reden sowjetischer
Funktionäre.

Auch das zuweilen erkennbare Interesse innerhalb des sozialistischen Auslands,
zusätzlichen finanziellen Profit aus der spezifischen Anspruchshaltung der Touristengruppen aus der UdSSR zu gewinnen, warf ein zweifelhaftes Licht auf
das vermeintlich von Idealismus bestimmte gegenseitige Verhältnis: Ein Teil
des touristischen Personals in den „Bruderländern" betrachtete das Bedürfnis
der sowjetischen Seite nach einer zuverlässigen Inszenierung guter Beziehungen
offenbar als lohnende Einnahmequelle. Im Juni 1961 beschwerten sich die
Gruppenleiter N. Michalov und B. Grišenko diesbezüglich bei der Führung
von Sputnik:

> „In Polen musste für Veranstaltungen gezahlt werden, die im Programm
> vorgesehen waren. Zum Beispiel wurde in Krakau von der Gruppe Geld
> für den Besuch eines Arbeiterklubs genommen, in den wir von den Ver-
> tretern der Jugendtourismusorganisationen eingeladen worden waren. Die
> Exkursion durch ein Kombinat in Nowa Huta war ebenfalls kostenpflich-
> tig. Diese Exkursion war sehr oberflächlich – nur ca. eine halbe Stunde
> – daher hatten wir keine Möglichkeit, mit Arbeitern oder Ingenieuren zu
> sprechen. Niemand empfing die Gruppe, man führte uns weder zur Be-
> triebsleitung, noch in den Klub oder in das Betriebskrankenhaus. Nach
> dieser flüchtigen Besichtigung erhielt der Exkursionsleiter von dem Rei-
> seführer 200 Złoty als Bezahlung für diesen Dienst. […] In Kattowitz
> äußerten die dortigen Studenten nicht den Wunsch, in ihrem Klub sowje-
> tische Gäste zu sehen. Sie begründeten dies damit, dass der Klub überfüllt
> sei… Die Gruppenteilnehmer gingen selbstverständlich nicht in diesen
> Klub. In Krakau verbrachten wir etwa eine Stunde in einem studen-
> tischen Klub. Die Atmosphäre blieb dort ebenfalls höflich unterkühlt."[142]

Es warf kein gutes Licht auf die gegenseitigen Beziehungen, dass die Herstellung einer „freundschaftlichen" Atmosphäre in der sozialistischen Staatengemeinschaft nicht zuletzt von der Zahlungsfähigkeit der sowjetischen Reisegruppen abhing. Entgegen anderslautender Rhetorik bedurfte die Inszenierung von

---

142   RGASPI, f. 5, op. 1, d. 57, S. 13.

brüderlicher Völkerfreundschaft innerhalb des Warschauer Pakts einer soliden Finanzierung und umfassender organisatorischer Vorarbeit; als „Illusionsmaschine" funktionierte der sowjetische Auslandstourismus damit unter ähnlichen Prämissen wie jener in kapitalistischen Gesellschaften: Je überzeugender die Phantasie einer touristischen Idylle sein sollte, desto größer der finanzielle und organisatorische Aufwand.

Konsequenterweise fielen die Rückmeldungen der privilegierten Intourist-Reisen aus sozialistischen Ländern häufig deutlich positiver aus als jene aus dem devisenfreien Tourismus des Komsomol und der Gewerkschaften. Insbesondere die sorgfältig choreographierten Propagandafahrten in den „Freundschaftszügen" hinterließen die an vielen Zwischenhalten mit Musik und Blumen begrüßten Sowjetreisenden regelrecht euphorisiert. „Am 22. Dezember kehrten die Touristen mit hervorragender Stimmung zurück in die Heimat und nahmen dabei einen Teil des großen und gastfreundlichen Herzens des tschechoslowakischen Volkes mit sich",[143] hieß es etwa in einem Bericht über eine entsprechende Zugfahrt durch die Tschechoslowakei im Herbst 1960:

> „Einer der Touristen nannte die Reise eine berührende Symphonie unter dem Titel ‚Freund und Genosse'. Damit waren ohne Ausnahme alle Touristen einverstanden. Wer trug die Verantwortung für die Organisation dieser triumphalen Reise unseres Spezialzuges? Die Union für tschechoslowakisch-sowjetische Freundschaft, angefangen beim ZK bis hin zu den Basiseinheiten. Es war charakteristisch, dass alles natürlich und einfach war. Dies spürten die sowjetischen Touristen immer und überall."[144]

Ein gewisser innerer Widerspruch war diesen Ausführungen nicht abzusprechen. Denn offensichtlich war dem Autor des Berichts ja bewusst, dass das „Triumphale" seiner Erfahrung eben nicht auf Einfachheit und Natürlichkeit, sondern auf einer aufwendigen organisatorischen Leistung der empfangenden Freundschaftsgesellschaft beruhte. Das Wissen um die Künstlichkeit von Sympathiebekundungen hinderte die touristischen Funktionäre aber keineswegs daran, diese als authentisch wahrzunehmen. Wenn die öffentlichkeitswirksam inszenierten Begegnungen im Ausland den propagandistischen Ansprüchen entsprachen, erfüllte der Auslandstourismus innerhalb der sozialistischen Sphäre seinen Zweck als Bühne der Völkerfreundschaft. Ob die zur Schau gestellten Emotionen „echt" waren, war dabei letztendlich zweitrangig – wenn sich die gewünschte Inszenierung im Ausland durchsetzen ließ, war dies ein Beweis für die Stabilität der kommunistischen Herrschaft und die Wirksamkeit des Einflusses aus Moskau.

---

143 GARF, f. 9520, op. 1, d. 426, S. 205–206.
144 Ebd., S. 206.

Wenn alle Räder der aufwendigen Tourismusmaschinerie im In- und Ausland ineinandergriffen und Bilder produzierten, die sprichwörtlich zu schön waren, um wahr zu sein, versetzte dies so manchen Gruppenleiter in Ekstase. Ein schönes Beispiel hierfür war der Bericht des Parteisekretärs aus der Region Tetievskij nach seinem Besuch in der ČSSR im Januar und Februar 1961:

> „Im Kulturzentrum der Gemeinde begrüßten uns die Bewohner des Ortes sehr warm und herzlich. Wir verbrachten einen wundervollen Tag unter Freunden, wir sprachen hier viele gute Wörter des Friedens und der Freundschaft aus. Der Sekretär der Kommunistischen Partei der Tschechoslowakei sagte: ,Wir müssen immer in Frieden leben. Das Treffen mit Stoßarbeitern von Kolchosfeldern der Ukraine wird nie in Vergessenheit geraten. Jetzt errichten wir ein neues Leben nach dem Beispiel der Sowjetunion – dem Land, das den Kommunismus aufbaut und allen Völkern der Welt den Pfad der Errichtung eines neuen Lebens aufzeigt.' Gastfreundlich und brüderlich empfingen uns die Lehrer und Schüler einer neuen Schule in der Siedlung Krhanice, die 1960 erbaut wurde. [...] Pioniere und Lehrer empfingen uns mit Brot und Salz. Kinder umringten uns, fragten uns über die Sowjetunion aus, über ihre Altersgenossen, tauschten mit uns Souvenirs. Sie baten uns, für sie in russischer Sprache einige Worte an die Klassentafel zu schreiben, und wir schrieben: ,FRIEDEN – FREUNDSCHAFT'. "[145]

Wie dieses Beispiel verdeutlichte, etablierten die Freundschaftsgesellschaften bei den touristischen Begegnungen ein Zeremoniell, dass die Asymmetrie der Beziehungen zum „befreundeten" Ausland verdeutlichte – die Freundschaftsabende waren Veranstaltungen, auf denen in erster Linie „sowjetische Kultur" und russische Sprache zelebriert wurden. Die Gastgeber waren damit eingebunden in eine Inszenierung, in der sie laut Drehbuch den „Traditionen" ihrer Besucher Respekt zollten. Die Künstlichkeit und Konstruiertheit dieser Konstellation trat insbesondere dann zu Tage, wenn Touristen gar nicht in der Lage (oder willens) waren, die von ihnen erwartete Rolle als sowjetische „Kulturträger" einzunehmen.

Intourist-Gruppenleiter Zaverbnyj stellte in diesem Zusammenhang nach einer Reise durch Osteuropa im Dezember 1960 fest, es wäre sinnvoll, mindestens ein bis zwei gesanglich talentierte Personen in Reisegruppen einzuplanen, damit auch die sowjetische Seite ihren Teil zum Gelingen der Freundschaftsabende beitragen könnte. Bei einem Treffen mit Mitgliedern der Gesellschaft für tschechoslowakisch-sowjetische Freundschaft habe sich niemand gefunden, der als

---

145 Ebd., S. 160–161.

Solist für das Vortragen sowjetischer Lieder in Frage gekommen wäre.[146] Die hier vorgeschlagene und in späteren Jahren auf breiter Basis realisierte Berücksichtigung musisch begabter Touristen verdeutlichte die Nähe des Auslandsreisesektors zur Kulturdiplomatie – je überzeugender ein Sowjetbürger „seine" Kultur performativ umzusetzen wusste, desto besser.

Unabhängig von den Schwierigkeiten und Widersprüchlichkeiten, die sich aus dem Anspruch ergaben, alle am Auslandstourismus beteiligten Individuen und Institutionen in eine strenge Choreographie einzubinden, waren es vor allem Interventionen von dritter Seite – also von Personen, die entweder nur am Rande oder gar nicht als Teil der kollektiven Inszenierung vorgesehen waren –, die den erwünschten propagandistischen Effekt der Reisen innerhalb der verbündeten Staaten nachhaltig beeinträchtigten. Der Dagestaner Intourist-Gruppenleiter Gadžiev gestand in seinem Bericht, dass die Stimmung aller Touristen am 12. Juni 1961 „gedrückt" gewesen sei, weil sie auf einem Bus einer Moskauer Reisegruppe in Krakau die Aufschrift „Russische Hunde" sowohl in polnischer als auch in russischer Sprache bemerkt hätten.[147] Auch die gegen vehementen Widerspruch durchgesetzte Forderung der Leitung eines Krakauer Hotels gegenüber seinen Touristen, für eine angeblich von diesen zerbrochene gläserne Tischplatte 380 Złoty zu bezahlen, veranlasste Gadžiev zu der Feststellung, dass „Krakau sich für unsere Gruppe nicht als gastfreundliche Stadt erwies."[148] Sputnik-Touristen, die sich etwa zur selben Zeit in der DDR aufhielten, sahen sich bei ihrer Ankunft in einem Weimarer Hotel mit Beschimpfungen durch eine ungarische Reisegruppe konfrontiert, die ihnen darüber hinaus angeblich in der Nacht die Türklinken der Hotelzimmer mit Schuhcreme verschmierte.[149] Aber auch die Reiseführer erwiesen sich gelegentlich eher als Teil des Problems denn als Garanten einer harmonischen Grundstimmung. Ušakova, Leiterin einer Intourist-Gruppe, äußerte sich im August 1963 ungehalten über den ungarischen Reiseführer Peter Radoš. Dieser habe immer wieder eine feindliche Haltung gegenüber der Sowjetunion an den Tag gelegt und die Gruppe am Tag der Abfahrt im Stich gelassen, so dass diese erst im letzten Moment den Zug erreichte, in dem wiederum keine Plätze für die sowjetischen Touristen reserviert gewesen seien. „Wenn diese ärgerlichen Störungen nicht gewesen wären,", so Ušakova, „dann könnte man die Fahrt nach Ungarn als interessant und höchst nützlich für die Festigung der Freundschaft und das gegenseitige Verständnis zwischen beiden Brudervölkern bezeichnen."[150]

---

146 GARF, f. 9520, op. 1, d. 426, S. 226.
147 GARF, f. 9520, op. 1, d. 425, S. 32.
148 Ebd., S. 33.
149 RGASPI, f. M-5, op. 1, d. 90, S. 32.
150 GARF, f. 9520, op. 1, d. 619, S. 33.

Noch schlechter gestaltete sich das Verhältnis einer Intourist-Gruppe zu der ost-deutschen Reiseführerin Olbort, die sich im Juni 1964 nach Angaben des Grup-penleiters Mašinskij „taktlose Ausfälle bis hin zu Beleidigungen" erlaubte.[151] Sie habe einen Touristen als Dummkopf bezeichnet und während eines Wutanfalls die gesamte Gruppe mit „unanständigen Aussprüchen" überzogen; darüber hi-naus habe Olbort sich während des Abschiedsabends über die „russische Gier" beschwert, weil drei Touristen jeweils eine ganze Flasche Wein ausgetrunken hätten.[152] Schließlich sei der Konflikt mit der Gruppe eskaliert, als diese sich über das verspätete Eintreffen Olborts am Reisebus am Tag der Abreise mokiert habe: „Als Reaktion auf die scherzhafte Bemerkung schrie Olbort Gorbunov [der die Bemerkung gemacht hatte] hysterisch an und sagte, alle Russen seien Schweine."[153]

Betrachtet man die unterschiedlichen Erfahrungen, die sowjetische Touristen mit den Bewohnern der sozialistischen Staatengemeinschaft machten – die zu-weilen herablassende Behandlung, die gelegentlich triumphalen, oft aber auch misslingenden Freundschaftsabende sowie die versteckten und offenen Beleidi-gungen durch Einheimische, Touristen anderer Länder oder Reiseführer – so fällt es schwer, eine Antwort auf die Frage nach der „eigentlichen" Haltung der sozialistischen Bevölkerungen zu den sowjetischen Besuchern zu geben. Die zwischenmenschlichen Begegnungen gestalteten sich im Auslandstourismus ambivalent; die Sowjetreisenden sahen sich mit gespielten und authentischen Freundschaftsbekundungen konfrontiert, sie erlebten Abneigung, die sich kon-kret auf ihre Eigenschaft als Vertreter der UdSSR bezog und waren gleichzeitig in „alltägliche" touristische Konflikte involviert.

Nur wenige Gruppenleiter wagten es, der Kontingenz und Gestaltbarkeit der Begegnungen in ihren Berichten Ausdruck zu verleihen. Dabei ließen gerade solche Schilderungen das Potenzial des Auslandstourismus erkennen, über den Austausch von Höflichkeitsritualen hinaus auch ein tiefer gehendes Verständnis zwischen Touristen und Einheimischen zu ermöglichen. So gaben die Ausfüh-rungen des Intourist-Gruppenleiters A. Petraškevič über eine Polenreise im Juni und Juli 1964 einen differenzierten Einblick in das nach wie vor durch die Erin-nerung an den Zweiten Weltkrieg überschattete Verhältnis sowjetischer Touris-ten zu Reisenden aus der DDR – ein Aspekt, der normalerweise zugunsten einer unhinterfragbaren Freundschaftsrhetorik ausgeblendet wurde:

> „Der Besuch des Todeslagers in Auschwitz hinterließ alle Touristen in einem düster-bedrückten Zustand, und L.K. Poddubnaja […] erkrankte sogar, sie stand im Ferienhaus ‚Almira' drei Tage unter Bettregime […].

151 GARF, f. 9520, op. 1, d. 731, S. 195.
152 Ebd., S. 195–196.
153 Ebd., S. 196.

Am 10. Juli kam abends eine Gruppe aus der DDR [in das Ferienhaus], die eine Touristengruppe aus Omsk in die UdSSR begleitete. Vermutlich noch unter dem Eindruck von Auschwitz verhielten sich einige unserer Touristen gereizt und angespannt zu den Werktätigen aus der DDR. […] Allerdings brach das Eis des Misstrauens am zweiten Tag, und an den letzten beiden Tagen war das Verhältnis zwischen den Gruppen gut. Es war kein Zufall, dass beim Betreten des Busses zur Abfahrt aus Krakau am frühen Morgen um sieben Uhr mehr als die Hälfte der deutschen Touristen kam, um sich zu verabschieden. Es wäre sehr nützlich, wenn der Zentralrat für Tourismus der Gewerkschaften bei der Unterbringung der Touristen unbedingt Zeiten des gemeinsamen Aufenthaltes der Werktätigen aus der UdSSR und der DDR berücksichtigen würde, denn nichts festigt die Freundschaft wie eine längere Zeit des gemeinsamen Urlaubs."[154]

Angesichts eines weitgehend durchgeplanten Freundschaftszeremoniells waren spontane Gesten wie die morgendliche Verabschiedung durch die deutschen Touristen eine seltene, aber willkommene Erscheinung. Es war auffallend, dass die Suche nach authentischen Signalen von Freundschaft in der zweiten Hälfte der 1960er Jahre dabei an Bedeutung gewann. So berichtete der Leiter einer devisenfreien Gewerkschaftsreise nach Polen im August 1965, dass am Ferienort Jurata das Verhältnis zu Mitreisenden aus der Tschechoslowakei „besonders freundlich" gewesen sei:

„Trotz fehlender Sprachkenntnisse gab es viele außerordentlich freundschaftliche Gespräche. […] Es fand ein ‚internationaler' Wettkampf im Volleyball unter den Mannschaften der Urlauber statt: unsere – sowjetische – Mannschaft, eine polnische und eine tschechoslowakische. […] Es war interessant zu beobachten, dass die Tschechen (sic!) für uns waren, wenn wir gegen die Polen spielten und die Polen für uns, wenn wir gegen die Tschechen spielten."[155]

In den frühen Jahren der Ära Brežnev erlebte der touristische Reiseverkehr in die sozialistischen Staaten nicht nur ein starkes quantitatives Wachstum, auch die mit ihm verknüpften Intentionen wurden komplexer und vielfältiger. Während die medien- und öffentlichkeitswirksame Inszenierung von Freundschaft weiterhin eine wichtige Rolle spielte, spiegelte sich auch in der Ausdifferenzierung des Reiseangebots die wachsende Bedeutung eines geweiteten Verständnisses von Freundschaft wider. Reiseformate, die die Ermöglichung intensiverer und längerfristiger zwischenmenschlicher Kontakte ermöglichten, darunter die

---

154 GARF, f. 9520, op. 1, d. 702, S. 118–119.
155 GARF, f. 9520, op. 1, d. 874, S. 76.

Spezialreisen und die ab 1965 in einzelnen Ländern unter bestimmten Voraussetzungen erlaubten Verwandtschaftsbesuche hatten Konjunktur.[156] Der sowjetische Auslandstourismus war damit Teil einer umfassenden Kampagne zur Intensivierung der Kontakte unter den sozialistischen Staaten in dieser Zeit, die sich unter anderem in einer ausgeweiteten Kooperation der Freundschaftsgesellschaften manifestierte. So unterzeichneten der SSOD und die DSF am 28. Januar 1966 einen Vertrag über eine verstärkte Zusammenarbeit, der unter anderem eine „weit intensivere und wirksamere Ausnutzung des deutsch-sowjetischen Touristenaustausches" vorsah.[157] „Die Zeit pathetischer Deklamationen über die deutsch-sowjetische Freundschaft ist vorüber. Was wir brauchen, sind konkrete, kontrollierbare und kontrollierte Maßnahmen, deren Ergebnis präzise messbar ist", kommentierte der Präsident der DSF, Professor Johannes Dieckmann, die Unterzeichnung dieses Vertrages während einer Grundsatzrede auf einer Tagung des Zentralvorstandes am 3. März 1966:[158]

> „Zu den Aufgaben der nächsten Zeit gehören also Überlegungen und Maßnahmen, wie die Anwesenheit sowjetischer Touristen in der DDR [...] noch mehr und besser für das politische und fachliche Gespräch mit den Bürgern der DDR genutzt werden kann. Dazu sind die Bildung von ehrenamtlichen Gremien zur Mitarbeit an der Betreuung der sowjetischen Touristen und anderer Gäste und die Überwindung jedweder Routine auf diesem Gebiet wichtige Voraussetzungen."[159]

Kurzfristig war die geplante „Mobilisierung" der Bevölkerung beim Empfang von Touristen durch die DSF allerdings nicht von Erfolg gekrönt. Die sowjetische Botschaft zog Ende 1967, etwa anderthalb Jahre nach der ehrgeizigen Rede Dieckmanns ein eher resigniertes Fazit über den Zustand der touristischen Begegnungen in der DDR: „Die absolute Mehrheit der touristischen Gruppen äußert sich unzufrieden über die außerordentlich geringe Anzahl an Treffen mit der Jugend der DDR und deren schlechte Organisation."[160] Nach wie vor kämen zu den seltenen Treffen in der Regel fast nur Funktionäre der Freundschaftsgesellschaften oder 14–17-jährige Jugendliche.

Diese nüchterne Zustandsbeschreibung musste die Funktionäre der sowjetischen Reiseorganisationen gerade zu diesem Zeitpunkt enttäuschen. Sputnik hatte 1967, im 50. Jubiläumsjahr der Oktoberrevolution, eine Reihe von Sonderveranstaltungen innerhalb der sozialistischen Staatengemeinschaft organisiert. Im abschließenden Bericht an das Außenministerium hieß es dazu, das Jahr „war für

---

156   GARF, f. 9520, op. 1, d. 874, S. 45.
157   BArch DY 32/6254, fol. 791.
158   Ebd., fol. 790.
159   Ebd.
160   RGASPI, f. M-5, op. 1, d. 565, S. 139.

die Arbeiter des Tourismus und der Organisationen des Komsomol ein Jahr angespannter kreativer Arbeit, wobei das grundlegende Ziel in der Verstärkung der ideologischen Durchdringung (nagruzki) des Jugendtourismus bestand; in der Schaffung von Bedingungen, die ein hohes Niveau der Propaganda für die Errungenschaften der UdSSR in den 50 Jahren sowjetischer Herrschaft garantieren."[161] Eine Rekordanzahl von sieben „Freundschaftszügen" reiste 1967, begleitet von großem medialem Echo, in die verbündeten Länder, 61 Künstlerkollektive wurden dies- und jenseits des eisernen Vorhangs entsandt, um das Lob der sowjetischen Herrschaft zu verkünden.[162] Aber nicht nur in der DDR wirkte sich diese Propagandaoffensive kaum nachhaltig auf den touristischen Alltag aus. In einem Bericht aus der sowjetischen Botschaft in Prag über den Tourismus in die ČSSR im Jubiläumsjahr hieß es zwar, dass sich die Qualität des Empfangs und der Verpflegung sowjetischer Touristengruppen verbessert habe.[163] Allerdings seien auch hier bei den anberaumten Treffen lediglich zwei bis drei Vertreter der tschechoslowakischen Jugend erschienen.[164]

Trotz intensivierter Bemühungen gelang es den sowjetischen Reiseorganisationen mithin auch in den frühen Jahren der Ära Brežnev zunächst nicht, den Begriff der „Freundschaft" mit mehr Leben zu füllen. Ungeachtet der oben erwähnten punktuellen Beobachtungen einzelner Gruppenleiter konnten die führenden Funktionäre bei Intourist, Sputnik und den Gewerkschaften nicht darüber hinwegsehen, dass der Austausch von Höflichkeitsgesten im Laufe der Jahre einen eher noch formaleren Charakter angenommen hatte. Gerade vor dem Hintergrund des Jubiläumsjahres wurde dabei deutlich, dass sich gute zwischenmenschliche Beziehungen nicht auf dem Wege einer generalstabsmäßig inszenierten Sympathiekampagne herstellen ließen. Die hier gesammelten ernüchternden Erfahrungen verdeutlichten damit die Grenzen der kulturdiplomatischen Instrumentalisierung des Auslandstourismus: Während sich die Qualität der Freundschaftsinszenierung über einen erhöhten organisatorischen Aufwand verbessern ließ, galt dies nicht für die Reichweite derartiger Veranstaltungen. Für weite Teile der Bevölkerung in der DDR, ČSSR, Polen, Ungarn, Bulgarien und Rumänien hielten sich von offiziellen touristischen Veranstaltungen fern. Für sie blieben die sowjetischen Gäste bestenfalls gewöhnliche Touristen; im schlechtesten Fall betrachteten sie deren Anspruchshaltung als Provokation. Dies zeigte sich besonders deutlich während des Prager Frühlings, als die Abneigung weiter tschechoslowakischer Bevölkerungsteile gegenüber dem Kreml in Anfeindungen gegen sowjetischer Touristen mündeten. Die Krisenerfahrung verdeutlichte, dass die Reisegruppen aus der UdSSR als Projektionsfläche für die

161 RGASPI, f. M-5, op. 1, d. 490, S. 12.
162 Ebd., S. 25.
163 RGASPI, f. M-5, op. 1, d. 565, S. 186.
164 Ebd., S. 187.

Emotionen der einheimischen Bevölkerung geradezu prädestiniert waren; noch lange, nachdem die Panzer der Roten Armee die Lage in Prag gewaltsam unter Kontrolle gebracht hatten, waren die zivilen Vertreter der Sowjetmacht als Ventil für die angestauten Frustrationen und Aggressionen greifbar. Ironischerweise hatte sich damit der Wunsch sowjetischer Tourismusfunktionäre, die Reichweite des Tourismus zu vergrößern, auf unheilvolle Weise erfüllt – statt mit authentischen Freundschaftsbekundungen sahen sich sowjetische Bürger nun mit ehrlich gemeinter Abneigung konfrontiert.

Stellvertretend für die Fülle an plastischen Berichten aus dieser Zeit lässt sich hier der bereits in anderen Kontexten erwähnte Bericht des Intourist-Gruppenleiters Judin aus dem Oktober 1968 zitieren, der sehr detailliert auf die einzelnen Reiseetappen eingeht und dabei den Grenzübertritt aus Polen in die Tschechoslowakei als zutiefst verunsichernde Erfahrung schildert:

> „Der polnische Reiseführer brachte uns zum Grenzpunkt, und wir befanden uns – die Grenzbeamten hinter uns lassend – auf dem Territorium der Tschechoslowakei, allerdings wurden wir nicht vom [dortigen] Reiseführer empfangen, und in der Nähe des Grenzpunktes befand sich kein Bus. Als wir uns umsahen, entdeckten wir in 0,5 km Entfernung einen Bus und machten uns auf den Weg dorthin, da ansonsten kein Fahrzeug zu sehen war. Der Bus war verschlossen, und weder der Reiseführer noch der Fahrer befanden sich darin. Nach einigen Minuten erschien der Reiseführer Emanuil Emanuilovič Maškovskij und noch einige Minuten später kam der Fahrer und ließ uns in den Bus. Der Fahrer war äußerst unhöflich, ließ Abgase in den voll besetzten Bus eindringen und erlaubte uns erst nach eindringlichen Aufforderungen, die Tür zu öffnen, um den Bus zu lüften, bevor wir ersticken. Er fuhr die Maschine so, dass wir hin- und hergeworfen wurden. Schließlich erreichten wir das Hotel ,Krasivyj vid'. Auf unsere Begrüßung reagierte das Personal nicht. [...] Die Bediensteten im Restaurant waren unterkühlt höflich, aber schauten uns hasserfüllt an. [...] Wir fanden heraus, dass alle Busfahrer, die mit Touristen arbeiteten, eine Versammlung hatten und verkündeten: ,von russischen Touristen sind keine Souvenirs anzunehmen!' Auch von uns nahmen sie keine, obwohl wir anfangs davon nichts wussten und zweimal [Souvenirs] anboten und zweimal eine Absage erhielten. Um nicht in Unannehmlichkeiten und potenzielle Konflikte mit marodierenden Elementen zu geraten [...] verbat ich den Touristen auf Anraten des Reiseführers, nach dem Abendessen durch die Stadt zu spazieren. Einen Tag nach diesen Maßnahmen empfahl ich darüber hinaus, [in der Öffentlichkeit] nicht miteinander zu sprechen. [...] Eine Reihe anderer Touristen, die unvorsichtigerweise Gespräche miteinander auf Russisch führten, sa-

hen sich mit Beleidigungen konfrontiert. […] In manchen Souvenirläden wurden bei unserem Erscheinen demonstrativ die Fenster geschlossen, und die Verkäufer verließen die Geschäfte. Unsere Genossen taten in dem Wunsch, die widerspenstigen Verkäufer zu überlisten, als wären sie taub, schrieben auf Zettel die Größen [von Waren] usw. Sie gaben diese Zettel ab und erhielten die verlangte Ware, wobei der Preis von der Verkäuferin ebenfalls auf dem Zettel notiert wurde."[165]

Der Ausnahmezustand im Spätsommer und Herbst 1968 legte in der ČSSR für einige Monate deutlicher als je zuvor offen, dass sich die Spielregeln des Auslandstourismus nicht einseitig von sowjetischer Seite diktieren ließen. Die Aufkündigung der Freundschaft (bzw. der Bereitschaft, an dessen Inszenierung mitzuwirken) wurde den Reisegruppen nicht nur durch Plakate und Wandbemalungen vor Augen geführt. Indem vom Busfahrer über den Reiseführer bis hin zum Souvenirverkäufer das gesamte touristische Personal die ihnen zugedachte Rolle uminterpretierte, nutzte es die „Sprache" des Tourismus, um performativ eine feindliche Haltung gegenüber den sowjetischen Gästen auszudrücken. Dabei erwies sich deutlicher als je zuvor, dass der Auslandstourismus keine propagandistische Einbahnstraße war: Die Symbolik und Performanz, die sowjetische Reisegruppen im Laufe der Jahre zur Repräsentation von „Freundschaft" etabliert hatten, ließ sich eben auch ins Gegenteil wenden. Wo Souvenirs abgelehnt und sowjetischen Gruppen die Mitsprache an der Programmgestaltung verweigert wurde, trat besonders deutlich zu Tage, dass die touristische Begegnung ein Dialogverhältnis ausdrückte. Das buchstäbliche „Verstummen" der sowjetischen Touristen in Prag hatte insofern Symbolcharakter. Wenn auch auf einem vermeintlich marginalen Feld, erkämpften sich die Mitarbeiter des tschechoslowakischen Reisesektors einen Rückgewinn an Autonomie – sie nutzten den Tourismus als Sprachrohr in eigener Sache und zwangen die sowjetischen Gäste zumindest zeitweise in eine submissive Rolle. Tatsächlich legten die Jugendtourismusorganisationen der ČSSR ihren sowjetischen Partnern in der Zeit nach den Prager Ereignissen nahe, von den üblichen Begegnungen mit jungen Tschechoslowaken abzusehen, da „diese Treffen für die sowjetischen Touristen schlecht enden könnten."[166]
Zwar ließ die Intensität und die Häufigkeit von Provokationen gegenüber sowjetischen Reisegruppen schon im ersten Quartal des Jahres 1969 allmählich nach, dennoch hinterließen die Erfahrungen dieser Zeit Spuren im Selbstverständnis des sowjetischen Auslandstourismus innerhalb der sozialistischen Staatengemeinschaft. Führende Tourismusfunktionäre nahmen die in der ČSSR erfah-

---

165 GARF, f. 9520, op. 1, d. 1234, S. 47–50.
166 RGASPI, f. M-5, op. 2, d. 101, S. 16–17.

renen Demütigungen zum Anlass, einerseits die Herangehensweise an die Reiseorganisation zu überdenken und andererseits eine materielle und personelle Verstärkung ihrer Institutionen zu fordern: Die Krise der Jahre 1968/69 rüttelte die auslandstouristischen Kader insofern nachhaltig auf und gab ihnen Argumente an die Hand, die Bedeutung ihres Sektors zu unterstreichen.

Paradigmatisch für die Aufbruchsstimmung unter den Verantwortlichen war der bereits in Kapitel 4.1.2 beschriebene Auftritt des Glavinturist-Vorsitzenden Vladimir Ankudinov auf der Auslandstourismuskonferenz bei Moskau im Januar 1969, auf der er vollmundig verkündete, er könne viele Belege für die Behauptung liefern, dass eine Gruppe sowjetischer Touristen während einer zehn- bis zwölftägigen Reise mehr erreiche als eine diplomatische Mission in 20 Jahren.[167] Ankudinov gab sich wenig beeindruckt von den Vorgängen in der ČSSR und machte westdeutsche Touristen dafür verantwortlich, vielen „ehrlichen Tschechen" durch eine antisowjetische Propaganda „den Kopf verdreht" zu haben.[168] Das Zentralkomitee der KPdSU habe Glavinturist damit beauftragt, den Tourismus in die sozialistischen Länder und insbesondere in die ČSSR massiv zu verstärken, was Ankudinov emphatisch begrüßte. Er zitierte Anfragen touristischer Organisationen der DDR, Bulgariens und Polens, die auf eine langfristige Erhöhung des sowjetischen Touristenkontingents drängten.[169]

Es war, als hätte die Aggression, mit der man sich in der Tschechoslowakei konfrontiert sah, bis hinein in die Parteispitze das Bewusstsein dafür geweckt, dass der touristische Austausch eine komplexe Wechselbeziehung war, die einen gegenseitigen respektvollen Umgang und ein gewisses Einfühlungsvermögen in die Bedürfnisse aller Beteiligten voraussetzte. So erklärte Sputnik in einem Bericht aus dem Jahr 1969, man lege auf Anordnung des Zentralkomitees der Partei eine große Bedeutung auf die Auswahl und Vorbereitung sowjetischer Touristen, die in die ČSSR reisten. „Dabei", so der Bericht wörtlich, „wird Personen der Vorzug gegeben, die die tschechische und slowakische Sprache sprechen, sich mit der Ökonomie und Kultur des Landes beschäftigen."[170] Darüber hinaus intensivierte das Büro den Betreuungsaufwand für einreisende Touristen aus dem sozialistischen Lager generell und jenen aus der ČSSR im Besonderen, indem es Aktivisten des Komsomol als Dolmetscher und Reiseführer aktivierte und sie zu einer von ‚Intourist' organisierten Fortbildung schickte. Der Komsomol richtete in Kiew und Leningrad Schulen für Reiseführer ein; an der Staatlichen Universität Moskau wurden Kurse für ehrenamtliche Begleiter touristischer Gruppen aus dem Boden gestampft.[171]

---

167 GARF, f. 9520, op. 2, d. 32, S. 129.
168 Ebd., S. 128.
169 Ebd., S. 139–141.
170 RGASPI, f. M-5, op. 2, d. 101, S. 17.
171 Ebd., S. 19.

Die hektische Aktivität, die sich ausgehend von entsprechenden Anordnungen der Parteiführung innerhalb der sowjetischen Reiseagenturen entfaltete, war angesichts der jahrelangen Trägheit des auslandstouristischen Apparates bemerkenswert. Allerdings mangelte es an einem zentralen Konzept und dem Willen der Parteiführung, für den Aufbau eines wirksameren touristischen Konzepts das notwendige Geld für eine entsprechende Infrastruktur bereitzustellen. Die verordneten Maßnahmen zur Intensivierung und zum Ausbau der touristischen Beziehungen trafen auf eine bereits aus allen Nähten platzende Organisationsstruktur.

Immerhin zeigten sich an manchen Fronten kleine Erfolge. Als besonders effektiv erwies sich die Stärkung des Spezialtourismus. Wie Sputnik in seinem Bericht zur Lage des Tourismus in den sozialistischen Ländern von 1969 anmerkte, waren aus der Belegschaft größerer Industriebetriebe zusammengesetzte Reisegruppen die einzigen, die im Rahmen von Besuchen verwandter Betriebe „in der derzeitigen Situation umfassenderen Kontakt mit der tschechoslowakischen Jugend haben können."[172] Auch Intourist betonte in einem Jahresbericht von 1970 die große Bedeutung des Spezialtourismus und führte als Beispiel die euphorische Rückmeldung des Moldauer Gruppenleiters S. Lazarev von seiner Reise in die ČSSR an:

> „Im Gedächtnis der Touristen unserer Gruppe werden für viele Jahre die angenehmen Erinnerungen an das unvergessliche Treffen mit den tschechoslowakischen Freunden in der Glasfabrik der Stadt Lednické Rovne bleiben. Hier sahen wir, wie die Arbeiter und Angestellten der Fabrik arbeiten, sahen, wo ihre Kinder lernen. Man begegnete uns sehr freundlich. Wir unterhielten uns mit ihnen. Sie dankten in unserer Anwesenheit dem sowjetischen Volk und der sowjetischen Armee für die ihnen erwiesene Hilfe in einer für ihre Heimat schwierigen Zeit. Herzlich begrüßten uns der Sekretär des städtischen Parteikomitees, der Fabrikdirektor und die Schüler. Wir empfanden echte Freundschaft und gegenseitiges Verständnis. Es war uns angenehm zu erfahren, dass dies ihr erstes Treffen mit sowjetischen Touristen seit den Ereignissen des Jahres 1968 war."[173]

Derartige Schilderungen, die an die Freundschaftsrhetorik der Gruppenleiter aus den Mitsechziger Jahren erinnerten, blieben aber eher die Ausnahme. Während der Spezialtourismus tatsächlich eine breite Basis für längerfristige und intensivere zwischenmenschliche Begegnungen schaffte, überwog in den meisten Berichten ein abwägender und zuweilen sogar skeptischer Blick auf die gegenseitigen Beziehungen. So beobachtete der Leiter einer Leningrader Sputnik-

---

172 Ebd., S. 17.
173 GARF, f. 9520, op. 1, d. 1417, S. 17.

Gruppe im Februar 1972 nach seiner Reise durch die ČSSR, die dortige Jugend habe ein „sehr aufmerksames, aber nicht immer richtiges Verhältnis zu unserem Land."[174] Auch bei Treffen mit Betriebsleitungen und Vertretern gesellschaftlicher Organisationen sei die Frage der Ereignisse von 1968 zentral geblieben.

Noch ernüchternder fiel der Bericht eines Sputnik-Gruppenleiters aus, der sich im Juli desselben Jahres in Polen aufhielt. Zu einer Abendveranstaltung mit Touristen aus der Tschechoslowakei und Polen am Badeort Międzyzdroje hieß es lapidar: „Wir sangen sowjetische Lieder, die Tschechen ihre."[175] Zwei Tage später kam es zu einer peinlichen Situation, als der stellvertretende Gruppenleiter Šalamov am Strand den Polen per Lautsprecher zum Unabhängigkeitstag gratulierte, woraufhin „sich unter den Leuten die sich am Strand befanden, ein Pfeifen erhob."[176]

Irritierend verlief auch die Begegnung einer Moskauer Touristengruppe mit einer rumänischen Volkstanzgruppe, die am 11. Juni 1972 in einem Prager Hotel zustande kam. „Die rumänischen Genossen", so vermerkte es der Gruppenleiter A. Kiziljaev, „spielten auf volkstümlichen Instrumenten, unsere Gruppe [...] sang Lieder: ‚Podmoskovnye večera', ‚Katjuša', ‚Rossija' u. a. Weil keiner der Rumänen Russisch sprach und keiner von uns Rumänisch, gab es keine Gespräche, das Treffen endete um zehn Uhr abends."[177] Auch mit der einheimischen Bevölkerung erlebte die Moskauer Gruppe Enttäuschungen – beim Besuch einer Handschuhfabrik in Prag am 12. Juni empfand Kiziljaev den Empfang als „unvorbereitet" und „zu offiziell". Zudem wurde ein geplantes Treffen mit jungen Betriebsangehörigen aus angeblichem Platzmangel verweigert, was die sowjetischen Touristen dazu veranlasste, die mitgebrachten Gastgeschenke für sich zu behalten.[178]

Eine sich zeitgleich in der ČSSR aufhaltende Sputnik-Gruppe stellte ebenfalls fest, dass zwar einerseits die Aktivisten der kommunistischen Jugendorganisation und die ältere Generation „ehrlich mit uns befreundet sein möchten", gleichzeitig hätten zufällige Begegnungen mit der Jugend gezeigt, „dass noch eine Spur Entfremdung besteht, gelegentlich sogar eindeutige Abneigung und manchmal schlichte Gleichgültigkeit uns gegenüber."[179]

Ein nachlassender Enthusiasmus in Bezug auf das Freundschaftsprojekt war dabei auch den ansonsten möglichst optimistisch gehaltenen Jahresberichten zu entnehmen. Das Moskauer Gebietskomitee des CSTE leitete den Stand der Beziehungen zu den verbündeten Staaten in seinem Rückblick auf das touris-

---

174 RGASPI, f. M-5, op. 2, d. 520, S. 14.
175 RGASPI, f. M-5, op. 2, d. 517, S. 30.
176 Ebd.
177 RGASPI, f. M-5, op. 2, d. 520, S. 113.
178 Ebd.
179 Ebd., S. 118.

tische Jahr 1974 zwar pflichtgemäß mit einem Verweis darauf ein, dass „die Erweiterung des Touristenkreises auf alle Bevölkerungsschichten und die Verbesserung der Zusammensetzung der Gruppen […] zu dem Aufbau und der Vertiefung freundschaftlicher Verbindungen mit den Werktätigen im Ausland, zu persönlichen Kontakten und zu einem Austausch von Arbeitserfahrungen" geführt hätten.[180] Im weiteren Verlauf verzichtete der Bericht allerdings auf Belege für freundschaftliche Begegnungen und konzentrierte sich auf die Beschreibung des wirtschaftlichen Nutzens von Betriebsbesichtigungen durch Spezialtouristen. Anders als früher wurden derartige Besichtigungen vor allem dann als Misserfolg gewertet, wenn sie keinen „nachhaltigen ökonomischen Effekt" erbrachten, während die Qualität der Begegnungen mit der Belegschaft weitgehend unerwähnt blieb.[181] Das Urteil über die Reise einer Gruppe von Elektrometallurgen in einer Eisenhüttenstädter Stahlfabrik fiel etwa negativ aus, weil dort nur ein Walzwerk gezeigt worden sei, das nicht dem Profil der Touristen entsprochen habe. Immerhin konnten diese sich „mit eigenen Augen von der uneigennützigen Hilfe der Sowjetunion gegenüber der DDR überzeugen, da fast die gesamte Ausstattung der Walzen und die verwendeten Materialien aus der Sowjetunion stammten."[182]

Die stärkere Betonung des (häufig geringen) ökonomischen Nutzens von Auslandsreisen markierte einen Trend hin zu einem nüchterneren Blick auf die Beziehungen zu den sozialistischen Ländern. Wie im vorherigen Kapitel angesprochen, näherte sich das Verhältnis in vielen Ländern sogar der Haltung gegenüber kapitalistischen Ländern wie etwa Westdeutschland an – man begegnete sich höflich, aber mit einer gewissen Skepsis. Typisch zwiespältig fiel so das Urteil einer ukrainischen Sputnik-Gruppe im August 1975 über die Kontakte mit der polnischen Bevölkerung aus. Die Jugend sei gern mit der Gruppe in Kontakt getreten und habe „ein Maximum an Gastfreundschaft und Wohlwollen" an den Tag gelegt. Die Mehrheit der Jungen und Mädchen, so der Bericht weiter, reagiere weitgehend richtig auf den politischen Kurs der KPdSU. „Allerdings existiert ein kleiner Teil der Bevölkerung, der zu einer Verbreitung antisowjetischer Gerüchte neigt."[183] Vor allem aber notierte der Bericht einen offen zur Schau gestellten Unwillen der polnischen Jugend, auf die üblichen politischen Debatten mit den sowjetischen Komsomolzen einzugehen. Während einer „heißen Diskussion" über die Arbeit des Sozialistischen Studentenbundes Polens hätten polnische Studenten erklärt, „es sei ihnen unverständlich, warum die Fragen der

---

180 GARF, f. 9520, op. 1, d. 1982, S. 51.
181 Ebd., S. 52.
182 Ebd., S. 53.
183 RGASPI, f. M-5, op. 2, d. 1080, S. 137.

sowjetischen Touristen in der Regel einen gesellschaftlich-politischen Charakter trügen, sie würden viel lieber zum Beispiel über Mode sprechen."[184]

Aus den Berichten dieser Zeit war deutlich zu erkennen, dass sich das Verhältnis zwischen sowjetischen Touristen und den besuchten Bevölkerungen in den „Bruderländern" im Wandel befand. Selbst die Vertreter der kommunistischen Organisationen in Ländern wie der DDR, Polen und der ČSSR ließen sich nicht mehr vorbehaltlos auf die Inszenierung einer Sonderstellung der Beziehung zur Sowjetunion ein: Statt über politische Fragen wollte man mit den sowjetischen Touristen über Dinge des Alltags sprechen. Diese bewusst zur Schau gestellte Ablehnung einer primär politisch motivierten touristischen Begegnung konnte dabei durchaus auch als eine Weigerung verstanden werden, sich einem sowjetisch dominierten Interaktionsmodus zu unterwerfen. Indem Reiseführer und Betriebsbelegschaften gleichermaßen Gesprächen über gesellschaftspolitische Fragen aus dem Weg gingen, wiesen sie den Gästen aus der UdSSR eine Rolle als „gewöhnliche" Touristen zu.

Im Mittelpunkt der Diskussionen standen dann wie etwa im November 1976 in Polen „der Vergleich zwischen dem Lebensstandard der Menschen in der UdSSR und in der VRP."[185] E. Dokukin, Vorsitzender des Komsomol-Gebietskomitees in Gorki, hielt nach einer Polenreise im Mai 1978 fest, dass „die Polen versuchen, Fragen des heutigen Polens und der Arbeit der Jugendorganisationen zu umgehen. Aus zufälligen, unvorbereiteten Treffen mit der Jugend (in der Regel in den Eingangshallen der Hotels) entstand der Eindruck, dass ein Teil der Jugend doch eine recht vage Vorstellung von der Politik der Sowjetunion und davon, was in der Sowjetunion passiert, besitzt. Es wurden provokative Fragen gestellt über die Ereignisse in der Tschechoslowakei 1968, über die Ereignisse in Afrika usw."[186]

Der stark formalisierte und ritualisierte Anteil der touristischen Begegnung mitsamt seiner Freundschaftsinszenierung verlagerte sich zunehmend auf den Bereich der Betriebsbesichtigungen, wobei auch hier in vielen Fällen ein abnehmendes Engagement zu beobachten war. S. Sipunov, Leiter einer Kiewer Sputnik-Gruppe, berichtete darüber, dass seinen Touristen bei Betriebsbesuchen zwar „überall ein warmer Empfang bereitet wurde" und man sich artig über die politische und gesellschaftliche Arbeit des Komsomol austauschte, derartige Treffen aber nur von einem „kleinen Aktiv" besucht wurden.[187] Ganz andere Themen standen hingegen bei einem als „Erholungsabend" titulierten Treffen mit polnischen Studenten in einem universitären Jugendclub in Radom auf der Agenda. Hier ging es unter anderem um das „alltägliche Leben und die Freizeit

---

184 Ebd.
185 Ebd., S. 66.
186 RGASPI, f. M-5, op. 3, d. 78, S. 33–34.
187 Ebd., S. 118.

der studentischen Jugend."[188] Sipunov stellte anerkennend fest, dass die Studenten gut über die Sowjetunion informiert seien, was er allerdings nicht an deren Kenntnis des politischen Systems festmachte, sondern an der Vertrautheit mit der „klassischen russischen und sowjetischen Literatur" und daran, dass sie „unsere Kinoproduktionen gerne schauen."[189]

Der litauische KMO-Funktionär A. Janušonis, der sich einen Monat später mit Touristen des Komsomol in Krakau aufhielt, beklagte den Mangel an Begegnungen mit der polnischen Jugend. Der Besuch einer studentischen Diskothek, in der sich neben drei sowjetischen Touristengruppen lediglich 20–30 polnische junge Männer und Frauen befunden hätten, „hatte nicht den gewünschten Effekt, den das Treffen mit der Jugend in einem mit uns befreundeten Land haben sollte", so Janušonis.[190]

Das Gefühl vieler sowjetische Gruppenleiter, keinen Zugang zu der jungen Bevölkerung zu finden, beschränkte sich dabei nicht nur auf Polen. Der Gruppenleiter J. Klimenkov schilderte den Empfang in Bulgarien auf einer Donaukreuzfahrt von Sputnik im März 1980 als sehr herzlich, während er aus Rumänien, Ungarn und Jugoslawien eher Befremdliches zu berichten hatte: Das Aufenthaltsprogramm in Rumänien sei so gestaltet, dass sehr viel Aufmerksamkeit Objekten kultischen Charakters wie Kirchen und Kathedralen sowie der historischen Vergangenheit des Landes gewidmet werde. In Ungarn habe das Treffen mit der Belegschaft in der Glühlampenfabrik „Tungsram" bei allen Touristen einen unangenehmen Eindruck hinterlassen, so Klimenkov.

> „In dem Klubraum, wo das Treffen veranstaltet wurde, war außer der Reiseführerin und drei bis vier jungen Leuten kein ungarischer Genosse anwesend. Wie sich am Ende des Treffens herausstellte, befanden sich in den benachbarten Räumlichkeiten knapp 30 Personen der ungarischen Jugend, die sich am Buffet amüsierten, Bridge spielten und sich 20–25 Minuten vor Ende des Treffens anzogen und schweigend durch das Klubgebäude gingen, in denen sich die […] Touristen befanden. Während des Treffens mit den ungarischen Genossen kamen weder Gespräche noch Diskussionen zustande."[191]

Auch in Jugoslawien, einem aufgrund seiner liberalen Wirtschaftspolitik und der engen Beziehungen zu westlichen Ländern traditionell ambivalent bewerteten Land, fühlte Klimenkov sich distanziert behandelt. Kein jugoslawischer Reiseführer habe das sowjetische Schiff betreten, darüber hinaus seien sie dar-

---

188 Ebd., S. 116.
189 Ebd.
190 RGASPI, f. M-5, op. 3, d. 78, S. 95.
191 RGASPI, f. M-5, op. 3, d. 198, S. 50.

um bemüht gewesen, sich nicht isoliert mit sowjetischen Touristen aufzuhalten und hätten die Führungen durch die Museen sehr gehetzt durchgeführt.[192] Ungeachtet dessen, dass es den touristischen Organisationen der Sowjetunion nach 1968 gelungen war, den Austausch innerhalb des sozialistischen Staatenraums zu normalisieren und gerade im betrieblichen Bereich das Ritual der Freundschaftsinszenierung weiterhin aufrechtzuerhalten, verdeutlichten die Erfahrungen anderer Reiseformate und von Zufallsbegegnungen doch, dass sich die Großmacht auch anderthalb Jahrzehnte nach dem Prager Frühling noch keineswegs von dem nachhaltigen Imageverlust der militärischen Intervention in der ČSSR erholt hatte. Darüber hinaus zeigte sich spätestens ab Mitte der 1970er Jahre immer deutlicher, dass insbesondere Sputnik den Anschluss an die Jugendkultur der verbündeten Staaten verloren hatte. Die Reisegruppen aus der UdSSR waren nicht nur als Vertreter eines imperialen Herrschaftsanspruchs unbeliebt, ihr verstaubter Habitus stand darüber hinaus im Widerspruch zu einer globalen Freizeitkultur, die auch diesseits des Eisernen Vorhangs den Akzent zunehmend auf Unterhaltung und Konsum setzte.[193]

Angesichts dieser Entwicklung wirkten sowjetische Touristen in den Diskotheken der sozialistischen Urlaubsorte deplaziert. Entsprechend resigniert las sich der Bericht eines Kaliningrader Sputnik-Gruppenleiters über die Kontakte mit Reisenden anderer Länder im März 1982 in der Tschechoslowakei:

> „Das erste Treffen, dass in einer Diskothek stattfand, war auf einem niedrigen Niveau organisiert. Man spürte während seines Verlaufs deutlich die unfreundliche und überhebliche Haltung der Touristen aus der DDR zu den Mitgliedern der sowjetischen Jugenddelegation. Über den gesamten Abend hinweg gelang es nicht, Freundlichkeit und gegenseitiges Verständnis herzustellen. Das Ziel der Durchführung dieses Treffens blieb unverständlich."[194]

Stärker als je zuvor zeigte sich am Beispiel der scheiternden Freundschaftsinszenierungen, dass der Kontrollanspruch der sowjetischen Kader auf dem Feld des Tourismus ins Leere lief. Urlauber und Einheimische im Ausland waren immer weniger dazu bereit, sich auf eine hierarchische Form der Begegnung einzulassen, die in erster Linie Ausdruck des umfassenden Herrschaftsanspruchs der KPdSU war. Der Versuch, touristische Begegnungen als Mittel der Kulturdiplomatie zu instrumentalisieren, war insofern unter Brežnev weitgehend

---

192 Ebd., S. 53.
193 Für eine Diskussion der kollektiven Werte der Jugend auf dem Gebiet des Tourismus in der DDR, der Tschechoslowakei und in Polen s. Mark Keck-Szajbel: A Cultural Shift in the 1970s "Texas" Jeans, Taboos, and Transnational Tourism, in: East European Politics and Societies 14–15/2012, S. 212–225.
194 RGASPI, f. M-5, op. 3, d. 386, S. 133.

gescheitert: Sowjetreisende waren an den Stränden, in den Cafés und den Clubs der „Bruderländer" Außenseiter. Wo der organisatorische Einfluss der Sowjetunion endete, kam auch die Illusion der Freundschaft sehr schnell zum Erliegen. Die oben erwähnten Kaliningrader Touristen bekamen dies in der ČSSR sogar körperlich zu spüren. Der Leiter einer tschechoslowakischen Reisegruppe sprach sich kategorisch dagegen aus, mit den sowjetischen Touristen einen gemeinsamen Abend in einem Ferienhaus in Karlsbad zu verbringen: „Vor den Augen der tschechoslowakischen [Touristen] zog er die Kaliningrader Touristen buchstäblich aus dem Saal."[195]

5.3.2 „Es gab stattdessen Fälle, in denen Freundlichkeit gezeigt wurde" – Der Umgang mit Sympathiebekundungen und Ablehnung im kapitalistischen Ausland

Reisen in das kapitalistische Ausland fanden in Bezug auf das erwartete Verhältnis zur Bevölkerung unter umgekehrten Vorzeichen statt als jene innerhalb des sozialistischen Staatenraums. Die Gruppenleiter antizipierten eine tendenziell feindliche Haltung und registrierten Fälle von Sympathiebekundungen außerhalb arrangierter „Freundschaftstreffen" daher je nach Kontext mit Überraschung, Genugtuung oder auch Misstrauen. Dabei war eine positive Haltung zu sowjetischen Touristen gerade in der Frühzeit der Auslandsreisen durchaus weit verbreitet. Betrachtet man Reiseberichte aus westlichen Ländern unter Chruščev, stellten ernsthafte Feindschaftsbekundungen gegenüber den selten gesehenen Besuchern aus der UdSSR eher die Ausnahme dar. So handelte es sich auch bei dem Vorfall, den Intourist-Gruppenleiter S. Andrianov von einer Fahrt durch die USA im Juli 1961 berichtete, eher um eine Bagatelle. Ein „Amerikaner oder Kanadier" habe im Zug von New York nach Buffalo eine Karaffe mit Wasser zu Boden geworfen, weil er wegen sowjetischer Touristen auf die Bedienung habe warten müssen.[196] Ansonsten machte Andrianov eher positive Erfahrungen. Statt Böswilligkeit seien der Gruppe „Fälle, in denen Freundlichkeit gezeigt wurde" begegnet, in einer Chicagoer Universität wurden die Touristen gar auf Russisch mit den Worten „Mir" (Frieden) und „Družba" (Freundschaft) begrüßt, es kam zu „freundschaftlichem Händeschütteln".[197] Nur zu ähnlichen, vom „Hospitality Center of Greater Chicago"[198] organisierten Treffen äußerte der Gruppenleiter

---

195 Ebd., S. 133.
196 GARF, f. 9612, op. 1, d. 478, S. 41.
197 Ebd., S. 38.
198 Das „Hospitality Center of Greater Chicago" ist eine 1952 gegründete (und inzwischen umbenannte) Non-Profit-Organisation, die vom Außenministerium finanzierte Austauschprogramme für junge Führungskräfte aus dem Ausland in Chicago organisiert, s. http://www.worldchicago.org/about-us/, zuletzt eingesehen am 31.10.2018.

teilweise Vorbehalte: Bei Familien von Exilanten sei der Wunsch zum Vorschein gekommen, zu zeigen, was man in den USA erreicht habe. Man solle daher besser nur „echte" amerikanische Familien besuchen.[199] Darüber hinaus sei darauf zu achten, dass in den Reisegruppen nicht nur eine Nationalität vertreten sei, da es während der Familiengespräche zu „Erörterungen nationaler Fragen" bei Gesprächen mit den Einheimischen gekommen sei (in der Gruppe stammten alle Mitglieder abgesehen von zwei Touristen aus Irkutsk).[200]

Im Gegensatz zum sozialistischen Ausland war „Freundschaft" gerade in der Zeit des Tauwetters ein Begriff, der im westlichen Ausland nicht so bedeutungsschwer und propagandistisch überladen daherkam. Anders als in den „Bruderländern", wo „Freundschaft" über ein aufwendiges Zeremoniell von Ritualen und Gesten permanent performativ unter Beweis gestellt werden musste, entschieden touristische Funktionäre im westlichen Ausland eher situativ über die Bewertung des ihnen entgegengebrachten Verhaltens. Ob Begegnungen als „freundschaftlich", „provokativ" oder „feindlich" eingeschätzt wurden, hing dabei immer von den Absichten ab, die man den Gesprächspartnern unterstellte. Während Andrianov etwa den Austausch über „nationale Fragen" in den USA aufgrund der Zusammensetzung seiner Gruppe kritisch betrachtete, äußerte sich eine Gruppe Moskauer Theater- und Kulturschaffender im August 1962 im Rahmen ihrer Reise durch Großbritannien mit Vertretern der Gesellschaft für schottisch-sowjetische Freundschaft sehr verständnisvoll über den Separatismus ihrer Gesprächspartner. Die Touristen seien über die mangelnde Förderung von Volksliedern und -tänzen der Schotten und das Fehlen eines Nationaltheaters „erschrocken" gewesen.[201] Diese opportunistisch-lavierende Haltung war typisch für den Tourismus in das kapitalistische Ausland dieser Zeit. Wenn es den eigenen Interessen diente und ideologisch unbedenklich schien, äußerte man sich solidarisch mit den Interessen der Gastgeber, andernfalls ging man auf Distanz.

Dabei klagten die wenigsten Gruppenleiter über intensive Beeinflussungsversuche oder Aggressionen seitens westlicher Reiseveranstalter und Gesprächspartner: Trotz sich abkühlender Verhältnisse zu Amerika an der Wende zu den 1960er Jahren konnte der Tourismus in das kapitalistische Ausland bis zur Kuba-Krise im Oktober 1962 und teilweise noch darüber hinaus von den medienwirksamen Erfolgen auf den Gebieten der Raumfahrt und der Atomwaffentechnologie sowie dem Exotenstatus sowjetischer Reisegruppen profitieren. Nicht nur bei kommunistischen Verbänden wurden die Abgesandten des aufstrebenden Sowjetregimes vielerorts mit Neugier und Wohlwollen begrüßt; auch in der breiten Bevölkerung bestand großes Interesse an den selten gesehenen Touris-

---

199 GARF, f. 9612, op. 1, d. 478, S. 41.
200 Ebd., S. 42.
201 GARF, f. 9612, op. 1, d. 518, S. 49–50.

ten – immer wieder sahen sich sowjetische Reisegruppen von Menschentrauben umringt und stießen auf ein großes Medieninteresse.[202] Paradoxerweise gestaltete sich daher das Verhältnis zum „Klassenfeind" in dieser Zeit oft unkomplizierter als jenes zur sozialistischen Bevölkerung.

Dies änderte sich erst nach der Eskalation des Konflikts um die auf Kuba stationierten Atomwaffen im Oktober 1962. Bei Intourist kam der Reiseverkehr in westliche Industrienationen im Folgejahr mit Ausnahme von Finnland und Österreich fast vollständig zum Erliegen; die Zahl der Entsendungen durch das staatliche Reisebüro in die USA blieb noch bis einschließlich 1966 auf einem verschwindend geringen Niveau.[203] Die erneute Abkühlung der Verhältnisse zwischen den Großmächten wirkte sich dabei auch auf das Klima der zwischenmenschlichen Begegnungen aus. In den Berichten aus dieser Zeit nehmen die in früheren Jahren eher sporadischen Erwähnungen von vermeintlichen Spionageversuchen, unhöflichem Verhalten und offenen Provokationen zu. Der Vorsitzende von Sputnik, Leonid Vladimirovič Kerestedžijanc, hielt so in seinem Bericht über die Entwicklung des Tourismus nach England in den Jahren 1962–64 fest:

> „Fast alle Touristen bemerken eine außerordentliche Missgunst gegenüber der Sowjetunion auf Seiten der Personen, die sowjetische Gruppen begleiten; ihr Bemühen, der Herstellung von Kontakten zwischen der Jugend der Sowjetunion und der werktätigen und studentischen Jugend Englands entgegenzuwirken."[204]

Noch drastischer schilderte Evgenij Domatovskij, stellvertretender Vorsitzender der Gesellschaft für sowjetisch-norwegische Freundschaft, seine Erfahrungen als Leiter einer Intourist-Reise nach Norwegen im Oktober 1965:

> „An jedem Aufenthaltsort erwartete uns am Hotel bereits ein Polizeiagent, mit dem der Dolmetscher Blicke und Gesten austauschte, die wohl bedeuteten: Jetzt sind sie angekommen. Ich wollte diesen Dolmetscher nicht für unsere Arbeit über die Linie der Freundschaftsgesellschaft in Anspruch nehmen, aber er ließ uns nicht für eine Minute alleine, wiewohl ich ihm erklärte, dass er seine Zeit nach seinen Bedürfnissen verbringen dürfe. Auf den Versammlungen in Bergen und Odda überließ er niemand anderem das Recht zu übersetzen. Interessanterweise ist anzumerken, dass ich bei ihm unter dem Jackett eine Pistole an der Hüfte spürte, als ich ihn einmal ,freundschaftlich' umarmte."[205]

---

202 GARF, f. 9612, op. 1, d. 478, S. 47. Dazu auch Gorsuch: Vystuplenie, S. 363.
203 GARF, f. 9612, op. 3, d. 142, S. 1.
204 RGASPI, f. M-5, op. 1, d. 191, S. 140.
205 GARF, f. 9612, op. 3, d. 52, S. 33.

Das Misstrauen gegenüber dem ausländischen touristischen Personal auf Seiten der sowjetischen Gruppenleiter war verständlich und wenig verwunderlich, wurden diese doch vor ihren Reisen in das kapitalistische Ausland ausgiebig vor verdeckter Spionage gewarnt.[206] Antipathie und Misstrauen gegenüber den sowjetischen Touristen waren jedoch auch außerhalb der professionellen Reisebegleitung anzutreffen. Eine Intourist-Reisegruppe aus Karelien erregte bei dem Abschiedsabend mit Vertretern der finnisch-sowjetischen Freundschaftsgesellschaft in einem Restaurant in Helsinki am 1. Mai 1966 die Aufmerksamkeit einer Gruppe von Studenten. Als der Reiseführer des kommunistischen finnischen Reisebüros „Lomamatka" die Notwendigkeit der Herstellung „noch besserer nachbarschaftlicher Beziehungen" erwähnte, schrie einer der „übermäßig trinkenden" Studenten auf Finnisch: „Wollt ihr hier, in Finnland, eine Revolution durchführen?"[207] In Luxemburg bekam wenige Monate später der Leiter einer die Benelux-Staaten bereisenden Intourist-Gruppe mit, wie sich der Eigentümer eines Cafés auf Deutsch „beleidigend" über die sowjetischen Touristen äußerte.[208] Er teilte daraufhin seiner Reiseführerin mit, in Zukunft würde kein sowjetischer Tourist mehr dieses Café betreten. Auch in Belgien und insbesondere in Brüssel empfand der Gruppenleiter „eine gewisse Anspannung", was er auf den gerade vollzogenen Umzug des NATO-Hauptquartiers in die belgische Hauptstadt zurückführte.[209]

Trotz vereinzelter Irritationen dieser Art gestalteten sich aber auch in den frühen Brežnev-Jahren die meisten Begegnungen zwischen sowjetischen Touristen und den besuchten westlichen Bevölkerungen weitgehend konfliktfrei; in Berichten aus Frankreich im Herbst 1964 als auch in Finnland im Frühjahr 1965 kennzeichneten die Intourist-Gruppenleiter das Verhalten ihrer Gastgeber darüber hinaus sogar als „wohlwollend"[210] und „warm"[211]. Im Unterschied zum sozialistischen Raum wirkte sich selbst die Intervention der Roten Armee in in der ČSSR im August 1968 nicht im vergleichbaren Ausmaß negativ auf das Image der sowjetischen Touristen aus. Einerseits bekamen die Gruppen, die sich in dieser Zeit im westlichen Ausland befanden, die Folgen der Ereignisse durchaus

---

206 Ševyrin: Proniknovenie zitiert ein im Internet auf vielen Seiten reproduziertes Dokument der ZK KPdSU von 1979, das aus den Archivbeständen der Vorläuferorganisation des RGANI stammt und dort die Signatur CchSD, f. 89, op. 31, d. 7, S. 9–22 trug. Das Dokument hat den Titel „Verhaltensregeln für sowjetische Bürger, die ins kapitalistische Ausland und in Entwicklungsländer verreisen." Darin heißt es u. a.: „Die Agenten der kapitalistischen Nachrichtendienste agieren oft in Gestalt von Reiseführern und Dolmetschern, Ärzten und Lehrern, Schneidern, Verkäufern, Taxifahrern, Kellnern, Friseuren und anderem Dienstleistungspersonal."

207 GARF, f. 9612, op. 3, d. 53, S. 2.

208 GARF, f. 9612, op. 3, d. 134, S. 60.

209 Ebd., S 61.

210 GARF, f. 9520, op. 1, d. 703, S. 2.

211 GARF, f. 9612, op. 3, d. 52, S. 56.

zu spüren. Der Leiter einer sowjetischen Delegation, die als Teil einer Intourist-Reise vom 19. bis zum 24. August 1968 an einer Konferenz von wissenschaftlichen Bibliothekaren in Frankfurt am Main teilnahmen, berichtete zum Beispiel davon, dass am 21. August bei allen Teilnehmern „Nervosität und ein erhöhtes Interesse an den gegenseitigen Beziehungen zwischen der sowjetischen und tschechoslowakischen Delegation" zu spüren gewesen sei:[212]

> „Ab dem Morgen kam eine studentisches Versammlung in der gegenüber der Universitätsbibliothek gelegenen Mensa zusammen, von wo aus einzelne Rufe hinüberdrangen und Losungen an den Zaun geklebt wurden, die sich gegen die Handlungen der UdSSR richteten."[213]

Andererseits erlebten die sowjetischen Touristen neben derartigen Demonstrationen und „Fragen provokativen Charakters"[214] seitens der deutschen Presse auch ein durchaus verständnisvolles Verhalten von der Leitung der Universitätsbibliothek, den übrigen Konferenzteilnehmern und – gegen Ende der Konferenz – sogar von der tschechoslowakischen Delegation selbst, die sich demonstrativ herzlich von der sowjetischen Gruppe verabschiedet habe.[215]
Auch bei dem Besuch eines Kinofilms in Bonn, in dessen Vorfeld ein Beitrag über Demonstrationen vor der sowjetischen Botschaft gezeigt wurde, merkte der Bericht an, dass „im Saal des Kinotheaters keine feindlichen Ausrufe zu vernehmen waren, obwohl das Publikum bemerkte, dass […] Bürger der Sowjetunion anwesend waren."[216]
Ähnlich wie unter Chruščev erwies sich das Verhältnis zum westlichen Ausland selbst in der außenpolitischen Krisensituation der Jahre 1968/69 in vielerlei Hinsicht als „entspannter" – die Touristen sahen sich zwar durchaus mit scharfer Kritik konfrontiert und wurden gerade von Vertretern kommunistischer Organisationen für die Politik der KPdSU in Haftung genommen; dennoch profitierten die Reisegruppen davon, dass sie jenseits des Eisernen Vorhangs nicht als Stellvertreter der verhassten Zentralmacht betrachtet wurden: Die räumliche und lebensweltliche Distanz, die Gäste und Gastgeber voneinander trennte, nahm den Begegnungen viel von der Schärfe und Dramatik, die die Auseinandersetzungen im osteuropäischen Raum kennzeichneten. Mit einer gewissen Befriedigung nahmen die Touristen zur Kenntnis, dass sich in den dortigen politischen Diskursen durchaus sowjetische Positionen wiederfanden. Der Leiter einer Sputnik-Gruppe teilte so nach seinem Aufenthalt in Schweden im August 1968 mit, dass die Jugendlichen sich dort angesichts bevorstehender Wahlen

---

212 GARF, f. 9612, op. 3, d. 298, S. 110.
213 Ebd., S. 110f.
214 Ebd., S. 111.
215 Ebd., S. 117.
216 Ebd., S. 121.

weitgehend „passiv gegenüber der Wahlkampf-Demagogie der verschiedenen bourgeoisen Parteien verhalten und stattdessen in vielen Fällen aktiv an Demonstrationen zur Unterstützung des gerechten Kampfes des vietnamesischen Volkes teilnehmen […].“[217]

In Venedig sahen sich Touristen des Jugendreisebüros im September desselben Jahres zwar durchaus in politische Grundsatzdebatten mit italienischen Kommunisten verwickelt, aber auch hier betonten Gruppenleiter Bujatin und sein Stellvertreter Tolpygin, dass sich die „Fehler der italienischen Partei in der Bewertung der tschechoslowakischen Ereignisse" in erster Linie aus deren Wahlkampfstrategie erklärten.[218] Die Gespräche mit einzelnen Parteigenossen hätten dagegen erkennen lassen, dass es möglich sei, „nicht nur ausreichend überzeugend und gut begründet unsere Position zu verteidigen, sondern, wie uns schien, auch Zweifel bei einigen beim Treffen anwesenden italienischen Kommunisten und Komsomolzen gegenüber den Ansichten ihrer Führung zu den Ereignissen in der Tschechoslowakei zu säen oder zu verstärken.“[219]

Die Einschätzung, dass sowjetische Touristen im westlichen Ausland – nicht nur unter den dortigen Kommunisten – im Nachklang der Prager Ereignisse mit Gesprächsbereitschaft rechnen konnten, war nicht abwegig. Die entsprechenden Rückmeldungen der Reisegruppen waren in dieser kritischen Phase durchaus ermutigend. Als etwa eine Gruppe sowjetischer Theaterfachleute im Januar 1969 Stuttgart besuchte, begrüßte sie der Oberbürgermeister als „Sendboten des guten Willens"; er wolle „gerne im Gespräch mit Ihnen bleiben.“[220] V. Ilatov, Leiter einer aus Medizinern, Architekten und Kulturschaffenden zusammengesetzten georgischen Spezialgruppe äußerte sich im November desselben Jahres ebenfalls sehr zufrieden über seine Reise durch die Bundesrepublik; das Interesse an den Touristen sei sowohl von Seiten der Öffentlichkeit als auch der Medien „außerordentlich hoch" gewesen.[221] Der Leiter einer Intourist-Gruppe, die die Eishockey-WM 1970 in Schweden besuchte, leitete aus den Reaktionen der schwedischen Zuschauer auf das Spiel der sowjetischen Auswahl ab, dass diese sich „als objektive Fans" erwiesen hätten und übertrug diese neutrale Haltung auf das Verhältnis der Bevölkerung zu den Touristen.[222]

Allerdings äußerten einige Funktionäre trotz oder gerade wegen dieser interessiert-wohlwollenden Einstellung ihren Gruppen gegenüber Skepsis gegenüber den eigentlichen Intentionen ihrer Gastgeber. Besonders im traditionell stärker politisierten und von direkten Begegnungen geprägten Jugendtourismus werte-

---

217 RGASPI, f. M-5, op. 1, d. 592, S. 77.
218 Ebd., S. 25.
219 Ebd., S. 23.
220 Stuttgarter Umschau, 10.1.1969, Seitenzahl unbekannt.
221 GARF, f. 9612, op. 3, d. 374, S. 87–88.
222 GARF, f. 9612, op. 3, d. 374, S. 56.

ten viele Berichte die den sowjetischen Touristen entgegengebrachte Aufmerksamkeit als getarnte oder offene Manipulationsversuche und machten dies unter anderem an emigrierten Sowjetbürgern fest, die im Ausland häufig als Reiseführer, Dolmetscher oder schlicht als Gesprächspartner fungierten. Juri Mamedov, Sekretär des aserbaidschanischen KMO, berichtete etwa von einem Gespräch mit Juri Čerkorleev, Redakteur des Kölner Tamizdat-Verlags „Possev"[223] während seiner Deutschlandreise im März 1970:

> „Von Beginn an äußerte er sich sehr schmeichelhaft über unsere Lebenswelt und gab an, nach dem Krieg aus purem Zufall im Ausland gelandet zu sein. Als ich ihn allerdings fragte, warum er denn nicht in die Heimat zurückkehre, antwortete er: ‚Ich denke daran, zurückzukehren und dort eine eigene Zeitung zu gründen.‘ Ich erwiderte ihm, dass es in der UdSSR doch kein Privateigentum gebe, woraufhin er ein wenig grübelte und sagte: ‚Ich möchte natürlich nicht jetzt zurückkehren, sondern dann, wenn in der Union eine Regierung etabliert sein wird, die wir im Westen als legitim betrachten werden.‘ Nach diesen Worten schickte ich ihn gelinde gesagt zum Teufel, er entschuldigte sich und verschwand."[224]

Auch der Dolmetscherin Doris Vrublevskaja warf Mamedov vor, eine „sehr gerissene Person" zu sein, die die Deutschen während der Diskussionen zu „bösen Fragen" provoziert hätte.[225]
Während das ausländische touristische Personal und insbesondere Exilanten wie in diesen Beispielen in einem Großteil der über das kapitalistische Ausland verfassten Reiseberichte der 1970er Jahre als zwielichtige Gestalten mit unlauteren Absichten dargestellt wurden, fanden sich nur selten Beschreibungen offener Unmutsäußerungen gegenüber sowjetischen Touristen aus anderen Bevölkerungsteilen. Die Aussage des CSTE-Vorsitzenden Abukov nach einer Intourist-Reise durch die Bundesrepublik, die Bevölkerung und die Presse in der BRD habe sich „im Großen und Ganzen wohlwollend und loyal zu den sowjetischen Menschen verhalten"[226], ließ sich insofern durchaus auf den westlichen Raum insgesamt verallgemeinern.
Entsprechend wirkten gelegentliche „Beweise" feindlicher oder widersprüchlicher Haltungen in den besuchten Gesellschaften in dieser Zeit recht kons-

---

223 „Possev" wurde unmittelbar nach dem Zweiten Weltkrieg von sowjetischen Bürgern gegründet, die sich gemeinsam in einem Lager für politische Flüchtlinge in Kassel aufgehalten hatten, vgl. die Eigendarstellung der Organisation unter http://posev.de/possev01.html, zuletzt eingesehen am 31.10.2018. Zu der genannten Zeit veröffentlichte „Possev" in Deutschland auch „Samizdat"-Literatur aus der Sowjetunion.
224 RGASPI, f. M-5, op. 2, d. 219, S. 91.
225 Ebd.
226 GARF, f. 9520, op. 1, d. 1656, S. 60.

truiert. Der Leiter einer Sputnik-Gruppe etwa attestierte Einer italienischen Reiseführerin im Frühjahr 1972 „zweifelhafte Ansichten", unter anderem, weil diese beim Singen der Internationale nicht mit eingestimmt und außerdem bei der Aufzählung bekannter Persönlichkeiten auf einem Friedhof in Genua vergessen habe, den „Helden der Sowjetunion" Fedor Poletaev zu erwähnen, der sich nach erfolgreicher Flucht aus Kriegsgefangenschaft im Zweiten Weltkrieg italienischen Partisanen angeschlossen hatte.[227]

Ein Bericht über den Aufenthalt von Auszubildenden der Textilbranche in England im November 1972 nutzte das Schema der von kapitalistischen Handlangern unterbundenen Klassensolidarität, um die ansonsten ausnehmend positiven Reiseeindrücke zu relativieren. Die Touristen hätten bei den Betriebsbesuchen „eine betont höfliche Haltung" seitens der dortigen Belegschaft erfahren; bei der Besichtigung einer Autofabrik habe man sogar „zum ersten Mal Klassensolidarität, den Geist der Arbeiterklasse" empfunden:[228]

> „Als wir die Zeche betraten, erhob sich ein vielstimmiges ‚Hurra', und in der Fertigungshalle, in der wir uns während einer zehnminütigen Pause aufhielten, versammelte sich eine Gruppe von Arbeitern, – etwa zehn bis 15 Personen – bildete einen eigenartigen Chor und sang die ‚Marseillaise'. Die Organisatoren der Exkursion erlaubten uns jedoch nicht, uns den Singenden zu nähern und hielten uns beinahe mit Gewalt von ihnen fern."[229]

Abgesehen von derartigen „Einschränkungen" spiegelte sich über weite Strecken der 1970er Jahre die Entspannungsphase des Kalten Krieges auch in den Berichten der Gruppenleiter wider. Die Beschreibung der „Haltung der einheimischen Bevölkerung" in einem Intourist-Reisebericht aus Belgien aus dem September 1974 ähnelte in diesem Zusammenhang sogar dem optimistischen Tonfall der frühen Auslandsreisen unter Chruščev:

> „Wir wurden umringt, man stellte uns verschiedenste Fragen, man begegnete uns mit warmem, freundschaftlichem Händeschütteln und einladendem Lächeln, die Beziehungen waren gut."[230]

Auch die aus den USA zurückgekehrten Sputnik-Touristen zeichneten in der Umfrage „Es gibt etwas zu erinnern" des Jugendreisebüros von 1976 ein durchaus positives Bild der amerikanischen Bevölkerung. Die Antworten auf die Frage:

> „Zeigten die Amerikaner ein Interesse an Konversation mit den sowjetischen Touristen? Was kannst Du zur Gastfreundschaft, Freundlichkeit

---

227 RGASPI, f. M-5, op. 2, d. 530, S. 3.
228 RGASPI, f. M-5, op. 2, d. 529, S. 18–19.
229 Ebd., S. 19.
230 GARF, f. 9520, op. 1, d. 1978, S. 26.

und dem Interesse der Amerikaner an der sowjetischen Gruppe, unserem Land, Dir persönlich sagen?"[231]

fielen in der Regel sehr wohlwollend aus. Sie lauteten etwa:

> „Die Amerikaner begegnen den sowjetischen Menschen wie einem lang erwarteten Gast – mit Freude und Spannung."; „Die Beziehungen waren neutral-freundschaftlich."; „Sie empfingen uns freundschaftlich."; „Die Amerikaner sind gastfreundlich, Freundschaftlichkeit war seltener anzutreffen."; „Die meisten Amerikaner, die uns begegneten, waren freundlich, verhielten sich höflich, waren gastfreundlich und zeigten Interesse an unserem Land und uns, das war auch an ihren vielen Fragen zu spüren. […]"[232]

Die größtenteils neutral-freundlichen Einschätzungen seitens der Touristen unterstrichen die Kontinuität der insgesamt relativ unproblematischen Beziehungen zwischen westlichen Bevölkerungen und den sich dort aufhaltenden sowjetischen Reisegruppen seit Mitte der 1950er Jahre. Sie widersprachen auch den im vorherigen Kapitel geschilderten alarmistischen Wortmeldungen führender sowjetischer Tourismusfunktionäre über eine Verschärfung des ideologischen Kampfes im blockübergreifenden Auslandstourismus (siehe Kapitel 5.2.3). Wenngleich die führenden Köpfe bei Intourist, Sputnik und den Gewerkschaften die überwiegend konfliktfreien Aufenthalte ihrer Reisegruppen im kapitalistischen Ausland mit großem Misstrauen und Unbehagen beobachteten, schlossen sich keineswegs alle Gruppenleiter einer klassenkämpferischen Rhetorik an. Selbst wenn dies geschah, beruhten Zweifel an einer freundlichen Einstellung der Bevölkerung weniger auf offen ausgetragenen Konflikten mit der einheimischen Bevölkerung als auf der negativen Auslegung eines an der Oberfläche freundlichen oder zumindest professionell-neutralen Verhaltens der dortigen Bezugspersonen.

Eine ernsthafte Verschlechterung der Beziehungen zum westlichen Ausland ließ sich aus den Reiseberichten erst im letzten Drittel der 1970er Jahre erkennen. Ein Indiz dafür sind etwa die von Sputnik zusammengestellten „grundsätzlichen Anmerkungen an die Adresse der empfangenden Organisationen der kapitalistischen Länder […] für das erste Halbjahr 1977".[233] In den hier gesammelten Rückmeldungen der Gruppenleiter häufen sich in auffälliger Weise negative Einschätzungen über Reiseführer und anderes touristisches Personal, die vorwiegend auf Misstrauen gegenüber deren vermeintlichen verborgenen Absichten basierten. In Frankreich wurde einer Dolmetscherin und einem Busfahrer vorgeworfen, sich „als unsere Freunde" ausgegeben, tatsächlich aber ihre

---

231 RGASPI, f. M-5, op. 2, d. 1074, S. 2.
232 Ebd., S. 1, 3, 7, 51 und 57.
233 RGASPI, f. M-5, op. 3, d. 4, S. 51–70.

Sprachkenntnisse und ihr „hervorragendes" Wissen über die Sowjetunion dafür ausgenutzt zu haben, „provokative Gespräche mit Gruppenmitgliedern über nichtexistierende Probleme in unserem Lande" zu führen und diese heimlich auf Magnetband aufzuzeichnen.[234] Auch aus Italien vermeldete ein Gruppenleiter im März desselben Jahres „Fragen provozierenden Charakters" über die „Demokratie und Menschenrechte in unserem Lande; das Verhältnis des sowjetischen Volkes zu Sacharov, Solženicyn, Bukovskij[235] [und] dem ‚feindlichen' Verhältnis der sowjetischen Führung zu China".[236]

Die Ausführungen der sowjetischen Gruppenleiter in dieser Zeit legten Zeugnis ab von einer stark gestiegenen Sensibilität für vermeintliche verbale und performative Regelverletzungen durch ausländische Kontaktpersonen. Der Sputnik-Gruppenleiter S. Turkovec aus Krasnodar berichtete davon, dass eine englische Dolmetscherin in Cambridge, Oxford und Winchester Anfang April 1978 versucht habe, ihn vor dem Hintergrund einer Kirche zu fotografieren; außerdem sei ihm als Souvenir von dem Vorsitzenden eines Jugendzentrums in Northampton eine Bibel in russischer Sprache angeboten worden.[237] Der Leiter einer Kursker Jugendreisegruppe hielt nach seinem Besuch in Österreich im Mai 1978 fest:

> „Zwei Mal versuchten Privatpersonen uns in ein Gespräch zu verwickeln und irgendwie ihre Propaganda gegen unser Gesellschaftssystem loszuwerden, aber abgesehen von dem Argument, dass es in Österreich heute viele Autos gebe, bei uns dagegen weniger, konnten sie nichts sagen. Ihre gesamte Propaganda basierte auf dem Glanz der Geschäftsauslagen und der Anzahl der Autos, aber als wir ihnen sagten, dass in Wien 12.000 Flüchtlinge aus der UdSSR leben und verlangen, in die Heimat zurückkehren zu dürfen, da verblassten die Autos und Schaufenster."[238]

Wie gereizt die Stimmung nicht nur bei der Leitung der sowjetischen Reisegruppen, sondern auch unter den Touristen selber war, ging auch aus einem im Juni 1978 verfassten Bericht aus England hervor. Dort stellte der Gruppenleiter fest, dass die Engländer wenig über die Sowjetunion wüssten und aus der Presse veraltete oder „verlogene" Informationen bezögen:

> „Deswegen empfanden unsere Touristen diese Informationen oft als Angriff oder Provokation und gingen als Antwort darauf sofort sprichwörtlich zur Attacke über, indem sie den Gesprächspartner oder Vortragenden bloßstellten, was nicht selten für Verwirrung sorgte und die Ge-

---

234 Ebd., S. 1.
235 Gemeint war hier sehr wahrscheinlich der sowjetische Dissident Vladimir Bukovskij; nicht etwa der amerikanische Schriftsteller Charles Bukowski.
236 RGASPI, f. M-5, op. 3, d. 23, S. 120.
237 RGASPI, f. M-5, op. 3, d. 90, S. 79.
238 Ebd., S. 8.

sprächspartner ins Schwitzen brachte. Sobald die Touristen verstanden, dass viele Missverständnisse durch Fehlinformationen oder einen Mangel an aktuellen Informationen entstehen, wurden sie zurückhaltender und versuchten, den Gesprächspartner taktvoll zu korrigieren und ihn aufzuklären. Bei der Vorbereitung der Gruppen muss dies unbedingt berücksichtigt werden, und die Touristen müssen davor gewarnt werden, sich nicht von Halbwissen und Fehlinformationen auf Seiten der Partner provozieren zu lassen."[239]

Dieser mäßigende „Vernunftappell" eines Gruppenleiters warf ein Licht darauf, welche Wirkung die in der Endphase der Ära Brežnev zunehmende propagandistische Arbeit mit den Touristen im Vorfeld von Auslandsreisen auf das zwischenmenschliche Klima bei Begegnungen mit Einheimischen hatte. Schon bevor sich mit dem Einmarsch der Roten Armee in Afghanistan und dem NATO-Doppelbeschluss im Dezember 1979 das Ende der Détente ankündigte, zeichnete sich bei den blockübergreifenden touristischen Begegnungen eine deutliche Abkühlung der Verhältnisse zwischen der UdSSR und den NATO-Staaten ab. Die Stimmung während gesellschaftspolitischer Diskussionen wurde zunehmend gereizt und aggressiv; die Frage nach der Zukunftsfähigkeit des Sozialismus bekam auch angesichts des Aufkommens von Solidarność in Polen eine existenzielle Note. Alle Beteiligten schienen zu spüren, dass hier nicht nur abstrakte theoretische Probleme, sondern die Zukunftsfähigkeit der Sowjetunion und der sozialistischen Staatengemeinschaft insgesamt zur Debatte standen.

Die Berichte konzentrierten sich angesichts einer gesteigerten Krisenwahrnehmung immer stärker auf die Aktivitäten und vermuteten Absichten der mit den Reisegruppen in Kontakt tretenden Personen. Auf sie projizierten die touristischen Funktionäre Ängste vor einem Zerfall der inneren Einheit der Sowjetunion. V. Čudaverdina, „Dolmetscherin und Beraterin" einer baschkirischen Gruppe, warf etwa dem Reiseführer Juri Kobro vor, auf einer Fahrt durch Westdeutschland im März 1981 ständig an „die nationalen Gefühle" der Touristen appelliert und religiöse Literatur verteilt zu haben.[240] Die sowjetische Botschaft in Bonn habe ihm mitgeteilt, dass es sich bei Kobro um einen Aktivisten der armenischen Daschnaken handele. Im weiteren Verlauf der Reise habe sich dann herausgestellt, dass Kobro sich nicht nur in der Geschichte der armenisch-türkischen Beziehungen gut auskenne, sondern auch der türkischen Sprache mächtig gewesen sei, was es ihm erlaubt habe, sich zeitweilig in dieser Sprache mit Gruppenteilnehmern zu unterhalten. „Eines ist vollkommen offensichtlich", hielt Čudaverdina fest: „Unser ideologischer Feind schlummert nicht."[241]

239 Ebd., S. 119.
240 RGASPI, f. M-5, op. 3, d. 307, S. 50.
241 Ebd., S. 51.

Wenngleich diese Formulierung sehr dramatisch daherkam, war sie keineswegs abwegig oder rein ideologisch motiviert. Während sowjetische Bürger in den Anfangsjahren durch eine Reihe von Abschirmungsmaßnahmen im westlichen Ausland in einer „touristischen Blase" reisten, machten sich die dortigen Reiseführer, Gesprächspartner und gesellschaftliche Akteure seit Mitte der 1960er Jahre daran, die Distanz zu den sorgfältig isolierten Gruppen langsam, aber stetig zu reduzieren. Gegen Ende der Ära Brežnev war dieser Prozess an einem vorläufigen Höhepunkt angelangt. Dies war auch daran zu erkennen, dass sowjetische Touristen im Westen als Adressaten gesellschaftspolitischer Initiativen, nationaler Separationsbestrebungen und Zielscheiben für antisowjetische Proteste wahrgenommen wurden. Stellt man sich den Tourismus als Bühne vor, auf der sowjetische Identität zur Schau gestellt wurde, so verringerte sich die Distanz zwischen Zuschauern und Akteuren im Laufe der 1970er Jahre und in den frühen 1980er Jahren zusehends. Sowjetische Identität wurde nicht mehr bloß inszeniert, sondern aktiv verhandelt; und die politischen sowie gesellschaftlichen Akteure in den westlichen Ländern mischten sich aktiv in die Auseinandersetzungen darüber ein, was „sozialistisch" und „sowjetisch" sein sollte und konnte.

6 Fazit

In dem derzeit vielbeachteten Buch „Die Welt im Selfie. Eine Besichtigung des touristischen Zeitalters" tut sich dessen Autor Marco d'Eramo nicht schwer damit, die Relevanz seiner Thematik zu unterstreichen. Er zieht in der Einleitung eine direkte Linie von dem Fall der Berliner Mauer am 9. November 1989 zum Zusammenbruch der Sowjetunion und stellt fest: „Noch fünfzig Jahre zuvor wäre es undenkbar gewesen, dass ein Regime, das über Atomwaffen und einen gewaltigen Militärapparat verfügte, sich durch die Forderung nach Reisefreiheit hätte in die Knie zwingen lassen."[1] Die Symbolik von über Mauern kletternden, Löcher in Zäune schneidenden und Botschaften besetzenden Menschenmassen ist offenbar so überwältigend, dass sich in den Augen vieler Beobachter eine komplexere Analyse der damit verbundenen Vorgänge erübrigt. Bevölkerungen – so die mit diesen Bildern verbundene Logik – lassen sich nicht auf Dauer an die Kette legen und früher oder später schlägt sich dieses Freiheitsbedürfnis zwangsläufig in dem Zerfall repressiver Ordnungen nieder.

Dabei erscheint es der Kontingenz und Vielschichtigkeit historischer Prozesse kaum angemessen, den Zerfall autoritärer Staaten in erster Linie auf das Bedürfnis von Bevölkerungen nach grenzüberschreitender Mobilität zurückzuführen. Die vorliegende Arbeit ist diesbezüglich auch als Plädoyer für einen Perspektivwechsel in Bezug auf die Frage der Reisefreiheit in der UdSSR zu verstehen. Eine zentrale Erkenntnis lautet dabei, dass der internationale Tourismus die poststalinistische sowjetische Ordnung *nicht* ins Wanken brachte.[2] Unter den mannigfaltigen Gründen, die als Ursachen für den Kollaps der Sowjetunion genannt werden, dürften touristische Auslandsreisen von Sowjetbürgern nur eine marginale Rolle gespielt haben.[3] Denn zum einen kam nur ein Bruchteil der sowjetischen Bevölkerung überhaupt in deren Genuss, zum anderen existierten Mitte

---

1 Marco d'Eramo: Die Welt im Selfie, Eine Besichtigung des touristischen Zeitalters, Berlin 2018, S. 10.
2 Für die bei Zeitgenossen und in der Forschung verbreitete These zum destabilisierenden Charakter des Tourismus vergleiche die entsprechenden Ausführungen in der Einleitung, S. 5ff.
3 Für einen Überblick der diesbezüglichen Forschungslage siehe u. a. Stephen F. Cohen: Was the Soviet System Reformable?, in: Slavic Review 63. 2004, S. 459–488 sowie Jane R. Zavisca: Explaining and Interpreting the End of Soviet Rule, in: Kritika 12/2011, S. 925–940.

der 1950er Jahre bereits zahlreiche andere Waren- und Informationsströme über die Grenzen des alles andere als „Eisernen Vorhangs".[4] Die Ermöglichung des Auslandstourismus unter Chruščev war insofern auch kein revolutionärer Schritt, sondern größtenteils Symbolpolitik; und zwar eine, die sich in erster Linie an das westliche Ausland richtete. Die Botschaft einer gestiegenen Handelsbereitschaft und einer neuen Weltoffenheit richtete sich an ausländische Politiker und Investoren, nicht an die eigene Bevölkerung. Innerhalb der Sowjetunion blieb die Existenz des staatlich organisierten Ferntourismus ein gut gehütetes Geheimnis, in das vor allem die üblichen Verdächtigen eingeweiht waren: Diejenigen, die Mitte der 1950er Jahre mit Intourist Europa und Nordamerika bereisten, entstammten der gleichen Klientel wie jene Kultur- und Politfunktionäre, die dort unter anderem Label auch schon in den vorherigen Jahrzehnten unterwegs gewesen waren.[5]

Dieses Buch zum Auslandstourismus vertritt insofern die These, dass der Übergang vom Spätstalinismus zum Tauwetter nur bedingt eine Zäsur darstellte.[6] Während das Ende des willkürlichen Terrorregimes Stalins ohne Zweifel die Grundkoordinaten des gesellschaftlichen Lebens in der Sowjetunion neu justierte und die KPdSU vor die Herausforderung stellte, neue Herrschaftstechniken und Legitimationsstrategien zu entwickeln, setzten sich in den 1950er und 60er Jahren viele Trends fort, die schon in der unmittelbaren Nachkriegszeit eingesetzt hatten.

Im Bereich der Konsumkultur orientierte sich das frühe Reiseprogramm von Intourist zunächst an den langjährigen Trends des innersowjetischen Tourismus. Der Fokus lag hier wie dort auf größtmöglichem Komfort und Unterhaltung, weniger auf politischer Agitation und kollektiven Werten. Touristen und Funktionäre gleichermaßen legten ein ausgeprägtes Anspruchsdenken und differenzierte Konsumwünsche an den Tag. Nur in einem relativ kleinen Zeitfenster von Mitte bis Ende der 1950er Jahre machte sich darüber hinaus auch das veränderte

---

4　Als Beispiele für den hohen Grad der Vernetzung zwischen Ost und West während des Kalten Krieges siehe Osteuropa 59 (2009): Kooperation trotz Konfrontation. Wissenschaft und Technik im Kalten Krieg sowie Martin Aust (Hg.): Globalisierung imperial und sozialistisch. Russland und die Sowjetunion in der Globalgeschichte 1851–1991, Frankfurt am Main [u.a.] 2013, hier S. 333–461.

5　Vgl. David-Fox: Showcasing, S. 61–97.

6　Siehe zu einer kritischen Diskussion des zäsuralen Charakters der Tauwetter-Jahre u. a. Stephen Bittner: What's in a Name? De-Stalinisation and the End of the Soviet Union, in: Thomas M. Bohn u. a. (Hg.): De-Stalinisation reconsidered. Persistence and change in the Soviet Union, Frankfurt a.M., New York 2014, S. 31–42 sowie Andreas Hilger: Grenzen der Entstalinisierung. Sowjetische Politik zwischen Rehabilitierung und Repression 1953–1964, in: Roger Engelmann u. a. (Hg.), Kommunismus in der Krise: Die Entstalinisierung 1956 und die Folgen. Analysen und Dokumente der BStU 2007.

Diskursklima innerhalb der Sowjetunion in den Reisegruppen bemerkbar. Touristen stellten in dieser Zeit immer wieder die Autorität der Gruppenleitung offen in Frage und forderten die Mitbeteiligung an der Ausgestaltung der Reiseprogramme. Das Tauwetter endete im Bereich des Auslandstourismus allerdings frühzeitig. Spätestens zu Beginn der 1960er Jahre machten die konservativen Kräfte innerhalb der Partei ihren Einfluss in den Reisegruppen geltend und sorgten durch die Isolation und kollektive Beschämung der sich nicht unterordnenden Touristen für ein Ende der Vielstimmigkeit. Die autoritäre Wende setzte hier also mitten in der Herrschaftsära von Chruščev ein.

Die damit verbundenen Entwicklungen waren allerdings zu vielschichtig, um sie unter der Überschrift einer „Re-Stalinisierung" zu versammeln. Vielmehr lässt sich in den 1960er Jahren beobachten, dass Funktionäre und Touristen zentrale politische Weichenstellungen des Tauwetters, darunter die Bereitschaft für internationale Kooperationen und die prinzipielle Orientierung an einem westlichen Wohlstandsniveau kaum noch offen thematisierten; gleichzeitig aber der symbolisch mit diesen Agenden verknüpfte Auslandstourismus keineswegs in Frage gestellt wurde. Im Gegenteil: Erst unter Brežnev gelangten die auslandstouristischen Institutionen zu ihrer vollen Entfaltung. Sie standen in dieser Zeit nicht mehr synonym für den Fortschrittsoptimismus der frühen Chruščev-Ära, sondern eher für den pragmatischen Umgang der KPdSU mit deren politischem Erbe: Die bestehenden Strukturen wurden übernommen und ausgebaut; lediglich die offizielle Sinnstiftung wurde angepasst – unter Brežnev reisten sowjetische Bürger nicht mehr als Botschafter einer Zeitenwende, sondern als Vertreter einer zu verteidigenden Gesellschaftsordnung. Der Kontakt mit dem Ausland sollte den Touristen nicht neue Horizonte eröffnen, sondern den von ihnen gedachten sowjetischen Raum erweitern. Mit dieser Geisteshaltung kamen die sowjetischen Reiseagenturen der Philosophie westlicher kommerzieller Reiseanbieter durchaus nahe: Während diese ihren Kunden das Versprechen machten, selbst in der tiefsten Wildnis nicht auf den gewohnten Alltagskomfort inklusive der vertrauten Tageszeitung verzichten zu müssen, trieben die sowjetischen Reiseagenturen in dieser Zeit ebenfalls großen Aufwand, damit ihre Touristen auch außerhalb der eigenen Grenzen nicht auf die Idee oder in die Verlegenheit kamen, die vertrauten Vorstellungswelten und Handlungsweisen zu hinterfragen. Der Auslandstourismus war in der Sowjetunion damit deutlich strenger reguliert und überwacht als der inländische Tourismus und es spricht viel dafür, dass das subversive Potenzial des letzteren aufgrund dieser Tatsache deutlich größer war.[7] Aus diesem Grund sprach aus Sicht von führenden Funktionären wie etwa dem langjährigen Intourist-Vorsitzenden Vladimir Ankudinov auch wenig dagegen,

---

7 „Wilde" sowjetische Touristen gab es im internationalen Kontext nicht; entsprechend fehlte in diesem Bereich auch das entsprechende Gegengewicht zum geplanten Tourismus, vgl. Noack: Coping.

den Auslandstourismus selbst in Zeiten innen- wie außenpolitischer Krisen weiter zu fördern. Ideologisch sorgfältig eingehegte Auslandsreisen konnten durchaus als identitätsstiftende Maßnahme in unruhigen Zeiten aufgefasst werden, und die Rückmeldungen der Gruppenleiter gaben wenig Anlass dazu, unter dem Strich an deren positiver Wirkung zu zweifeln. Die Zahl der Touristen wuchs so unter Brežnev von Jahr zu Jahr; wobei zunehmend auch weniger privilegierte Bevölkerungsgruppen aus den Peripherien zum Zuge kamen. Diese „Demokratisierung" des Auslandstourismus bestätigte den Kurs, den der Komsomol schon frühzeitig verfolgt hatte: Mit der Gründung des Jugendreisebüros „Sputnik" 1958 setzte die Nachwuchsorganisation auf eine Bescheidenheitsethik und eine klare agitatorische Agenda. Genau in diese Richtung entwickelte sich der sowjetische Auslandstourismus in den 1960er und 70er Jahren: er wurde politischer, weniger komfortorientiert und fokussierte sich auf den sozialistischen Raum. Vor allem aber begann hier zuerst der lange Abschied von dem, was Michael David-Fox als den „superiority complex" der Bolschewiki bezeichnet hat.[8] Im Jugendtourismus fehlten die finanziellen und organisatorischen Mittel, um die touristische Praxis im Ausland auch nur annähernd mit dem kulturellen und politischen Hegemonialanspruch der KPdSU in Einklang zu bringen. Die dadurch begründeten unzähligen Demütigungen, die die Reisegruppen nicht nur im westlichen, sondern auch und vor allem im sozialistischen Ausland über die Jahre erfuhren, hinterließen ihre Spuren. Die ungefilterte Antipathie und Kritik, mit denen sich sowjetische Touristen im Nachklang des Prager Frühlings 1968/69 weltweit konfrontiert sahen, sorgte vor diesem Hintergrund dafür, dass die organisatorische und ideologische Umsetzung der Auslandsreisen noch einmal grundlegend überarbeitet wurde.

Die KPdSU wandte sich nun verstärkt dem zuvor eher stiefmütterlich behandelten Tourismussektor zu und verknüpfte ihn institutionell enger mit den Exekutivstrukturen. Erst im Laufe der 1970er Jahre bildete sich so allmählich etwas heraus, was sich als eine koordinierte auslandstouristische Strategie bezeichnen ließ: Ausgestattet mit trainierten Sprechern, professionellen Künstlern und sorgfältig vorbereiteten Laien traten Reisegruppen in den 1970er Jahren immer häufiger als gut organisierte Propagandakollektive in Erscheinung. Die Performance sowjetischer Identität, die Anne Gorsuch als zentrales Merkmal der ersten Westreisen unter Chruščev herausgearbeitet hat, entsprang unter Brežnev nicht mehr in erster Linie dem impliziten Wissen der Sowjetbürger, welches Verhalten systemkomform war, sondern basierte in viel stärkerem Maße auf einer sorgfältigen Planung und Schulung der Touristen im Vorfeld der Reisen.[9] Die so hervorgebrachte touristische Inszenierung war daraufhin optimiert, antizipierter Kritik

---

8   Vgl. David-Fox: Iron, S. 19–23.
9   Vgl. Gorsuch: Vystuplenie, S. 385f.

den Wind aus den Segeln zu nehmen und zugleich die sowjetische Gesellschaft als humanen Alternativentwurf zur kapitalistischen Moderne zu präsentieren. Die Art und Weise, wie sich Reisegruppen aus der UdSSR in den 1970er Jahren im Ausland darstellten, stand dabei in diametralem Widerspruch zur Fortschritts- und Konsumorientierung, die der Tauwetter-Tourismus mit seinen öffentlich- keitswirksam inszenierten Kreuzfahrten zu kommunizieren versucht hatte. Die Touristen gerierten sich in dieser Zeit stattdessen als Teil einer egalitären Wer- tegemeinschaft, die im Zweifelsfall bereit war, für den Erhalt gesellschaftlicher Stabilität und des zwischenmenschlichen Zusammenhalts auf wirtschaftlich- technischen Fortschritt zu verzichten. Der Auslandstourismus spiegelte damit die neo-traditionalistischen Tendenzen der Brežnev-Ära wider.[10] Besonders deutlich machten dies die Auftritte folkloristischer Volkstanz-Gruppen, die ein exotisches und ethnisch heterogenes Bild der Sowjetunion vermittelten. Mit der Zurschaustellung vermeintlich traditioneller Volkskultur appellierten die Touristen aus den Unionsrepubliken an die Gefühle der Zuschauer und evozier- ten bei diesen Vorstellungen einer ursprünglichen, authentischen Lebensweise. Das Deutungsangebot, das sie den besuchten Bevölkerungen damit machten, war jenes einer alternativen Moderne – die UdSSR als entschleunigtes und wertkonservatives Gegenmodell zum hyperventilierenden Individualismus und Materialismus der westlichen Industriegesellschaften.[11]

Mit Wissen um den späteren Zerfall der UdSSR erscheint diese Strategie auf den ersten Blick als aussichtsloser Versuch, angesichts des verlorenen Wettbe- werbs auf wirtschaftlich-technischem Gebiet einen Nebenkriegsschauplatz zu eröffnen, auf dem sich die Kreml-Führung noch konkurrenzfähig wähnte. Ge- genüber der Bevölkerung im sozialistischen Staatenraum, die die Gängelung aus Moskau gerade als Verhinderung von alternativen Entwicklungswegen erlebte, war eine derartige Romantisierung des sowjetischen Gesellschaftsmodells tat- sächlich wirkungslos bis kontraproduktiv. Das Verhältnis zu Reisegruppen aus der UdSSR kühlte sich bei den Bevölkerungen in Polen, der CSSR und der DDR im Laufe der 1970er Jahre spürbar ab. Dafür gab es im Zuge der Studenten- bewegung in den USA und vor allem in Westeuropa nach 1968 ein dankbares Publikum für die Inszenierungen einer heilen sozialistischen Welt jenseits des Eisernen Vorhangs. In Westdeutschland war das Interesse an den vermeintli- chen Botschaftern eines zivilisatorischen Gegenentwurfs sogar so groß, dass die

---

10 Zur Einordnung der spätsowjetischen Gesellschaft als „neu-traditionalistisch" s. Terry Martin: Modernization or Neo-traditionalism. Ascribed Nationality and Soviet Primor- dialism, in: David L. Hoffmann u. Yanni Kotsonis (Hg.), Russian modernity. Politics, knowledge, practices, Basingstoke, New York, NY 2000, S. 161–182.

11 Zur Idee, dass Gesellschaften zur gleichen Zeit unterschiedliche Vorstellungen von „Mo- derne" entwickeln können, s. S. N. Eisenstadt: Multiple Modernities, in: Daedalus 1/2000, S. 1–29.

anspruchsvollen öffentlichen politischen Debatten die eher öffentlichkeitsscheuen Touristengruppen zeitweise regelrecht überforderten. Dies lag daran, dass sowjetische Touristengruppen darauf eingestellt waren, zu repräsentieren, nicht zu debattieren. Die Mission der Touristen in der Spätphase der Ära Brežnev war nicht partizipatorisch angelegt. Es ging weder darum, politische Ideen mit den Menschen vor Ort zu diskutieren, noch um die utopische Vorstellung, in ideologisch verfeindeten Ländern einen gesellschaftlichen Wandel anzustoßen. Vielmehr diente der Auslandstourismus dieser Zeit der Distanzierung: Die Argumentationsmuster, die Touristen an die Hand gegeben wurden, zielten darauf ab, klare Trennlinien zwischen fremden Gesellschaften und der eigenen zu ziehen (das galt im Übrigen auch zunehmend für die „befreundeten" sozialistischen Staaten). Dabei stand nicht die eigene Überlegenheit, sondern das Anderssein im Vordergrund. Eine Auslandsreise war vor diesem Hintergrund auch und vor allem eine Bewährungsprobe, ein Übergangsritus für eine loyale Trägerschicht der Gesellschaft: Sowjetische Bürger erhielten hier das exklusive staatliche Angebot, ihre Treue zum sozialistischen Projekt unter erschwerten Bedingungen unter Beweis zu stellen.

Trotz beziehungsweise gerade wegen der sich ausweitenden Problematik von Vetternwirtschaft und Konterbande im Bereich des Auslandstourismus war moralische Integrität daher *das* definierende Moment sowjetischer Identität in der Spätphase der Ära Brežnev. Touristen wie Funktionäre mussten bei Schmuggel- und Tauschgeschäften jederzeit mit strafrechtlichen Konsequenzen rechnen, vor allem aber auch mit gesellschaftlicher Stigmatisierung. Der sowjetische Staat besaß zwar nicht die Ressourcen, um seine Bürger auf Auslandsreisen umfassend zu überwachen und er verzichtete unter Brežnev weitgehend auf drakonische Strafmaßnahmen zur Verbreitung eines Klimas der Verunsicherung, aber dafür etablierte und popularisierte er einen moralischen Diskurs, der gesetzeswidriges Verhalten als gesellschaftsschädigend brandmarkte. Wenngleich die meisten Touristen damit rechnen konnten, dass kleinere Verstöße gegen Zollbestimmungen unentdeckt oder ohne schwerwiegende Konsequenzen bleiben würden, mussten sie darauf achten, den schmalen und kaum greifbaren Grat zwischen akzeptierten „Bagatelldelikten" und jenen der gewerbsmäßigen Schmuggelei nicht zu überschreiten. Ersteres erlaubte den Verbleib in der „anständigen" sowjetischen Gesellschaft, letzteres nicht.[12]

Die bis in die Gegenwart anhaltende Popularität von Filmen aus der Spätphase der Brežnev-Ära, in der eine klare Grenze gezogen wird zwischen einer verzeihlichen Faszination an den Konsumverlockungen des Auslands und einer hem-

---

12 Die Tatsache, dass Touristen, denen „moralisches Versagen" vorgeworfen wurde, zuweilen in die Psychatrie verwiesen wurden oder ihren Beruf verloren, unterstreicht die Tatsache, dass sie durch ihr Fehlverhalten aus staatlicher Sicht das Recht verwirkt hatten, „normale" Mitglieder der sowjetischen Gesellschaft zu bleiben, vgl. Raleigh: Soviet, S. 216.

mungslosen Hingabe diesen gegenüber, verdeutlicht, dass „anständiges" Verhalten als identitätsstiftendes Moment einer (post-)sowjetischen Gesellschaft die Brežnev-Ära überdauerte. Der Staat erscheint in dieser Erzählung als paternalistischer Statthalter eines gesamtgesellschaftlichen moralischen Konsenses; als Instanz, die eine eigene zivilisatorische Ordnung vor äußeren Gefahren schützt. Es ist fraglich, ob diese Propagierung eines wertebasierten Sowjetpatriotismus das Potenzial hatte, die vielfältigen administrativen und ökonomischen Probleme der UdSSR auch nur mittelfristig zu kaschieren, aber er hinterließ zweifellos tiefe Spuren im kollektiven Gedächtnis und erscheint als Erinnerungsort bis in die Gegenwart für große Bevölkerungsteile im postsowjetischen Raum anschlussfähig.[13]

Nicht zufällig erinnert der gegenwärtige politische Diskurs in Russland an die Spätphase der Brežnev-Ära; angefangen bei der Abgrenzung zum „dekadenten" Liberalismus westlicher Gesellschaften über die affirmative und opportunistische Instrumentalisierung der eigenen Geschichte bis hin zum Personenkult Vladimir Putins – hier wie dort sollen politische und wirtschaftliche Stabilität für Legitimität sorgen, und hier wie dort fordert die staatliche Führung die eigene Bevölkerung permanent dazu auf, sich kollektiv zu den moralischen Werten der von ihr begründeten Ordnung zu bekennen.[14] Die Herrschaft Brežnevs bedurfte ähnlich wie jene Putins eines eindeutig identifizierbaren Anderen zur Stabilisierung der eigenen kollektiven Identität. Das Ende der Détente in den späten 1970er Jahren schaffte in dieser Hinsicht noch einmal gute Voraussetzungen für die KPdSU: Das militärische Nachrüsten der NATO und das Aufkommen von Solidarność in Polen konnten zur Rechtfertigung einer sowjetischen Wagenburg-Mentalität instrumentalisiert werden.

Entscheidend für das Ende des staatlich organisierten sowjetischen Auslandstourismus war insofern letztlich weder eine moralische oder organisatorische Krise der daran beteiligten Institutionen, sondern der mit Glasnost' und Perestroika eingeleitete politische Kurswechsel durch Michail Gorbačev. Faktisch sorgte dieser relativ zügig nach seinem Amtsantritt dafür, dass von den ideologischen und organisatorischen Grundlagen des Auslandsreisesektors, wie sie in diesem Buch beschrieben werden, wenig übrig blieb. Gorbačevs Reformprogramm erinnerte mit seinem Zukunfts-Optimismus und der Öffnung gegenüber dem Ausland zwar an die frühe Tauwetter-Periode; die Privatisierung weiter Teile der Wirtschaft - darunter auch des Tourismussektors – lag hingegen weit außer-

---

13 http://www.calvertjournal.com/opinion/show/2323/seventies-culture-brezhnev-era-russia, zuletzt eingesehen am 31.10.2018.

14 Andreas Umland spricht in diesem Zusammenhang von einem „paratotalitären Kurs" Vladimir Putins seit der „orangenen Revolution" in der Ukraine 2004, vgl. ders.: Russia's New 'Special Path' After the Orange Revolution, Russian Politics and Law 50, 6/2012, S. 19–40.

halb dessen, was Chruščev mit seiner politischen Agenda Mitte der 1950er Jahre angestrebt hatte.[15] Die Erforschung des massiven institutionellen und kulturellen Wandels des sowjetischen Tourismussektors in den 1980er Jahren könnte daher dabei helfen, die historische Bedeutung dieser Epoche und den letztlichen Kollaps der UdSSR besser zu verstehen und dabei auch die ideelle Verwandtschaft von Perestroika und Glasnost' mit der Tauwetter-Ära kritisch zu hinterfragen.

Ein weiteres lohnendes Untersuchungsfeld bleibt darüber hinaus die Einordnung des sowjetischen staatlichen Reiseprogramms in die globale Tourismusgeschichte. Betrachtet man die Entwicklung des internationalen Reisesektors in der zweiten Hälfte des 20. Jahrhunderts, so trug die UdSSR zwar nur marginal zum grenzüberschreitenden Tourismus bei; gleichzeitig lagen die jährlichen Wachstumszahlen in diesem Bereich in den 1960er und 1970er Jahren teilweise deutlich über dem westlichen Trend.[16] Das gleiche galt für die sich ausweitende gesellschaftliche Beteiligung am Ferntourismus – in westlichen Industrienationen entwickelte sich dieser Sektor erst in den 1960er Jahren zu einem Massenphänomen, an dem die Mittelschicht maßgeblich partizipierte, wobei auch in dieser Phase die soziale und ökonomische Elite überproportional unter den Ferntouristen vertreten war.[17] Die Sowjetunion schien mit dem Ausbau ihres auslandstouristischen Programms insofern auch einem allgemeinen Mobilitätsimperativ moderner Gesellschaften zu folgen. Die Tatsache, dass der sozialistische Staatenraum dabei eine eigene touristische Kultur entwickelte, die sich organisatorisch und inhaltlich teils deutlich von dem kommerziellen Reisesektor westlicher Staaten unterschied und die sich – wie das Beispiel der steigenden Bedeutung des Nationalismus in der touristischen Außendarstellung der Unionsrepubliken verdeutlicht – im Laufe der Jahre immer weiter ausdifferenzierte, lädt dazu ein, den scheinbar selbstverständlichen Konnex zwischen Kapitalismus und globalem Tourismus kritisch zu hinterfragen: Vieles spricht dafür, dass auch der Realsozialismus in Bezug auf grenzüberschreitende Mobilität einer eigenen Wachstumsdynamik unterlag und darüber hinaus Wechselwirkungen mit der westlichen Welt einging, die nicht allein von letzterer dominiert wurden. Die kulturelle und gesellschaftliche Eigenlogik sowie die institutionellen Strukturen des touristischen Austauschs unter sozialistischen

---

15 Vgl. Hall: Tourism, S. 139f.
16 Laut d'Eramo: Welt, S. 26ff. betrug das jährliche Wachstum des internationalen Tourismus zwischen 1950 und 1992 jährlich im Schnitt 7,2 Prozent; während die Wachstumsraten in der Sowjetunion in manchen Jahren 50 Prozent und mehr betrugen, vgl. Tabellen 1–3. Anzumerken ist dabei allerdings, dass die Wachstumsraten des Auslandstourismus sich in der Sowjetunion zu Beginn der 1980er Jahre deutlich abschwächte.
17 Vgl. Sina Fabian: Boom in der Krise. Konsum, Tourismus, Autofahren in Westdeutschland und Großbritannien (1970–1990), Göttingen 2016, S. 125–127.

Staaten bedürfen dabei weiterer Forschung, um diesen aus seinem Status als „Randnotiz" der globalen Reiseindustrie zu befreien.[18]

Die Bereitstellung von Mobilität innerhalb der eigenen Grenzen und über diese hinaus diente vielen sozialistischen Staaten und eben auch der Sowjetunion als wichtige Legitimationsquelle. Auch aus diesem Grund handelte es sich bei dem eingangs dieses Buches angeführten Zitat über den Vergleich der UdSSR mit einem Gefängnis um eine verbreitete Fehlwahrnehmung, die zu Missverständnissen über das Herrschaftssystem der späten Sowjetunion beitragen. Die KPdSU war sich des kulturdiplomatischen sowie des legitimatorischen Potenzials des Auslandstourismus sehr wohl bewusst und versuchte, es in überschaubarem Rahmen auszuschöpfen. Sie gab den zuständigen Institutionen dafür weitgehende Freiräume und baute die entsprechenden Infrastrukturen allmählich aus. Trotz aller in diesem Buch geschilderten organisatorischen Schwierigkeiten trug der Auslandstourismus wesentlich zur Identifikation der sowjetischen Bürger mit den Zielen ihres Staates bei. Angesichts sich ausweitender Korruption auf Funktionärsebene und einer überforderten Bürokratie stand der staatlich betriebene Ferntourismus Anfang der 1980er Jahre allerdings tatsächlich am Scheideweg. Dass er ein Jahrzehnt später nicht mehr existieren würde, war zu diesem Zeitpunkt jedoch alles andere als ausgemacht: Die auslandstouristischen Institutionen hatten seit ihrer Gründung mehrfach existenzielle Krisen durchlaufen und im Zuge dessen neue Strukturen und Verfahren ausgebildet. Ihre Implosion infolge der Privatisierungspolitik Gorbačevs war nur eine von vielen möglichen Entwicklungswegen und keineswegs der wahrscheinlichste.

---

18 Vgl. dazu auch Keck-Szajbel u. Wolter: Contradiction. Für erste Ansätze in diese Richtung siehe z. B. Sune Bechmann Pedersen: Eastbound Tourism in the Cold War: The History of the Swedish Communist Travel Agency Folkturist, in: Journal of Tourism History 2/2018, S. 130–145 sowie (wenngleich nur teilweise mit historischer Perspektive) Sabina Owsianowska u. Magdalena Banaszkiewicz (Hg.): Anthropology of tourism in Central and Eastern Europe. Bridging worlds, Lanham 2018.

Quellen und Literatur

Primärquellen

Archivquellen

Russland

Gosudarstvennyj archiv Rossijskoj Federacii (GARF)

      f. 9520, Zentralrat für Tourismus und Exkursionen

      f. 9612, Intourist

Rossijski gosudarstvennyj archiv novejšej istorii (RGANI)

      f. 5, Allgemeine Abteilung des Zentralkomitees der KPdSU

      –   op. 30, Materialien über kulturelle, wissenschatliche, technische und ökonomische Kooperation zwischen der UdSSR und anderen Ländern

Rossijskij gosudarstvennyj archiv social'no-političeskoj istorii (RGASPI)

      f. M-1, Central'nyj Komitet VLKSM (1918–1991)

      –   op. 30, Internationale Abteilung

      f. M-5, Büro für internationalen Jugendtourismus (Sputnik)

      –   op. 1, Dokumente des BMMT „Sputnik", 1958–1968

      –   op. 2, Dokumente des BMMT „Sputnik", 1957–1976

      –   op. 3, Dokumente des BMMT „Sputnik", 1977–1991

Central'nyj archiv obščestvennych dviženij Moskvy (CAODM)

      f. P-4, Moskauer Stadtkomitee der KPdSU (1931–1991)

Permskij gosurdarstvennyj archiv novejšej istorii (PermGANI)

      f. 8209, Gewerkschaftskomitee der Öl- und Chemieindustrie

Deutschland

Bundesarchiv (BArch)

      DY/32, Gesellschaft für deutsch-sowjetische Freundschaft

Polen

Instytut Pamięci Narodowej (IPN)

      f. BU 0366/4, Innenministerium Warschau

Archiwum Akt Nowych (AAN)

      f. 1648, Hauptkomitee für Körperkultur und Tourismus, Warschau (GKKFiT)

Ungarn

Open Society Archive (HU OSA)

Litauen
Lietuvos Ypatingasis Archyvas (LYA)
    f. k-1, Berichte des sowjetischen Geheimdienstes

USA
Wilson Center Digital Archive
    TsKhSD, f. 89, Zentralkomitee der KPdSU

Veröffentlichte Quellen

100(0) Schlüsseldokumente zur russischen und sowjetischen Geschichte.

Aleksej Adžubej: „Serebrjanaja koška", ili putešestvie po Amerike, Moskau 1956.

M. Charlamov/O. Vadeev (Hg.), Licom k licu c amerikoi. Rasskaz o poezdke N. S. Chruš-čeva v SŠA, Moskau 1959.

Dies.: Face to Face with America. Report of N. S. Krushchev's trip to the USA, Moskau 1959.

Große sowjetische Enzyklopädie.

Il'ja Il'f und Evgenij Petrov: Odnoetažnaja Amerika, Moskau 1937.

Lacy-Zarubin-Abkommen von 1958.

L. Lebedeva u. V. Prošutinskij (Hg.): SSSR: 100 voprosov i otvetov, Moskau 1978–1984.

Boris Strel'nikov und Il'ja Šatunovskij: Amerika sprava i sleva, Moskau 1972.

Nikolaj Karamzin, Letters of a Russian Traveller, hg. v. Andrew Kahn, Oxford 2003.

NSC Under Secretaries Committee: „First Quarterly Report on Implementation of the Final Act of the Conference on Security and Cooperation in Europe (CSCE) vom 22.12.1975.

Vladimir Pozner u. a.: Odnoetažnaja Amerika, Moskau 2008.

United States House Committee on the Judiciary: The United States through the Eyes of Soviet Tourists. An Analysis of Their Published Reports Prepared by the Staff of the Subcommittee to Investigate the Administration of the Internal Security Act and Order Internal Security Laws of the Committee on the Judiciary, United States Senate, 86. Congress, 2. session, Washington, D. C. 1960.

Unveröffentlichte Quellen

JAW: „Bericht über die erste deutsch-sowjetische Begegnung im Kreis Wiedenbrück vom 6.–20. November 1968".

JAW: „Bericht über die deutsch-sowjetische Jugendbegegnung in Verl vom 7.–17. Mai 1975".

Zinaida Turaeva: Memoirs.

Zeitungen und Journale

Čelovek i zakon
Der Spiegel
Deseret News

Die Glocke
Die Zeit
Gettysburg Times
Izvestija
Komsomol'skaja Pravda
New York Times
Pravda
Sarasota Herald Tribune
Stuttgarter Umschau
Trud
Turist
World Travel

Filme

Brillantovaja ruka, Regisseur: Leonid Gajdaj, UdSSR 1969.
Služebnyi roman, Regisseur: Eldar Ryazanov. UdSSR, 1977.
Moscow on the Hudson, Regisseur: Paul Mazursky, USA 1984.

Sekundärliteratur

Abeßer, Michel, Bohn, Thomas und Rayk Einax (Hg.): De-Stalinisation Reconsidered. Persistence and Change in the Soviet Union, Frankfurt, New York 2014.

Adler, Judith: Travel as Performed Art, in: American Journal of Sociology 6/1989, S. 1366–1391.

Andreeva, Ekaterina: Evoljucija turističeskich praktik russkich vo Frantsii: Načalo XIX–načalo XXI v.v, Dissertation, Saratow 2006.

Apor, Balázs u. a. (Hg.): The Sovietization of Eastern Europe. New Perspectives on the Postwar Period, Washington, DC 2008.

Applebaum, Rachel: Friendship of the Peoples. Soviet-Czechoslovak Cultural and Social Contacts From the Battle For Prague to the Prague Spring, 1945–1969, Dissertation, Chicago 2010.

– Dies.: A Test of Friendship. Soviet-Czechoslovak Tourism and the Prague Spring, 1968–1969, in: Koenker u. Gorsuch (Hg.), Socialist, S. 213–232.

Archipova, E. P.: Nekotorye aspekty razvitija sovetskogo vyezdnogo turizma v 1980–1991 gg. (na primere turističeskogo obmena s kapitalističeskimi stranami, in: Sovremennye problemy servisa i turizma, 1/2008, S. 36–43.

Aust, Martin (Hg.): Globalisierung imperial und sozialistisch. Russland und die Sowjetunion in der Globalgeschichte 1851–1991, Frankfurt am Main [u. a.] 2013.

Autio-Sarasmo, Sari (Hg.): Winter kept us warm. Cold War Interactions Reconsidered, Helsinki 2010.

Azar, V. I.: Turizm – specifičeskaja forma potreblenija, in: Izvestija Akademii Nauk SSSR 1975, S. 84–96.

Babiracki, Patryk u. Kenyon Zimmer (Hg.): Cold War Crossings. International Travel and Exchange Across the Soviet Bloc, 1940s–1960s, College Station 2014.

Bacon, Edwin u. Mark Sandle (Hg.): Brezhnev Reconsidered, Houndmills u. a. 2002.

Bagdasarjan, Vardan u. a.: Sovetskoe zazerkal'e. Inostrannyj turizm v SSSR v 1930–1980-e gody, Moskau 2007.

Balina, Marina: A Prescribed Journey: Russian Travel Literature from the 1960s to the 1990s, Slavic and East European Journal 38, no. 2 (1994), S. 261–70.

Barghoorn, Frederick: The Soviet Image of the United States: A Study of Distortion. New York u. a. 1950.

Bechmann Pedersen, Sune: Eastbound Tourism in the Cold War: The History of the Swedish Communist Travel Agency Folkturist, in: Journal of Tourism History 2/2018.

Behrends, Jan C. : Besuch aus der Zukunft. Sowjetische Stachanov-Arbeiter in der DDR, in: Jahrbücher für Geschichte Osteuropas 2/2002.

– Ders.: Erfundene Feindschaft und exportierte Erfindung. Der spätstalinistische Antiamerikanismus als sowjetische Leiterzählung und polnische Propaganda, in: Ders. u. a. (Hg.), Antiamerikanismus im 20. Jahrhundert. Studien zu Ost- und Westeuropa, Bonn 2005, S. 159–186.

– Ders.: Die erfundene Freundschaft. Propaganda für die Sowjetunion in Polen und in der DDR, Dissertation, Köln 2006.

Belge, Boris u. Martin Deuerlein (Hg.): Goldenes Zeitalter der Stagnation? Perspektiven auf die sowjetische Ordnung der Brežnev-Ära, Tübingen 2014.

Bessonova, Maryna: Soviet Attitudes Towards Poland's Solidarity Movement, in: Lee Trepanier (Hg.),The Solidarity movement and perspectives on the last decade of the Cold War, Krakow 2010, S. 67–78.

Bittner, Stephen: What's in a Name? De-Stalinisation and the End of the Soviet Union, in: Thomas M. Bohn u. a. (Hg.): De-Stalinisation reconsidered. Persistence and change in the Soviet Union, Frankfurt a.M., New York 2014, S. 31–42.

Bren, Paulina u. Mary Neuburger (Hg.): Communism Unwrapped. Consumption in Cold War Eastern Europe, Oxford 2012.

Bundesministerium für Wirtschaft und Technologie: Wirtschaftsfaktor Tourismus Deutschland. Kennzahlen einer umsatzstarken Querschnittsbranche, München 2012.

Burt, Valerij: „Kak sovetskie moskviči ez dili za granicu", http://moslenta.ru/article/2015/11/29/zagranitsa/

Bushnell John: The 'New Soviet Man' Turns Pessimist, in: Stephen Frand Cohen u. a. (Hg.), The Soviet Union since Stalin, Bloomington 1980, S. 179–199.

Campbell, Andrew: Moscow's Gold: Soviet Financing of Global Subversion, in: National Observer 3/1999, S. 19–38.

Caute, David: The Dancer Defects. The Struggle for Cultural Supremacy During the Cold War, Oxford u. a. 2008.

Chatterjee, Choi u. a. (Hg.): Everyday Life in Russia Past and Present, Bloomington 2015.

Crowley, David u. Susan E. Reid (Hg.): Style and Socialism. Modernity and Material Culture in Post-war Eastern Europe, Oxford 2000.

– Dies.: Pleasures in Socialism?, in: Dies. (Hg.), Pleasures, S. 3–51.

Crump, Laurien: The Warsaw Pact Reconsidered. International Relations in Eastern Europe, 1955–1969, London [u. a.] 2015.

Černyšova, Natal'ja: Soviet Consumer Culture in the Brezhnev Era, London u. a. 2013.

– Dies.: Consumer as Citizens: Revisiting the Question of Public Disengagement in the Brezhnev Era, in: Fainberg/Kalinovskij: Reconsidering, S. 3–20.

Charlamov, M. u. O. Vadeev (Hg.): Licom k licu c amerikoi. Rasskaz o poezdke N. S Chruščeva v SŠA, Moskau 1959.

Čistikov, Aleksandr: ‚Ladno l' za morem il' čudo?' Vpečatlenija sovetskich ljudej o zagranice v ličnych zapisjach i vystuplenijach (seredina 1950-ch – seredina 1960-ch gg.), in: Novejšaja Istorija Rossii. 2011, S. 167–177.

– Ders.: Sovetskij turist za rubežom v 1950–1960-e gg., in: N. V. Michaïlov (Hg.), Čelovek i ličnost' v istorii Rossii. Konec XIX–XX vek, Sankt Petersburg 2012, S. 356–368.

– Ders.: Sovetskij vyezdnoj turizm 1950–1960-ch godov. Socialnyj aspekt, in: Trudy Istoriceskogo fakulteta Sankt-Peterburgskogo universiteta 9/2012, S. 184–190.

Clark, Katerina: Ehrenburg and Grossman: Two Cosmopolitan Jewish Writers Reflect on Nazi Germany at War, in: Kritika 3/2009, S. 607–628.

Cohen, Stephen F.: Was the Soviet System Reformable?, in: Slavic Review 63. 2004, S. 459–488.

Daigle, Craig: "The Era of Détente", in: Andrew Humphrys u. a. (Hg.): The Routledge Handbook of the Cold War 2014, S. 195–208.

David-Fox, Michael: Stalinist Westernizer? Aleksandr Arosev's Literary and Political Depictions of Europe, in: Slavic Review 62, Nr. 4, 2003, S. 733–759.

– Ders.: Showcasing the Great Experiment. Cultural Diplomacy and Western Visitors to Soviet Union, 1921–1941, Oxford u. a. 2012.

– Ders.: The Iron Curtain As Semipermeable Membrane. Origins and Demise of the Stalinist Superiority Complex, in: Babiracki/Zimmer (Hg.), Cold, S. 14–39.

d'Eramo, Marco: Die Welt im Selfie, Berlin 2018.

Dickinson, Sarah: Breaking Ground. Travel and National Culture in Russia from Peter I to the Era of Pushkin. Amsterdam u. a. 2006.

Dobrynin, Sergei: The Silver Curtain: Representations of the West in the Soviet Cold War Films, in: History Compass 7/2009, S. 862–878.

Dobson, Miriam: The Post-Stalin Era. De-Stalinization, Daily Life, and Dissent, in: Kritika 4/2011, S. 905–924.

Dolženko, Gennadij: Istorija turizma v dorevoljucionnoj Rossii i SSSR, Rostov am Don 1988.

– Ders. u. Jurii Putrik: Istorija turizma v Rossijskoj imperii, Sovetskom Sojuze i Rossijskoj Federacii, Rostov am Don 2010.

Edele, Mark: Soviet Society, Social Structure, and Everyday Life. Major Frameworks Reconsidered, in: Kritika 2/2007.

Eimermacher, Karl (Hg.): Tauwetter, Eiszeit und gelenkte Dialoge. Russen und Deutsche nach 1945, (= West-östliche Spiegelungen. Neue Folge, Bd. 3), München 2006.

Eisenstadt, S. N.: Multiple Modernities, in: Daedalus 1/2000, S. 1–29.

Engerman, David C.: The price of aid. The economic Cold War in India, Cambridge 2018.

English, Robert: Russia and the Idea of the West. Gorbachev, Intellectuals, and the End of the Cold War, New York 2000.

Enzensberger, Hans Magnus, Vergebliche Brandung der Ferne. Eine Theorie des Tourismus, in: Merkur, 12. Jg., 1958, S. 701–720.

Fabian, Sina: Boom in der Krise. Konsum, Tourismus, Autofahren in Westdeutschland und Großbritannien (1970–1990), Göttingen 2016, Göttingen 2016.

Fainberg, Dina u. Artemij Kalinovskij (Hg.): Reconsidering Stagnation in the Brezhnev Era. Ideology and Exchange, Lanham 2016.

Field, Deborah A. : Private Life and Communist Morality in Khrushchev's Russia, New York 2007.

Gatejel, Luminita: Warten, hoffen und endlich fahren. Auto und Sozialismus in der Sowjetunion, in Rumänien und der DDR (1956–1989/91), Dissertation, Frankfurt, New York 2014.

Gilburd, Eleonory: Books and Borders: Sergei Obraztsov and Soviet Travels to London in the 1950s, in: Gorsuch u. Koenker (Hg.), Turizm, S. 227–247.

– Dies. u. Denis Kozlov (Hg.): The Thaw. Soviet Society and Culture During the 1950s and 1960s, Toronto 2013.

Golubev, Aleksej: Neuvostoturismin ja läntisen kulutuskulttuurin kohtaaminen Suomessa. [Soviet tourism and Western consumerism: a Meeting in Finland], in: Historiallinen aikakauskirja [The Finnish Historical Journal] 4/2011, S. 413–425.

– Ders.: Bringing Home New Things and Emotions: Soviet Tourists Abroad as Consumers, Vortrag auf der ASEEES Annual Conference in New Orleans am 18.11.2012.

Golubeva, Olejsa: Rossijskij turizm v 1920–1970-ch godach. Systema organizatsii i upravlenija, in: Vestnik Čeljabinskogo gosudarstvennogo universiteta. 2010, S. 68–75.

Gorsuch, Anne: Time Travelers. Soviet Tourists to Eastern Europe, in: Gorsuch u. Koenker (Hg.): Turizm, S. 205–226.

– Dies.: Vystuplenie na meždunarodnoj scene: sovetskie turisty chruščevskoj epochi na kapitalističeskom zapade, in: Antropologičeskij forum 13. 2010, S. 359–388.

– Dies.: From Iron Curtain to Silver Screen. Imagining the West in the Khrushchev Era, in: Péteri (Hg.), Imagining, S. 153–171.

– Dies.: All this is Your World. Soviet Tourism at Home and Abroad After Stalin, Oxford, New York 2011.

Gould-Davies, Nigel: The Logic of Soviet Cultural Diplomacy, in: Diplomatic history 2/ 2003, S. 193–214.

Grandits, Hannes (Hg.): Yugoslavia's Sunny Side. A History of Tourism in Socialism (1950s–1980s), Budapest 2010.

Greiner, Bernd u. a. (Hg.): Macht und Geist im Kalten Krieg, Hamburg 2011.

Griep, Wolfgang u. Frauke Krahé (Hg.): Peter I. in Westeuropa. Die Große Gesandtschaft 1697–1698, Bremen 1991.

Gronow, Jukka: Caviar with Champagne. Common Luxury and the Ideals of the Good Life in Stalin's Russia.

Großmann, Sonja: Dealing With "Friends". Soviet Friendship Societies as a Challenge For Western Diplomacy, in: Mikkonen u. Koivunen (Hg.), Beyond, S. 196–217.

Dies.: Falsche Freunde im Kalten Krieg? Sowjetische Freundschaftsgesellschaften in Westeuropa als als Instrumente und Akteure der Cultural Diplomacy, Oldenburg 2019 (im Erscheinen).

Groth, Alexander J. : East and West: Travel and Communication under Alternate Regimes. A Research Note, in: Communist and Post-Communist Studies 1/2006, S. 121–133.

Gurova, Olga: Ideology of Consumption in Soviet Union: From Asceticism to the Legitimating of Consumer Goods, in: Anthropology of East Europe Review 24. 2006, S. 91–98.

Hall, Derek R. (Hg.): Tourism and Economic Development in Eastern Europe and the Soviet Union, London 1991.

Hanson, Philip: The Rise and Fall of the the Soviet Economy. An Economic History of the USSR from 1945, London 2003.

Hasty, Olga Peters: America through Russian Eyes, 1874–1926, New Haven, Conn. u. a. 1988.

Hausbacher, Eva u. a. (Hg.): Fashion, Consumption and Everyday Culture in the Soviet Union between 1945 and 1985, München 2014.

Hazanov, Alexander: Porous Empire. Foreign visitors and the post-Stalin Soviet state. Dissertation, Philadelphia, Pennsylvania 2016.

Heeke, Matthias: Reisen zu den Sowjets. Der ausländische Tourismus in Russland 1921–1941, Dissertation, Münster u. a. 2003.

Hellbeck, Jochen: "The Diaries of Fritzes and the Letters of Gretchens": Personal Writings from the German–Soviet War and Their Readers, in: Kritika 3/2009, S. 571–606.

Hessler, Julie: Death of an African Student in Moscow. Race, politics, and the Cold War, in: Cahiers du monde russe. Russie – Empire russe – Union soviétique et États indépendants, 1–2/2006, S. 33–63.

Hildermeier, Manfred: Geschichte der Sowjetunion 1917–1991. Entstehung und Niedergang des ersten sozialistischen Staates, München 1998.

Hilger, Andreas: Grenzen der Entstalinisierung. Sowjetische Politik zwischen Rehabilitierung und Repression 1953–1964, in: Roger Engelmann u. a. (Hg.), Kommunismus in der Krise: Die Entstalinisierung 1956 und die Folgen. Analysen und Dokumente der BStU 2007.

Hixson, Walter L. : Parting the Curtain. Propaganda, Culture, and the Cold War, 1945–1961, New York 1998.

Ismaev, Donat: Turizm – put' vzaimoponimanija meždu narodami, Moskau 1977.

Jersild, Austin: The Soviet State as Imperial Scavenger: "Catch Up and Surpass" in the Transnational Socialist Bloc, 1950–1960, in: The American Historical Review 1/ 2011, S. 109–132.

Jones, Polly (Hg.): The Dilemmas of De-stalinization. A Social and Cultural History of Reform in the Khrushchev Era, New York, N. Y. 2005.

– Dies.: The Thaw Goes International. Soviet Literature in Translation and Transit in the 1960s, in: Koenker u. Gorsuch (Hg): Socialist, S. 121–147.

– Dies.: Introduction, in: Dies. (Hg.), Dilemmas, S. 1–18.

Kapterev, Sergei: Illusionary Spoils. Soviet Attitudes toward American Cinema during the Early Cold War, in: Kritika 10/2009, S. 779–807.

Kassymbekova, Botakoz: Leisure and Politics: Soviet Central Asian Tourists across the Iron Curtain, in: Kathy Burrell u. Kathrin Hörschelmann (Hg.), Mobilities in Socialist and Post-socialist states. Societies on the Move, New York 2014, S. 62–86.

Katzer, Nikolaus: Sport als Bühne sowjetischer Weltgeltung? Globale und lokale Strukturen der Sportkultur in der späten Sowetunion, in: Martin Aust (Hg.): Globalisierung imperial und sozialistisch. Russland und die Sowjetunion in der Globalgeschichte 1851–1991, Frankfurt am Main [u. a.] 2013.

Keck-Szajbel, Mark u. Heike Wolter: A Contradiction in Terms? An Analysis of the Historiography on East Bloc Tourism, in: Gijs Mom (Hg.), Mobility in History. Themes in transport. Yearbook 2011, Neuchâtel 2012.

Keck-Szajbel, Mark: A Cultural Shift in the 1970s "Texas" Jeans, Taboos, and Transnational Tourism, in: East European Politics and Societies 14–15/2012, S. 212–225.

– Ders.: Hitchhikers' Paradise. The Intersection of Mass Mobility, Consumer Demand, and Ideology in the People's Republic of Poland, in: Cathleen M. Guistino u. a. (Hg.), Socialist Escapes. Breaking Away from Ideology and Everyday Routine in Eastern Europe, 1945–1989, New York u. a. 2013, S. 167–186.

Klumbytė, Neringa u. Gulnaz Šarafutdinova: Introduction: What Was Late Socialism?, in: Dies. (Hg.), Soviet Society in the Era of Late Socialism, 1964–1985, Lanham 2013, S. 1–14.

Knabe, Bernd: Urlaub des Sowjetbürgers, Köln 1977.

Kochanowski, Jerzy u. Pierre-Frédéric Weber (Hg.): Jenseits der Planwirtschaft. Der Schwarzmarkt in Polen 1944–1989, Göttingen 2013.

Koenker, Diane: Whose Right to Rest? Contesting the Family Vacation in the Postwar Soviet Union, in: Comparative Studies in Society and History 51, 2/2009, S. 401–425.

– Dies.: Pleasure Travel in the Passport State, in: Randolph/Avrutin, Russia, S. 235–252.

– Dies.: Club Red. Vacation, Travel and the Soviet dream, Ithaca 2013.

– Dies. u. Anne Gorsuch (Hg.): The Socialist Sixties. Crossing Borders in the Second World, Bloomington 2013.

Koivunen, Pia: Overcoming Cold War Boundaries at the World Youth Festivals, in: Sari Autio u. Katalin Miklóssy (Hg.), Reassessing Cold War Europe, Milton Park u. a. 2011, S. 175–192.

– Dies.: The 1957 Moscow Youth Festival. Propagating a New, Peaceful Image of the Soviet Union, in: Melanie Ilič u. Jeremy Smith (Hg.), Soviet State and Society under Nikita Khrushchev, London u. a. 2011, S. 47–65.

Kotkin, Stephen: Armageddon averted. The Soviet collapse, 1970–2000, Oxford, New York, Auckland, Cape Town 2008.

Kozovoj, Andrej: Eye to Eye With the "Main Enemy": Soviet Youth Travel to the United States, in: Ab Imperio 2/2011, S. 221–237.

Kramer, Mark: The Czechoslovak Crisis and the Brezhnev Doctrine, in: Carole Fink u. a. (Hg.), 1968. The World Transformed, Cambridge u. a. 1998, S. 111–172.

– Ders.: The Soviet Union, the Warsaw Pact, and the Polish Crisis of 1980–1981, in: Lee Trepanier u. a. (Hg.), The Solidarity Movement and Perspectives on the Last Decade of the Cold War, Krakow 2010.

Krempien, Petra: Geschichte des Reisens und des Tourismus: Ein Überblick von den Anfängen bis zur Gegenwart, Limburgerhof 2000.

Kvartal'nov, V. A.: Organizatsija i razvitie otečestvennogo i inostrannogo turizma, Moskau 1987.

– Ders. u. V. K. Fedorčenko: Orbity „Sputnika". Iz istorii molodežnogo turizma, Kiew 1987.

Layton, Susan: The Divisive Modern Tourist Abroad. Representations of Self and Other in the Early Reform Era, in: Slavic Review 4/2009, S. 848–871.

– Dies.: Our Travelers and the English. A Russian Topos from Nikolai Karamzin to 1848, in: Slavic and East European journal 1/2012, S. 1–20.

Laß, Karen: Vom Tauwetter zur Perestroika. Kulturpolitik in der Sowjetunion (1953–1991), Köln [u. a.] 2002.

Ledeneva, Alena: Russia's Economy of Favours. Blat, Networking, and Informal Exchange, Cambridge u. a. 1998.

Lion, Jill A.: Long Distance Passenger Travel in the Soviet Union. Research Program on Problems of International Communication and Security, Oktober 1967.

Löfgren, Orvar: On holiday. A history of vacationing, Berkeley, Calif. [u. a.] 2002.

Lukov, Valerija A.: Istorija meždunarodnogo i detskogo dviženija, Moskau 1983.

MacCannell, Dean: The Tourist. A New Theory of the Leisure Class, Berkeley 2005.

Magnúsdóttir, Rósa: Keeping up appearances. How the Soviet State Failed to Control Popular Attitudes toward the United States of America, 1945–1959, Dissertation, Chapel Hill 2006.

Marinova, Margarita: Transnational Russian-American Travel Writing, New York, NY u. a. 2011.

Martin, Terry: Modernization or Neo-traditionalism. Ascribed Nationality and Soviet Primordialism, in: David L. Hoffmann u. Yanni Kotsonis (Hg.), Russian modernity. Politics, knowledge, practices, Basingstoke, New York, NY 2000, S. 161–182.

Maškova, Anastasija: BMMT „Sputnik" v 1958–1968 gg. Stanovlenie i razvitie molodožnogo inostrannogo turizma v SSSR, Dissertation, Moskau 2011.

Maurer, Eva: Wege zum Pik Stalin. Sowjetische Alpinisten, 1928–1953, Dissertation, Zürich 2010.

McReynolds, Louise (2006): The Prerevolutionary Russian Tourist. Commercialization in the Nineteenth Century. In: Gorsuch u. Koenker (Hg.), Turizm, S. 17–42.

– Dies.: Russia at Play. Leisure Activities at the End of the Tsarist Era, Ithaca 2003.

Merl, Stephan: Konsum in der Sowjetunion: Element der Systemstabilisierung?, in: GWU 9/2007, S. 519–536.

Mëhili, Elidor: Technology and the Cold War, in: Humphrys: Routledge, S. 292–304.

Mikkonen, Simo u. Pia Koivunen (Hg.): Beyond the Divide. Entangled Histories of Cold War Europe, New York 2015.

Millar, James R.: The Little Deal: Brezhnev's Contribution to Acquisitive Socialism, in: Slavic Review 4/1985.

Mironenko, Sergej: Fondy Gosudarstvennogo archiva Rossijskoj Federacii po istorii SSSR, Putevoditel'. Tom 3, Moskau 1997.

Mitter, Rana u. Patrick Major (Hg.): Across the Blocs. Cold War Cultural and Social History, London 2012.

Morrison, Alexander: Peasant Settlers and the 'Civilising Mission' in Russian Turkestan, 1865–1917, in: The Journal of Imperial and Commonwealth History 3/2014, S. 387–417.

Mošnjaga, Viktor und V. A. Lukov: Istorija meždunarodnogo i detskogo dviženija, Moskau 1983.

Mundt, Jörn W. : Tourismus, München u. a. 2006.

Nečiporenko, Oleg: KGB i tajna smerti Kennedi, Moskau 2014.

Nemoljaeva, M. E. und L. F. Chodorkov: Meždunarodnyj turizm. Včera, segodnja, zavtra, Moskau 1985.

Niedhart, Gottfried: The Role of the Federal Republic of Germany in the Process of Détente, in: Fink u. a. (Hg.): 1968, S. 173–192.

Noack, Christian: Von „wilden" und anderen Touristen. Zur Geschichte des Massentourismus in der UdSSR, in: WerkstattGeschichte 36/2004, S. 24–41.

– Ders.: Coping with the Tourist: Planned and "Wild" Mass Tourism on the Soviet Black Sea Coast, in: Gorsuch u. Koenker (Hg.), Turizm, S. 281–304.

– Ders.: "You have probably heard about all this…". Baltic Seaside Resorts as Soviet Tourist Destinations, in: Nordost-Archiv 20/2011, S. 199–221.

– Ders.: "A Mighty Weapon in the Class War". Proletarian Values, Tourism and Mass Mobilisation in Stalin's Time, in: Journal of Modern European History 10/2012, S. 231–254.

– Ders.: Brezhnev's "Little Freedoms": Tourism, Individuality, and Mobility in the Late Soviet Period, in: Fainberg/Kalinovsky (Hg.), Reconsidering, S. 59–76.

Nye, Joseph S. : Soft Power, in: Foreign Policy 80/1990, S. 153–171.

Oberloskamp, Eva: Fremde neue Welten, Dissertation, München 2011.

Orlov, Igor': Massovyj turizm v stalinskoj povsednevnosti, Moskau 2010.

– Ders.: Molodežnij vyezdnoj turizm v SSSR (1958–1970 gody).

– Ders.: Rol' tabu v sovetskom vyezdnom turizme, in: A. S. Arkhipova (Hg.): Mifologičeskie modeli i ritual'noe povedenie v sovetskom i postsovetskom prostranstve. Sbornik statej, Moskau 2013, S. 423–434.

– Ders.: „Trudnosti perevoda". Osobennosti kommunikacii v sfere sovetskogo vyezdnogo turizma, in: Rossijskij naučno-praktičeskij žurnal. 2015, S. 109–120.

– Ders. u. a.: Pervye šagi vyezdnogo turizma v SSSR, in: Vestnik Moskovskogo Gosudarstvennogo Oblastnogo Universiteta. 2015, S. 148–155.

– Ders.: The Soviet Union Outgoing Tourism in 1955–1985: Volume, Geography, Organizational Forms, online unter http://www.hse.ru/data/2014/04/290/1322756599/50HUM2014.pdf.

– Ders. u. Aleksej Popov: Skvoz' „železnyj zanaves". Russo turisto: sovetskij vyezdnoj turizm, 1955–1991, Moskau 2016.

Osteuropa 59 (2009): Kooperation trotz Konfrontation. Wissenschaft und Technik im Kalten Krieg.

Otten, Fred: „Und die Paläste waren sehr wunderbar" – Russische Reiseberichte, in: Dagmar Herrmann (Hg.), Deutsche und Deutschland aus russischer Sicht. 11.–17. Jahrhundert (= West-östliche Spiegelungen. Russe und Russland aus deutscher Sicht und

Deutsche und Deutschland aus russischer Sicht von den Anfängen bis zum 20. Jahrhundert, Bd. 1), München 1988, S. 274–308.

Oudenaren, John van: Détente in Europe. The Soviet Union and the West since 1953, Durham u. a. 1991.

Owsianowska, Sabina u. Magdalena Banaszkiewicz (Hg.): Anthropology of tourism in Central and Eastern Europe. Bridging worlds, Lanham 2018.

Paperno, Irina: Personal Accounts of the Soviet Experience, in: Kritika 4/2002, S. 577–610.

Péteri, György (Hg.): Nylon Curtain. Transnational and Transsystemic Tendencies in the Cultural Life of State-Socialist Russia and East-Central Europe, Trondheim 2006.

– Ders.: Introduction. The Oblique Coordinate Systems of Modern Identity, in: Ders. (Hg.), Imagining the West in Eastern Europe and the Soviet Union, Pittsburgh 2010.

Piirimäe, Kaarel u. Olaf Mertelsmann (Hg.), The Baltic Sea Region and the Cold War, Frankfurt am Main u. a. 2012.

Popov, Aleksej: Sovetskie turisty za rubežom: ideologija, kommunikatsija, emotsii (po otčetam rukovoditelej turistskich grupp), in: Istorična panorama 6/2008, S. 49–56.

– Ders.: Zarubežnie kruizy dlja sovetskich turistov. Iz istorii transportnogo turizma v SSSR, in: Sovremennye problemy servisa i turizma. 2010, S. 24–30.

– Ders.: Narodnaja Respublika Bolgarija kak ob'ekt zarubežnogo turizma sovetskich graždan, in: Drinovs'kii zbirnik. 2011, S. 302–309.

– Ders.: „My iščem to, čego ne terjali". Sovetskie „dikari" v poiskach mesta pod solncem, in: Ab Imperio 2/2012, S. 261–298.

– Ders.: Po tu storonu ‚železnogo zanavesa': Velikie otkrytija sovetskich turistov.

– Ders.: Narodnaja Respublika Bol'garija kak ob'ekt zarubežnogo turizma sovetskich graždan, in: Drinovs'kij zbirnik. 2011, S. 302–309.

– Ders.: Eksport sovetskoj modeli vyezdnogo turizma. Slučaj razdelennoj Germanii, in: Vestnik Permskogo universiteta 23/2013.

Radčenko, Ol'ga: „Inturist" v Ukraine 1960–1980 godov. Meždu krasnoj propagandoj i tverdoj valjutoj, Dissertation, Čerkassy 2013.

Raleigh, Donald J.: Soviet Baby Boomers. An Oral History of Russia's Cold War Generation, Oxford u. New York 2012.

– Ders.: On the Other Side of the Wall, Things Are Even Better: Travel and the Opening of the Soviet Union: The Oral Evidence, in: Ab Imperio 4/2012, S. 373–399.

Rauch, Georg von: Eindrücke russischer Reisender von Deutschland im 18. und 19. Jahrhundert, in: Friedhelm Berthold Kaiser u. Bernhard Stasiewski (Hg.), Reisebericht von Deutschen über Russland und von Russen über Deutsche, Köln, Wien 1980, S. 58–74.

Reid, Susan E.: Cold War in the Kitchen: Gender and the De-stalinization of Consumer Taste in the Soviet Union under Khrushchev, in: Slavic Review 2/2002, S. 211–252.

– Dies.: Khrushchev Modern: Agency and Modernization in the Soviet Home, in: Cahiers du monde russe 1–2/2006.

– Dies.: Who Will Beat Whom? Soviet Popular Reception of the American National Exhibition in Moscow, 1959, in: Kritika 9/2008, S. 855–904.

Renner, Andreas: Watching Foreign Neighbours. Russian and Soviet Travel Writing about Japan in the First Half of the Twentieth Century, in: Journal of Tourism History 3/2011, S. 39–56.

Richmond, Yale: Cultural Exchange & the Cold War. Raising the Iron Curtain, University Park 2003.

Richter, Linda K.: Power, Politics, and Political Science: The Politicization of Tourism, in: Tazim Jamal u. Mike Robinson (Hg.), The SAGE handbook of tourism studies, Los Angeles, London 2009, S. 188–202.

Rolf, Malte: Das sowjetische Massenfest, Dissertation, Hamburg 2006.

Rosenbaum, Adam T. : Leisure Travel and Real Existing Socialism. New Research on Tourism in the Soviet Union and Communist Eastern Europe, in: Journal of Tourism History 1–2/2015, S. 157–176.

Roth-Ey, Kristin: Moscow Prime Time. How the Soviet Union Built the Media Empire that Lost the Cultural Cold War, Ithaca u. a. 2011.

Ručkin, Boris: K 65-letiju Moskovskogo gumanitarnogo universiteta: iz chroniki naučnoj žizni VKŠ pri ZK VLKSM, in: Znanie. Ponimanie. Umenie 4/2009, S. 257–261.

Ryan, Karen: Imagining America. Il'f and Petrov's Odnoetazhnaia Amerika and Ideological Alterity, in: Canadian Slavonic papers 44/2002, S. 263–278.

Salmon, Shawn: Marketing Socialism: Inturist in the Late 1950s and Early 1960s, in: Anne E. Gorsuch u. Diane Koenker (Hg.), Turizm. The Russian and East European Tourist under Capitalism and Socialism, Ithaca 2006, S. 186–204.

– Dies.: To the Land of the Future. A History of Intourist and Travel to the Soviet Union 1929–1991, Dissertation, Berkeley 2008.

Saunders, Frances Stonor: Who Paid the Piper? The CIA and the Cultural Cold War, London 1999.

Šamina, Vera: Russians in Search of America, in: Stefan Lampadius u. Elmar Schenkel (Hg.), Under Western and Eastern eyes. Ost und West in der Reiseliteratur des 20. Jahrhunderts, Leipzig 2012, S. 159–170.

Schäfer, Christian: Kreuzfahrten. Die touristische Eroberung der Ozeane, Nürnberg 1998, S. 24–74.

Schenk, Frithjof Benjamin: "This New Means of Transportation Will Make Unstable People Even More Unstable". Railways and Geographical Mobility in Tsarist Russia, in: John Randolph u. Eugene M. Avrutin (Hg.), Russia in Motion. Cultures of Human Mobility since 1850, Urbana 2012, S. 218–234.

Schrier, Arnold: A Russian Looks at America. The Journey of Aleksandr Borisovich Lakier in 1857, Chicago u. a. 1979.

Schroeder, Friedrich C. (Hg.): Bundesstaat und Nationalitätenrecht in der Sowjetunion, Berlin 1974.

Scott-Smith, Gill u. Peter Romijn (Hg.): Divided Dreamworlds? The Cultural Cold War in East and West, Amster dam 2012.

Siegelbaum, Lewis H. (Hg.): Borders of Socialism. Private Spheres of Soviet Russia, New York u. a. 2006.

– Ders.: Sputnik Goes to Brussels. The Exhibition of a Soviet Technological Wonder, in: Journal of Contemporary History 47. 2012, S. 120–137.

– Ders.: Cars, Cars and More Cars. The Faustian Bargain of the Brezhnev Era, in: Ders. (Hg.), Borders, S. 83–103.

Ševyrin, Sergej: „Povedenie turistov za predelami SSSR bylo skromnym. Odnako takie turisty kak…", in: Staatliche Universität Perm (Hg.): rossijskaja povsednevnost': Rutinnoe i paradoksal'noe. Materialy dvadsat' pervoj Vserossijskoj konferencii studentov, aspirantov, doktorantov, Perm 2009, S. 117–121.

– Ders.: „Proniknovenie naše po planete osobenno zametno vdaleke…". Iz istorii zarubežnogo turizma v SSSR, in: RetroSpektiva. 2010, S. 21–27.

Sindalovskij, Naum: Slovar' peterburžca, St. Petersburg 2002. Siverson, Randolph M. u. a.: Soviet Tourism and Détente, in: Studies in Comparative Communism 13/1980, S. 356–368.

Smith, Jeremy: Red Nations. The Nationalities Experience in and after the USSR, Cambridge u. New York 2013.

Sokolova, Marina: Istorija turizma, Moskau 2005.

Solov'ev, Aleksej: Zaroždenie meždunarodnogo molodjožnogo turizma v SSSR, in: Upravlenie obščestvennymi i ekonomičeskimi sistemami 2/2006, S. 49–56.

Stokłosa, Katarzyna: Polen und die deutsche Ostpolitik. 1945–1990, Göttingen 2011.

Stolberg, Eva-Maria (Hg.): The Soviet Union and the United States. Rivals of the Twentieth Century. Coexistence and Competition, Frankfurt am Main 2013.

Tondera, Benedikt: Der sowjetische Tourismus in den Westen unter Nikita Chruscev 1955–1964, in: Zeitschrift für Geschichtswissenschaft 1/2013, S. 43–64.

– Ders.: 'Like Sheep'? Disobedience Among Soviet Tourists Travelling Abroad, in: Comparativ 2/2014, S. 18–35.

Travel, Home, and Russian Identity in the Nineteenth-Century Literary Tradition, The Russian Review 1/2011.

Tsipursky, Gleb: Socialist Fun. Youth, Consumption, & State-sponsored Popular Culture in the Soviet Union 1945–1970, Pittsburgh 2016.

Turner, Louis und John Ash: The Golden Hordes. International Tourism and the Pleasure Periphery, London 1975.

Umland, Andreas: Russia's New 'Special Path' After the Orange Revolution, Russian Politics and Law 50, 6/2012, S. 19–40.

Usyskin, Grigorij: Očerki istorii rossijskogo turizma, Moskau u. a. 2000.

Valdez, Jonathan C. : Internationalism and the Ideology of Soviet Influence in Eastern Europe, Cambridge u. a. 2009.

Wallace, David Foster: Shipping Out. On the (nearly lethal) comforts of a luxury cruise, in: Harper's Magazine 1/1996, S. 33–56.

White, Anne: De-Stalinization and the House of Culture. Declining State Control over Leisure in the USSR, Poland, and Hungary, 1953–89, London, New York 1990.

Wojnowski, Zbigniew: Patriotism and the Soviet Empire. Ukraine Views the Socialist States of Eastern Europe, 1956–1985, Dissertation, University College London 2010.

– Ders.: An Unlikely Bulwark of Sovietness. Cross-border Travel and Soviet Patriotism in Western Ukraine, 1956–1985, in: Nationalities Papers 1/2015, S. 82–101.

Yurchak, Alexei: Everything Was Forever, Until It Was No More. The Last Soviet Generation, Princeton u. a. 2006.

Zakharova, Larissa: Soviet Fashion in the 1950s–1960s. Regimentation, Western Influences and Consumption Strategies, in: Gilburd/Kozlov, Thaw, S. 402–435.

Zavisca, Jane R.: Explaining and Interpreting the End of Soviet Rule, in: Kritika 12/2011, S. 925–940.

Zisserman-Brodsky, Dina: Constructing Ethnopolitics in the Soviet Union: Samizdat, Deprivation and the Rise of Ethnic Nationalism, New York u. a. 2003.

Zubok, Vladislav: The Collapse of the Soviet Union. Leadership, Elites and Stability, in: Geir Lundestad (Hg.), The Fall of Great Powers. Peace, Stability, and Legitimacy, Oslo, New York 1994.

– Ders. u. Constantine Pleshakov: Inside the Kremlin's Cold War: From Stalin to Khrushchev, Cambridge 1996.

– Ders.: Zhivago's Children. The Last Russian Intelligentsia, Cambridge u. a. 2009.

Żuk, Sergei I. : Rock and Roll in the Rocket City. The West, Identity, and Ideology in Soviet Dniepropetrovsk, 1960–1985, Washington D.C u. Baltimore 2010.

– Ders.: Closing and Opening Soviet Society (Introduction to the Forum), in: Ab Imperio 2/2011, S. 123–158.

– Ders.: Popular National Culture and Advertising in the Soviet Travel Agencies, 1964–1984, in: Memoria y civilización. 2011, S. 53–77.

Verzeichnis

Forschungen zur osteuropäischen Geschichte

Herausgegeben von Jörg Baberowski in Verbindung mit Jan Plamper, Malte Rolf und Claudia Weber

82: Benjamin Beuerle

Russlands Westen

Westorientierung und Reformgesetzgebung
im ausgehenden Zarenreich 1905–1917

2016. IX, 381 Seiten, 32 Abb., br
145x220 mm
ISBN 978-3-447-10721-1
⊙*E-Book: ISBN 978-3-447-19544-7*
je € 49,90 (D)

83: David Feest

Ordnung schaffen

Bäuerliche Selbstverwaltungen und
Obrigkeit im ausgehenden Zarenreich
(1834–1889)

2018. VIII, 358 Seiten, 6 Abb., br
145x220 mm
ISBN 978-3-447-10722-8
⊙*E-Book: ISBN 978-3-447-19547-8*
je € 49,90 (D)

Russlands Westen handelt von der russischen Politik zwischen den Revolutionen von 1905 und 1917. Ab 1906 gab es erstmals in der russischen Geschichte ein gewähltes Parlament und damit ein neues politisches System. Vertreter verschiedener Parteien und Ausrichtungen diskutierten in diesem Rahmen in zuvor unerhörter Offenheit über weitreichende Reformen und den weiteren Weg Russlands. In den Debatten lässt sich eine bemerkenswerte parteiübergreifende Einigkeit in zwei Punkten feststellen: Russland brauche dringend Reformen, und es sei gut beraten, sich hierbei am Westen zu orientieren. Dabei war die Gestalt des „Westens" schillernd, heterogen und strittig. Dennoch befähigte der Konsens über die Westorientierung die russische politische Klasse dazu, sich auf weitreichende Reformen zu einigen. Beispielhaft untersucht Benjamin Beuerle unter anderem den Verlauf der Diskussionen und des Gesetzgebungsverfahrens zur Einführung eines Kranken- und Unfallversicherungssystems für Arbeiter, das als Auftakt für weitere sozialpolitische Neuerungen gedacht war. Zum Vorschein kommen eine Gesellschaft voller Dynamik und eine politische Streitkultur auf hohem Niveau. Deutlich wird dabei, welch großes Entwicklungspotential durch den Ersten Weltkrieg und die hierdurch erst ermöglichte „Oktoberrevolution" auf tragische Weise zerstört wurde.

Wie kaum eine andere Institution des ausgehenden Zarenreichs war die russische Bauerngemeinde Objekt unterschiedlichster Ordnungsvorstellungen. Von den Eliten wurde sie als rückständig verdammt, als Ausdruck russischer Kollektivität idealisiert oder als unterste Stufe des gutsherrschaftlichen oder staatlichen Verwaltungsapparats funktionalisiert. Für die Bauern übernahm sie eine Vielzahl an Aufgaben: Sie organisierte ihr Zusammenleben, verwaltete ihre wirtschaftlichen Angelegenheiten und regelte ihre Beziehungen zur Obrigkeit. Vorstellungen regelgebundener Verwaltungsrationalität, die unter gutsherrschaftlichen und staatlichen Reformern immer populärer wurden, ließen sich nur schwer auf sie ausweiten. Als die russischen Bauern im Jahr 1861 aus der Leibeigenschaft entlassen wurden, kam es daher zu einigen Kontroversen darüber, wie sie in den Staat zu integrieren seien. Wie konnte gewährleistet werden, dass Ordnung herrschte und die staatlichen Interessen gewahrt blieben? Sollten die Bauerngemeinden ein Teil der Staatsverwaltung werden oder ihre Sonderstellung behalten? Welche Rolle würde dabei der örtliche Gutsadel, welche die örtliche Bürokratie spielen?
Die Studie von David Feest beschreibt am Beispiel des Gouvernements Rjazan' die Wechselbeziehungen zwischen staatlichen und gutsherrschaftlichen Reformern und den bäuerlichen Selbstverwaltungen zwischen 1834 und 1889. Besonders interessiert dabei die Frage, wie es dazu kommen konnte, dass die rechtliche Isolation der Bauernschaft vom Rest der Gesellschaft am Ende dieses Zeitraums nicht gemindert, sondern im Gegenteil zementiert wurde.

VERLAG ⓗ PUBLISHERS
HARRASSOWITZ

Forschungen zur osteuropäischen Geschichte

Herausgegeben von Jörg Baberowski in Verbindung mit Jan Plamper, Malte Rolf und Claudia Weber

84: Lena Gautam

Recht und Ordnung

Mörder, Verräter und Unruhestifter vor
spätzarischen Kriminalgerichten 1864–1917

*2017. IX, 256 Seiten, 12 Abb., 1 Diagramm,
1 Tabelle, br
145x220 mm
ISBN 978-3-447-10819-5
⊙E-Book: ISBN 978-3-447-19595-9
je € 49,90 (D)*

86: Manuela Putz

Kulturraum Lager

Politische Haft und dissidentisches Selbstverständnis in der Sowjetunion nach Stalin

*2018. Ca. 280 Seiten, 29 Abb., br
145x220 mm
ISBN 978-3-447-11125-6
⊙E-Book: ISBN 978-3-447-19801-1
je ca. € 39,– (D)
In Vorbereitung / In Preparation*

Anhand der Rechtspraxis russischer Kriminal-
gerichte zeigt *Recht und Ordnung*, wie in den
Jahrzehnten vor der Oktoberrevolution in russischen Gerichten nicht nur über Schuld und Un-
schuld von Angeklagten, sondern zugleich auch
über die soziale Ordnung im lokalen Raum verhandelt wurde. Dabei entsteht das Bild einer imperialen Bevölkerung, die sich zunehmend der Logik
des Rechts bedient, um ihre eigenen Interessen
gegenüber der Herrschaft zu vertreten.
1864 wurden im russischen Zarenreich Gerichte
eingeführt, die dem Prinzip der Gewaltenteilung
und der Rechtsstaatlichkeit verpflichtet waren.
Sie sollten die Bevölkerung zu einem „Gefühl für
die Gesetzlichkeit" erziehen und die Rechtspre-
chung vereinheitlichen. Die neuen Gerichte und
die Juristen, die nun in Stadt und Land erschienen, brachten jedoch nicht nur ein neues Gerichts-
wesen. Sie trugen zugleich auch Vorstellungen
von gesellschaftlicher Ordnung an die Menschen
heran, die im Widerstreit zur Autokratie standen
und der Bevölkerung des multiethnischen Impe-
riums fremd waren.
Lena Gautam zeigt in ihrer Studie, wie Menschen
im Zarenreich mit den neuen Gerichten umgingen,
wie es sie veränderte und was dies schließlich
für die soziale Ordnung im russischen Imperium
bedeutete. Zugleich bietet der Band Antworten auf
allgemeine gesellschaftliche Fragen: Wie gehen
Menschen mit Rechtsordnungen um, die ihnen
fremd sind, wie beeinflusst Recht die Vorstellungen, die sich Menschen von der Welt machen und
was bedeutet Recht für staatliche Herrschaft?

Noch heute wird die „Moskauer Küche" als
entscheidender Ort der russischen Dissi-
denz wahrgenommen. Diese verengte Perspektive verstellt den Blick darauf, dass das Lager der
eigentliche Ursprungsort der sowjetischen Men-
schenrechtsszene war. Hier wurden sowohl dis-
sidentische Traditionen der Rechtsverteidigung
herausgebildet, als auch bei den Betroffenen ein
gemeinsamer Referenzrahmen in Form von aus
dem traumatischen Erlebnis der Haft entstandenen Handlungs- und Gefühlsnormen geschaffen.
Diese begründeten auch noch nach der Haft den
Antrieb für ihr Engagement und prägten ihr Selbstverständnis als Andersdenkende.
Kulturraum Lager untersucht die Hafterlebnis-
se und -erfahrungen Andersdenkender in der
Sowjetunion von Chruščev bis Gorbačev. Die für
„besonders gefährliche Staatsverbrecher" einge-
richteten Strafvollzugseinrichtungen werden in
ihrem Wandel und in ihrer Bedeutung für die In-
sassen analysiert. Der Fokus liegt dabei auf inhaf-
tierten Intellektuellen und deren Netzwerken, die
seit dem Ende der 1960er Jahre auch über den
Eisernen Vorhang hinweg reichten. Die Studie
von Manuela Putz beschreibt Strategien, Praktiken und Gefühlsnormen, die die Gefangenen entwickelten, um die Haft zu bewältigen und in ihr
Selbstbild integrieren zu können und thematisiert
damit Zusammenhänge zwischen Haftregime,
Subjektkonstituierung und Verarbeitungsmecha-
nismen von Repressionserfahrung im Poststalinismus.

VERLAG ⬢ PUBLISHERS
HARRASSOWITZ